EDITORA**ELEFANTE**

elefante
EDITORA

CONSELHO EDITORIAL
Bianca Oliveira
João Peres
Tadeu Breda

EDIÇÃO
Tadeu Breda

PREPARAÇÃO
Luiza Brandino

REVISÃO
Tomoe Moroizumi
Laura Massunari

CAPA
Giulia Fagundes
Guilherme Vieira
[Estúdio Daó]

PROJETO GRÁFICO
Bianca Oliveira

DIAGRAMAÇÃO
Denise Matsumoto

#VIDAS NEGRAS IMPORTAM E LIBERTAÇÃO NEGRA

KEEANGA-YAMAHTTA TAYLOR

TRADUÇÃO **THALITA BENTO**

CONTEÚDO

PREFÁCIO À EDIÇÃO BRASILEIRA	6
CARTA DA TRADUTORA	14
INTRODUÇÃO O DESPERTAR NEGRO NOS ESTADOS UNIDOS DE OBAMA	24
1. UMA CULTURA RACISTA	60
2. DOS DIREITOS CIVIS AO DALTONISMO RACIAL	112
3. PRESENÇA NEGRA EM ALTOS CARGOS	154
4. AS DUAS FACES DA JUSTIÇA	212
5. BARACK OBAMA: O FIM DE UMA ILUSÃO	264
6. VIDAS NEGRAS IMPORTAM: UM MOVIMENTO, NÃO UM MOMENTO	298
7. #VIDASNEGRASIMPORTAM E LIBERTAÇÃO NEGRA	366
POSFÁCIO CINCO ANOS DEPOIS, VIDAS NEGRAS IMPORTAM MESMO?	410
REFERÊNCIAS	438
SOBRE A AUTORA	450

PREFÁCIO À EDIÇÃO BRASILEIRA

Natália Neris

"Sou professora de estudos afro-estadunidenses e leciono em uma universidade de elite da Ivy League,[4] mas não me considero uma acadêmica. Sempre fui uma ativista que tenta comunicar a urgência do nosso momento político através das lentes da história e das preocupações das pessoas comuns."

Keeanga-Yamahtta Taylor assim se definiu em uma conferência no Hampshire College em 2017.[5] Assisti a essa palestra, bem como ao máximo de intervenções públicas da autora que pude, antes de iniciar a leitura deste livro. Costumo buscar uma proximidade com todo autor ou autora — e esse é um caminho comum entre muitos estudantes — porque isso parece materializar as ideias de cada página. É possível imaginar a voz, os gestos de cada frase, os pressupostos das ideias, tendo em vista outras construções para além da obra escrita.

O impacto que Taylor gerou em mim foi grande, e encontrá-la muito atuante no debate público me empolgou. Estava

---

4 Ivy League é o grupo formado por oito universidades de "elite" (em termos de excelência acadêmica, mas também por serem frequentadas por membros da elite econômica) dos Estados Unidos: Brown, Columbia, Cornell, Dartmouth College, Harvard, Universidade da Pensilvânia, Princeton e Yale. [N.E.]

5 "Keeanga-Yamahtta Taylor Delivers Keynote at Hampshire College's 2017 Commencement Ceremony", YouTube, 20 maio 2017. Disponível em: https://www.youtube.com/watch?v=6ljTRRVuUjM.

diante de mais uma intelectual-inspiração, da mesma geração que a minha. Achei bonita sua autodefinição, que não passa por títulos acadêmicos importantes — embora ela tenha diversas credenciais, o que é muito relevante para nós enquanto mulheres negras e jovens. Admirei a firmeza, a capacidade crítica e a ousadia da análise dos acontecimentos em curso. Comecei a aprender antes de lê-la, portanto.

O livro *From #BlackLivesMatter to Black Liberation* foi publicado nos Estados Unidos em 2016. Sua questão central é compreender o surgimento do movimento Vidas Negras Importam justamente enquanto um homem negro ocupava a Casa Branca pela primeira vez na história. O protesto negro contra a violência policial segue vigoroso na sociedade estadunidense, e este livro chega ao Brasil num ano em que assistimos à morte de George Floyd[6] por sufocamento e à tentativa de assassinato de Jacob Blake[7] com sete tiros pelas costas, ambas cometidas por policiais — entre outros casos, ocorridos em meio a uma pandemia.

Infelizmente, o livro não ficou obsoleto e não é preciso restringir o olhar para os Estados Unidos. No Brasil, no mesmo período, sofremos com operações policiais brutais, nas quais nem mesmo crianças foram poupadas: João Pedro

---

[6] George Floyd, negro de 46 anos, assassinado em Minneapolis, Minnesota, Estados Unidos, em 25 de maio de 2020, pelo policial Derek Chauvin, que se ajoelhou sobre seu pescoço durante aproximadamente nove minutos. A cena foi filmada e sua divulgação provocou uma onda de protestos dentro e fora do país. [N.E.]

[7] Jacob Blake, negro de 29 anos, ferido após ser atingido por quatro dos sete tiros disparados contra suas costas pelo policial Rusten Sheskey na cidade de Kenosha, Wisconsin, Estados Unidos, em 23 de agosto de 2020. A cena foi filmada e sua divulgação provocou protestos em algumas cidades do país. [N.E.]

Matos Pinto[8] foi morto em sua própria casa e João Vitor da Rocha,[9] assassinado durante uma ação comunitária de entrega de cestas básicas. Lidamos ainda com uma tentativa de sufocamento de uma mulher negra de 51 anos pela Polícia Militar num bairro periférico de São Paulo.[10]

Faço esses paralelos para já afirmar que uma das teses presentes no trabalho de Taylor faz muito sentido: determinados eventos — como guerras ou desastres naturais, e agora uma crise sanitária sem precedentes — escancaram as contradições, a violência e as desigualdades de sociedades racistas. Mas darei um passo atrás para apontar outras teses que identifico na obra: i) o policiamento é fruto de profundas desigualdades; ii) as desigualdades são o resultado final das decisões *econômicas e políticas* das autoridades; e iii) o movimento negro é uma força independente, que revela as falhas da sociedade *de modo não superficial, mas sistêmico*.

Compreendo que o primeiro trajeto da autora para sustentar tais teses é descrever cuidadosamente como a sociedade estadunidense narra a si mesma e se projeta para fora. Taylor desvela, portanto, as ideologias que sustentam a ideia de um *excepcionalismo estadunidense*, uma *mitologia de conveniência* que coloca o país como um líder moral do mundo, como uma democracia consolidada que permite a todo *cidadão*

---

8 João Pedro Matos Pinto, negro de catorze anos, assassinado com um tiro na barriga em São Gonçalo, região metropolitana do Rio de Janeiro, em 18 de maio de 2020, durante operação conjunta das polícias Federal e Civil contra o tráfico de drogas. [N.E.]

9 João Vitor da Rocha, negro de dezoito anos, assassinado na Cidade de Deus, bairro da zona oeste do Rio de Janeiro, em 20 de maio de 2020, durante uma operação policial. [N.E.]

10 Episódio ocorrido em julho de 2020, no bairro de Parelheiros, zona sul de São Paulo. A ação policial foi filmada por moradores e divulgada pelo *Fantástico*, programa semanal da Rede Globo. [N.E.]

esforçado alcançar seus objetivos. A não ascensão econômica de determinados indivíduos pode ser tributada a explicações culturais. Visões preconceituosas culpam o negro pela sua própria desgraça, ocultando problemas estruturais sob um manto moral. De forma às vezes tácita, às vezes explícita, aparecem justificativas ancoradas num suposto mau comportamento das famílias negras, em sua irresponsabilidade ou incivilidade. A transformação pessoal substitui a exigência de provisão estatal de acesso a moradia, saúde, segurança ou educação de qualidade.

Um segundo movimento da autora é acompanhar a transformação dessa narrativa, principalmente após a atuação do movimento pelos direitos civis nos anos 1960. Para além da responsabilização moral das pessoas negras por sua condição — a chamada "cultura da pobreza", piorada no contexto de crise econômica dos anos 1970 —, a ideia de uma sociedade "pós-racial", que ficou "cega para a raça" (daltonismo racial) após a extinção de leis segregacionistas, mais uma vez serve à neutralização da responsabilidade dos sistemas político e econômico dos Estados Unidos.

Esses pressupostos, apresentados nos dois primeiros capítulos da obra, nos preparam para os capítulos subsequentes, nos quais a autora lança luz sobre uma nova etapa da sociedade estadunidense: aquela em que se pôde contar — e, mais do que isso, que incentivou — a presença negra nos quadros políticos e na gestão das cidades como alternativa estratégica *e pragmática* para lidar com problemas locais, como a gentrificação e a violência policial. Os capítulos 3 e 4 desvelam as contradições dessa representatividade e abordam de forma ainda mais profunda o vínculo embrionário entre suspeição e brutalidade da polícia e gestão econômica nos municípios. Taylor detecta que, mesmo sob administrações negras, recai sobre as pessoas não brancas um cerceamento financeiro desproporcional. A população negra é vítima de sanções abusivas sobre coisas tão prosaicas como infrações de trânsito ou mesmo evasão escolar. A autora chama esse punitivismo econômico, que explicita a relação contraditória entre as elites políticas negras e a comunidade de forma geral, de "imposto sobre a raça".

A obra desmantela ideários que buscam desvincular escolhas de políticas públicas em termos sociais e econômicos da condição de vida da população negra, de origem latino-americana e de brancos pobres nos Estados Unidos. Nessa análise, pode-se enxergar tanto a "Taylor acadêmica" quanto a "Taylor militante". Metodologicamente, o estudo tem como base relatórios estatísticos, documentos oficiais e muitos documentos extraoficiais, como estudos de organizações do movimento negro, além de depoimentos e entrevistas desses atores na mídia.

A partir do Capítulo 5, em que a autora narra a ascensão de Barack Obama, o livro fica ainda mais dinâmico, relacionando as expectativas da comunidade negra diante dos discursos do presidente sobre as manifestações, principalmente em Ferguson, Baltimore e Nova York. *As lentes da história e a preocupação das pessoas comuns* se unem quando começam a vir à tona limites importantes da representatividade. Uma comunidade já cansada de ser agredida se vê quase traída por um presidente negro que se atenta mais à reação popular do que à violência institucional que a causou — e pior: nos termos da ideologia latente da sociedade estadunidense, que evocam os mitos da "cultura da pobreza" e da "sociedade pós-racial".

Os capítulos 6 e 7 tratam respectivamente da caracterização do movimento Vidas Negras Importam e da reflexão sobre seus desafios futuros. É nesse momento do livro que deparamos com o rosto *feminino* e *queer* desse protesto. Por trás de sua configuração de gênero, reside um triste problema conjuntural: os homens negros estão presos ou mortos. Essa característica, junto com a ação intensa nas redes sociais (principalmente Facebook e Twitter) e a descentralização organizativa, encarna uma diferença importante em relação a movimentos do passado, e isso obviamente influencia e determina seu *modus operandi*.

O olhar atento para o passado faz a autora apontar para os perigos do *foco na institucionalidade* e para os riscos prementes da *perda do controle da própria agenda*, principalmente quando o movimento realiza concessões e suas ações são financiadas por instituições filantrópicas.

Taylor também aponta para o desafio da definição de demandas do movimento: "Conectar a violência policial ao devastador efeito do racismo institucional é o ponto forte do movimento atual, mas também se corre o risco de que as reformas que poderiam ser alcançadas agora fiquem submersas na luta generalizada para transformar a natureza da sociedade estadunidense". Nesse sentido, a autora explora uma possibilidade interessante de distinção entre *reformas possíveis agora* e *a luta pela revolução*, que é um projeto de longo prazo. Indo além do diagnóstico e apontando para a estratégia, Taylor chama a atenção para a necessidade de *colaboração e solidariedade intramovimentos e a necessidade de aliança*, principalmente com trabalhadores mal remunerados. Nesse ponto, ela aponta a urgência da união com brancos e latino-americanos da classe trabalhadora, porque essa mobilização coletiva teria também o efeito de escancarar os antagonismos de classe que foram apagados entre os brancos estadunidenses.

Se estes tempos são de tristeza e revolta por nossa vulnerabilidade extrema, a leitura deste livro também revela que, sem luta incessante, as ideias-sustentáculos de um sistema capitalista, racista e militarizado seguiriam a justificar nossa morte. A atuação do movimento negro ontem e hoje colocou a olho nu as falhas sistêmicas e profundas da nossa sociedade.

Taylor mais uma vez me entusiasma num contexto desesperador, porque me ajuda a lembrar do potencial transformador da luta antirracista e, longe de me incentivar a realizar uma leitura que mimetiza e transfere experiências estadunidenses para compreender a realidade brasileira, me mobiliza a olhar para as ideias-força que justificam nossa vulnerabilidade por aqui (sobejamente refletidas sobretudo por nossos intelectuais negros e negras), a tensionar e a manter um olhar crítico em relação a nossa aposta na institucionalidade, e a me lembrar de que, no Brasil, principalmente nas suas margens, há resistência anticapitalista e antirracista solidária e projetada para a revolução. A leitura deste livro me faz projetar também uma *resistência afro-norte-centro-sul-americana-diaspórica*.

Taylor nos convida a *comunicar as urgências deste momento político*.

NATÁLIA NERIS é pesquisadora, doutoranda em direitos humanos na Faculdade de Direito da Universidade de São Paulo, e ativista.

CARTA DA TRADUTORA

#VidasNegrasImportam e libertação negra apresenta o movimento negro no decorrer da história dos Estados Unidos e aproxima o leitor das características específicas do racismo naquele país. Mas serão tão específicas assim? Durante a leitura, podemos refletir como padrões racistas e a opressão em geral se reproduzem de maneira semelhante em diversas partes do mundo ocidental. A razão por trás desse fato é o sistema econômico e social, que conduz a sociedade a se comportar de acordo com os desejos da grande elite. O racismo foi incutido nos valores sociais para o benefício de poucos; porém, está enraizado em nossa sociedade e, muitas vezes, passa despercebido. Seja no Brasil, seja nos Estados Unidos, temas pejorativos sobre o cabelo dos negros, subempregos ou classe social, por exemplo, são abordados por pessoas que reproduzem esse preconceito sem sequer saber sua origem.

Este livro, entretanto, aborda única e exclusivamente a história dos Estados Unidos. A autora faz menção a fatos e pessoas estadunidenses que podem não ser familiares ao leitor brasileiro. Por isso, nossa tradução traz notas de rodapé elucidativas da cultura daquele país, apresentando fatos, curiosidades e informações históricas relevantes, a fim de enriquecer a leitura e o entendimento sobre o tema.

Para incentivar a pesquisa e o aprofundamento em assuntos de interesse do leitor, mantivemos os nomes de instituições, títulos de livros e siglas em inglês, acompanhados de sua tradução, de modo a encorajar o interesse do público pelo movimento negro.

Assim como o original, o livro traduzido possui linguagem simplificada e de fácil entendimento, com o intuito de que todos possam ter acesso à informação, independentemente do nível acadêmico ou da classe social. Apresentamos, também, alguns termos referentes à raça, um vocabulário antirracista que pode ser adotado em nossa vida cotidiana.

O termo "*people of color*" foi traduzido como "pessoas de cor" e se refere a minorias étnicas. Historicamente, esse termo tem conotação pejorativa, mas a linguagem muda com o passar dos anos e a expressão tem sido adotada em debates contemporâneos populares, ativistas e acadêmicos. É um termo que sugere explicitamente a relação social entre minorias racializadas, e de maneira abrangente, pois engloba raça, nacionalidade e etnia. Salvador Vidal-Ortiz[1] argumenta que a descrição de uma pessoa baseada em como ela é vista pela sociedade não deve se limitar à cor da pele — e era essa uma das lutas do movimento pelos direitos civis da década de 1960 nos Estados Unidos. Por isso, a natureza política da expressão "de cor" deve ser entendida em um contexto mais amplo: como as minorias racializadas, através de etnia ou raça, vêm sendo idealizadas e tratadas pelo Estado no decorrer da história.

É também a razão pela qual evitamos usar o termo "não branco"/"não branca" para descrever raça ou etnia. Ele foi empregado algumas vezes nesta tradução apenas quando condizia com o contexto original. Audre Lorde afirma que o desejo de definir uma pessoa (nós mesmos ou os outros)

---

1 VIDAL-ORTIZ, Salvador. "People of color" [Pessoas de cor]. *In*: SCHAEFER, Richard T. *Encyclopedia of Race, Ethnicity, and Society* [Enciclopédia de raça, etnia e sociedade], v. 1. Los Angeles: Sage, 2008, p. 1.037-9.

vem do desejo de limitação, não de expansão.² Não devemos limitar raças exclusivamente a "branca" ou "não branca". Tatiana Nascimento corrobora a afirmação ao explicar que o termo "não branco" é colonizador, já que a raça branca é tida há séculos como o "único referente viável, possível e pronunciável".³ A expressão "não branco"/"não branca" apenas reafirma que pessoas de cor são diferentes do referencial hegemônico (branco), contando com um simples "não" para abarcar uma imensa multiplicidade racial e étnica.

Já o termo em inglês *brown* não possui correspondência em língua portuguesa. Ele não diz respeito apenas à miscigenação de negros e brancos (como muitas pessoas considerariam o termo "pardo"); abrange, sim, negros e brancos miscigenados, mas também árabes, indianos, paquistaneses e até indígenas. Não se trata, aqui, de um termo político, mas unicamente um descritor da cor da pele humana. Nossa tradução adotou o termo "marrom", já que outros termos atualmente em uso no Brasil não fariam jus à ideia que a autora pretende transmitir.

As palavras "americano" e "americana", referentes à nacionalidade estadunidense, e "latino"/"latina", referentes a pessoas provenientes da América Latina, são criações dos estadunidenses, decorrentes da Doutrina do Destino Manifesto (abordada no primeiro capítulo). Assim como fizemos nesta tradução, sugerimos que o leitor não reproduza o

---

2 LORDE, Audre. "Self-definition and my poetry" [Minha poesia e autodefinição]. *In*: BYRD, R.; COLE, J. B. & GUY-SHEFTALL, B. (Eds.). *I Am Your Sister: Collected and Unpublished Writings of Audre Lorde*. Nova York: Oxford University Press, 2009. p. 156-7. [Ed. bras.: LORDE, Audre. *Sou sua irmã: escritos reunidos e inéditos*. São Paulo: Ubu, 2020.]

3 NASCIMENTO, Tatiana. "Quem nomeou essas mulheres 'de cor'? Políticas feministas de tradução que mal dão conta das sujeitas negras traduzidas", *Translation: Tradução e Diásporas Negras*, n. 13, p. 127-42, jun. 2017.

imperialismo e substitua esses termos por "estadunidense" e "latino-americano"/"latino-americana", respectivamente.

Boa leitura.

Thalita Bento
Julho de 2020

AOS PAIS, IRMÃOS, IRMÃS, PARCEIROS, PARCEIRAS, AMIGOS E AMIGAS DAQUELES QUE FORAM MORTOS PELA POLÍCIA, OU SOFRERAM OUTRAS FORMAS DE VIOLÊNCIA SANCIONADA PELO ESTADO, E AINDA PERMANECEM COMPROMETIDOS COM A LUTA POR UM MUNDO JUSTO

DESCUBRA AQUILO A QUE AS PESSOAS SILENCIOSAMENTE SE SUBMETEM E VOCÊ TERÁ ENCONTRADO A MEDIDA EXATA DA INJUSTIÇA E DAS MALDADES QUE PODE IMPOR SOBRE ELAS, E ESTAS CONTINUARÃO ATÉ QUE ENCONTREM RESISTÊNCIA, SEJA COM PALAVRAS, COM GOLPES, OU AMBOS. OS LIMITES DOS TIRANOS SÃO PRESCRITOS PELA TOLERÂNCIA DAQUELES QUE SÃO OPRIMIDOS POR ELES.

— Frederick Douglass (1857)

INTRODUÇÃO
O DESPERTAR NEGRO NOS ESTADOS UNIDOS DE OBAMA

Não estou triste porque os negros estadunidenses estejam se rebelando; isso não era apenas inevitável, mas eminentemente desejável. Sem esse fermento magnífico entre os negros, os velhos pretextos e protelações teriam continuado indefinidamente. Homens negros fecharam, com força, a porta para um passado de passividade mortal. Exceto pelos anos de Reconstrução dos Estados Unidos, eles nunca, em sua longa história em solo estadunidense, lutaram com tamanha criatividade e coragem pela sua liberdade. Estes são nossos anos favoráveis à eclosão; embora sejam dolorosos, não podem ser evitados. [...] Diante dessas circunstâncias difíceis, a revolução negra é muito mais do que uma luta pelos direitos dos negros. Está forçando os Estados Unidos a enfrentar todas as suas falhas inter-relacionadas — racismo, pobreza, militarismo e materialismo. Está expondo os males que estão profundamente enraizados na estrutura de nossa sociedade como um todo. Revela falhas sistêmicas em vez de superficiais e sugere que a reconstrução radical da própria sociedade é o verdadeiro tópico a ser enfrentado. [...] Os dissidentes de hoje dizem a uma maioria complacente que chegou o tempo, que evadir-se ainda mais da responsabilidade social em um mundo turbulento vai atrair desastre e morte. Os Estados Unidos ainda não mudaram, porque muitos acham que não precisam mudar, mas essa é a ilusão dos condenados. Os Estados Unidos devem mudar porque 23 milhões de cidadãos negros não vão mais viver intensamente em um passado miserável. Eles deixaram o vale do desespero; eles encontraram força na luta. Acompanhados por aliados brancos, eles vão balançar os muros da prisão até cair. Os Estados Unidos devem mudar.
— Martin Luther King (1969)

Martin Luther King escreveu essas palavras em 1969, semanas antes de seu assassinato, enquanto a "eminentemente desejável" rebelião negra surgia pelas ruas dos Estados Unidos, provando que a retórica triunfalista do *American dream* [sonho americano] não fazia sentido. Embora os Estados Unidos sejam considerados uma "sociedade rica", para a grande maioria dos negros estadunidenses desemprego, subemprego, moradia abaixo do padrão e brutalidade policial constituíam o que Malcolm X uma vez descreveu como *American nightmare* [pesadelo americano]. De fato, o ônus implacável dessas condições impulsionaria mais de meio milhão de afro-estadunidenses — quase o mesmo número de soldados enviados para lutar no Vietnã — a se rebelar na "terra da liberdade" ao longo dos anos 1960.

Estabelecer comparações entre épocas distintas raramente é útil, e é ainda menos útil olhar para o passado e dizer que nada mudou. Mas, nas palavras de King, são as continuidades dolorosas entre o presente e o passado que nos lembram de que, em alguns casos, o passado ainda não é passado. Ao longo de dez meses, do verão e do outono de 2014 até o inverno e a primavera de 2015, os Estados Unidos foram sacudidos por protestos em massa, liderados por afro-estadunidenses em resposta ao assassinato de Michael Brown, jovem negro morto pela polícia. No calor de agosto, as pessoas de Ferguson, no estado do Missouri, fizeram levantes e chamaram a atenção do mundo à crise das práticas policiais racistas nos Estados Unidos. Oito meses depois, a cerca de 65 quilômetros da capital do país, a cidade de Baltimore, em Maryland, explodiu em fúria contra a morte do jovem Freddie Gray, também assassinado pela polícia.

As palavras de King poderiam facilmente descrever o surgimento desse movimento de protestos. O que começou em Ferguson como uma luta local de negros — que por mais de cem dias "fecharam, com força, a porta para a passividade mortal" na busca de justiça para Brown — transformou-se em um movimento nacional contra a brutalidade policial e os assassinatos de afro-estadunidenses desarmados cometidos diariamente pela polícia. Não é exagero dizer que homens e mulheres de farda, patrulhando as ruas dos Estados Unidos, receberam licença para matar — e demonstraram consistente propensão a usá-la. A violência policial, incluindo homicídio e tentativa de homicídio, é frequentemente dirigida a afro-estadunidenses. O caso da Filadélfia é um exemplo: a cidade da Pensilvânia é o berço da democracia estadunidense, e também abriga uma das polícias mais brutais do país. Quando o Departamento de Justiça dos Estados Unidos conduziu uma investigação sobre o Departamento de Polícia da Filadélfia, entre 2007 e 2013, constatou-se que 80% das pessoas nas quais os policiais da Filadélfia atiraram no período eram afro-estadunidenses, embora eles representem menos da metade da população da cidade.[11] No entanto, talvez a descoberta mais importante seja que, apesar dos disparos policiais contra pessoas desarmadas, violando os próprios padrões e regras da tropa, é praticamente impossível punir — muito menos indiciar, prender ou processar — a polícia por esse comportamento

---

[11] APUZZO, Matt. "Justice Dept., Criticizing Philadelphia Police, Finds Shootings by Officers Are Common" [O Departamento de Justiça, em crítica à Polícia da Filadélfia, descobre que tiroteios de oficiais são comuns], *The New York Times*, 23 mar. 2015.

criminoso. Por exemplo, na Filadélfia, nos 382 tiroteios que tiveram participação da polícia, apenas 88 policiais foram considerados transgressores da política do departamento. Em 73% desses casos, não houve suspensão dos policiais ou rescisão de seus contratos de trabalho.[12]

Não é preciso dizer que assassinato e brutalidade policiais são apenas a ponta do *iceberg* quando se trata do sistema de justiça criminal estadunidense. Por que um novo movimento tem a frase "vidas negras importam" como *slogan* quando é tão óbvio que, para a polícia, vidas negras não importam nem um pouco? De fato, é impossível entender o intenso policiamento nas comunidades negras sem analisar um contexto mais amplo de décadas de campanha de guerra às drogas e os efeitos do encarceramento em massa. Hoje, os Estados Unidos representam 5% da população mundial, mas 25% da população carcerária do mundo. Há mais de um milhão de afro-estadunidenses na prisão, já que negros são encarcerados numa proporção seis vezes maior do que brancos. A excessiva e sistemática prisão de pessoas negras, e de homens negros em particular, tem confundido raça com risco e criminalidade — o que legitima a inspeção minuciosa nas comunidades negras, bem como as consequências dessas inspeções. Como Michelle Alexander apontou no livro *A nova segregação: racismo e encarceramento em massa*, a prisão de homens negros os conduziu ao estigma social e à marginalização econômica, deixando boa parte deles com poucas opções de sobrevivência, exceto o envolvimento em atividades criminosas. Quando a probabilidade de homens brancos com antecedentes criminais conseguirem um emprego é igual à de homens negros *sem* antecedentes criminais, só se pode imaginar as poucas perspectivas de

---

[12] APUZZO, Matt. "Justice Dept., Criticizing Philadelphia Police, Finds Shootings by Officers Are Common", *The New York Times*, 23 mar. 2015.

trabalho legítimo para os negros que retornam de presídios e penitenciárias. Todo o sistema de justiça criminal opera à custa de comunidades afro-estadunidenses e da sociedade como um todo.

Essa crise vai além das altas taxas de encarceramento; na verdade, é a perpetuação de estereótipos profundamente enraizados, que retratam os afro-estadunidenses como particularmente perigosos, imunes à dor e ao sofrimento, descuidados e despreocupados, isentos de empatia, solidariedade ou humanidade básica, que permite que a polícia mate negros impunemente. Quando o policial Darren Wilson, de Ferguson, testemunhou ao júri sobre seu confronto com Mike Brown, ele parecia descrever uma briga contra um monstro, não com uma pessoa de dezoito anos. Apesar de Wilson e Brown terem a mesma altura, Wilson disse que sentiu como se estivesse sendo jogado para lá e para cá, como uma boneca de pano, e que se Brown lhe desse um soco na cara, seria fatal. Wilson então descreveu Brown como um "demônio" que fez "grunhidos" antes de, inexplicavelmente, decidir atacar um policial que já havia atirado nele uma vez e estava pronto para atirar novamente.[13] Wilson atribuiu uma força sobre-humana a Brown, e relatou que Brown atravessava uma chuva de balas, deixando o policial sem alternativa, senão continuar atirando.[14] É uma história inacreditável, que se apoia na completa falta de crença na humanidade de Brown, em sua natureza humana.

---

13 CAVE, Damien. "Officer Darren Wilson's Grand Jury Testimony in Ferguson, Mo., Shooting" [Policial Darren Wilson dá seu depoimento sobre o tiroteio ao júri de Ferguson, Missouri], *The New York Times*, 25 nov. 2014.
14 CALAMUR, Krishnadev. "Ferguson Documents: Officer Darren Wilson's Testimony" [Documentos de Ferguson: depoimento do policial Darren Wilson], *NPR.org*, 25 nov. 2014.

Os Estados Unidos são frequentemente chamados de sociedade com "daltonismo racial"[15] ou, ainda, de sociedade "pós-racial",[16] na qual, no passado, a raça pode ter sido um obstáculo para uma vida bem-sucedida. Hoje dizem que a raça não importa. A discriminação racial, sancionada por lei no Sul e praticada normalmente e com políticas públicas no Norte do país durante grande parte do século XX, causou disparidades entre negros e brancos no que diz respeito a empregos, pobreza, qualidade de moradia e acesso à educação. Mas, depois das lutas pela libertação negra nos anos 1960, remover o fator racial da lei e mudar atitudes em relação à raça deveriam conduzir a um novo período de sucesso e conquistas sem restrições para os negros. O fato de uma família afro-estadunidense habitar a Casa Branca, um edifício construído por escravos em 1795, é um exemplo poderoso da transformação da realidade dos Estados Unidos e das atitudes do país em relação à raça. Além da presidência de Barack Obama [2009-2017], milhares de políticos negros eleitos, uma camada de diretores executivos negros, membros da alta sociedade de Hollywood e atletas profissionais multimilionários negros dão vida a essa paisagem "pós-racial". O sucesso de um número relativamente pequeno de afro-estadunidenses dá suporte ao espírito de daltonismo racial no país, bem como à ideia de que o racismo ficou no passado. Destratar alguém com base na raça é visto como produto de um comportamento pessoal e moral obsoleto, mas "não é mais natural ou sancionado por leis e hábitos costumeiros", como sugeriu o presidente Obama em um

---

15 Em busca de construir uma ponte de diálogo entre a análise da autora e a produção de estudos raciais brasileiros, a tradução do conceito em inglês (*colorblind*) faz referência ao que, no Brasil, se denomina "daltonismo racial". [N.T.]

16 O termo "sociedade pós-racial" refere-se a uma sociedade que alega ter ultrapassado o racismo. [N.T.]

discurso comemorativo dos cinquenta anos da Lei dos Direitos de Voto.[17]

É exatamente por isso que o espetáculo descontrolado de assassinatos e brutalidade policial se transformou em uma crise política. Afinal, os Estados Unidos não afirmam passivamente ser uma sociedade racialmente daltônica: o país promove ativamente o daltonismo racial como exemplo de suas tradições democráticas e de sua autoridade para policiar o mundo. A Casa Branca e políticos de ambos os partidos[18] têm usado isso como desculpa para cortar programas sociais e outros tópicos do setor público, negando a condição crucial de que a discriminação prejudica a vida negra nos Estados Unidos. Em outras palavras, se a demanda central do movimento pelos direitos civis nos anos 1960 era a intervenção federal para agir contra a discriminação e atuar afirmativamente a fim de melhorar a qualidade de vida de negros estadunidenses, promover os Estados Unidos como um país racialmente daltônico ou pós-racial levou ao caminho oposto, pois essa afirmação é usada para justificar o desmantelamento da capacidade do Estado de intimidar a discriminação.

A Suprema Corte fez precisamente isso em relação ao direito ao voto, decretando, essencialmente, que o racismo não prejudica mais o acesso à votação, como clara e comprovadamente acontecia na era das leis Jim Crow.[19] Ao revogar a Lei dos Direitos de Voto, John Roberts, presidente

---

17 RHODAN, Maya. "Read the Full Text of Obama's Speech in Selma" [Leia na íntegra o texto do discurso de Obama em Selma], *Time*, 7 mar. 2015.
18 A autora se refere aos dois principais partidos políticos estadunidenses: Democrata e Republicano. [N.T.]
19 As leis Jim Crow, em vigor entre 1870 e 1965, impunham a segregação racial no Sul dos Estados Unidos, exigindo instalações separadas para brancos e negros em todos os locais públicos. [N.T.]

da Suprema Corte, disse: "Nosso país mudou nos últimos cinquenta anos", acrescentando que o Congresso precisava "falar sobre as condições atuais".[20] É certo que o país mudou, mas a passagem do tempo por si só não garante uma mudança para melhor. A justiça não é uma parte natural do ciclo de vida dos Estados Unidos, tampouco é um produto da evolução: é sempre resultado de luta.

Esses ataques não têm apenas consequências para cidadãos negros comuns, mas também são um "cavalo de Troia" que oculta um ataque muito mais amplo contra todas as pessoas da classe trabalhadora, incluindo brancos e latino-americanos. Certamente, os afro-estadunidenses são mais desfavorecidos em decorrência do fim do Estado de bem-estar social, mas, em um país com crescente desigualdade econômica, a restrição de orçamentos e os ataques políticos ao bem-estar social deixam vulneráveis todos os cidadãos comuns. É um exemplo de como, contraditoriamente, cidadãos comuns brancos também têm interesse em expor a natureza racista da sociedade estadunidense, pois isso legitima a demanda por um regime de bem-estar social amplo e robusto, destinado à redistribuição da riqueza e dos recursos dos ricos de volta à classe trabalhadora, composta por negros, marrons[21] e brancos. Por outro lado, é também por

---

20 SAVAGE, David G. "Supreme Court Strikes Down Key Section of Voting Rights Act" [Suprema Corte revoga seção fundamental da Lei dos Direitos de Voto], *Los Angeles Times*, 25 jun. 2013.

21 Em inglês, o termo "*brown*" ("marrom", em tradução literal) refere-se ao resultado da miscigenação entre negros e brancos, mas também a árabes, indianos, paquistaneses, indígenas etc. É usado unicamente para descrever a cor da pele humana. Optamos por traduzi-lo como "marrom", pois outras denominações atualmente em uso no Brasil, como "pardo", por exemplo, não fariam jus à ideia que a autora pretende transmitir. [N.T.]

isso que as elites políticas e econômicas têm tanto interesse em investir no daltonismo racial e na perpetuação do mito de que os Estados Unidos são uma meritocracia. Os holofotes que agora incidem no abuso generalizado da polícia, do qual fazem parte contínuos espancamentos, mutilações e assassinatos de negros, desestabilizam a ideia de daltonismo racial nos Estados Unidos e, assim, restabelecem uma base para o fortalecimento de diretrizes de fiscalização e medidas contra a discriminação. Nesse processo, de modo inevitável, surgem grandes questões quanto à natureza de uma sociedade que permite que a polícia ataque e mate descaradamente tantos afro-estadunidenses. Por essa razão, o problema constante da violência policial é fulminante, especialmente neste momento histórico tão particular de suposto daltonismo racial no auge do poder negro na política. De fato, tendo um presidente, um procurador-geral[22] e um chefe de polícia da Filadélfia negros,[23] a nação foi levada a discutir sobre a reforma da polícia. No entanto, com os meios de comunicação exibindo relatos quase diários de brutalidade e assassinatos cometidos pela polícia, essa demonstração sem precedentes do poder negro na política parece significar muito pouco na vida de cidadãos negros comuns, que possuem quase nenhuma força.

---

22 Referência a Eric Holder, procurador-geral dos Estados Unidos entre 2009 e 2015. [N.E.]
23 Durante o período de Barack Obama na Casa Branca (2009-2017), a Filadélfia teve três chefes de polícia negros: Sylvester Johnson (2002-2008), Charles H. Ramsey (2008-2015) e Richard Ross Jr. (2016-2019). [N.E.]

DUAS SOCIEDADES NEGRAS: SEPARADAS E DESIGUAIS

Como explicar a ascensão de um presidente negro, ao lado do exponencial crescimento da classe política negra e do surgimento de uma pequena, porém significativa, elite econômica negra, juntamente com a emergência de um movimento social cujo *slogan* mais conhecido é um lembrete e uma advertência de que "vidas negras importam"? Exemplos de ascendência negra têm sido usados para louvar a grandeza dos Estados Unidos, assim como reiterou Obama ao afirmar que, "enquanto eu viver, nunca esquecerei de que em nenhum outro país da Terra minha história seria igualmente possível".[24] Ao mesmo tempo, pobreza, aprisionamento e mortes prematuras da população negra são amplamente vistos como produtos de insolência e de responsabilidade pessoal relapsa dos negros. Na realidade, essas experiências divergentes são motivadas por profundas diferenças de classe entre os afro-estadunidenses, o que permitiu o prestígio de alguns, enquanto a grande maioria definha em um desespero impulsionado pela desigualdade econômica que permeia toda a sociedade. Aqui, como no resto do mundo, com a era neoliberal de reforma do livre-mercado, a redução de gastos em programas sociais e a diminuição de impostos para grandes corporações, os ricos produziram uma desigualdade que não se via desde a década de 1920, no mínimo. Como apontou o Occupy Wall Street[25] em 2011, 1% da população mais rica

---

24 "Obama Speech on Race" [Discurso de Obama sobre raça], *The New York Times*, 18 mar. 2018.
25 Occupy Wall Street (Ocupe Wall Street, em tradução livre) foi um protesto contra a desigualdade econômica iniciado em 17 de setembro de 2011, no distrito financeiro de Wall Street, em Nova York. Esse protesto deu

controla 40% da riqueza dos Estados Unidos. De 1978 a 2013, a remuneração de diretores executivos, ajustada pela inflação, aumentou 937% em comparação com o insípido aumento de 10% na remuneração de um trabalhador comum no mesmo período.[26] Como sempre, a desvantagem econômica e a desigualdade social têm um impacto desproporcional sobre os negros estadunidenses.

De fato, a diferença entre ricos e pobres é ainda mais acentuada entre os negros. Os brancos mais ricos têm 74 vezes mais riqueza do que uma família branca convencional. Mas, entre afro-estadunidenses, as famílias mais ricas têm, surpreendentemente, duzentas vezes mais riqueza do que uma família negra convencional. O 1% dos estadunidenses mais ricos é composto por 1,4% de negros — cerca de dezesseis mil entre os catorze milhões de famílias negras dos Estados Unidos. O patrimônio médio de cada uma dessas famílias é de 1,2 milhão de dólares, em contraste aos seis mil dólares de uma família negra convencional.[27] Essas diferenças de classe influenciam a maneira de vivenciar o mundo e as conclusões políticas dessas experiências. Diferenças de classe sempre existiram entre afro-estadunidenses, mas o manto de racismo instituído legalmente em uma era preliminar criou um vínculo entre os negros, dando origem à comunidade negra. Hoje, a ausência de barreiras formais às conquistas políticas e econômicas por parte dos negros tem

origem ao movimento Occupy, de reivindicações contra o sistema financeiro e em prol de equidade social nos Estados Unidos e em outros países. [N.T.]

[26] DAVIS, Alyssa & MISHEL, Lawrence. "CEO Pay Continues to Rise as Typical Workers Are Paid Less" [Salários de diretores executivos continuam subindo enquanto trabalhadores médios recebem menos], *Economic Policy Institute*, 12 jun. 2014.

[27] MOORE, Antonio. "The Decadent Veil: Black America's Wealth Illusion" [O véu da decadência: a ilusão de riqueza da América negra], *Huffington Post*, 5 out. 2014.

permitido um maior contraste entre os afro-estadunidenses e desgastado as noções de "comunidade".

Isso não significa que as elites negras possam transcender completamente o racismo. A elite negra é muito menor do que a elite branca: seus membros têm dívidas maiores e patrimônios menores quando comparados aos brancos ricos. Mas isso significa que, de modo geral, eles vivenciam a desigualdade racial de maneira diferente em comparação aos afro-estadunidenses pobres e da classe trabalhadora, e tiram conclusões também diferentes sobre o significado dessas experiências. Em 2007, uma pesquisa do Pew Research Center mostrou que 40% dos negros estadunidenses afirmam que, devido à "diversidade dentro de sua comunidade, os negros não podem mais ser vistos como uma única raça" (Pew Research Center & National Public Radio, 2007). Além disso, 61% dos negros estadunidenses disseram que os "valores dos negros da classe média e os valores dos negros mais pobres tornaram-se diferentes". Negros mais instruídos, em comparação a negros que receberam menos educação formal, têm mais probabilidade de dizer que a "disparidade de valores" dentro da comunidade negra se expandiu durante a última década. Por último, ainda segundo a pesquisa, negros estadunidenses de baixa renda sugerem que as diferenças de valores e de identidade entre os negros "são mais percebidas pelos negros da camada socioeconômica mais baixa" (Pew Research Center & National Public Radio, 2007).

O sucesso das elites negras, especificamente, valida a base política e econômica da sociedade estadunidense, reafirmando os aparentes defeitos pessoais daqueles que não tiveram sucesso. Culpar os negros pelas desigualdades sociais sofridas pela população negra não é um argumento novo: os movimentos sociais da década de 1960 fizeram grandes críticas à pobreza e à miséria da população negra, definindo-as como produtos de uma sociedade que, por muito tempo, prosperou com a opressão e a exploração dos afro-estadunidenses. O revolucionário negro Stokely Carmichael e o cientista social Charles Hamilton cunharam o termo "racismo institucional" no livro *Black Power* [Poder negro] (Carmichael & Hamilton, 1967, p. 5-7). O termo era visionário, antecipando a futura tendência ao daltonismo racial e à ideia de que o racismo só estaria presente se a intenção fosse incontestável. Racismo institucional ou racismo estrutural podem ser definidos como políticas, programas e práticas de instituições públicas e privadas que resultam em maiores taxas de pobreza, desapropriação, criminalização, doenças e, finalmente, mortalidade da população negra. E o mais importante é o resultado, não as intenções dos indivíduos envolvidos. O racismo institucional continua sendo a melhor maneira de entender como a miséria dos afro-estadunidenses ainda perdura em um país tão rico e cheio de recursos. Compreender isso é crucial para combater as acusações de que os negros dos Estados Unidos são os principais responsáveis pela situação em que se encontram.

O debate sobre a natureza da desigualdade da população negra não traz benefícios, mas profundas implicações políticas à organização da sociedade estadunidense de forma geral. O ato de realçar a cultura negra como razão da desigualdade da população negra não nasceu do ódio contra o povo negro; sua função é justificar que a experiência negra é algo que existe fora da narrativa de livre mobilidade social estadunidense (a busca da felicidade e igualdade para todos), ou seja, uma maneira de tirar a culpa do sistema estadunidense e, simultaneamente, responsabilizar os afro-estadunidenses por suas próprias dificuldades. Contudo, qualquer investigação séria sobre a história da vida dos negros nos Estados Unidos anula todas as hipóteses do excepcionalismo estadunidense.[28]

---

[28] "Excepcionalismo estadunidense" é um termo usado para descrever o imaginário coletivo de país liberal,

Após o fim da escravidão, explicações populares sobre a pobreza e a marginalização dos negros navegavam entre biologia e cultura, mas os ideais da livre-iniciativa e da "contraditória" democracia estadunidense nunca foram seriamente questionados. O movimento pelos direitos civis e a revolução Black Power, que se desenrolaram ao longo da década de 1960, definiram o racismo institucional — e não as práticas culturais ou familiares dos negros — como explicação central para a desigualdade da população negra. Isso foi realçado por um relatório elaborado a partir das descobertas de uma investigação federal sobre as causas da "desordem civil" durante a década de 1960. Nesse relatório, a Comissão Kerner declarou claramente que o "racismo branco" era responsável pela pobreza negra: "A sociedade branca o criou, as instituições brancas o mantêm, e a sociedade branca o aceita" (Comissão Kerner & Wicker, 1968, p. 10). O fato de o próprio Estado ter sido cúmplice do domínio sobre vidas negras legitimou que os negros exercessem seu direito de exigir que o Estado interviesse e desfizesse o que ele tinha evidentemente ajudado a criar. Mas essa demanda só se aplicava quando o movimento estava nas ruas. Como o movimento retrocedeu na década de 1970, e um ataque político bipartidário sobre o Estado de bem-estar social ganhou força, os mantras de "cultura da pobreza" e "responsabilidade pessoal" ressurgiram como explicações comuns para a carência da população negra.

Hoje, acredita-se que os vários problemas que permeiam as comunidades negras são, em grande parte, causados pela própria população negra. Com efeito, o presidente Obama, ao se dirigir a uma plateia de estudantes universitários negros, incentivou: "Não temos tempo para desculpas", como se as grandes taxas de desemprego e pobreza

progressista, democrático e civilizado existente nos Estados Unidos. [N.T.]

vivenciadas pelos afro-estadunidenses fossem produtos de "desculpas". Essas repreensões não são apenas feitas pela elite negra: 53% dos afro-estadunidenses afirmam que os negros que não progridem são os principais responsáveis pela situação em que se encontram, enquanto somente 30% dizem que a culpa é da discriminação (Pew Research Center & National Public Radio, 2007). A premissa de que a desigualdade negra seja resultado de negligência dos negros com a ética do trabalho e com a autossuficiência das comunidades negras foi reforçada pela visibilidade da elite negra. Nesse contexto, a eleição de Barack Obama foi vista como o auge da conquista negra e, como era de se esperar, como o fim das queixas raciais.

O DESPERTAR NEGRO NOS ESTADOS UNIDOS DE OBAMA

Há, no entanto, rupturas recorrentes na narrativa estadunidense sobre o triunfo do país contra o racismo enquanto característica determinante da sociedade. O assassinato de Emmett Till,[29] em 1955, destruiu a retórica de superioridade moral e democrática da sociedade estadunidense quando os Estados Unidos estavam no auge da Guerra Fria. A luta pela libertação negra na década de 1960, que acontecia ao mesmo tempo que os Estados Unidos travavam guerra com o Vietnã (supostamente em nome da liberdade), expôs internacionalmente o país como profundamente

---

29 Jovem negro de catorze anos linchado após ser acusado de assediar uma mulher branca em Money, Mississippi. O assassinato brutal chamou a atenção para a violência sistemática contra os afro-estadunidenses, e Emmett Till tornou-se um ícone do movimento pelos direitos civis nos Estados Unidos. [N.E.]

racista e resistente à igualdade ou à libertação negra. Mais recentemente, as manifestações de Los Angeles,[30] em 1992, reacenderam a discussão nacional sobre a persistência da desigualdade racial. Em 2005, a resposta vergonhosa da administração George W. Bush ao furacão Katrina[31] submergiu momentaneamente as radiantes autoavaliações da sociedade estadunidense, numa época em que o país estava, mais uma vez, invadindo e travando guerra — dessa vez contra o Iraque e o Afeganistão, respectivamente — em nome da liberdade e da democracia.

Hoje, o nascimento de um novo movimento contra o racismo e a polícia está destruindo a ilusão de daltonismo racial e pós-racialização dos Estados Unidos. Os clamores "Hands up, don't shoot" [Mãos ao alto, não atire], "I can't breathe" [Não consigo respirar] e "Black lives matter" [Vidas negras importam] foram ouvidos em todo o país, e dezenas de milhares de pessoas se mobilizaram para exigir o fim da desmedida brutalidade policial e do assassinato de afro-estadunidenses. É quase sempre impossível dizer quando e onde um movimento vai surgir, mas sua eventual ascensão é quase sempre previsível. Semanalmente, as redes sociais estão repletas de histórias de policiais brutalizando cidadãos comuns, ou matando os jovens, os negros e — quase sempre — os desarmados. O advento das redes sociais

---

30 As manifestações de Los Angeles, na Califórnia, tiveram início em 29 de abril de 1992, depois da absolvição de quatro policiais filmados enquanto espancavam Rodney King, um motorista negro desarmado. Em 81 segundos de filmagem, King foi agredido 56 vezes. O vídeo foi amplamente divulgado pela TV. [N.T.]
31 Em 29 de agosto de 2005, o furacão Katrina causou estragos em diversos estados no Leste dos Estados Unidos. A área mais afetada foi a região de Nova Orleans, em Louisiana: 80% da cidade ficou submersa. Na época, 70% da população local era composta por afro-estadunidenses. [N.T.]

praticamente zerou o atraso entre o acontecimento de um incidente e sua divulgação pública. Quando a grande mídia normalmente subestimava ou até ignorava as reivindicações sobre abuso e corrupção policiais, a proliferação de *smartphones* equipados com gravadores de áudio e câmeras deu ao público a capacidade de registrar esses incidentes e compartilhá-los em diversas plataformas *on-line*.

Historicamente, incidentes de brutalidade policial provocavam revoltas negras, mas eles são apenas a ponta do *iceberg*, e não a totalidade do problema. Nos dias atuais não é diferente. Embora seja surpreendente que um movimento de protesto negro tenha surgido durante a presidência de Obama, a relutância de seu governo em abordar qualquer uma das questões enfrentadas pelas comunidades negras fez com que suas dificuldades se agravassem. Os afro-estadunidenses mobilizaram níveis históricos de apoio a Obama nas eleições presidenciais de 2008 e 2012, com base em suas promessas de esperança e mudança e sua declaração de que "Yes, We Can" [Sim, nós podemos] acabar com a guerra no Iraque. Talvez o maior atrativo para os afro-estadunidenses tenha sido a esperança de se libertar da indiferença com a qual o governo Bush tratou o sofrimento dos negros quando da catástrofe do furacão Katrina, por exemplo. De qualquer forma, porém, durante a gestão de Obama, os afro-estadunidenses enfrentaram a mesma indiferença e discriminação — que, em alguns casos, se tornaram ainda piores. A taxa de desemprego da população negra se manteve em dois dígitos durante toda a presidência de Obama. Os negros formados na universidade têm duas vezes mais chances de ficarem desempregados do que os brancos graduados, e 12% dos negros formados, em comparação aos 4,9% dos brancos formados, estavam desempregados em 2014.[32] Até os formandos

---

[32] COHEN, Patricia. "For Recent Black College Graduates, a Tougher Road to Employment" [Um caminho

negros que, "sem dar desculpas", foram à faculdade e — como o presidente Bill Clinton gostava de dizer — "aderiram às regras" ainda se saíram significativamente pior do que seus colegas brancos.

Especialistas, assim como políticos, comemoram o que eles chamam de recuperação econômica da Grande Recessão de 2008, mas, para os negros estadunidenses, o longo inverno de crise continua turbulento — o que pode ser comprovado nitidamente pelos 27% de afro-estadunidenses que vivem na pobreza (Kaiser Family Foundation, 2015). A taxa nacional de pobreza dos afro-estadunidenses pode turvar a real intensidade da miséria negra concentrada em algumas áreas do país, especialmente no Sul. Também no Centro-Oeste a pobreza da população negra é intensa, incluindo 46% em Minnesota, 39% em Wisconsin e 34% em Michigan. Desde o começo do mandato de Obama, a renda anual média dos negros caiu 10,9%, totalizando 33,5 mil dólares; para os brancos, a queda foi de 3,6%, totalizando uma renda média anual de 58 mil dólares.[33] A pobreza contribui para uma série de outros problemas sociais: 26% das famílias negras padecem de "insegurança alimentar", eufemismo do governo para descrever a fome; 30% das crianças negras estão com fome; 25% das mulheres negras não possuem plano de saúde; 65% de todos os novos diagnósticos de aids se concentram entre as mulheres negras. Nas grandes cidades, as mulheres negras são tão propensas ao despejo quanto os homens negros o são à prisão: em Milwaukee, Wisconsin, embora as mulheres negras sejam 9% da população, elas representam 30% dos desalojamentos

mais árduo para o emprego para negros recém-formados na faculdade], *The New York Times*, 24 dez. 2014.
33 HICKEY, Jennifer. "Race Gap: Black Falls Further Behind under Obama" [Lacuna racial: negros ficam para trás na gestão de Obama], *Newsmax*, 8 jan. 2014.

na cidade.[34] O racismo e a pobreza possuem um efeito dominó implacável na vida dos negros estadunidenses pobres ou pertencentes à classe trabalhadora. A pobreza é apenas um fator para ilustrar o aumento cada vez maior da desigualdade econômica entre afro-estadunidenses e brancos. Ao longo dos últimos 25 anos, a disparidade entre patrimônios triplicou: hoje, o patrimônio médio (o que é diferente da renda) de uma família branca é de 91,4 mil dólares, em comparação ao patrimônio médio de 6,4 mil dólares das famílias negras estadunidenses.[35]

Se houvesse um único indicador para medir o *status* das mulheres negras nos Estados Unidos, este seria a comparação entre o patrimônio médio de mulheres solteiras — negras e brancas. Um estudo de 2010 apontou que o patrimônio médio de mulheres brancas solteiras era de 41,5 mil dólares, ao lado de insignificantes cem dólares para mulheres negras solteiras.[36] A histórica quebra do mercado imobiliário estadunidense, em 2008, acabou com os bens de muitos afro-estadunidenses. No auge da onda de créditos imobiliários, em meados dos anos 2000, quase metade dos empréstimos e créditos concedidos aos negros estadunidenses era do tipo *subprime*.[37] Hoje, de acordo com

---

[34] DESMOND, Matthew. "Evictions: a Hidden Scourge for Black Women" [Despejos: um flagelo oculto para mulheres negras], *The Washington Post*, 16 jun. 2014.
[35] LUHBY, Tami. "5 Disturbing Stats on Black-White Financial Inequality" [Cinco estatísticas perturbadoras sobre a desigualdade financeira entre negros e brancos], CNN *Money*, 21 ago. 2014.
[36] HUNT, Jazelle. "Black Women Face Challenges in Building Wealth" [Mulheres negras encaram desafios para construir patrimônio], *The Sacramento Observer*, 8 abr. 2015.
[37] O termo "*subprime*" refere-se a um crédito de alto risco concedido a um cliente que possui maior chance de inadimplência e com uma taxa consideravelmente mais alta do que o convencional (*prime*). [N.T.]

o Center for Responsible Lending [Centro para empréstimos responsáveis], quase 25% das famílias negras que compraram casas durante aquele período correm o risco de perdê-las.[38] Como já amplamente divulgado, a crise acabou com dezenas de bilhões de dólares de patrimônio que os negros haviam investido em imóveis, e mais de 240 mil afro-estadunidenses perderam suas casas.[39] Em Detroit, por exemplo — cidade que outrora ostentou uma das maiores taxas de negros com propriedades imobiliárias no país —, mais de um terço das famílias negras que receberam crédito imobiliário entre 2004 e 2008 ficaram sujeitas a despejo (Campanha Anti-Despejo de Chicago, 2014). Os créditos imobiliários eram como "bombas-relógio" que, eventualmente, explodiam, fazendo com que os negros proprietários de imóveis, cujo patrimônio acumulado já era escasso, desaparecessem.[40]

Barack Obama tornou-se presidente quando os negros mais precisavam de ajuda, mas fez extremamente pouco. Quando concorreu novamente à presidência, em 2012, ele tranquilizou a nação (ou, pelo menos, os eleitores brancos): "Eu não sou o presidente dos Estados Unidos dos negros. Eu

---

[38] KELLY, Kimbriell & SULLIVAN, John. "In Fairwood, Dreams of Black Wealth Foundered Amid the Mortgage Meltdown" [Sonhos de riqueza negra afundaram em meio ao colapso das hipotecas], *The Washington Post*, 25 jan. 2015.

[39] BAPTISTE, Nathalie. "Staggering Loss of Black Wealth due to Subprime Scandal Continues Unabated" [Perda impressionante de riqueza dos negros em razão do escândalo *subprime* continua inabalável], *American Prospect*, 13 out. 2014.

[40] GOTTESDIENER, Laura. "The Great Eviction: Black America and the Toll of the Foreclosure Crisis" [O grande despejo: América negra e os danos da crise hipotecária], *Mother Jones*, 1º ago. 2013.

sou o presidente dos Estados Unidos da América".[41] Obama não somente relutou em oferecer ou apoiar uma agenda negra como também desempenhou um papel destrutivo na legitimação do discurso da "cultura da pobreza", já discutido anteriormente. Numa época em que todo o Ocidente apontava a corrupção praticada em Wall Street e as apostas de risco ilícitas no mercado financeiro global como causas da crise mundial, Obama culpava o "Primo Pookie",[42] os hábitos alimentares das famílias negras, o programa *SportsCenter* do canal de esportes ESPN e os pais negros que não leem histórias para os filhos à noite pelo desemprego ou pela instabilidade familiar nas comunidades negras.[43]

---

[41] TAU, Byron. "Obama: 'I'm not the President of Black America'" [Obama: "Eu não sou o presidente dos Estados Unidos dos negros"], *Politico*, 7 ago. 2012.

[42] Primo Pookie é um personagem fictício presente em alguns discursos de Barack Obama dirigidos a audiências negras, mesmo antes de se tornar presidente. No início de 2008, por exemplo, ele disse: "Se o Primo Pookie votasse, se o Tio Jethro se levantasse do sofá, parasse de assistir ao *SportsCenter*, se registrasse e fosse às urnas, nós poderíamos ter uma política diferente". Sua origem é desconhecida; alguns autores afirmam que Obama usa o nome para se referir àquele "primo preguiçoso" presente "em toda família negra", enquanto outros acreditam que ele tenha se baseado no personagem Pookie, representado pelo ator Chris Rock, um criminoso negro viciado em *crack*, do filme *New Jack City: A Gangue Brutal* (1991), dirigido por Mario Van Peebles. [N.T.]

[43] HENDERSON, Nia-Malika. "Cousin Pookie is Back! And Yes, He is Still Sitting on the Couch" [O Primo Pookie está de volta! E, sim, ele ainda está sentado no sofá], *The Washington Post*, 20 out. 2014.

"MÃOS AO ALTO, NÃO ATIRE"

Os assassinatos de Mike Brown e de uma crescente lista de negros desarmados abriu lacunas na falácia de que os negros que fazem as "coisas certas", quaisquer que sejam essas coisas, poderiam superar a crise do racismo nos Estados Unidos. Afinal, Mike Brown estava apenas andando pela rua. Eric Garner[44] estava parado na esquina. Rekia Boyd[45] estava em um parque com amigos. Trayvon Martin[46] estava andando com um pacote de Skittles e uma lata de chá gelado. Sean Bell[47] estava saindo de sua festa de despedida de solteiro, um dia antes de seu casamento. Amadou Diallo[48] estava saindo do trabalho. A morte deles e a de tantos outros prova que, às vezes, o simples fato de ser negro pode transformar uma pessoa em suspeita — ou levá-la à morte. E, principalmente se a polícia estiver envolvida, é muito mais provável que você seja morto por ter a pele negra do que por qualquer outro fator. Em Ferguson, Missouri, em agosto de 2014, o cansaço, a tristeza, a frustração e a raiva das pessoas pelo trauma desumanizador infligido pelo racismo finalmente transbordaram. Mas o apoio e a solidariedade que se seguiram não foram consequência apenas do que aconteceu em Ferguson. Choveram dezenas de milhares de pessoas nas ruas ao longo do verão, no decorrer do outono e durante o intenso frio do inverno,

---

[44] Eric Garner, negro de 46 anos, assassinado pela polícia de Nova York em 17 de julho de 2014. [N.E.]
[45] Rekia Boyd, negra de 22 anos, assassinada pela polícia de Chicago em 21 de março de 2012. [N.E.]
[46] Trayvon Martin, negro de dezessete anos, assassinado pela polícia de Sanford, Flórida, em 26 de fevereiro de 2012. [N.E.]
[47] Sean Bell, negro de 23 anos, assassinado pela polícia de Nova York em 25 de novembro de 2006. [N.E.]
[48] Amadou Diallo, negro de 23 anos, assassinado pela polícia de Nova York em 4 de fevereiro de 1999. [N.E.]

saídas do poço profundo de exaustão dos negros estadunidenses, já calejados de tanto prestar tributos a outros negros — jovens e velhos, homens e mulheres, transgêneros, *queer* e heterossexuais — mortos pela polícia.

A explosão em Ferguson e os protestos em todo o país aumentaram a crise política, destruíram a ideia de sociedade "pós-racial" e inspiraram outras pessoas a se levantarem contra uma epidemia crescente de assédio policial, brutalidade, corrupção e assassinato que ameaça arrebatar a vida e a personalidade de um número incontável de afro-estadunidenses nas cidades e nos subúrbios. Mas o senso de crise política pode ser medido pelo grau de atenção dada aos protestos por políticos eleitos, que se aglomeram para tentar resgatar a legitimidade das operações policiais e da própria legislação. Enquanto muitos previram a intervenção do reverendo Al Sharpton,[49] a manifestação do procurador-geral Eric Holder foi inesperada: ele viajou para Ferguson para anunciar que oficiais federais garantiriam uma investigação justa do caso. Políticos eleitos publicaram no Twitter que compareceriam ao funeral de Brown, e o presidente Obama foi forçado a fazer declarações públicas reconhecendo o que ele descreveu como "falta de confiança" entre "a comunidade" e a polícia.[50]

O espectro da crise também foi intensificado pelos policiais, que têm se mostrado simplesmente incapazes de parar de matar pessoas negras. Pouco antes do assassinato de Brown, Eric Garner, de 46 anos, morador de Staten

---

[49] Al Sharpton, ativista de direitos civis estadunidense, ministro da Igreja Batista e apresentador do programa de rádio *Keepin' It Real*. Líder da National Action Network (ver Capítulo 6). [N.T.]

[50] FRIZELL, Sam. "Obama: Ferguson Exposed 'Gulf of Mistrust' Between Cops and Communities" [Obama: Ferguson expôs "falta de confiança" entre policiais e comunidades], *Time*, 28 set. 2014.

Island, em Nova York, estava desarmado e cuidando da própria vida quando foi abordado pela polícia e sufocado até a morte. Ofegante, ele disse onze vezes: "Não consigo respirar". Dois dias depois de Brown ter sido assassinado, policiais do Departamento de Polícia de Los Angeles mataram outro jovem negro, Ezell Ford. Meses depois, a autópsia confirmou que Ford fora baleado várias vezes, incluindo um disparo nas costas, enquanto estava deitado no chão.[51] No subúrbio de Dayton, Ohio, a polícia matou a tiros John Crawford III, afro-estadunidense de 22 anos, enquanto ele falava ao celular e segurava uma pistola de ar que estava à venda em um dos corredores do hipermercado Walmart. E, enquanto a nação aguardava a decisão do júri, esperando o indiciamento do policial Darren Wilson pela morte de Brown, a polícia de Cleveland matou a afro-estadunidense Tanisha Anderson, de 37 anos, jogando-a com força no chão e permanecendo sobre ela até seu corpo desfalecer.[52] Na semana seguinte, a polícia de Cleveland atacou novamente: assassinou Tamir Rice, de doze anos, menos de dois segundos depois de chegarem ao parquinho onde o garoto brincava sozinho. Para piorar as coisas, os dois policiais de Cleveland se recusaram a socorrê-lo; preferiram apenas observar Tamir se esvair em sangue. Quando sua irmã de catorze anos tentou ajudá-lo, os policiais a derrubaram no chão.[53] Uma auditoria prévia no Departamento de Polícia

---

[51] YAN, Holly. "Ezell Ford: Autopsy of Unarmed Black Man Shot by Police Shows Key Details" [Ezell Ford: autópsia de homem negro desarmado morto pela polícia revela detalhes importantes], *CNN*, 30 dez. 2014.
[52] BLACKWELL, Brandon. "Cleveland Woman with Mental Illness Died After Police Used Takedown Move, Brother Says" [Mulher com doença mental morre depois de ser derrubada pela polícia, disse o irmão da vítima], *Cleveland.com*, 14 nov. 2014.
[53] "Police Pushed, Cuffed Tamir Rice's Sister After Boy's Shooting, Video Shows" [Vídeo revela que

de Cleveland já apontava que os policiais responsáveis pela morte de Tamir não seguiam a lei, constatando que "costumam usar força desnecessária e incoerente, violando a Constituição", e que "os supervisores toleram esse comportamento e, em alguns casos, o endossam". O relatório ainda descreveu um "padrão ou prática de coerção desproporcional em violação à Quarta Emenda",[54] fazendo "uso desnecessário e excessivo de força letal" e "uso excessivo de força contra pessoas com problemas mentais ou em crise".[55]

Nós sabemos os nomes dessas pessoas devido ao recente movimento que agora insiste em dizer que vidas negras importam. No curto período de um ano, seu impacto é indiscutível e pode ser mensurado a partir de algumas ações: determinadas regiões forçaram a polícia a fixar câmeras ao corpo dos agentes, ou demitiram vários policiais pelo uso de procedimentos violentos ou brutais, o que antes era considerado banal. A efetividade do movimento também pode ser verificada por meio da prisão por assassinato de um pequeno número de policiais que, antes, sequer teriam sido advertidos, e pela mudança do discurso sobre crime, policiamento e raça — talvez seu impacto mais significativo.

Depois de Ferguson, e após passar a maior parte de seu mandato responsabilizando os negros estadunidenses pelas próprias dificuldades, Obama mudou de marcha e se

> policiais derrubaram e algemaram a irmã de Tamir Rice depois de atirar no menino], *Los Angeles Times*, 8 jan. 2015.
> **54** A Quarta Emenda proíbe a busca e apreensão sem que haja motivo razoável e mandado judicial baseado em causa provável. Tornou-se parte da Constituição dos Estados Unidos em 1792. [N.E.]
> **55** BALKO, Radley. "The DOJ's Jaw-Dropping Report about the Cleveland Police Department" [O relatório chocante do Departamento de Justiça sobre o Departamento Policial de Cleveland], *The Washington Post*, 5 dez. 2014.

concentrou no que ele mesmo chamou, em um discurso sobre crime e punição, de "sistema de injustiça criminal". No verão de 2015, o presidente compareceu à convenção nacional da National Association for the Advancement of Colored People [Associação nacional para o progresso de pessoas de cor] (NAACP) e fez um discurso abrangente sobre a reforma do sistema de justiça criminal. O então presidente destacou a disparidade racial que leva a punições diferenciadas para negros, brancos e latino-americanos, pediu a restauração do direito de voto a ex-presidiários e argumentou que os oitenta bilhões de dólares gastos anualmente para manter as penitenciárias estadunidenses poderiam cobrir o custo de ensino universitário em todas as faculdades e universidades públicas do país. Essa transformação na retórica de Obama é bem-vinda, mas não teria sido possível sem as rebeliões em Ferguson e Baltimore, ou sem a persistência do movimento no intervalo entre ambas. Em outras palavras, o movimento radical composto por pessoas negras comuns forçou o governo federal e seu líder, a figura política mais poderosa no mundo, a se atentarem à guerra contra as vidas negras. O desafio, sem dúvida, é passar do reconhecimento da humanidade negra para o efetivo alcance da mudança das instituições responsáveis por sua degradação.

O FUTURO DA POLÍTICA NEGRA

A transformação mais significativa na vida dos negros estadunidenses nos últimos cinquenta anos foi o surgimento de uma elite negra, amparada pela classe política negra, que foi a responsável pelos cortes de gastos e pelo orçamento escasso nas áreas de maior interesse dos eleitores negros.

Atualmente, uma camada de "empreendedores de direitos civis" negros se tornou proeminente, impulsionando e encorajando as forças da privatização, alegando que o setor privado é mais adequado do que o setor público para oferecer serviços à população. Essa junção entre público e privado faz com que a "incompetência negra" fique em segundo plano, e também traz à tona a prevaricação do governo como uma desculpa para a privatização. Hoje existem muitos administradores afro-estadunidenses que defendem uma maior privatização dos recursos públicos em educação, moradia e saúde. Programas de redesenvolvimento muitas vezes prometem incluir pessoas negras ao invés de expulsá-las das comunidades urbanas — mas, na hora de cumprir as promessas, políticos negros ficam tão ávidos quanto seus colegas brancos para invocar estereótipos racistas e, comprovando a própria incapacidade, atribuem aos negros inferioridade cultural, problemas familiares ou criminalidade. Há uma crescente divergência entre a elite política e econômica negra e aqueles que vivenciam uma condição social de "descartabilidade", termo usado pela historiadora Martha Biondi e outros autores. Biondi afirma que essa condição "não somente abrange o desemprego estrutural e a rota escola-prisão, mas também as altas taxas de mortes por armas de fogo, já que o armamento é decorrente da falta de esperança na luta cotidiana por virilidade e sobrevivência. A descartabilidade também se manifesta quando a nossa sociedade é condescendente com as altas taxas de mortes prematuras de jovens afro-estadunidenses e latino-americanos".[56]

Essas tensões relativamente recentes entre a classe trabalhadora negra e a elite política negra levantam novas

---

[56] BIONDI, Martha. "From Hope to Disposability" [Da esperança à descartabilidade], *In These Times*, 19 ago. 2013.

questões sobre o atual movimento para impedir o abuso policial e, mais fundamentalmente, sobre o futuro da luta pela libertação negra. De que lado estarão os diferentes protagonistas? Como será a verdadeira libertação negra? E, o mais importante: qual é a relação entre o movimento que existe hoje e a luta contínua e histórica dos negros?

O movimento atual tem semelhanças com as lutas da década de 1960, mas não é uma réplica daquele então. As questões levantadas pelo movimento por direitos civis parecem ter sido respondidas — mas, em uma análise mais cuidadosa, nota-se que esses direitos, que muitos pensavam ter sido conquistados, estão sob intenso ataque. Auditorias realizadas nos departamentos de polícia dos Estados Unidos revelam que os policiais não respeitam a Constituição ao lidar com afro-estadunidenses. A direita mobiliza candidatos estritamente conservadores que parecem querer voltar no tempo, a uma época anterior à revolução dos direitos civis dos anos 1960, lançando mão do "daltonismo racial" sobre o direito ao voto — símbolo básico de uma sociedade supostamente livre —, e comprometendo o acesso de eleitores negros à cabine de votação. Estima-se que 5,8 milhões de afro-estadunidenses são impedidos de votar por terem recebido condenação criminal alguma vez na vida, incluindo mais de dois milhões de ex-presidiários afro-estadunidenses.[57] Essas e outras violações dos direitos básicos de cidadania dos negros ainda não foram resolvidas.

O Vidas Negras Importam não é simplesmente uma reprise do movimento pelos direitos civis. Em geral, quando mais de seis pessoas negras se reúnem no mesmo lugar para fazer uma reinvindicação, a mídia instantaneamente as identifica como "novo movimento pelos direitos civis".

---

[57] JOHNSON, Kevin. "Holder: Change Laws to Ex-Convicts Vote" [Holder: mudar as leis para que ex-presidiários possam votar], USA Today, 11 fev. 2014.

Isso, porém, elimina os novos e significativamente diferentes desafios enfrentados pelo movimento na atualidade e ofusca as questões não resolvidas no período anterior. Em muitos aspectos, o movimento Vidas Negras Importam, agora em sua infância, já está deparando com algumas questões antes confrontadas pelo movimento Black Power nas décadas de 1960 e 1970. Por exemplo: as condições criadas pelo racismo institucional podem ser transformadas dentro do sistema capitalista existente? Habitação, salários, acesso a melhores empregos e educação certamente podem avançar, mas isso pode ser alcançado massivamente, e não apenas para algumas pessoas? Várias seções do movimento Black Power acreditavam que esses objetivos poderiam ser alcançados de maneiras diferentes: alguns confiavam na política eleitoral, outros em disputas através da Equal Employment Opportunity Commission [Comissão para a promoção de oportunidades iguais de trabalho] (EEOC). Já outros acreditavam que o movimento deveria lutar por essas reformas através do combate ao capitalismo e da luta por uma redistribuição socialista de riqueza e recursos. O intenso debate sobre como alcançar a libertação negra nos anos 1960 e 1970 foi interrompido pela cruel repressão do governo, combinada à cooptação e à acomodação dentro do movimento. O enfraquecimento decorrente abafou essas questões, mas não as resolveu. A desigualdade enraizada nas comunidades negras, mesmo depois que um homem negro ascendeu ao cargo político mais importante do país, está revivendo essas questões para uma nova geração de radicais negros, que atingiram a maioridade em tempos de austeridade econômica e falência política.

Este livro explora os porquês de um movimento cujo lema é "vidas negras importam" ter surgido durante a administração do primeiro presidente negro dos Estados Unidos. A brutalidade policial não é um fenômeno novo; sempre existiu, de uma forma ou de outra, desde a abolição da escravidão.⁵⁸ Por que o policiamento abusivo atingiu seu ponto de ruptura na era Obama? Como isso se encaixa no violento padrão histórico da política negra e na consistente negação de que os negros são oprimidos nos Estados Unidos?

O primeiro capítulo analisa as ideias de "excepcionalismo estadunidense" e "cultura da pobreza", conceitos que se reforçam mutuamente, usados para explicar a contínua pobreza da população negra enquanto desviam a atenção dos fatores sistêmicos enraizados na história dos Estados Unidos, colônia⁵⁹ que utilizava a escravidão como meio dominante de produção.

O segundo capítulo examina as origens do "daltonismo racial" como ferramenta ideológica, inicialmente utilizada por conservadores na administração do presidente Richard Nixon (1969-1974) para refutar a crescente aceitação da ideia de que o "racismo institucional" era peça-chave para a desigualdade da população negra. Uma contribuição importante dos movimentos pelos direitos civis e Black Power na época foi localizar as raízes da opressão sobre

---

58 A escravidão foi oficialmente abolida nos Estados Unidos em 1º de janeiro de 1863, após a assinatura da Emancipation Proclamation [Proclamação de emancipação] pelo presidente Abraham Lincoln. Em 1865, o Congresso do país aprovou a Décima Terceira Emenda à Constituição, proibindo em território estadunidense a escravidão e a servidão involuntária — exceto, no caso desta última, como punição por um crime. [N.E.]
59 A autora usa o termo "*settler-colonial state*", que define uma colônia habitada por seus colonizadores. O termo se refere especificamente à imposição de valores britânicos, embasados no domínio e no repúdio da cultura e da história do território colonizado. Por exemplo, nos Estados Unidos, estudos sobre o colonialismo ainda dão mais importância à história dos colonizadores europeus do que à população indígena que foi expulsa de seus territórios. [N.T.]

os negros na história da cultura material e institucional dos Estados Unidos. O ponto alto desse reconhecimento veio com a publicação do relatório da Comissão Kerner, que culpou o "racismo branco" pela segregação e pobreza da população negra. A ameaça de violência e rebelião inibia os esforços dos conservadores para reverter o Estado de bem-estar social — pelo menos inicialmente. Em vez de confrontarem a insurgência dos negros, eles implementaram a linguagem e a lógica do daltonismo racial, de forma a separar o racismo intencional do significado de racismo se o fator raça não for especificamente mencionado. E ajudou a restringir o escopo do significado de "raça" no início do período iniciado após o movimento pelos direitos civis. Isso também se tornou um pretexto para reverter os ganhos dos anos 1960: se a obtenção desses direitos estivesse acoplada ao reconhecimento de que o racismo nos setores público e privado havia prejudicado os negros estadunidenses, haveria uma reivindicação para sanar esse dano. Mas, ao contrário, a ausência de termos raciais na legislação se tornou uma desculpa para que o Estado diminuísse ainda mais o controle dessa questão. A minimização da raça significou, mais uma vez, enfatizar cultura e moralidade como fatores importantes para se compreender o progresso dos negros.

O terceiro capítulo examina a ascensão da elite política negra e a divergência entre os interesses políticos dos negros na era posterior ao movimento pelos direitos civis. Analiso esse desenvolvimento como um produto da pressão vinda das camadas de baixo e das de cima — portanto, repleto de contradições. Cidades com alta concentração de moradores negros exigiam "governos locais" e o fim da dominação por grupos políticos corruptos brancos; ao mesmo tempo, havia um reconhecimento geral de que o controle dos negros sobre os espaços negros poderia ajudar a acalmar os ânimos em algumas áreas. Políticos negros assumiram cidades falidas, com baixa arrecadação de impostos, e foram obrigados a administrar crises econômicas urbanas à custa dos eleitores negros. A impossibilidade de gerenciamento e a ausência de soluções reais fizeram com que os políticos negros rapidamente culpassem os residentes negros como forma de se safar do problema. Eles se tornaram porta-vozes confiáveis da retórica que responsabilizava pessoas negras pelas condições das comunidades negras. Quanto mais o movimento era colocado em segundo plano, mais conservadores os políticos negros se tornavam — e a população negra estadunidense ficava cada vez mais desiludida com a "presença negra em altos cargos".

O quarto capítulo examina a história do "duplo padrão de justiça" nos Estados Unidos. O policiamento sempre foi racista e abusivo, mesmo com os grandes esforços de profissionalização da polícia após as rebeliões da década de 1960. Essas mesmas práticas racistas doutrinam a polícia de hoje, mas a pressão para manter as taxas de criminalidade baixas, a fim de facilitar o desenvolvimento urbano, acabou por intensificá-las. Progressivamente, as cidades vêm se dividindo em duas camadas: a primeira é formada por jovens, em sua maioria profissionais brancos, e a segunda, por pessoas negras e marrons, que se deparam com baixos padrões de moradia e qualidade de vida, além de serem assediadas pela polícia em decorrência da segregação racial que traça os contornos da gentrificação. Existem diversas razões para o protesto nas comunidades negras, mas a violência policial é a principal causadora da constante indignação entre os negros, pois comprova que a cidadania dos afro-estadunidenses está comprometida.

No quinto capítulo, posiciono as raízes do atual movimento contra a brutalidade policial nas elevadas expectativas nutridas pelos negros em relação às campanhas de Barack Obama, bem como o silêncio subsequente do presidente sobre as questões críticas enfrentadas pelos afro--estadunidenses, mesmo depois de ter repetido os piores estereótipos sobre cultura e irresponsabilidade negras. A ação política dos jovens negros não acontece no vácuo, mas faz parte da mesma radicalização que deu origem ao Occupy Wall Street e que se organizou contra o assassinato de Trayvon Martin.

O sexto capítulo trata do movimento atual, dos protestos em Ferguson ao surgimento do Vidas Negras Importam, e também o seu papel em instigar o conflito de classes entre os afro-estadunidenses, oferecendo uma alternativa política fundamentada em protestos e redefinindo a causa da opressão contra negros como um fenômeno sistêmico. Em seguida, explora os problemas que envolvem a transição do Vidas Negras Importam: da realização de manifestações — que trouxeram conscientização geral sobre a crise do terrorismo policial nas comunidades negras — para a constituição de um movimento que se enraíza mais profundamente e é capaz de transformar essas condições.

Por fim, no sétimo capítulo, examino a relação entre o movimento contra a violência policial e a possibilidade de uma ação anticapitalista muito mais ampla, que procura transformar não apenas a polícia, mas os Estados Unidos como um todo.

1. UMA CULTURA RACISTA

Pobreza negra não é pobreza branca. Muitas de suas causas e muitas de suas curas são as mesmas. Mas existem diferenças — profundas, corrosivas, obstinadas diferenças — propagando raízes dolorosas para a comunidade, para a família e para a natureza do indivíduo. Essas diferenças não são diferenças raciais. Elas são pura e simplesmente consequências da brutalidade do passado, da injustiça pretérita e do preconceito presente. [...] Para os negros, são lembranças constantes de opressão. Para os brancos, são lembranças constantes de culpa. Também não podemos encontrar uma resposta completa sobre a experiência de outras minorias estadunidenses. Elas fizeram um esforço corajoso e bem-sucedido ao emergir da pobreza e do preconceito. O negro, assim como essas outras minorias, terá que contar principalmente com seu próprio esforço. Mas ele não pode fazer isso sozinho. Outros não tiveram como herança os séculos a serem superados e não tiveram uma tradição cultural distorcida e castigada por anos intermináveis de ódio e falta de esperança, tampouco foram excluídos — esses outros — devido à sua raça ou cor — e nenhum outro preconceito em nossa sociedade se equipara à intensidade sombria desse sentimento. Essas diferenças também não podem ser entendidas como enfermidades isoladas. Elas compõem uma teia impecável. Elas são a causa uma da outra. Elas resultam uma da outra. Elas se reforçam mutuamente.
— Presidente Lyndon Johnson, discurso proferido na Universidade Howard, 4 jun. 1965

Eu sei que aqui, em Morehouse, a república de estudantes possui uma doutrina comum: "Usar de desculpas é a ferramenta do incompetente para construir pontes que não levam a lugar nenhum e a monumentos sem significado". Bem, não temos tempo para desculpas. Não porque o amargo legado de escravidão e segregação tenha desaparecido completamente; ele não desapareceu. Não porque o racismo e a discriminação não existem mais; sabemos que ainda estão por aí. É simplesmente porque, no mundo hiperconectado e hipercompetitivo, com milhões de jovens da China, da Índia, do Brasil — e muitos deles começaram com muito menos do que todos vocês —, todos vão ingressar no mercado de trabalho global junto com vocês, e ninguém vai lhes dar nada que vocês não tenham merecido. Ninguém se importa com o quão difícil sua infância possa ter sido. Ninguém se importa se vocês sofreram alguma discriminação. E, além de tudo, vocês têm que se lembrar que, seja lá o que tenham passado, isso esmorece quando comparado às dificuldades encaradas pelas gerações anteriores — e elas as superaram. E, se elas as superaram, vocês podem superá-las também.
— Presidente Barack Obama, discurso proferido na Universidade Morehouse, 20 maio 2013

No mesmo dia em que o Departamento de Polícia de Ferguson finalmente revelou ao público o nome de Darren Wilson como o policial responsável pela morte de Mike Brown, o chefe de polícia Thomas Jackson simultaneamente lançou um vídeo desfocado que parecia retratar Brown roubando cigarrilhas em uma loja de conveniência local. Jackson admitiu posteriormente que Wilson não sabia que Brown era suspeito de roubo. Mas o verdadeiro propósito do vídeo já havia sido alcançado: de vítima de ação policial, Brown se transformou em suspeito negro, cuja morte foi provavelmente justificada.

A representação de Brown como possível criminoso não impediu a luta por justiça, mas, para a grande mídia e os setores da elite política que já haviam incorporado o discurso de justiça social, o suposto envolvimento do jovem em um ato ilícito momentos antes de ser assassinado levantou dúvidas sobre sua inocência. O *New York Times* publicou uma história indigesta sobre o interesse de Brown pelo *rap* e relatou que ele ocasionalmente fumava maconha — atividades comuns para jovens de qualquer cor nos Estados Unidos, mas que serviram para que o jornal declarasse que o rapaz "não era nenhum anjo". Meses depois, o colunista do *New York Times* Nicholas Kristof postou no Twitter que o garoto negro Tamir Rice, de doze anos, morto pela polícia em Cleveland, poderia ser um ícone melhor para o movimento Vidas Negras Importam, pois sua morte foi mais "categórica, mais provável de convencer as pessoas sobre um problema".⁶⁰ Separar entre "boas" e "más" as vítimas negras da violência de Estado é uma prática que se aproveita dos duradouros debates sobre a causa da desigualdade negra nos Estados Unidos. Brown foi realmente vítima da polícia racista e excessivamente diligente, ou teria sido vítima de seu próprio mau comportamento, bem como de sua atitude de desafiar a polícia? Ele merecia ou não merecia empatia, humanidade e, finalmente, justiça?

Existem tentativas constantes de associar as marcas da desigualdade — incluindo pobreza e taxas de encarceramento — à cultura, à estrutura familiar e às particularidades dos afro-estadunidenses. Mesmo antes da abolição da escravidão, eram travados incansáveis debates sobre as causas da desigualdade negra. Suposições sobre a inferioridade biológica e cultural dos afro-estadunidenses são tão antigas quanto a própria nação. Caso contrário, de que forma a elite política e econômica dos Estados Unidos (e seus antecessores da época colonial) poderia justificar a escravização do povo africano, ao mesmo tempo que defendia os direitos dos homens e o fim da monarquia e, simultaneamente, estabelecia a liberdade, a democracia e a busca da felicidade como princípios fundamentais dessa nova nação?⁶¹ Thomas Jefferson, o pai da democracia estadunidense, mencionou esse assunto com ironia ao alegar que libertou os negros para que eles fossem colonizados em outro lugar. Sobre o escravo negro, ele disse:

---

60 TAYLOR, Brett. "Goldie Taylor Lectures Nicholas Kristof for Suggesting Protesters Focus Less on Michael Brown" [Goldie Taylor repreende Nicholas Kristof por sugerir que manifestantes enfatizem menos o caso de Michael Brown], *Twitchy*, 23 jan. 2015.
61 Referência à Declaração de Independência dos Estados Unidos, aprovada em 4 de julho de 1776. [N.E.]

Sua imaginação é selvagem e extravagante, constantemente escapa dos padrões da razão e do gosto e, no curso de seus devaneios, deixa uma linha de pensamento incoerente e excêntrica, como o trajeto de um meteoro no céu. [...] No geral, apesar de admitirmos que ele fica em primeiro lugar entre outros de sua cor que se apresentaram ao julgamento público, quando o comparamos com os escritores de outra raça com os quais ele conviveu, e particularmente com a classe epistolar, à qual ele alegou ser pertencente, somos obrigados a considerá-lo último colocado. [...]

O aprimoramento dos negros, tanto corporal quanto mentalmente, no primeiro caso de aproximação com brancos, foi observado por todos, e prova que sua inferioridade não é apenas resultado de sua condição de vida. [...] Portanto, não é a sua condição, é a sua natureza que produz a discrepância. Observações futuras comprovarão ou não a hipótese de que a natureza foi menos generosa com eles quanto às habilidades mentais. (Jefferson, 1785, p. 150-2)

Esse racismo escancarado aniquilou a contradição que existia entre escravidão e liberdade e, ao fazê-lo, a escravatura foi justificada como condição legítima, se não natural, dos afro-estadunidenses. Obviamente, isso não foi motivado por um ódio infundado, mas sim pelo lucrativo negócio do trabalho forçado. A historiadora Barbara Fields nos lembra que "o carro-chefe da escravidão", afinal, era "a produção de algodão, açúcar, arroz e tabaco", e não a "promoção da supremacia branca".[62] A busca contínua por mão de obra barata e facilmente manipulável decerto não pôs fim ao escravismo; logo, ideias profundamente arraigadas

---

[62] FIELDS, Barbara J. "Slavery, Race and Ideology in the United States of America" [Escravidão, raça e ideologia nos Estados Unidos da América], *New Left Review*, v. 181, n. 1, p. 95-118, 1990.

a respeito da inferioridade dos negros eram perpetuadas com fervor. Os conceitos sobre raça foram transferidos para o século XX não apenas para justificar as relações de trabalho mas também para comprovar, de forma geral, o curioso fato de que as experiências da grande maioria dos afro-estadunidenses não condizem com a narrativa central dos Estados Unidos como um lugar de oportunidades ilimitadas, liberdade e democracia. Essa observação desafia a ideia de que a raça opera ou age separadamente, apenas com uma relação tangencial a outros processos que ocorrem na nossa sociedade.

Ideologicamente, a "raça" está em um processo de invenção e reinvenção constante. Karen e Barbara Fields explicam o cerne da ideologia para entendermos o mundo em que vivemos:

> A ideologia é entendida como um vocabulário que descreve a vivência diária, através do qual as pessoas expressam a realidade social que diariamente vivenciam e produzem. É a linguagem da percepção, que se adapta à maneira particular como o indivíduo se relaciona com seus companheiros. É a interpretação baseada nas relações sociais, com as quais as pessoas constantemente criam e recriam seu ser coletivo, de todas as formas variadas que este possa assumir: família, clã, tribo, nação, classe, festa, empresa, igreja, exército, clube, e assim por diante. Dessa forma, ideologias não são ilusões; são reais, tão reais quanto as relações sociais que elas representam. [...] Uma ideologia deve ser constantemente criada e validada na vida social; caso contrário, ela morre, mesmo que pareça estar rigorosamente incorporada de forma que possa ser passada para as próximas gerações.
> (Fields & Fields, 2012, p. 134)

As justificativas para a desigualdade da população negra que culpam os negros por sua própria opressão transformam causas materiais em causas subjetivas. O problema não é a discriminação racial no local de trabalho ou a segregação habitacional: é a irresponsabilidade dos negros, seus costumes sociais equivocados e seu mau comportamento em geral. Em última análise, essa transformação não é sobre "raça", nem mesmo sobre "supremacia branca", mas sobre "dar sentido" e dar razão à pobreza e à desigualdade, isentando a culpa do Estado e do capital. O fator "raça" faz valer a noção de que os negros são inferiores devido à sua cultura ou à sua biologia. É quase anormal sugerir que os negros estadunidenses (muitos dos quais são descendentes de escravizados, em linhagens que remontam aos dois primeiros séculos do início da colonização do que viria a ser os Estados Unidos) tenham uma cultura separada e distinta de outros estadunidenses. Essa abordagem sobre a inferioridade negra dá razão à necessidade política de implementar a austeridade orçamentária enquanto se sustenta — ideologicamente, pelo menos — a premissa do "sonho americano". A experiência negra revela a mentira sobre os Estados Unidos na qual supostamente deveríamos acreditar: a terra do leite e do mel, a terra onde o trabalho duro faz sonhos se tornarem realidade. Esse mito não é benigno: funciona como um convite autodeclarado do país para intervenções militares e econômicas ao redor do mundo. Exemplo disso foram as palavras do presidente Barack Obama em setembro de 2014, quando declarou uma nova frente de batalha contra o Estado Islâmico no Oriente Médio: "Estados Unidos, as infinitas bênçãos que recebemos trazem consigo um fardo incessante. Mas, como estadunidenses, acolhemos a nossa responsabilidade de liderar. Da Europa à Ásia — desde os confins da África até as capitais do Oriente Médio devastadas pela guerra —, defendemos a liberdade, a justiça, a dignidade. Valores que guiam nossa nação desde a sua fundação" (Estados Unidos da América, 2014). Uma afirmação totalmente absurda — mas talvez seja por isso que a liderança política e econômica dos Estados Unidos se apega tão firmemente à falácia de inferioridade negra como explicação central para a desigualdade da população negra.

Por fim, as ideologias não funcionam quando são impostas somente de cima para baixo. A chave é sua ampla aceitação, até mesmo pelos oprimidos. Há diversos exemplos de afro-estadunidenses que aceitam alguns aspectos da ideologia racista e, ao mesmo tempo, devido a experiências pessoais, rejeitam outros. Em vários momentos, afro-estadunidenses também aceitaram que a "cultura" e a "responsabilidade pessoal" são tão importantes quanto o racismo e a discriminação para se compreender a opressão negra. Mas o movimento pela libertação negra tem lutado muito para enfrentar as explicações que culpam os negros por sua própria opressão, inclusive ao longo dos anos 1960 e 1970. O movimento Vidas Negras Importam tem o potencial de mudar isso mais uma vez, mesmo que a política de "cultura da pobreza" permaneça arraigada como sempre, e a desigualdade da população negra ainda seja uma realidade no cotidiano estadunidense.

UM DESVIO CULTURAL

Por que são tão difundidas as ideias de que a cultura negra é rudimentar, quando há tanta evidência material sobre as causas da constante desigualdade entre brancos e negros? Um dos motivos é a maneira como o sistema político, os governantes e a grande mídia operam — às vezes em conjunto, às vezes independentes uns dos outros — para reforçar essa visão como "senso comum" na sociedade. Os gritos entusiasmados de "cultura", "responsabilidade" e "moralidade" vêm acompanhados de uma negligência imprudente quando políticos de todas as camadas explicam ao mundo os problemas enfrentados pelos negros nos

Estados Unidos. O deputado republicano Paul Ryan usou a comemoração do cinquentenário do programa War on Poverty [Guerra contra a pobreza] do presidente Lyndon Johnson (1963-1969) como uma oportunidade para apontar o que ele considera uma falha dessa política: "Temos esse desvio na cultura, no centro das cidades em particular, de homens que não trabalham e gerações de homens que nem mesmo pensam em trabalhar ou aprender o valor e a cultura do trabalho. Portanto, existe aqui um problema cultural real que precisa ser resolvido". Ryan não precisou invocar explicitamente a "raça". O código é bem conhecido, não apenas para os conservadores brancos, como Ryan, que o invocam sem hesitação, mas também para os liberais, que normalizam e legitimam a mesma linguagem.

Quando Rahm Emanuel, líder do Partido Democrata e prefeito de Chicago,[63] tentou angariar apoio para seu plano de combate à violência armada, ele se concentrou no que gosta de descrever como os "quatro P: policiamento, prevenção, pena e paternidade".[64] Emanuel, assim, papagueia a "sabedoria" popular sobre delinquência juvenil: é necessário melhorar a tutela desses jovens — o que ele chama de "paternidade" — e, quem sabe, aprimorar algumas ações de prevenção da criminalidade; mas, se nada funcionar, policiamento e penas mais duras sempre podem ser aplicados. Em outros momentos, Emanuel foi menos cuidadoso e simplesmente disse que "não se trata de crime, mas sim de valores".[65] O pre-

---

[63] Rahm Emanuel foi prefeito de Chicago de 2011 a 2019. [N.E.]

[64] MAIN, Frank. "Treasure Trove of Memos Shows Emanuel's Politics in White House" [Coletânea de memorandos revela a política de Emanuel na Casa Branca], *Chicago Sun-Times*, 20 jun. 2014.

[65] "Emanuel: Chicago's Escalating Crime about 'Values'" [Emanuel: a escalada de crimes em Chicago se trata de "valores"], *CBS News*, 10 jul. 2012.

sidente Obama também vinculou o uso de armas de fogo e a violência juvenil em Chicago a uma questão comportamental quando disse: "Temos que dar exemplos mais sólidos do que o bandido na esquina".[66] O problema, de acordo com esses exemplos, é que o crime e a pobreza nas cidades não são produtos da desigualdade, mas de indisciplina. Melhores valores e melhores exemplos poderão transformar a cultura que produz o comportamento violento e disfuncional da juventude negra, os quais, claramente, são o verdadeiro obstáculo para uma vida mais significativa e bem-sucedida. O prefeito Rahm Emanuel evidenciou a diferença entre a vida de privilégios e luxo de seus próprios filhos e a vida de crianças negras e marrons de Chicago quando, ao voltar de suas férias extravagantes na América do Sul, brincou com o repórter de um jornal local, dizendo: "Todo ano, tentamos levar as crianças para ver uma parte diferente do mundo. Quando você [...] crescer [...], vai querer ser um Emanuel como nós. Inacreditável".[67]

Não são apenas os políticos que responsabilizam crianças negras pobres pelas próprias dificuldades. A grande mídia é uma enorme plataforma pública que dissemina essas ideias, sejam elas aparentemente inofensivas ou muito graves. Por exemplo, os meios de comunicação tradicionais fizeram estardalhaço sobre as excentricidades do jogador de futebol americano Marshawn Lynch, que ignorou a imprensa durante o Super Bowl[68] de 2015. Isso foi tema de

---

[66] "Obama Addresses Chicago Violence in Message to Students" [Obama aborda a violência de Chicago em mensagem a estudantes], *ABC7 Chicago*, 14 ago. 2012.
[67] DARDICK, Hal & MACK, Kristen. "Emanuel Admits He Erred on Details of Protest Rule Changes" [Emanuel admite que errou nos detalhes da mudança nas regras de protestos], *Chicago Tribune*, 4 out. 2012.
[68] Partida final do campeonato estadunidense de futebol americano. [N.E.]

discussão durante grande parte da semana anterior ao jogo. A atenção da mídia, porém, se voltou rapidamente a outro jogador negro, Larry Foote, quando ele recriminou Lynch por transmitir uma "mensagem errada" para as crianças que vêm de um "ambiente urbano":

> A mensagem principal que Lynch está passando para essas crianças é: "Eu não respeito autoridades. Eu não ligo, pode me multar! Eu vou fazer gestos obscenos. Eu vou fazer tudo do meu jeito". [...] No mundo real, não é assim que funciona. [...] Como você vai conseguir manter um emprego? Quero dizer, existem essas crianças na cidade que não ouvem os professores. Elas não ouvem os policiais, os diretores. E são elas que não conseguem se manter no emprego, porque elas dizem "foda-se" para as autoridades.[69]

Em outras palavras, a violência policial e a grande taxa de desemprego que assolam a juventude negra existem porque as crianças negras não respeitam as autoridades — e porque Marshawn Lynch dá mau exemplo.

Em uma reflexão muito mais séria sobre essas questões, Jonathan Chait, colunista da revista *The New Yorker*, e Ta-Nehisi Coates, colunista da revista *The Atlantic*, debateram em uma série de artigos sobre a real existência de uma "cultura da pobreza". Segundo Chait, a falta de "êxito econômico" de alguns afro-estadunidenses está diretamente relacionada à ausência de "normas culturais de classe média". A combinação desses dois fatores se resume na cultura negra da pobreza: "As pessoas são os produtos do seu ambiente. Os ambientes são passíveis de políticas

---

[69] BLOUNTE, Terry. "Foote: Lynch Sending Wrong Message to Kids" [Foote: Lynch está passando uma mensagem errada para as crianças], *ESPN.com*, 3 fev. 2015.

públicas. Algumas das iniciativas mais bem-sucedidas contra a pobreza, como o Harlem Children's Zone [Espaço para crianças do Harlem] ou as Escolas KIPP (Knowledge is Power Program [Programa conhecimento é poder]), são projetadas com base na premissa de que as crianças criadas na pobreza precisam aprender as normas da classe média".[70]

Chait relaciona, levianamente, o sucesso dos negros a programas que promovem a privatização — ou seja, "zonas de empoderamento" e escolas autônomas,[71] que foram pouquíssimo eficazes em acabar com a pobreza. Esse velho argumento se desintegra se tentamos entender a Grande Recessão de 2008, quando "metade da riqueza coletiva das famílias afro-estadunidenses foi expropriada", uma queda livre econômica, da qual elas ainda precisam se recuperar.[72] As "normas da classe média" sobre propriedade imobiliária não impediram que o patrimônio dos negros estadunidenses evaporasse completamente depois que os bancos os influenciaram a tomar empréstimos *subprime.* As "normas da classe média" tampouco explicam por que a taxa de desemprego de negros recém-formados na universidade é mais que o dobro da taxa de desemprego de brancos

---

[70] CHAIT, Jonathan. "Barack Obama vs. the Culture of Poverty" [Barack Obama *versus* a cultura da pobreza], *Daily Intelligencer*, 28 mar. 2014.

[71] Escolas autônomas (*charter schools*) são escolas independentes que não seguem o sistema de ensino público e podem criar as próprias regras, mas recebem fundos públicos e são legalmente obrigadas a prestar contas dos resultados obtidos. Geralmente são administradas por professores, pais ou grupos comunitários sob os termos de um estatuto (*charter*) aprovado pelas autoridades locais. [N.T.]

[72] "The Roots of the Widening Racial Wealth Gap" [As raízes da ampliação da lacuna financeira racial], Institute on Assets and Social Policy, apud BOUIE, Jamelle. "The crisis in black homeownership" [A crise na propriedade imobiliária negra], *Slate*, 24 jul. 2014.

recém-graduados.[73] Coates respondeu com um argumento que nem sempre aparece entre as narrativas convencionais sobre opressão negra:

> Não há evidência de que os negros sejam menos responsáveis, tenham valores morais piores ou sejam menos honestos em suas relações com os Estados Unidos ou consigo mesmos. Mas há uma avassaladora evidência de que o país seja irresponsável, imoral e inescrupuloso em suas relações com os negros e consigo mesmo. Impelir afro-estadunidenses a se tornarem super-humanos é um ótimo conselho se você estiver interessado em criar indivíduos excepcionais. Mas é um péssimo conselho se estiver preocupado em criar uma sociedade igualitária. A luta pela libertação negra não é sobre a criação de uma raça de super-humanos que possuem um grau muito elevado de valores morais; é sobre todas as pessoas terem o direito de viver como os seres humanos normais que são.[74]

"EXCEPCIONALISMO ESTADUNIDENSE"

Enquanto o resto do mundo se debate com a existência de classes sociais e os perigos da "inveja de classe", uma lenda autóctone descreve os Estados Unidos como um lugar onde

---

[73] COHEN, Patricia. "For Recent Black College Graduates, a Tougher Road to Employment", *The New York Times*, 24 dez. 2014.
[74] COATES, Ta-Nehisi. "Black Pathology and the Closing of the Progressive Mind" [Patologia negra e o fechamento da mente progressiva], *The Atlantic*, 21 mar. 2014.

qualquer um pode ter sucesso. Muito antes disso, no século XVII, o colono inglês John Winthrop descreveu o país como "uma cidade no topo de uma colina", acrescentando que "os olhos de todas as pessoas estão sobre nós".[75] Na noite em que Barack Obama venceu as eleições presidenciais de 2008, ele disse: "Se houver alguém por aí que ainda duvida que os Estados Unidos sejam um lugar onde tudo é possível, que ainda se pergunta se o sonho de nossos fundadores está vivo, que ainda questiona o poder da nossa democracia, a noite de hoje é a sua resposta".[76] A ex-secretária de Estado Madeleine Albright chamou os Estados Unidos de "a nação indispensável",[77] enquanto Ronald Reagan, anos antes, descreveu as métricas específicas do "sonho americano":

> Metade de toda a atividade econômica da história humana ocorreu nesta república. Distribuímos nossa riqueza extensamente entre nosso povo muito mais do que qualquer outra sociedade conhecida pelo homem. Os estadunidenses trabalham menos horas para um padrão de vida mais alto do que outras pessoas. Noventa e cinco por cento de todas as nossas famílias têm uma ingestão diária de nutrientes adequada — e também uma parte dos 5% restantes que não estão tentando perder peso! Noventa e nove por cento têm refrigeração a gás ou elétrica, 92% têm televisores, a mesma porcentagem

---

[75] REAGAN, Ronald. "We Will be a City upon a Hill" [Seremos uma cidade sobre uma colina], discurso proferido na primeira Conferência de Ação Política Conservadora, 25 jan. 1974.

[76] JAFFE, Greg. "Obama's New Patriotism" [O novo patriotismo de Obama], *The Washington Post*, 3 jun. 2015.

[77] DOBBS, Michael & GOSHKO, John M. "Albright's Personal Odyssey Shaped Foreign Policy Beliefs" [A odisseia pessoal de Albright moldou as crenças da política de relações exteriores], *The Washington Post*, 6 dez. 1996.

de pessoas que têm telefones. Há 120 milhões de carros em nossas ruas e rodovias — e todos eles estão rodando ao mesmo tempo quando você está a caminho da sua casa, à noite. Mas isso é apenas uma prova do nosso materialismo, não é? (E estamos sendo acusados exatamente por isso.) Bem, também temos mais igrejas, mais bibliotecas, apoiamos voluntariamente mais orquestras sinfônicas e companhias de ópera, teatros sem fins lucrativos e publicamos mais livros do que todas as outras nações do mundo juntas. [...] Não podemos escapar do nosso destino, nem devemos tentar fazê-lo. Fomos induzidos à liderança do Mundo Livre dois séculos atrás, naquele pequeno salão da Filadélfia.[78] [...] Nós somos hoje, de fato, a melhor e a última esperança do homem na Terra.[79]

O excepcionalismo estadunidense opera como uma mitologia de conveniência, e é bastante trabalhoso elucidar a contradição entre o aparente dogma da sociedade estadunidense e a realidade, muito mais complicada. Quando as pessoas não obtêm o sucesso e os lucros abundantes que a engenhosidade estadunidense aparentemente criou, suas falhas pessoais ou deficiências são usadas como explicação.

Mas, no âmago dessa contradição, há algo ainda mais pernicioso do que uma simples fábula de moralidade sobre aqueles que se esforçam e aqueles que não. A longa lista de atributos recitados com orgulho por Reagan depende inteiramente da eliminação ou reescrita de três temas centrais na

---

78 Referência à Convenção Federal ocorrida na então Câmara Estadual da Filadélfia, de maio a setembro de 1787, quando a atual Constituição dos Estados Unidos foi redigida e um novo modelo de governo foi criado. A Convenção da Filadélfia é considerada um dos eventos mais importantes da história dos Estados Unidos. [N.T.]

79 REAGAN, Ronald. "We Will be a City upon a Hill", discurso proferido na primeira Conferência de Ação Política Conservadora, 25 jan. 1974.

história estadunidense: genocídio, escravidão e exploração maciça de trabalhadores imigrantes. Essa "realidade cruel" é que possibilitou os "ideais elevados" do excepcionalismo e da democracia estadunidenses.[80] O estabelecimento mútuo da escravidão e da liberdade na fundação do país e o genocídio da população nativa são fatores que tornaram viável essa "peculiar instituição"; a promulgação racista da "Doutrina do Destino Manifesto",[81] a Lei de Exclusão Chinesa[82] e o *status* sistematizado de subordinação de pessoas negras por cem anos após o fim da escravidão são todos lembretes sombrios dos milhões de cadáveres sobre os quais é construída a audaciosa presunção estadunidense. Raça e racismo não são exceções; ao contrário, são a argamassa que une os Estados Unidos.

O historiador James Adams popularizou pela primeira vez o conceito de "sonho americano" no livro *A epopeia americana*, de 1931, com estas palavras:

> Mas há também o "sonho americano", esse sonho de uma terra onde a vida seria melhor, mais rica e mais completa para todas as pessoas, com oportunidades para cada um de acordo com suas habilidades ou proezas. É um sonho difícil de ser adequadamente interpretado pela classe alta europeia, e muitos de nós já nos cansamos e desconfiamos desse sonho. Não é apenas sonhar com automóveis e altos salários, mas sim com uma ordem social em que cada homem e cada mulher possam

---

80 COATES, Ta-Nehisi. "Other People's Pathologies" [As patologias de outras pessoas], *The Atlantic*, 30 mar. 2014.

81 Doutrina ou crença do século XIX que afirmava que a expansão dos Estados Unidos sobre outros países do continente americano era justificável e inevitável. [N.T.]

82 Chinese Exclusion Act, em inglês, lei federal assinada pelo presidente dos Estados Unidos Chester A. Arthur em 1882 para proibir a imigração de trabalhadores chineses ao país. [N.E.]

alcançar o máximo *status* através de sua capacidade ingênita, e ser reconhecidos pelo que eles são, independentemente das circunstâncias fortuitas de berço ou posição. (Adams *apud* Cullen, 2004)

Essa ideia poderosa seduziu imigrantes para os Estados Unidos e também compeliu pessoas que já moravam no país a se mudarem para outras áreas. Mas é repleta de contradições, assim como já era na década de 1930, quando a economia estadunidense gerou insegurança e pobreza generalizadas, apesar das intenções pessoais ou da ética de trabalho das pessoas mais afetadas. Ao mesmo tempo, o resultado da Revolução Russa de 1917 e a ameaça de uma atividade revolucionária radical pairavam sobre a Europa. Nesse contexto, assumiu-se a mitologia de que os Estados Unidos eram um país diferente, imune a tensões e dinâmicas de classe. O New Deal[83] e a reorganização econômica foram reflexos disso. Hal Draper assim descreveu a década de 1930: "Os liberais do New Deal propuseram salvar o capitalismo, em um momento de profunda crise e desespero, através da estatização, isto é, aumentando a intervenção do Estado no controle da economia, começando pelo topo".[84]

De fato, Roosevelt se autodeclarou "salvador" do sistema de livre-mercado. Em sua tentativa de reeleição, ele disse: "Foi este governo que salvou o lucro privado e a livre-iniciativa, depois [de a economia] ter sido arrastada à

---

[83] New Deal é o nome pelo qual ficou conhecido o conjunto de programas implementados nos Estados Unidos entre 1933 e 1939 pelo governo do presidente Franklin D. Roosevelt (1933-1945) com o intuito de restabelecer a economia durante a Grande Depressão iniciada em 1929. [N.T.]

[84] DRAPER, Hal. "Who's Going to Be the Lesser-Evil in 1968?" [Quem será o mal menor em 1968?], *Independent Socialist*, jan.-fev. 1967.

beira da ruína por esses mesmos líderes que agora tentam assustar vocês. A luta contra o monopólio privado é uma luta a favor e não contra os negócios estadunidenses. É uma luta para preservar a empresa individual e a liberdade econômica".[85] Numa época em que a revolução não era mais vista como um conceito, mas como uma possibilidade, era absolutamente necessário introduzir novas medidas regulatórias para equilibrar o sistema. Mas o ato de "preservar" o sistema não significava apenas implementar mudanças institucionais; era também uma disputa política entre a propriedade coletiva (defendida por socialistas e comunistas) e a iniciativa privada, a força vital do capitalismo. Nesse sentido, ocorreram duas mudanças significativas na política econômica estadunidense. A orientação para a economia keynesiana e o fortalecimento do consumo baseado na demanda ajudaram a sustentar as percepções de estabilidade econômica. Por sua vez, o desenvolvimento do bem-estar social patrocinado pelo Estado — previdência social, auxílios para mães com filhos pequenos, programas de moradia — criou regras nas quais a grande maioria das pessoas comuns não se encaixava. Tudo isso, somado à entrada dos Estados Unidos na Segunda Guerra Mundial, revitalizou a economia estadunidense e deu origem à maior expansão econômica da história do país.

A robusta economia do pós-guerra deu corpo ao esqueleto ideológico do "sonho americano". Vastos subsídios governamentais foram implantados de maneira a encobrir o papel do Estado no desenvolvimento da classe média estadunidense, perpetuando ainda mais o mito de trabalho duro e perseverança como principais ingredientes da mobilidade social (Freund, 2007). Isso pode ser verificado no quesito moradia: o *lobby* da habitação privada e seus

---

[85] ROOSEVELT, Franklin D. Discurso proferido em Chicago, 14 out. 1936.

representantes no Congresso alegaram publicamente que as moradias subsidiadas pelo governo eram indício de um crescente socialismo no país. O governo federal, então, deixou de subsidiar imóveis com pagamentos diretos, começando a fazê-lo através da diminuição nas taxas de juros e de financiamentos garantidos — o que permitia que os bancos fornecessem empréstimos inadvertidamente. Essas medidas não apenas reconstruíram a economia com uma base mais sólida do que fizera o capitalismo não regulamentado do período anterior, como também reforçaram e deram novo impulso à ideia do excepcionalismo estadunidense e da boa vida. É como disse David Harvey:

> A chamada suburbanização dos Estados Unidos não envolveu apenas a renovação da infraestrutura. [...] acarretou uma transformação radical no estilo de vida, trazendo novos produtos, desde casas até geladeiras e aparelhos de ar condicionado, assim como dois carros na garagem e um enorme aumento no consumo de petróleo. Também alterou o panorama político, pois a casa própria subsidiada para a classe média mudou o foco de ação da comunidade, que passou para a defesa dos valores da propriedade e da identidade individual, inclinando o voto dos subúrbios para o conservadorismo. Dizia-se que os donos da casa própria, sobrecarregados de dívidas, seriam menos propensos a entrar em greve.[86]

Mas os frutos desses novos programas não foram colhidos pelos afro-estadunidenses. O cientista político Ira Katznelson descreve a distribuição desigual de riquezas no período pós-guerra no aclamado livro *When Affirmative Action Was White* [Quando as ações afirmativas eram

---

[86] HARVEY, David. "The Right to the City", *New Left Review*, n. 53, set.-out. 2008. [Ed. bras.: "O direito à cidade", *piauí*, jul. 2013.]

brancas], expondo a inicial exclusão de afro-estadunidenses do recebimento de previdência social e outros benefícios do New Deal. No caso da habitação, por exemplo, garantias federais de financiamento imobiliário se restringiam a beneficiários que morassem nas novas moradias dos subúrbios, áreas das quais a maioria dos negros estadunidenses era excluída. Isso significava que, enquanto o governo subsidiava o desenvolvimento habitacional suburbano, a moradia nos centros urbanos era deixada para depois (Freund, 2007; Hirsch, 1998; Satter, 2009; Jackson, 1985; Kusmer & Trotter, 2009; Squires, 1989). Como as empresas começaram a realocar escritórios e fábricas inteiras em áreas suburbanas devido a custos imobiliários e impostos mais baixos, a escassez de investimento em áreas urbanas se intensificou, deixando as cidades desprovidas dos empregos que inicialmente tinham atraído milhões de pessoas (Hirsch & Mohl, 1993; Squires, 1989, 1994). Enquanto isso, os responsáveis pelos interesses imobiliários e seus apoiadores no governo garantiam que negros locatários ou compradores de imóveis residenciais não conseguiriam participar da economia de desenvolvimento dos subúrbios (Connolly, 2014).

A GUERRA FRIA E SEUS CONFLITOS

As consequências da Segunda Guerra Mundial introduziram uma nova dinâmica nas "relações raciais" estadunidenses. A guerra em si criou um novo mundo bipolar, onde os Estados Unidos e a União Soviética eram as "superpotências" que competiam entre si por influência e controle sobre o restante do planeta. A guerra também desencadeou uma revolta maciça entre os países colonizados na velha ordem mundial. Conforme as colônias se revoltavam contra as potências europeias, as superpotências investiam contra as nações recém-independentes. Isso fez com que a discriminação contra os negros estadunidenses deixasse de ser apenas um assunto interno, tornando-se também uma questão internacional (Von Eschen, 1997; Dudziak, 2000). Como os Estados Unidos podiam se declarar uma "cidade no topo de uma colina" ou a principal nação democrática do mundo quando seus cidadãos negros eram tão maltratados?

A migração de negros vindos do Sul dos Estados Unidos ganhou uma velocidade ainda maior do que antes do conflito mundial: a expansão econômica do pós-guerra ofereceu a trabalhadores afro-estadunidenses uma chance de escapar das garras das leis Jim Crow. Cerca de 125 mil soldados negros lutaram na Segunda Guerra. Quando retornaram ao país, se dirigiram às cidades do Norte — o que causou a mais séria escassez de moradias na história estadunidense. Empregos e habitações concorridos já eram fatores conhecidos no pós-guerra, mas um senso renovado de militância entre afro-estadunidenses criou uma tensão concreta. Um oficial dos Serviços Especiais do Exército dos Estados Unidos (a "Divisão Moral") declarou que "as ameaças à nação eram, 'primeiro, os pretos, segundo, os japas e, em terceiro, os nazistas' — nessa ordem!" (Litwack, 2009, p. 82). Um soldado negro do estado do Tennessee perguntou: "O que eu quero saber é: como assim os brancos pensam que vamos lutar a favor do fascismo sob o qual vivemos a vida toda? Somos ensinados a matar e vamos matar. Mas você perguntou *quem*?" (Litwack, 2009, p. 83). A violência de brancos contra negros continuou, especialmente quando os negros tentaram romper as barreiras da segregação. A "resistência em massa" dos brancos do Sul em defesa das leis Jim Crow está bem incorporada ao folclore estadunidense, mas essa tentativa de oclocracia racista não era regional. Em Chicago e Detroit, particularmente, milhares de brancos se juntaram em multidões para aterrorizar os afro-estadunidenses que tentaram se mudar para áreas brancas (Hirsch, 1998). E, seja no Norte, seja no Sul, a polícia branca se somou aos ataques contra os negros ou, como havia feito tantas vezes antes, permaneceu passiva enquanto brancos apedrejavam casas, causavam incêndios, destruíam carros, quebravam janelas e ameaçavam matar qualquer negro que estivesse no caminho.

O campo de batalha ideológico em que a Guerra Fria foi travada obrigou as elites políticas e econômicas do Norte do país a tomar, progressivamente, posições mais formais contra a discriminação e a exigir mais leis e normas. Isso se tornou especialmente necessário quando os afro-estadunidenses começaram a se mobilizar contra a injustiça racial e tentar atrair ativamente a atenção internacional, já conscientes da vulnerabilidade estadunidense em políticas raciais, devido a suas sonoras demandas por democracia e liberdade. O genocídio de judeus pelos nazistas nas décadas de 1930 e 1940 havia degradado profundamente o racismo e a eugenia; os Estados Unidos caracterizaram a Segunda Guerra Mundial como uma batalha entre democracia e tirania; o país estava, portanto, cada vez mais preocupado com as percepções internacionais sobre como os afro-estadunidenses eram tratados. Violência em massa e ameaças físicas contra negros prejudicavam o posicionamento geopolítico dos Estados Unidos. A crescente militância negra, alimentada pela dinâmica política do país, e a ascensão global de negros e marrons contra o colonialismo colocaram os Estados Unidos em rota de colisão com sua população negra. Os afro-estadunidenses certamente já faziam campanha contra a injustiça racial muito antes do surgimento do movimento pelos direitos civis, mas a ocorrência de vários eventos concomitantes deu um foco mais nítido às queixas dos negros. Tais fatores levaram os Estados Unidos a enfatizar seu compromisso político de formalizar a igualdade entre brancos e negros perante a lei, e encorajaram os afro-estadunidenses a lutar não apenas pela igualdade formal mas também por justiça social e racial.

O compromisso dos Estados Unidos em institucionalizar a igualdade no contexto da Guerra Fria não se destinava apenas a reabilitar a reputação do país em questões raciais; foi também um esforço para fortalecer sua economia de livre-mercado e seu sistema de governo. O governo e seus apoiadores no mundo financeiro afirmavam globalmente que os Estados Unidos eram um bom país para a população negra e, ao mesmo tempo, promoviam o capitalismo e a empresa privada como a máxima expressão da liberdade. Agentes estadunidenses sustentavam a falácia da "cultura da pobreza" como pretexto para a persistente desigualdade entre os negros e os demais habitantes do país. De certa forma, isso era muito importante, pois os Estados Unidos continuavam empenhados em se projetar como um império econômico e político. O liberalismo da Guerra Fria era uma estrutura política que via os problemas raciais estadunidenses como se não pertencessem e não se relacionassem à política econômica do país e, mais importante, como contratempos que poderiam ser corrigidos dentro do sistema, por meio da alteração de leis e da criação de "oportunidades iguais". Assuntos como oportunidade, trabalho duro, resiliência e mobilidade contrastavam com as visões de que a União Soviética era uma sociedade empobrecida devido a sua economia planejada, seu trabalho prisional e sua violação da liberdade.

O presidente Lyndon Johnson, por exemplo, descreveu a disputa entre Oriente e Ocidente como "uma luta" entre duas "filosofias" distintas: "Não me diga nem por um momento que não podemos produzir mais, trabalhar mais e sermos melhores que qualquer sistema comunista no mundo. Porque, se você tentar me convencer do contrário, você estará dizendo que escravos podem se sair melhor que homens livres, e eu não acredito que eles possam. Eu prefiro ter um vice-presidente executivo [...] do que ter um comissário!".[87]

Defender o capitalismo estadunidense no contexto severo da Guerra Fria teve múltiplos efeitos. Políticos eleitos de ambos os partidos [Democrata e Republicano] continuaram a demonizar o bem-estar social, chamando-o de socialismo ou comunismo e considerando-o uma afronta à livre-iniciativa; o mesmo fizeram os agentes do setor privado, cujo interesse financeiro era que o governo estadunidense passasse a enfocar as instituições privadas. É como explica Alexander von Hoffman:

> A partir da década de 1930, instituições privadas de financiamento imobiliário, corretores de imóveis e construtoras condenavam a ideia do governo de ajudar diretamente os estadunidenses de origem humilde a adquirir um imóvel. Postulavam que isso era uma trama socialista e uma doação injustificada a um seleto grupo de pessoas não merecedoras. Logo ficou evidente, caso ainda não fosse, que tanto o interesse particular quanto a ideologia alimentaram o ódio dos líderes da indústria privada pela habitação pública.[88]

A historiadora Landon Storrs argumenta que o anticomunismo — a luta contra a "ameaça vermelha" — teve um impacto ainda mais profundo nas políticas públicas, porque eliminou "funcionários considerados desleais ao governo dos Estados Unidos". Entre 1947 e 1956, "mais de cinco milhões de servidores federais foram submetidos a uma investigação de lealdade", e pelo menos 25 mil ficaram

---

[87] JOHNSON, Lyndon B. Pronunciamento dado à Câmara do Comércio dos Estados Unidos, 27 abr. 1964.
[88] HOFFMAN, Alexander von. "The Lost History of Urban Renewal" [A história perdida da renovação urbana], *Journal of Urbanism*, v. 1, n. 3, p. 281-301, nov. 2008.

sujeitos a uma estigmatizante "completa investigação de campo" pelo Federal Bureau of Investigation [Agência federal de investigação] (FBI) (Storrs, 2013, p. 2). Estima-se que 2,7 mil funcionários federais foram demitidos e que cerca de doze mil pediram demissão.

Os mais afetados, segundo Storrs, "eram pertencentes a um variado grupo de esquerda, que compartilhava o compromisso de construir um Estado de bem-estar abrangente, misturando planejamento central e democracia popular". O impacto foi permanente: "O poder desses esquerdistas nunca deixou de ser contestado, mas sua experiência, seu comprometimento e suas conexões lhes deram uma força mais abrangente do que o tamanho do grupo poderia supor. As investigações de lealdade empurraram essas pessoas para fora do governo ou em direção ao centro do espectro político, mas o potencial transformador do New Deal foi mais impactante do que se imagina" (Storrs, 2013, p. 3-4). É claro que o impacto do macarthismo,[89] mais do que atingir as políticas públicas liberais, foi destrutivo para a esquerda em geral. O Estado tinha como alvo específico os principais ativistas e intelectuais envolvidos na luta contra o racismo, e campanhas antirracistas foram destituídas de imediato, classificadas como atividade subversiva. Como observa Manning Marable: "O expurgo de comunistas e radicais dos sindicatos entre 1947 e 1950 foi a principal razão do declínio do compromisso contra a segregação

---

89 Ação liderada pelo senador republicano Joseph McCarthy entre 1950 e 1954, quando membros do governo e de outras instituições foram acusados de subversão e traição, com a alegação de serem comunistas. Muitos dos acusados perderam o emprego, mas a maioria não pertencia ao Partido Comunista. Além dos funcionários públicos demitidos, muitos atores, diretores e roteiristas de Hollywood foram banidos da indústria do entretenimento. [N.T.]

racial da AFL-CIO"[90] (Marable, 1991, p. 28). De maneira mais geral, o anticomunismo, que promoveu uma caça às bruxas com a cumplicidade de liberais negros e brancos, "retardou o movimento negro por uma década ou mais" (Marable, 1991, p. 31; Von Eschen, 1997; Singh, 2004).

A política volátil em torno de quem poderia se candidatar a receber assistência do governo também ajudou a criar as categorias de "merecedor" e "não merecedor". Essas preocupações foram somadas à crescente popularidade da "cultura" como uma estrutura crítica atribuída ao fracasso em se alcançar o "sonho americano". Esse contexto político, ligado ao aumento da influência do campo das ciências sociais como perito "imparcial" na descrição de padrões sociais (patrocinado pela Fundação Ford, entre outros), ajudou a mapear uma visão simplista da pobreza da população negra, uma visão independente de obstáculos estruturais, incluindo segregação habitacional, brutalidade policial, discriminação para conseguir moradia e trabalho e a destinação sistemática de verbas insuficientes a escolas públicas em comunidades negras. A questão era descrita como um problema de "integração" dos negros que migravam dos estados do Sul para o Norte. Isso se encaixa na crescente perspectiva global sobre a pobreza nos Estados Unidos, moldada pela Guerra Fria e pelas ciências sociais (Ferguson, 2013).

Em 1959, o antropólogo liberal Oscar Lewis cunhou o termo "cultura da pobreza" para descrever traços psicológicos e comportamentais de pessoas pobres em países subdesenvolvidos, e "para entender o que eles tinham em comum

---

[90] AFL-CIO é a sigla para American Federation of Labor and Congress of Industrial Organizations [Federação Estadunidense do Trabalho e Congresso de Organizações Industriais], central que congrega sindicatos dos Estados Unidos e do Canadá e que atualmente representa mais de dez milhões de trabalhadores. [N.T.]

com as classes mais baixas do mundo todo" (Lewis *apud* O'Connor, 2009, p. 117). Lewis afirmou "que a cultura da pobreza tem algumas características universais que transcendem os limites regionais, rurais/urbanos e até mesmo nacionais", identificando essa cultura em locais muito díspares, como "povoados mexicanos" e bairros "negros de classe baixa nos Estados Unidos" (Lewis *apud* O'Connor, 2009, p. 117). As características comuns que ele apontou entre ambos os grupos incluem resignação, dependência, perspectiva temporal orientada para o presente, transtorno de controle de impulso, ego frágil, transtorno sexual, incapacidade de praticar recompensa diferida, além de outros 63 comportamentos (Lewis *apud* O'Connor, 2009, p. 117-8). São descrições psicológicas alarmantes, altamente flexíveis e que certamente não podem ser atribuídas às pessoas, independentemente do contexto econômico em que se encontram. Lewis não era um político conservador, mas um liberal de esquerda que vinculava essa "cultura da pobreza" a "sociedades capitalistas estratificadas e altamente individualizadas". Mas, como observa Alice O'Connor, "o problema é que Lewis quase não tentou fornecer evidências diretas ou análises que ligassem padrões comportamentais e culturais à estrutura política e econômica vivenciada pelos pobres". A "cultura da pobreza", em sua expressão original, era vista como um pensamento positivo, bem diferente do "racismo científico", enraizado na eugenia e adotado pelo regime nazista, já que a cultura, ao contrário da biologia, era mutável e passível de ser transformada. Por fim, O'Connor (2009, p. 122) argumenta: "Ao formular a análise exclusivamente em torno de comportamento e psicologia, a cultura da pobreza enfraquece seu próprio potencial radical e desvia o foco de qualquer crítica implícita ao capitalismo".

LOCALIZANDO A RAIZ

Por mais perspicaz que possa ter sido a reiteração original da "cultura da pobreza" feita por Lewis, ela não levou em conta o profundo terrorismo racial enfrentado pelos negros tanto no Norte quanto no Sul dos Estados Unidos. O movimento contra o racismo e a violência promovidos pelo Estado no Sul expôs ao mundo — e, mais importante, ao resto do país — o regime racialmente tirano sob o qual viviam os negros estadunidenses. A Marcha sobre Washington por Trabalho e Liberdade, em 1963,[91] foi a primeira exibição nacional da amplitude do movimento sulista pelos direitos civis, evidenciando a existência de várias modalidades de discriminação racial e dando um contorno claro e definido sobre as restrições impostas aos afro-estadunidenses. Ao fazê-lo, a Marcha sobre Washington deixou explícito que sua concepção de "libertação negra" ia muito além da simples revogação de leis injustas nos estados do Sul.

Uma parte do imortalizado discurso "Eu tenho um sonho", de Martin Luther King, proferido durante o protesto, aborda a relação entre as injustiças econômica e racial:

> Há quem pergunte aos defensores dos direitos civis: "Quando é que ficarão satisfeitos?". Não estaremos satisfeitos enquanto o negro for vítima dos indescritíveis horrores da brutalidade policial. Jamais poderemos estar satisfeitos enquanto nossos corpos, cansados com a fadiga da viagem, não conseguirem ter acesso aos hotéis de beira de estrada e das cidades. Não poderemos estar satisfeitos enquanto a mobilidade básica do negro

---

91 Protesto liderado por Martin Luther King que reuniu cerca de 250 mil pessoas na capital dos Estados Unidos, em 28 de agosto de 1963, contra a segregação racial no país. [N.E.]

for passar de um gueto pequeno para um maior. Não podemos estar satisfeitos enquanto nossas crianças forem destituídas de sua individualidade e privadas de sua dignidade por placas onde se lê: "Somente para brancos". Não poderemos estar satisfeitos enquanto um negro no Mississippi não puder votar, e um negro em Nova York achar que não há nada pelo qual valha a pena votar. Não, não, não estamos satisfeitos, e só estaremos satisfeitos quando "a justiça correr como água e a retidão como uma poderosa corrente".

Aqui, Martin Luther King também relaciona a discriminação racial sistematizada das leis Jim Crow, no Sul, à segregação informal, mas igualmente efetiva e perniciosa das cidades do Norte. Nos dois casos, King deixou evidente a condição a que os negros estavam submetidos através de práticas exercidas por instituições públicas e privadas em todo o país. Evidentemente, ele não foi o primeiro a fazer isso, mas a escala, o escopo e a marcante influência da Marcha sobre Washington espalharam esses argumentos pelo território nacional.

Desde a década de 1930, e certamente durante o pós-guerra, os negros se engajaram em campanhas por "melhores empregos, fim da brutalidade policial, acesso a novas moradias, representação no governo e educação superior para seus filhos" (Biondi, 2003, p. 1). Malcolm X achava "ridículo" que ativistas de direitos civis viajassem para o Sul para combater as leis Jim Crow, enquanto o Norte tinha "ratos e baratas para matar, em número suficiente para manter todos os militantes ocupados" (Malcolm X & Haley, 1965, p. 67). Em discurso proferido na inauguração de sua Organization of Afro-American Unity [Organização para a unidade afro-estadunidense], no ano anterior à sua morte, Malcolm descreveu a economia política da pobreza negra no Norte:

A exploração econômica da comunidade afro-estadunidense é a mais brutal de todas as formas de exploração de pessoas nos Estados Unidos. Na verdade, é a mais violenta praticada contra qualquer pessoa na Terra. Ninguém é tão explorado economicamente quanto você e eu, porque na maioria dos países onde as pessoas são exploradas, elas têm consciência disso. Você e eu estamos neste país sendo explorados e, por vezes, nem percebemos. Pagamos o dobro do aluguel em cortiços deteriorados e infestados de ratos e baratas.

É verdade. Para nós, custa mais viver no Harlem do que custa para eles viverem na Park Avenue. Você sabia que o aluguel é mais caro na Park Avenue do Harlem do que na Park Avenue do centro? E no Harlem você tem de tudo naqueles apartamentos: baratas, ratos, gatos, cachorros e alguns outros visitantes disfarçados de autoridades. O afro-estadunidense paga mais por alimentação, paga mais por vestuário, paga mais pelo seguro do que qualquer outra pessoa. Sim, nós pagamos. Custa mais caro para você e para mim ter uma apólice de seguro do que para um branco no Bronx ou em qualquer outro lugar. Eu e você pagamos mais do que eles por comida. É mais caro para você e eu vivermos nos Estados Unidos do que é para qualquer outra pessoa, e nós é que damos a maior contribuição.

Vocês me digam que tipo de país é esse. Por que temos que ter os empregos mais depreciados pelo salário mais baixo? Por que temos que fazer o trabalho mais pesado pelo salário mais baixo? Por que devemos pagar mais caro pelo pior tipo de comida e pelo pior tipo de moradia?[92]

A influência e o vasto apelo de Malcolm X entre os negros do Norte do país ajudaram a articular uma compreensão diferente sobre a pobreza e as dificuldades enfrentadas

---

[92] MALCOLM X. Discurso de fundação da Organization of Afro-American Unity, Nova York, 28 jun. 1964.

pelos afro-estadunidenses: tais mazelas não eram produto de mau comportamento, mas sim do racismo. A aprovação da Lei dos Direitos Civis, em 1964, e da Lei dos Direitos de Voto, em 1965, removeu os últimos vestígios da discriminação oficial no Sul dos Estados Unidos. Foi uma conquista surpreendente, que, dez anos antes, não poderia sequer ter sido imaginada; uma incrível vitória para os homens, as mulheres e as crianças que participaram do movimento pelos direitos civis, e que forçou uma mudança monumental na ordem política e social nos estados do Sul. Contudo, suas limitações começaram a aparecer antes mesmo que secasse a tinta da caneta com que essas legislações foram assinadas. O fim da legalização da segregação e das restrições ao direito de voto no Sul não garantiu necessariamente aos negros participação livre e irrestrita nas esferas públicas e privadas de trabalho, moradia e educação. A mesma coisa também ocorreu no Norte. O movimento pelos direitos civis tinha alvos muito bem definidos no Sul; no Norte, porém, os instrumentos da segregação, como a discriminação habitacional e empregatícia, eram previstos por lei e, portanto, muito mais difíceis de serem transformados. Em Chicago e Nova York, crianças negras frequentavam escolas superlotadas em turnos — tudo perfeitamente legal.

Cinco dias após a Lei dos Direitos de Voto ter sido aprovada, a Rebelião de Watts explodiu no centro-sul de Los Angeles, Califórnia. A palavra "Selma"[93] era lembrada em

---

[93] Referência à marcha entre as cidades de Selma e Montgomery, no Alabama, ocorrida em 7 de março de 1965. Os mais de quinhentos ativistas desarmados tinham como objetivo protestar pacificamente contra a morte de Jimmie Lee Jackson, pelo direito de voto e contra a segregação e a repressão. Porém, após caminharem por apenas alguns quarteirões, foram barrados na Ponte Edmund Pettus por tropas

toda parte durante o caos da rebelião (Bloom, 1987, p. 204). O movimento pelos direitos civis incitou a radicalização de todos os afro-estadunidenses. Revoltas menores já haviam ocorrido em Nova York, Filadélfia, Rochester e outras cidades durante o verão anterior, em 1964, mas a Rebelião de Watts teve uma escala totalmente diferente. Por seis dias, entre 11 e 16 de agosto de 1965, cerca de dez mil afro-estadunidenses entraram em confronto com a polícia em uma onda de protestos sem precedentes contra os efeitos da discriminação racial, da brutalidade policial e da exclusão habitacional. Como resultado, 34 pessoas foram mortas, centenas ficaram feridas e quatro mil acabaram presas, além do saldo de dezenas de milhões de dólares em danos materiais (Horne, 1997).

Os incêndios em Watts evidenciaram a crescente radicalização dos negros, baseada na incongruência entre a propaganda da riqueza e da abundância dos Estados Unidos como prova da superioridade do livre-comércio e o sofrimento da população negra com as atrocidades da pobreza. Depois de aprovada a legislação dos direitos civis, não era mais possível responsabilizar apenas o racismo sulista pelo sofrimento dos afro-estadunidenses.

O movimento pela libertação negra da década de 1960 impulsionou a expansão do Estado de bem-estar social, que eventualmente incluiu também os afro-estadunidenses. Embora o New Deal tenha excluído os negros do país, os programas Guerra contra a Pobreza e Grande Sociedade,

> do governo armadas de cassetetes e bombas de gás lacrimogêneo, fazendo os militantes voltarem para o centro de Selma. Muitos ativistas foram feridos, e Amelia Boynton, uma das organizadoras da marcha, foi deixada inconsciente. Outras marchas de Selma a Montgomery ocorreram posteriormente, mas a marcha de 7 de março, conhecida como "Domingo Sangrento", tornou-se um emblema da violência policial. [N.T.]

impulsionados pelo presidente Lyndon Johnson, eram basicamente respostas às diferentes fases do movimento negro. Em 1964, Johnson enfatizou a seus apoiadores na Câmara de Comércio as consequências da falta de apoio ao bem-estar social:

> Por favor, lembrem-se sempre de que, se não fizermos nada para acabar com esses antigos inimigos — ignorância e analfabetismo e pobreza e doenças —, se permitirmos que eles se acumulem [...]. Se agora uma revolução pacífica não acabar com essas coisas — analfabetismo e esses antigos inimigos da humanidade que assolam a Terra, na qual dois terços das massas são jovens e estão clamando e protestando e se manifestando agora por comida, vestuário, educação e saúde — [então] uma mudança brusca será inevitável.[94]

Os programas Guerra contra a Pobreza e Grande Sociedade expuseram a antipatia, derivada da Guerra Fria, em relação ao controle total do governo, enfatizando parcerias público-privadas e "igualdade de oportunidades" em oposição à redistribuição econômica. No entanto, os protestos dos negros polarizaram os debates sobre as políticas nacionais de bem-estar social e as ações necessárias para remediar a crescente revolta do movimento Black Power. Assim, ressurgiram os debates sobre a natureza da pobreza da população negra.

Em 1965, o consultor presidencial Daniel Patrick Moynihan redigiu o polêmico relatório intitulado *The Negro Family: The Case for National Action* [A família negra: argumento para ação nacional], que afirmava que os problemas enfrentados pelos negros eram causados por um "conjunto intrincado de patologias". O Relatório Moynihan,

---

[94] JOHNSON, Lyndon B. Pronunciamento dado à Câmara de Comércio dos Estados Unidos, 27 abr. 1964.

como ficou conhecido, alegava estabelecer os problemas vivenciados pelas comunidades negras por meio de teoria e pesquisa, mas era, na verdade, uma reciclagem mais sofisticada de estereótipos envolta num ar de ciência, que atribuía problemas sociais aos supostos comportamentos das famílias negras mais pobres. Moynihan afirmava que o cerne "da deterioração do tecido social negro é a deterioração da família negra". Ele dizia que essa deterioração estava enraizada na maneira histórica como a escravidão estadunidense havia fragmentado as famílias negras, e culpou as mulheres negras por emascular os homens negros, que, por sua vez, se esquivaram de seu papel de chefe da família. O resultado foram comportamentos antissociais que se disseminaram para muito além das fronteiras das famílias negras. A certa altura, o relatório sugere despreocupadamente que, "hoje em dia, é provável que a maioria dos crimes contra a pessoa, como estupro, assassinato, agressão, seja cometida por negros" — e, na frase seguinte, admite que, obviamente, "não há evidência cabal" para tal afirmação. Moynihan identificou esses problemas como resultado de famílias negras lideradas por mulheres solteiras.

É importante notar que Moynihan era um liberal e exercia suas funções na administração do presidente democrata Lyndon Johnson. Ele considerava suas ideias inovadoras, porque localizavam a "causa primária" da patologia social negra na estrutura familiar, a qual poderia ser resolvida com a "igualdade de oportunidades" e outras ações do governo. Entretanto, é aqui que os pensamentos liberal e conservador convergem, ao considerar que as dificuldades enfrentadas pelos negros são causadas primordialmente pelas comunidades negras, em vez de vê-las como problemas sistêmicos da sociedade estadunidense. Moynihan pouco mencionou as manifestações racistas da época; em vez disso, enfatizou o papel da escravidão ao explicar os problemas causados às famílias negras pela extrema pobreza. Mas a rebelião negra apontou outras causas para a situação das comunidades negras.

Nos três verões seguintes, violentas e impetuosas explosões de fúria negra marcaram as cidades estadunidenses. Elas chocaram a nação. O triunfalismo do "sonho americano" murchava a cada revolta. Os protestos dos negros geraram um novo entendimento sobre a desigualdade negra. No livro *Dark Ghetto* [Gueto negro], o psicólogo afro-estadunidense Kenneth Clark mostrou como a rebelião no bairro do Harlem, em Nova York, estava desconectada do "conjunto intrincado de patologias" descrito por Moynihan. Embora Clark tenha sido acusado, posteriormente, de promover suas próprias teorias sobre a patologia negra, sua descrição do motim do Harlem poderia facilmente descrever a dinâmica inerente a todos os levantes negros da década de 1960:

> Os protestos violentos que ocorreram nos guetos das cidades estadunidenses no verão de 1964 não foram mobilizações de poder efetivo, mas uma efusão de revolta não planejada. Os *motins* do Harlem não foram liderados por uma multidão, pois uma multidão é uma força social descontrolada, dedicada à destruição irracional; foram, sim, um inusitado desafio social. Os envolvidos não pertenciam, de forma geral, à classe mais baixa de residentes do Harlem; os saqueadores e os semicriminosos eram sobretudo negros em ascensão econômica, porém marginalizados, exigindo um *status* mais alto do que suas famílias tiveram anteriormente. Mesmo aqueles negros que jogavam garrafas e tijolos de cima dos telhados não haviam sido vítimas das garras do abandono, mas pareciam querer instigar a polícia deliberadamente, para que os policiais agissem publicamente como bárbaros, como os negros assim os consideravam. [...] [Havia] uma calma dentro do caos, uma determinação dentro da histeria. Parecia que o negro sentia que não havia nada que pudesse acontecer com ele que já não tivesse acontecido antes — e se comportava como se não

tivesse nada a perder. Sua raiva era inexplicavelmente controlada, o que parecia dizer, durante aqueles dias de desespero social: "Já basta. A única arma que você tem são balas. A única coisa que você pode fazer é me matar". Paradoxalmente, seu aparente desrespeito à lei era um protesto contra a falta de lei com que era tratado. Seus atos eram uma reivindicação desesperada para que passasse a ser tratado como homem. Ele era tão explícito que chegava ao ponto de encarar a morte, insistia em ser visível e compreendido. Se essa era a única maneira de se relacionar com a sociedade em geral, ele preferiria morrer a ser incompreendido. (Clark, 1965, p. 15)

A descrição de Clark, que aponta como a psique do homem negro foi restaurada durante o combate ao racismo, refletiu no crescimento generalizado de organizações políticas negras que abordavam todas as questões possíveis. Mas não eram apenas os homens negros que estavam sendo "restaurados" em sua luta contra o racismo: as mulheres negras também estavam na linha de frente de muitas das lutas mais importantes da década de 1960. De associações de inquilinos a organizações de assistência social, passando pelos servidores públicos negros que exigiam reconhecimento sindical, os afro-estadunidenses comuns militaram para definir e combater a injustiça racial (Kornbluh, 2007, p. 17-8).

O governo de Lyndon Johnson criou um amontoado de leis na tentativa de responder aos protestos crescentes e à "desordem civil". A maneira mais óbvia de ajuste era a expansão do Estado de bem-estar social estadunidense,[95] cujos limites foram objeto de intenso debate; porém, o programa Grande Sociedade — que incluía treinamento profissional, moradia, auxílio-alimentação e outras formas

---

[95] NOVAK, William J. "The Myth of the 'Weak' American State" [O mito do Estado "fraco" estadunidense], *Historical Review*, v. 113, n. 3, p. 752-72, jun. 2008.

de assistência — ajudou, inadvertidamente, a definir a desigualdade negra como uma questão prioritariamente econômica. A grande ênfase na desigualdade estrutural legitimou as demandas dos negros por maior inclusão nas riquezas do país e acesso aos benefícios provenientes do crescente bem-estar social. Theresa Vasta ecoou a voz de muitas mulheres quando, ao mencionar a qualidade de vida da população negra, disse que não tinha "tempo para brincadeiras": "Meus filhos estão com fome e a mais velha está faltando à escola porque eu não tenho dinheiro para ela ir. [...] Eu nasci nos Estados Unidos. Eu acho que eu mereço ser tratada corretamente. Eu me refiro a um tratamento justo" (Kornbluh, 2007, p. 41).

A expansão do Estado de bem-estar social, a introdução de práticas de ação afirmativa e o estabelecimento da Equal Employment Opportunity Commission no final dos anos 1960 reforçaram a ideia de que os negros tinham o direito de ser incluídos na riqueza do país. O crescimento da luta dos negros ao longo da década, desde o movimento de protestos no Sul até a erupção de rebeliões urbanas em todo o país, mudou a narrativa sobre a pobreza negra. O presidente Lyndon Johnson observou esse fato em seu célebre discurso de formatura na Universidade Howard, em 4 de junho de 1965:

> O negro estadunidense, agindo com serenidade impressionante, protestou e marchou pacificamente, entrou nos tribunais e nas sedes de governo, exigindo uma justiça que há muito tempo lhe tem sido negada. A voz do negro era uma chamada para a ação. Mas é um tributo aos Estados Unidos: uma vez despertados, os tribunais, o Congresso, o presidente e a maioria do povo se aliaram ao progresso. [...] Mas a liberdade não é suficiente. Você não cura cicatrizes de séculos dizendo: "Agora você está livre para ir aonde quiser, fazer o que desejar e votar em quem lhe apetecer". Se uma pessoa foi acorrentada

durante anos, você não a liberta, leva até a linha de partida de uma corrida e diz: "Você está livre para competir com todos os outros", e ainda acredita com rigor que está sendo completamente justo. [...] Portanto, não basta apenas abrir os portões da oportunidade. Todos os nossos cidadãos devem ter a capacidade de atravessar esses portões. [...] Buscamos não apenas liberdade, mas oportunidade. Buscamos não apenas imparcialidade do sistema judiciário, mas capacidade humana; não apenas a igualdade como um direito e uma teoria, mas igualdade como fato, igualdade como resultado.[96]

As frases "liberdade não é suficiente" e "igualdade como resultado" apontavam para a desigualdade estrutural e justificavam a necessidade de ações positivas ou afirmativas por parte do Estado, para sanar a condição de pobreza provocada por séculos de discriminação.

Conforme eram atraídos diretamente para o movimento de contestação, centenas de milhares de negros estadunidenses chegavam a conclusões ainda mais radicais sobre a natureza da opressão sofrida pela população negra no país, e mais centenas de milhares de negros simpatizavam com as rebeliões. A luta rompeu o isolamento e o confinamento da vida em guetos negros segregados e anulou a explicação predominante de que os negros eram responsáveis pelas más condições de vida em seus bairros. A luta das massas gerou compreensão política sobre a pobreza nas comunidades negras em todo o país. A mídia negra capturou histórias de injustiça, bem como a dificuldade enfrentada para se organizar contra ela, alimentando o processo de militância e compilando informações da visão popular negra sobre a opressão sofrida pelos negros, ao mesmo tempo que fornecia

---

96 JOHNSON, Lyndon B. "To Fulfill These Rights" [Para cumprir esses direitos], pronunciamento na Universidade Howard, 4 jun. 1965.

um entendimento alternativo para os brancos. Uma pesquisa da Harris Poll, realizada no verão de 1967, após as grandes revoltas de Detroit e Newark, revelou que 40% dos brancos acreditavam que as principais causas das rebeliões eram "o modo como os negros eram tratados nas favelas e nos guetos das grandes cidades" e "o fracasso da sociedade branca em manter suas promessas para os negros".[97] Muitos, incluindo Martin Luther King, começaram a relacionar a opressão sofrida pelos negros a uma crítica mais ampla ao capitalismo.

King começou a fazer essas conexões especialmente quando sua organização o colocou em contato direto com os guetos localizados nos estados do Norte e com a segregação residencial. Durante a Southern Christian Leadership Conference [Conferência da liderança cristã do Sul] (SCLC), no verão de 1967, ele fez um discurso que levantou questões abrangentes sobre o sistema econômico:

> Então, para responder à pergunta: "Para onde vamos agora?", que é o nosso tópico, devemos primeiro reconhecer honestamente onde estamos no presente momento. Quando a Constituição foi escrita, uma estranha fórmula que determinava impostos e representação declarava que o negro era 60% de uma pessoa. Atualmente, outra fórmula curiosa parece declarar que ele é 50% de uma pessoa. O negro tem aproximadamente metade das coisas boas da vida que os brancos têm. E ele recebe aproximadamente o dobro das coisas ruins da vida que os brancos recebem. Assim, metade da população negra vive em moradias precárias. E a renda dos negros é 50% mais baixa que a dos brancos. Ao analisarmos as experiências negativas da vida, o negro tem dupla participação. Tem o dobro de desempregados. A taxa de mortalidade infantil

---

[97] "Negroes, Whites Agree on Riot Victims" [Negros, os brancos concordam com as vítimas revoltadas], *Boston Globe*, 15 ago. 1967.

entre os negros é o dobro da dos brancos, e há duas vezes mais negros morrendo [na Guerra do] Vietnã do que brancos em proporção ao tamanho da população. (King Jr., 2013)

O Black Panther Party for Self-Defense [Partido dos Panteras Negras pela Autodefesa] (BPP) foi ainda mais longe ao declarar a intenção de libertar os Estados Unidos da economia capitalista e substituí-la pelo socialismo. Os Panteras Negras não eram uma organização marginal — longe disso. Na época, o diretor do FBI, J. Edgar Hoover, declarou que o partido era a "maior ameaça interna" à segurança do país. Formado em Oakland, na Califórnia, em resposta direta à crise da brutalidade policial, o Partido dos Panteras Negras vinculava a truculência da polícia à rede de opressão e exploração que cercava os negros nos Estados Unidos. Eles não apenas relacionavam a opressão sofrida pelos negros às raízes materiais do sistema capitalista, mas a conectavam ao capitalismo em si. Huey P. Newton, o líder dos Panteras Negras, deixou isso claro ao afirmar: "O Partido dos Panteras Negras é um grupo nacionalista revolucionário, e nós vemos uma grande contradição entre o capitalismo neste país e nossos interesses. Sabemos que este país ficou muito rico devido à escravidão, e sabemos também que a escravidão é o capitalismo em seu extremo. Temos dois males a combater: capitalismo e racismo. Devemos destruir ambos: racismo e capitalismo" (Foner, 2014, p. 51).

Os Panteras Negras não formavam um partido de massa: tinham um apelo que se estendia muito além da quantidade de membros. Em seu ápice, o partido vendia surpreendentes 139 mil cópias por semana de seu jornal, o *Black Panther*,[98]

---

[98] GAITER, Colette. "Visualizing a Revolution: Emory Douglas and the Black Panther Newspaper" [Visualizar uma revolução: Emory Douglas e o jornal dos Panteras Negras], *AIGA.org*, 8 jun. 2005. Disponível em: http://

com várias histórias sobre brutalidade policial em cidades de todo o país. No periódico também se podia ler o "Programa dos Dez Pontos dos Panteras Negras", uma lista de demandas que explicavam os objetivos e as intenções do partido, relacionando a exploração capitalista e a economia política estadunidense à pobreza e à opressão dos negros. Com isso, o partido audaciosamente exigia que o Estado cumprisse sua responsabilidade de fornecer emprego, moradia e educação para os negros, cuja situação de pobreza havia sido causada pelo capitalismo estadunidense.

Os Panteras Negras eram assunto constante da mídia negra convencional. Em 1969, por exemplo, a revista *Ebony*, publicação semanal mais popular entre os negros estadunidenses, publicou um artigo escrito por Newton dentro da prisão para estruturar, com suas próprias palavras, o programa dos Panteras Negras. O artigo incluía uma abordagem detalhada sobre a relação entre a exploração capitalista e o racismo. "Somente eliminando o capitalismo e substituindo-o pelo socialismo é que todos os negros, *todos* os negros, poderão praticar a autodeterminação e, assim, alcançar a liberdade", dizia. E essas não eram apenas observações de uma esquerda marginal: tratava-se da organização revolucionária negra mais reputada argumentando diretamente para a vasta população negra sobre sua própria opressão. Os Panteras Negras, enormemente inspirados por Malcolm X, associavam a crise da população negra nos Estados Unidos ao capitalismo e ao imperialismo. O racismo não poderia estar separado dos ininterruptos problemas econômicos que assolavam as comunidades negras. De fato, os problemas econômicos da comunidade negra estadunidense não poderiam ser entendidos sem que o racismo fosse levado em conta. Os negros estavam subempregados

www.aiga.org/visualizing-a-revolution-emory-douglas-
-and-the-black-panther-new/.

ou desempregados, habitavam moradias precárias e gozavam de baixa escolaridade *porque* eram negros.

Identificar a desigualdade estrutural ou o racismo institucional não era apenas de interesse acadêmico. Vincular a opressão sofrida pelos negros às práticas estruturais e institucionais legitimava as demandas por programas e financiamento para desfazer o mal que havia sido causado. Essa lógica enfatizava a necessidade do que posteriormente ficaria conhecido por "ação afirmativa", e também realçava demandas muito mais amplas de financiamento governamental e aplicação de novas leis de direitos civis para criar a possibilidade de melhores empregos, moradias e escolas para a população negra.

Toda a dinâmica da luta dos negros moveu a política tradicional para a esquerda durante esse período, como ficou demonstrado pela ampliação do Estado de bem-estar social e pelo número crescente de figuras populares que passaram a identificar o racismo como um problema. A luta negra também reforçou uma polarização política que já era intensa. É óbvio que racistas e conservadores sempre existiram e dominaram a política, mas o movimento crescente os colocava na defensiva. O poder político estava dividido sobre como dar respostas à questão. Enquanto alguns liberais consideravam incluir argumentos estruturais sobre a desigualdade da população negra, os conservadores se apegavam a estereótipos sobre famílias negras, e quanto mais os habitantes do gueto se rebelavam, mais se fortificavam as ideias conservadoras sobre o gueto e seus habitantes.

De modo geral, no entanto, era possível medir o impacto positivo da luta por meio da mudança de opinião do eleitorado em relação aos programas sociais. Houve uma resposta pública sutilmente positiva às revoltas no final dos anos 1960. Entretanto, historiadores e figuras políticas enfatizaram a repercussão negativa dos protestos, o que facilitou uma mudança conservadora na política no final da década de 1960 e na década de 1970, expressa através de múltiplos fatores. Certamente houve descontentamento com as rebeliões, cujo tom pode ser percebido em um editorial liberal do *New York Times*, escrito poucas semanas após a insurreição em Detroit: "Os tumultos, em vez de gerar um clamor por maior progresso social para acabar com a pobreza, tiveram um efeito inverso em larga escala, acarretando o aumento da crise do uso da força policial e da criminalização".[99] No entanto, essa perspectiva não parecia corresponder ao resultado de uma série de pesquisas realizadas dez dias depois, que mostrava amplo apoio à expansão de programas sociais voltados à mitigação da pobreza, a qual muitos relacionavam com a crescente violência. Em uma pesquisa do jornal *The Washington Post* publicada em 1967, os afro-estadunidenses associaram os levantes às condições degradantes em suas comunidades: 70% dos negros "atribuíram as rebeliões às condições de moradia", e 59% dos negros disseram conhecer alguém que morava em uma casa infestada de ratos. Na mesma pesquisa, 39% dos brancos afirmaram acreditar que as condições de moradia dos negros eram a causa dos tumultos. Outra pesquisa mostrou que a grande maioria dos entrevistados era a favor da criação de programas de erradicação da pobreza. Uma manchete do *Washington Post* dizia: "As raças concordam com a abolição do gueto e a necessidade de criação de um programa semelhante à WPA".[100] Além disso, 69% de *todos* os estadunidenses apoiavam esforços federais para

---

99 "The Race Problem: Why the Riots, What to Do?" [O problema da raça: por que as revoltas, o que fazer?], *The New York Times*, 6 ago. 1967.
100 WPA é a sigla para Works Progress Administration [Administração de progresso de trabalho], programa criado na era do New Deal que deu uma ocupação a milhões de desempregados no setor dos serviços públicos, como construção de rodovias, parques, edifícios públicos, pontes ou escolas, por exemplo. [N.T.]

criar um programa de emprego; 65% concordavam em acabar com os guetos; 60% apoiavam um programa federal para eliminar ratos; e 57% apoiavam programas de acampamento de verão para jovens negros.[101]

De certa forma, tais descobertas prefiguraram os resultados futuros de uma investigação federal sobre as rebeliões negras que ocorriam regularmente. Na primavera de 1967, o presidente Lyndon Johnson convocou uma comissão federal para investigá-las. A Comissão Kerner, nomeada em homenagem a Otto Kerner, então governador de Illinois, entrevistou negros em todas as cidades onde ocorreram revoltas urbanas nos três anos anteriores. Os resultados foram uma vergonha para o governo. A introdução do relatório era bastante clara em determinar a razão pelas quais eclodiram revoltas nas cidades dos Estados Unidos, e dizia:

> Nossa nação está se dividindo em duas sociedades, uma negra, uma branca — separadas e desiguais. A segregação e a pobreza criaram [...] um ambiente destrutivo totalmente desconhecido para a maioria dos brancos estadunidenses. O que os brancos estadunidenses nunca entenderam completamente — mas o que o negro nunca consegue esquecer — é que a sociedade branca está profundamente implicada no gueto. Instituições brancas o criaram, instituições brancas o mantêm, e a sociedade branca compactua com isso. As condições sociais e econômicas nas cidades onde ocorreram as rebeliões evidenciam um padrão de grave desvantagem para os negros em comparação aos brancos, sejam os negros moradores da área onde a revolta aconteceu ou de outra vizinhança. (Comissão Kerner & Wicker, 1968)

[101] "Negroes, Whites Agree on Riot Victims", *Boston Globe*, 15 ago. 1967; HARRIS, Louis. "Races Agree on Ghetto Abolition and Need for WPA-Type Projects" [Raças concordam em abolir o gueto e na necessidade de projetos como WPA], *The Washington Post*, 14 ago. 1967.

As três principais queixas feitas pelas comunidades negras foram: brutalidade policial, desemprego ou subemprego e moradias precárias.

Johnson ficou irritado com o relatório, pois seu conteúdo indicava que, mesmo depois de o governo ter gastado dezenas de milhões de dólares, ainda eram necessárias centenas de milhões de dólares para responder adequadamente à intensidade da "crise urbana". Apesar da decepção do presidente e de sua recusa em mencionar o documento na semana em que foi lançado, mais de dois milhões de cópias foram vendidas ao público, tornando-o um dos relatórios governamentais mais distribuídos da história. A Comissão Kerner, como a maioria dos órgãos liberais no final dos anos 1960, havia adotado argumentos e críticas à estrutura e à cultura das famílias negras. No final, porém, o relatório sugeria investimentos maciços nos programas de assistência social existentes para combater a segregação e a pobreza nos Estados Unidos.

CONCLUSÃO

Um esforço conjunto continua a associar a pobreza da população negra à cultura e à família negras. Como sempre, tanto conservadores quanto liberais se utilizam desses argumentos. Não é difícil entender o motivo. Pode haver discordâncias políticas significativas entre eles, mas os limites da imaginação política de ambos estão de acordo com os parâmetros de ideias da atual sociedade. Eles não podem ver além do que existe. O verdadeiro enfrentamento ao racismo institucional sistêmico e destrutivo acarretaria duas consequências imediatas, e ambas seriam inaceitáveis tanto para os liberais quanto para os conservadores.

A primeira consequência causaria essencialmente a destruição dos esforços contínuos dos Estados Unidos para se projetar como o líder moral do mundo. Combater o racismo institucional não é o mesmo que demitir um policial racista ou punir um indivíduo por cometer uma infração racista. Também não significa culpar a escravidão ou a história pela persistência da discriminação racial. Exigiria uma narrativa completa das inúmeras maneiras pelas quais a discriminação racial influencia e molda a vida cotidiana dos afro-estadunidenses, em particular a da classe trabalhadora negra e dos negros pobres. A segunda consequência seria uma redistribuição maciça de riqueza e recursos para reverter o dano contínuo provocado pelo racismo.

Mas, ao contrário, o poder político se apega a explicações culturais para as aterradoras condições de vida dos negros nos mais variados lugares, como a zona oeste de Baltimore, Oakland, o norte da Filadélfia e o bairro de Overtown, em Miami, porque tais explicações exigem pouca ação. Quando as crises sociais e econômicas são reduzidas a questões de cultura e moralidade, medidas fiscais ou intervenções promovidas por programas assistenciais nunca são suficientes; as soluções exigem transformação pessoal. É por isso que os bairros negros recebem policiamento, e não políticas públicas — e também prisões, não escolas públicas. Por exemplo, nos acalorados debates sobre o futuro da educação pública, os defensores da reforma da educação corporativa negam que a pobreza tenha alguma influência sobre os resultados educacionais.[102] Ao contrário, descrevem as crianças negras como desinteressadas na educação porque ser inteligente é se fingir de branco (o presidente Barack Obama certa vez argumentou que isso explica por que os estudantes negros não têm bons resultados).[103] Como consequência, há uma ênfase imensa na filantropia e nos bons exemplos para ensinar bom comportamento ao jovem negro, em vez de se disponibilizar capital e recursos para as comunidades negras. Obama organizou uma nova iniciativa chamada My Brother's Keeper [Guardião do meu irmão], voltada especificamente para meninos e adolescentes negros e marrons, cujos problemas — diz a descrição oficial — não podem ser abordados pelas políticas públicas governamentais. Esse programa se baseia em doações filantrópicas de grandes corporações, bons exemplos e força de vontade. Obama, ao introduzir a medida, foi rápido ao esclarecer que "o My Brother's Keeper não é um novo grande programa do governo [...] [mas] um esforço mais concentrado em garotos e jovens de cor[104] que estão

---

102 KARP, Stan. "Challenging Corporate Ed Reform" [Desafiar a reforma da educação corporativa], *Rethinking Schools*, v. 26, n. 3, primavera 2012.
103 HENDERSON, Nia-Malika. "What President Obama Gets Wrong about 'Acting White'" [O que o presidente Obama não entendeu sobre "agir como branco"], *The Washington Post*, 24 jul. 2014.
104 O termo "pessoas de cor" (do inglês *people of color*) é uma expressão sem nenhum cunho pejorativo, que engloba negros, marrons, latino-americanos, indígenas, muçulmanos etc. Enfatizamos aqui a importância de ressignificar palavras e expressões que foram

passando por momentos particularmente difíceis. E, nesse esforço, o governo não pode desempenhar o único papel — ou mesmo o papel principal".[105]

As explicações amplamente difundidas e aceitas descrevem os negros como trapaceiros e preguiçosos, racionalizam as disparidades sociais e econômicas entre os afro-estadunidenses e o resto da população e absolvem os sistemas econômico e político de qualquer responsabilidade real. Esse não é um problema que diz respeito apenas aos afro-estadunidenses. Essas explicações também ajudam a disfarçar uma desigualdade maior e mais generalizada que permeia o capitalismo nos Estados Unidos. Dessa forma, mesmo que o nível de pobreza da população branca continue a aumentar, esta é vista como distinta da pobreza dos negros, "gerada" pelos próprios negros. O aumento na quantidade de pessoas brancas encarceradas é diferente da causa de encarceramento dos negros — que, supostamente, é consequência da irresponsabilidade de pessoas negras. O relatório do Departamento de Justiça que investigou o Departamento de Polícia de Ferguson, publicado em março de 2015, aponta que "vários" oficiais disseram aos investigadores que a razão pela qual os negros recebiam um número altíssimo e desproporcional de multas era "falta de responsabilidade pessoal" (Estados Unidos da América, 2015, p. 77). A ação de relacionar o crime "negro" a uma patologia, enquanto o crime "branco" fica invisível, cria uma barreira entre os dois; caso contrário, a

politicamente construídas; nesse caso, "pessoas de cor" é um termo criado através de estudos, análises e pesquisas, e atualmente possui contexto histórico, geográfico, político, étnico e racial. [N.T.]
105 OBAMA, Barack. "Remarks by the President on 'My Brother's Keeper' Initiative" [Comentários do presidente sobre a iniciativa Guardião do Meu Irmão], *Whitehouse.gov*, 27 fev. 2014.

solidariedade poderia unir ambos no confronto aos excessos do sistema de justiça criminal. De certa forma, esse é o outro produto da "cultura da pobreza" e da naturalização da desigualdade da população negra: essa narrativa aprofunda a separação entre grupos de pessoas que teriam todo o interesse em combinar forças. A incurabilidade das condições dos negros passa a ser vista como natural, em vez de ser colocada como uma acusação ao próprio sistema, enquanto as dificuldades enfrentadas pelos brancos são quase invisíveis. Por exemplo, a maioria das pessoas pobres nos Estados Unidos é branca, mas a imagem pública da pobreza estadunidense é negra. É importante ressaltar que os negros são representados com exagero quando se trata de pobreza, mas ignorar a pobreza dos brancos ajuda a ofuscar as raízes sistêmicas da pobreza no país. Culpar a cultura negra não apenas desvia a investigação dos fatores sistemáticos que causam a desigualdade negra, como também tem ganhado ampla adesão dos próprios afro-estadunidenses. E, se os negros aceitam a narrativa dominante que os culpabiliza por sua própria opressão, o desenvolvimento de um movimento negro fica em segundo plano, mesmo que a brutalidade policial persista.

Há, no entanto, motivo de esperança. Este capítulo tentou mostrar a instabilidade das ideias políticas, como elas podem ser desafiadas e, finalmente, alteradas. As percepções do público sobre a pobreza mudaram na década de 1930, após a quebra da bolsa de Nova York, quando ficou evidente que as ações dos banqueiros haviam causado um declínio na economia: a origem da Grande Depressão não foi o caráter pessoal dos trabalhadores. As conexões entre capitalismo, corrupção e a condição da classe trabalhadora se tornaram ainda mais incontestáveis quando comunistas e socialistas vincularam as condições de vida da classe trabalhadora a um sistema econômico, em vez de simplesmente culpar a falta de sorte. A elite política e econômica respondeu reprimindo a esquerda e suas críticas ao capitalismo, enquanto aprimorava e empregava a teoria da "cultura da pobreza" para explicar a miséria na "terra da abundância". Mas essa matéria não era imutável ou definitiva. Os levantes políticos da década de 1960, alimentados pela insurgência dos negros, transformaram a política e geraram um entendimento maior por parte dos estadunidenses sobre a relação entre a pobreza dos negros e o racismo institucional — e, para alguns, o capitalismo. Ideias são voláteis, mas basta ação política para que elas se estabeleçam — e basta estagnação para que o retrocesso se inicie.

2. DOS DIREITOS CIVIS AO DALTONISMO RACIAL

Se a adversidade do século XX foi, nas célebres palavras de W.E.B. Du Bois, "o problema da barreira da cor", então a adversidade do século XXI é o problema do daltonismo racial: a recusa em reconhecer as causas e as consequências da permanente estratificação racial.
— Naomi Murakawa (2014, p. 7)

Em seu livro *Black Reconstruction in America* [A reconstrução negra nos Estados Unidos], W.E.B. Du Bois descreveu a promessa da Reconstrução[106] como um "breve lugar ao sol" para os negros, antes de seu fim desastroso levar os afro-estadunidenses "de volta à escravidão" (Du Bois, 2006, p. 27). O recuo da insurreição Black Power na década de 1970 não levou os negros a um estado de neoescravidão, mas a esperança e as expectativas criadas com o movimento da década de 1960 se mostraram ilusórias.

No final dos anos 1970, pouco se falava sobre racismo institucional ou sobre as raízes sistemáticas da opressão sofrida pelos negros, e ainda menos sobre as ações necessárias para combater esses problemas. Ao contrário: quando Ronald Reagan concorreu às primárias do Partido Republicano, em 1976, ele fez uma jogada para angariar votos racistas, mencionando um fictício "jovem forte e saudável" que usava o auxílio-alimentação do governo para comprar bisteca. Reagan inventou o popular estereótipo da "rainha do programa assistencial" que, segundo ele, "usava oitenta nomes, trinta endereços e quinze números de telefone para coletar auxílio-alimentação, previdência social, pensões para quatro maridos ex-combatentes falecidos que nem existiram e outros benefícios de programas sociais. Só a renda dela, que é isenta de impostos,

---

[106] A Reconstrução dos Estados Unidos se iniciou após o término da Guerra Civil, em 1865, e se estendeu até 1877. [N.T.]

tem-nos custado 150 mil dólares por ano".[107] Essas eram iscas racistas comuns para atrair o eleitorado conservador branco: negros preguiçosos que fraudavam os programas sociais para viver sem trabalhar. Depois da "revolução negra" da década de 1960, porém, os políticos não se sentiam mais tão à vontade em tirar cartas racistas da manga: presumia-se que o "jovem forte e saudável" e a "rainha do programa assistencial" fossem negros, mas Reagan e outros políticos não podiam se arriscar a dizê-lo publicamente. Mesmo com sua linguagem codificada, o conservadorismo de Reagan era, àquela altura, considerado de extrema direita na política convencional — e precisou do restante da década para se tornar dominante. O movimento negro dos anos 1960 havia desabonado exibições públicas de animosidade racial, embora a raça continuasse aguçando a política estadunidense de outras maneiras. No final, Reagan perdeu as primárias do Partido Republicano para Gerald Ford por uma margem estreita, mas a trajetória da política convencional já estava desenhada. E essa trajetória não seria seguida apenas pela direita: o Partido Democrata também fazia de tudo para esquecer sua recente associação com o movimento pelos direitos civis. Quando sua caravana eleitoral passava por Indiana, em 1976, Jimmy Carter, que concorria à nomeação pelo Partido Democrata, comentou:

> Não tenho nada contra comunidades formadas por pessoas polonesas, tchecoslovacas, franco-canadenses ou negras que tentam manter a pureza étnica de seus bairros. [...] Não acho que o governo deva querer desmembrar uma comunidade étnica colocando nela um membro de outra raça deliberadamente. [...] Não estou dizendo que quero que o governo

---

[107] LEVIN, Josh. "The Real Story of Linda Taylor, America's Original Welfare Queen" [A verdadeira história de Linda Taylor, a verdadeira rainha dos programas assistenciais estadunidenses], *Slate*, 19 dez. 2013.

continue interferindo na pureza dos bairros étnicos. O que quero dizer é que o governo não deve ter como objetivo principal colocar grupos de fora num bairro [étnico], simplesmente porque irá formalizar uma invasão. (Perlstein, 2014, p. 662)

Após a era dos direitos civis, o país estava entrando em uma era de "daltonismo racial". E isso não dizia respeito à benevolente e tão almejada ausência de "raça" na legislação dos Estados Unidos. O relatório da Comissão Kerner, de 1968, descrevia detalhadamente como as instituições públicas e privadas exercem a discriminação racial, o que deu base para que os afro-estadunidenses reivindicassem apoio federal.

Apesar disso, o "daltonismo racial" ajudou os políticos a reverterem o Estado de bem-estar social, permitindo que o Congresso e os tribunais argumentassem que a ausência de racismo na legislação significava que os negros estadunidenses já não podiam reivindicar danos raciais. Nem todos acreditavam que isso estava acontecendo logo após o movimento negro virar o país de cabeça para baixo exigindo o fim do racismo. Mas a estrutura do daltonismo racial permitiu que parte do poder político desvinculasse as dificuldades enfrentadas pelos negros das condições reais que as causavam, desmanchando uma relação que os ativistas tanto haviam se esforçado para expor. Era como se a promulgação das leis de direitos civis tivesse resolvido todos os problemas, dando aos negros estadunidenses a chance de um novo começo. Apenas dez anos antes, o presidente Lyndon Johnson proferira um discurso declarando que "a liberdade não é suficiente" para alcançar a igualdade racial; agora, os candidatos que disputavam a Casa Branca alegavam que a liberdade formal era mais do que suficiente.

E era isso mesmo: décadas de baixo investimento resultaram em uma população negra às voltas com moradias precárias e caindo aos pedaços, péssimas opções de emprego, escolas subfinanciadas e muitos outros problemas que apenas grandes destinações orçamentárias poderiam corrigir. A política do daltonismo racial ajudou a encobrir não apenas o racismo mas também sua acompanhante: a crise econômica do início dos anos 1970. No exato momento em que o movimento negro exigia um enorme investimento em infraestrutura para recuperar áreas urbanas, a economia estadunidense do pós-guerra, até então em expansão, começava a estacionar. Com isso, um ataque ideológico golpeou incansavelmente os gastos públicos que socorreriam regiões em profunda privação econômica. O daltonismo racial incentivou o corte de gastos estatais, gerando decadência moral e aumento da criminalidade nos "centros das cidades". George Romney, membro do gabinete do presidente Richard Nixon (1969-1974), descreveu as vítimas da diminuição dos gastos públicos como "pessoas problemáticas responsáveis pela crise" — usando a velha teoria da "cultura da pobreza" que, na década de 1960, o movimento tanto havia lutado para erradicar. O objetivo era restaurar a ordem enquanto se enfraquecia as contínuas demandas da população negra ao Estado. Esse tipo de ataque político ocorreu ao longo da década de 1960, à medida que crescia a oposição da direita aos direitos civis e às políticas sociais. Mas a força do movimento negro fez a diferença: ações no Sul e no Norte exerceram grande pressão sobre o governo federal, resultando em repetidas concessões.

 O fim da longa expansão econômica do pós-guerra, adicionado à desaceleração do movimento político negro, criou a primeira oportunidade depois de muito tempo para que a direita se recalibrasse e tomasse a ofensiva. A política estadunidense era bastante polarizada durante boa parte da década de 1960, mas os protestos implacáveis frustravam os esforços da direita para desmobilizar o movimento. O senso comum que defendia a "cultura da pobreza" havia sido amplamente desacreditado pelo movimento negro devido a suas demandas por cidadania plena e pelo fim da discriminação racial. Era difícil argumentar que as pessoas que colocavam a vida em risco pelo direito ao voto tinham "problemas culturais". O movimento negro não foi apenas uma ameaça ao *status quo* racial, mas também atuou como um grande catalisador para muitas outras mobilizações contra a opressão. Do movimento pacifista ao movimento pela libertação das mulheres, o movimento negro era visto como canal intermediário para questionar a democracia e o capitalismo estadunidenses. Seu poder de motivação se tornou o foco do contra-ataque que estava por vir. Esse contra-ataque, lançado pela classe executiva, afetaria não apenas os negros, mas todos os que se beneficiavam da expansão das políticas sociais.

Isso foi motivo suficiente para animar a direita e toda a política dominante. Uma coisa era identificar a necessidade política de incorporar parte dos afro-estadunidenses à sociedade em geral — inclusive por meio do acesso a empregos de classe média, casa própria, ensino superior e políticas eleitorais —, outra coisa bem diferente era continuar concordando com as demandas dos negros de uma maneira que ameaçava comprometer os princípios ideológicos centrais do capitalismo estadunidense e a imagem dos Estados Unidos como uma terra de oportunidades iguais, não de "resultados iguais".[108] A batalha nos anos 1960 deu legitimidade às exigências dos negros; agora, porém, essa legitimidade tinha de ser revertida. Em 1981, o estrategista do Partido Republicano Lee Atwater explicou como essa reversão aconteceria e o papel que a política de daltonismo racial iria desempenhar:

---

108 OBAMA, Barack. "Remarks by the President on Economic Mobility" [Comentários do presidente sobre mobilidade econômica], discurso proferido em Washington, 4 dez. 2013.

Em 1954, você começa dizendo: "Crioulo, crioulo, crioulo".[109] Em 1968, você já não pode dizer "crioulo" — dá problema, usam isso contra você. Então você escolhe termos do tipo: vaga no ônibus escolar,[110] legislação estadual, e todas essas coisas — você vai ficando mais abstrato. Então você fala sobre cortar impostos e o seu tema parece ser totalmente econômico, mas a verdade é que os negros saem perdendo muito mais do que os brancos. [...] "Queremos cortar isso" é um termo

---

109 O termo em inglês "*nigger*", utilizado pelos negros desde a época da escravidão, era vocabulário de identidade social. Começou a ser utilizado pelos brancos em sátiras na década de 1830, quando ventríloquos ou atores fazendo *blackface* [atores brancos com o rosto pintado de preto] ridicularizavam a população negra e enalteciam a supremacia branca. Como consequência, a palavra se tornou pejorativa e atualmente é considerada injúria racial quando utilizada por pessoas brancas. Já os negros continuam utilizando a palavra como símbolo de identidade social, e sua derivação "*nigga*" foi popularizada pelo movimento *hip hop* estadunidense no século XXI. Aqui utilizaremos o termo "crioulo" para substituí-lo — seja como termo pejorativo (*nigger*) ou enaltecimento à raça (*nigga*), dependendo do contexto (Ver PRYOR, Elizabeth Stordeur. "The Etymology of Nigger: Resistance, Language, and the Politics of Freedom in the Antebellum North" [A etimologia do crioulo: resistência, linguagem e a política de liberdade no Norte antes da Guerra Civil], *Journal of the Early Republic*, v. 36, n. 2, 2016, p. 203-45). [N.T.]

110 Em 1954, a Suprema Corte dos Estados Unidos declarou a inconstitucionalidade da segregação racial em escolas públicas. "Vaga no ônibus escolar" é a prática de atribuir e transportar estudantes para escolas dentro ou fora da área onde moram, em um esforço para reduzir a segregação racial escolar. Note-se que o termo é impreciso e não menciona raça. [N.T.]

muito mais abstrato do que aquela coisa da vaga no ônibus [...] e ainda muito mais abstrato do que "crioulo, crioulo".[111]

É importante considerar que esse ataque político visava coibir a revolta da população negra e também restabelecer a ordem em uma sociedade onde manifestações, greves ilegais, motins e rebeliões haviam se tornado um meio legítimo de registrar queixas contra o Estado (incluindo queixas da classe trabalhadora branca) e forçar mudanças na hostilidade política. Este capítulo explora a restauração da ordem ideológica e política através de esforços para reabilitar o sistema.

ENTENDENDO O "CONTRA-ATAQUE CONSERVADOR"

A vitória eleitoral de Richard Nixon, em 1968, sinalizou que nem todos estavam satisfeitos com os movimentos radicais que tomavam conta dos Estados Unidos. Em seus discursos, Nixon usava a ansiedade sentida por muitos trabalhadores brancos ao se irritar com o ritmo de mudanças exigido pelos negros. Ele incorporou principalmente a raiva de uma classe dominante que queria recuperar o controle sobre a direção do país. Isso significava acabar com protestos nas ruas e reduzir programas sociais e cargos públicos. Ao amarrar as pontas soltas, o Partido Republicano começou a retomar o comando. Durante a maior parte dos anos 1960, o Grand Old Party [Grande e velho partido], como

---

[111] PERLSTEIN, Rick. "Exclusive: Lee Atwater's Infamous 1981 Interview on the Southern Strategy" [Exclusivo: a infame entrevista de Lee Atwater em 1981 sobre a estratégia do Sul], *The Nation*, 13 nov. 2012.

também é conhecido o Partido Republicano, esteve profundamente dividido em três grupos: a extrema direita de Goldwater,[112] a elite empresarial engravatada da megalópole do Nordeste[113] e a ala liberal, que apoiava os direitos civis. O tumulto das revoltas sociais e a Guerra do Vietnã haviam destruído o Partido Democrata, deixando sua ala segregacionista Dixiecrat[114] sem um lar — o que possibilitou que

[112] Barry Morris Goldwater, senador pelo estado do Arizona em cinco mandatos (1953-1965, 1969-1987) e candidato à presidência dos Estados Unidos pelo Partido Republicano em 1964. Apesar de ter perdido a eleição, Goldwater é um dos políticos mais frequentemente creditados por reacender o movimento político conservador estadunidense na década de 1960. Embora tenha votado a favor da Lei dos Direitos Civis de 1957 e da 24ª Emenda Constitucional, se opôs notavelmente à Lei dos Direitos Civis de 1964, pois acreditava ser uma afronta ao governo federal. [N.T.]
[113] A megalópole do Nordeste é um "corredor" que vai de Boston a Washington. Possui mais de 52 milhões de habitantes e tem o maior rendimento econômico do mundo. Engloba áreas dos seguintes estados: Maine, New Hampshire, Massachusetts, Rhode Island, Connecticut, Nova York, Nova Jersey, Pensilvânia, Delaware, Maryland, Virgínia, Virgínia Ocidental e Washington, DC. [N.T.]
[114] O Partido Democrático dos Direitos dos Estados Unidos, conhecido como Dixiecrats, foi um partido político segregacionista de curta duração nos Estados Unidos, ativo principalmente no Sul. Depois que o presidente Harry S. Truman (1945-1953) ordenou a integração das Forças Armadas em 1948 e outras ações para tratar dos direitos civis dos afro-estadunidenses, muitos políticos brancos conservadores do Sul se organizaram como uma facção insubmissa do Partido Democrata determinada a manter a segregação racial. Os Dixiecrats se opunham à integração racial e queriam manter as leis Jim Crow e a supremacia branca diante de uma possível intervenção federal. A denominação "Dixiecrat" se deve ao fato de o Sul dos Estados Unidos

o Partido Republicano se restabelecesse como a morada política dos conservadores, incluindo os sulistas racistas que haviam se afastado do Partido Democrata. A integração dos Dixiecrats ao Grand Old Party foi crucial para que uma estratégia mais ampla fosse colocada em prática. Chamada pelos republicanos de "estratégia do Sul", a tática tinha como principal objetivo atrair democratas brancos, particularmente pobres e da classe trabalhadora, ao Partido Republicano, embasando-se no racismo. A estratégia do Sul partia de duas suposições: a primeira considerava que o Partido Democrata imploriria no Sul; a segunda acreditava que os trabalhadores brancos estavam irritados com o que os negros estavam conquistando com seus protestos, e por isso a ideia era apelar para o racismo e o ressentimento. Nixon se referiu a todos esses potenciais eleitores como a "maioria silenciosa", insinuando que aqueles que se manifestavam pelos direitos civis e contra a Guerra do Vietnã eram uma minoria ruidosa. Em 1969, Kevin Phillips, consultor de Nixon, escreveu o livro *The Emerging Republican Majority* [A emergente maioria republicana], que basicamente argumentava que eleições só são vencidas quando se aborda o ressentimento das pessoas (Perlstein, 2008, p. 277). Ao se tornar presidente, Nixon traçou uma estratégia para fazer exatamente isso: transformar a ansiedade dos brancos, provocada pela crescente insegurança econômica, em ressentimento contra os negros. H. R. Haldeman, chefe de gabinete de Nixon, registrou esse pensamento em sua agenda de eventos na Casa Branca, ao escrever que Nixon "enfatizou que você precisa encarar

ser conhecido pelo termo "*Dixie*", composto pelos onze estados que, durante o século XIX, proclamaram independência do país e formaram os Estados Confederados: Carolina do Sul, Mississippi, Flórida, Alabama, Geórgia, Louisiana, Texas, Virgínia, Arkansas, Carolina do Norte e Tennessee. [N.T.]

o fato de que os problemas são realmente causados pelos negros. A chave é conceber um sistema que reconheça isso, embora não o demonstre".[115]

Havia um pouco de verdade nessa afirmação: o movimento negro foi o maior fomentador de protestos sociais da década de 1960. E foi isso que Martin Luther King reconheceu poucos meses antes de ser assassinado: "Nessas circunstâncias difíceis, a revolução negra é muito mais que uma luta pelos direitos dos negros. Ela está forçando os Estados Unidos a enfrentar todas as suas falhas, que estão interligadas: racismo, pobreza, militarismo e materialismo. Está expondo os males profundamente enraizados na estrutura de nossa sociedade" (King Jr. & Washington, 1986). Novas lutas estavam se desencadeando, do movimento contra a guerra no Vietnã ao ressurgimento da revolução pela libertação das mulheres. O movimento gay surgiu com uma rebelião em Nova York no verão de 1969; uma onda de greves no final dos anos 1960 e início dos 1970 teve repercussões ainda maiores na política estadunidense. Para responder à grande quantidade de protestos no país, Nixon usou uma antiga estratégia: dividir para conquistar.

Essa tática, contudo, levaria algum tempo para se desenvolver. Quando Nixon foi eleito, o país estava muito polarizado. A torrente de rebeliões urbanas deu seu último suspiro na primavera de 1968, após o assassinato de Martin Luther King — mas os governantes não sabiam disso no início da década de 1970, e presumiam que mais distúrbios estariam por vir. Ainda pairava no ar a ameaça de violência, que havia motivado a criação de políticas sociais por quase uma década; conflitos entre comunidades não brancas e a polícia continuavam

---

[115] "Haldeman Diary Shows Nixon Was Wary of Blacks and Jews" [Diário de Haldeman mostra que Nixon não confiava em negros e judeus], *The New York Times*, 18 maio 1994.

ocorrendo, e por isso Nixon teve de conter seu desejo de cortar programas de bem-estar social. Em 1974, o prefeito de San Francisco, Joseph Alioto, do Partido Democrata, discursou: "Há uma comoção nas cidades que pode ser tão desgastante quanto 1967, 1968, 1969 [...] [e] seria um grave erro pensar que as cidades não irão se rebelar" (Lounsbury & Hirsh, 2010, p. 151). Nixon afirmou que o país estava à beira de um colapso — e explorou o desgosto e a ansiedade dos trabalhadores brancos, provocando ressentimentos entre diferentes gerações: trabalhadores brancos mais velhos contra estudantes, negros, trabalhadores mais jovens e radicais que tomavam conta das cidades e dos *campi* universitários. Aumento da criminalidade, aumento dos impostos e inflação limitaram a longa expansão econômica do período pós-guerra. Enquanto isso, a guerra no Vietnã parecia não ter fim e estava prestes a se expandir. Nixon, então, mirou na incerteza que pairava no ar para dizer que os liberais e os negros, que faziam contínuas exigências, eram os causadores desse sentimento nacional de insegurança.

Essa apreensão se dava, em partes, porque os protestos organizados pelos negros não afetavam apenas a legislação: eles também estavam influenciando diretamente a economia. Os salários dos trabalhadores eram devorados pela inflação (causada pela Guerra do Vietnã), enquanto as condições dos locais de trabalho se deterioravam. A automatização industrial gerou desemprego e os trabalhadores que conseguiram manter seus cargos tiveram que trabalhar mais. Os funcionários negros da indústria automotiva de Detroit se referiam a esse processo como "negromatização",[116] pois se esperava que um trabalhador negro fosse tão produtivo quanto três trabalhadores brancos. O ritmo era intenso, com consequências mortais; os lucros dos

---

[116] Fusão das palavras "negro" e "automatização"; em inglês: *niggermation*. [N.T.]

empresários, porém, transbordavam. De acordo com um dos relatórios sobre o período, "em 1946, cerca de 550 mil trabalhadores da indústria automotiva produziram pouco mais de três milhões de veículos; em 1970, cerca de 750 mil trabalhadores da indústria automotiva produziram pouco mais de oito milhões de veículos".[117] A "negromatização" foi diretamente responsável pela morte de mais de dezesseis mil operários da indústria automotiva, conforme explicam Dan Georgakas e Marvin Surkin no livro *Detroit: I Do Mind Dying* [Detroit: eu me importo em morrer]. Um relatório de 1973 apontou "63 mil casos de doenças incapacitantes e cerca de 1,7 milhão de casos de perda total ou parcial da audição" (Georgakas & Surkin, 1998, p. 88).

A demanda por salários mais altos para compensar os efeitos corrosivos da inflação e remunerar o aumento dramático da produção ajudou a estimular a militância sindical. Isso colocou trabalhadores negros e brancos nos mesmos piquetes de greve. Esses atos também se espalharam para o funcionalismo público, mesmo quando as greves no setor ainda eram ilegais. Depois que o presidente John F. Kennedy (1961-1963) assinou uma ordem executiva permitindo que os trabalhadores federais criassem sindicatos, mas não que fizessem greve, a participação no sindicato dos funcionários públicos aumentou de quatrocentos mil afiliados, no final da década de 1950, para quatro milhões, em meados da década de 1970. Com isso, empregos bons e estáveis ficaram mais acessíveis, já que a legislação contra a discriminação garantia um local de trabalho mais justo no setor público em comparação aos empregos privados de colarinho branco. Porém, como os trabalhadores federais não podiam fazer greve, apesar de poderem formar sindicatos, eles geralmente dependiam de

---

[117] "Niggermation at Eldon" [Negromatização em Eldon], *Retrospectz*, 3 mar. 2011.

programas sociais para complementar o salário. Em meados da década de 1960, funcionários públicos começaram a se envolver em greves ilegais para pedir aumento de salário e melhorias nos locais de trabalho. Profissionais como coletores de lixo, enfermeiros, professores, carteiros e de diversos outros cargos públicos mal remunerados deram início a mobilizações ilegais sem precedentes. O exemplo mais famoso foi o dos profissionais da área de saneamento de Memphis, no Tennessee, que queriam organizar um sindicato, o que trouxe Martin Luther King à cidade para um discurso aos trabalhadores — na noite seguinte, ele foi assassinado. Centenas de milhares de afro-estadunidenses que haviam sido ativistas do movimento social ao longo dos anos 1960 estavam levando suas visões políticas para o local de trabalho. Dessa forma, a luta por melhorias na condição social dos bairros onde moravam incentivou a luta por melhorias em seu ambiente laboral. Em 1960, ocorreram 36 greves no setor público. Em 1970, esse número subiu para 412. Profissionais da área de saneamento e enfermeiros negros entraram em greve em todo o Sul do país, pedindo reconhecimento sindical e direitos coletivos de negociação (Honey, 2007, p. 497-512).

O episódio mais notável de ativismo trabalhista durante essa época foi a greve ilegal de mais de duzentos mil profissionais dos correios, em março de 1970. Por duas semanas, funcionários de mais de trinta cidades se recusaram a separar ou entregar as correspondências, formando piquetes e fazendo passeatas que exigiam aumento salarial. A greve começou na cidade de Nova York, onde o maior salário que um funcionário poderia ganhar após 21 anos de carreira ainda era menor do que a média do custo de vida na cidade. Em 1968, o presidente Lyndon Johnson havia sugerido ao Congresso um modesto aumento para os trabalhadores dos correios. O Congresso não tomou nenhuma providência na época, mas em 1970 ofereceu um aumento insignificante de 4% — e uma semana depois aprovou um aumento de 41% no salário dos parlamentares. Como resultado, a greve dos correios foi o maior ato de paralisação da história dos trabalhadores federais. A certa altura, o presidente Nixon mobilizou a Guarda Nacional para separar e entregar as correspondências, mas o serviço postal era difícil, demandava trabalho qualificado, e os soldados, sem treinamento, não conseguiam executá-lo facilmente. A falta de disciplina era visível. Dos 26 mil soldados convocados para intervir na greve, apenas dezesseis mil se preocuparam em aparecer (Parenti, 2001, p. 34). Em questão de duas semanas, a mão de obra dos profissionais dos correios, que era majoritariamente negra, ganhou um aumento de 14% em seus honorários e o até então inédito direito coletivo de negociação salarial. O secretário do Trabalho da gestão de Nixon afirmou, com tristeza: "Só há uma coisa pior que uma greve ilegal: uma greve ilegal que dá certo".[118] A revista *Time* observou: "A autoridade do governo foi questionada e o bem-estar de empresas, instituições e indivíduos foi colocado em risco".[119]

A greve dos correios foi o ápice de uma onda de mobilizações trabalhistas ocorridas entre 1967 e 1974. Durante esse período, houve uma média de 5,2 mil greves por ano, um enorme crescimento em comparação às quatro mil greves registradas em toda a década anterior. Entre 1967 e 1971, perdeu-se anualmente uma média de 49,5 milhões de dias trabalhados devido às paralisações. O pico ocorreu em 1970, ano da greve dos correios, com 66,4 milhões de diárias perdidas — maior perda anual causada por atos trabalhistas

---

[118] BEHRENT, Megan. "The Source of Union Power" [A raiz do poder da união], *Socialist Worker*, 19 dez. 2012.
[119] "Nation: The Enduring Mail Mess" [Nação: a duradoura confusão do correio], *Time*, 30 mar. 1970.

desde 1946.[120] Não foi por acaso que essa onda de greves coincidiu com a fase de maior militância do movimento negro — e isso não se restringiu aos funcionários negros: afetou a força de trabalho como um todo. Essa era a ameaça real. É como explica o jornalista Lee Sustar:

> Vários comitês organizados por negros, como a Sociedade de Funcionários Negros dos Correios, tornaram-se centro de agitação para a luta trabalhista, que envolvia necessariamente trabalhadores brancos. Compreendendo mais de 20% dos setecentos mil funcionários dos correios, os trabalhadores negros foram essenciais para a greve ilegal que durou uma semana em 1970. Os servidores negros estavam concentrados nas cidades onde a greve foi mais intensa. Organizada contra os esforços dos líderes sindicais, a greve ilegal só foi interrompida quando o presidente Richard Nixon enviou a Guarda Nacional. É quase certo que a greve, descrita como "anarquia trabalhista" pelo *Wall Street Journal*, envolveu o maior número de trabalhadores negros de todos os tempos em uma disputa trabalhista nos Estados Unidos.[121]

Os funcionários negros tiveram um papel de destaque na onda de greves, mas seu sucesso teria sido impossível se milhões de trabalhadores brancos não tivessem aderido às mobilizações. Esse fato desafia a falácia de que os trabalhadores brancos seriam politicamente unânimes e concordariam cegamente com a política da "maioria silenciosa". Também desafia a narrativa racial simplista que afirmava que os brancos reagiam negativamente e se opunham à luta dos negros. Isso não significa que muitos

---

120 SUSTAR, Lee. "Black Power in the Workplace" [Poder negro no local de trabalho], *Diversity Now*, 22 fev. 2013.
121 *Ibidem*.

trabalhadores brancos não fossem racistas naquele período; na verdade, muitos deles estavam ressentidos por considerar que os negros estavam ganhando demais à custa das famílias brancas.

No entanto, as ideias de direita não começaram a ser aceitas de maneira linear; a intrincada mudança na dinâmica racial e econômica e o impacto real da "revolução negra" em todo o país provocaram ou tornaram piores alguns ressentimentos e ansiedades, bem como aumentaram as atitudes negativas contra pessoas negras, embasadas, em grande parte, por estereótipos racistas. A população negra demandava inclusão, o que abrangia acesso aos supostos benefícios da cidadania estadunidense, e isso subverteu ou, pelo menos, veio de encontro à ideia de que os negros eram preguiçosos e parasitas.

De acordo com Barbara Ehrenreich (1989, p. 125), pesquisas realizadas entre 1965 e 1968 mostraram um aumento acentuado no número de pessoas que disseram que "costumam se sentir mal" pela maneira como "os negros [são] tratados". O número de brancos dispostos a votar em um presidente negro saltou de 38% em 1958 para 59% em 1965 e 70% em 1970. Os resultados das pesquisas apontaram uma maioria a favor de ações afirmativas, contra a pena de morte e em prol de bairros miscigenados — os números gerais eram mais altos no início da década de 1970 do que viriam a ser alguns anos mais tarde. Isso comprova a poderosa influência dos movimentos sociais da década de 1960 e refuta a ideia de que exista uma brecha intransponível entre brancos e negros. Ehrenreich (1989, p. 121) afirma ainda:

> Os trabalhadores de colarinho azul[122] dos Estados Unidos estavam em revolta no final dos anos 1960 e nos anos 1970,

---

[122] "*Blue-collar workers*", no original, termo que, nos Estados Unidos, designa trabalhadores braçais. [N.E.]

mas não seguiam as linhas tradicionalistas de direita delineadas pela mídia. O final dos anos 1960 foi palco da onda de greves mais severa desde o fim da Segunda Guerra Mundial, e no início dos anos 1970 a nova militância havia arrebanhado trabalhadores da indústria automobilística, siderúrgicos, caminhoneiros, trabalhadores urbanos, trabalhadores da área da saúde, trabalhadores rurais, tripulantes de rebocadores, coveiros e funcionários dos correios. Apesar de toda a conversa sobre retaliação racial, trabalhadores negros e brancos marchavam juntos, fazendo piquetes e militando em um espírito de solidariedade de classe que não era visto desde os anos 1930. A "maioria silenciosa" de Nixon estava gritando o mais alto possível — não injúrias raciais, mas sim o cântico histórico dos grevistas: "Não atravesse o piquete!".

O crescimento da consciência de esquerda ao longo dos anos 1960 ajuda a explicar por que Nixon adotou o daltonismo racial e palavras raciais codificadas como maneira de esconder, ou pelo menos disfarçar, os esforços para desfazer a concepção de bem-estar social criada por Johnson. Se a maioria branca era tão racista quanto a narrativa da "retaliação conservadora" a fazia parecer, então por que usar uma estratégia de palavras codificadas e subterfúgios? Nunca houve uma diretiva nacional ordenando o fim do uso de injúrias raciais por governantes em suas declarações públicas. Demonstrações públicas de racismo também não saíram de moda espontaneamente. Quem tornou esse comportamento completamente inaceitável foi o movimento negro, sobretudo por ter demonstrado, cerca de cinquenta anos antes do aparecimento do *slogan*, que vidas negras eram importantes. Era a força relativa do movimento, ou sua ausência, que determinaria se o comportamento público perante o racismo persistiria ou não. No final dos anos 1960 e no início dos 1970, o movimento tornou o racismo impopular; até o final da década, porém, isso começaria a mudar.

Além disso, Nixon não podia bater de frente com o Estado de bem-estar social instituído por Johnson, porque os brancos pobres também eram beneficiados pelo programa Guerra contra a Pobreza. Isso foi o prenúncio de uma estratégia que Reagan e Clinton também usariam posteriormente: o uso de palavras codificadas e insinuações sobre raça para contestar programas que beneficiariam brancos pobres e da classe trabalhadora, causando danos à potencial solidariedade entre aqueles que teriam mais a ganhar caso se unissem e mais a perder caso continuassem segregados. Essas eram as políticas de raça na nova era "pós-racial".

A RESTAURAÇÃO DA ORDEM

Em 1969, a revista *Life* publicou uma série de artigos sobre revolução. Uma das capas trazia os seguintes dizeres: "Revolução: Quais as causas? Como começa? Pode acontecer aqui?". Se hoje em dia essas palavras podem soar como teoria da conspiração, no final dos anos 1960 eram perguntas sérias, que perturbavam a elite estadunidense — classe que compõe 1% da população, como sabemos atualmente. Não se tratava de um discurso anticomunista, mas de uma preocupação genuína com o aumento de conquistas por parte da esquerda. O *Wall Street Journal* levantou questões semelhantes quando a militância estudantil começou a crescer no exterior, conjecturando abertamente sobre o impacto que os protestos teriam nos Estados Unidos:

> No mundo moderno, que pode ser considerado pequeno como uma vila devido às comunicações de alta velocidade, é possível mobilizar seguidores internacionais com essa ideia tão atraente [a revolução]. É questionável a possibilidade de se

fomentar uma revolução mundial que tenha força suficiente para destruir a harmonia existente de poder e ordem. Mas, com certeza, é uma preocupação que intriga muita gente, ao assistir à força da desordem na televisão.[123]

Essa apreensão contínua sobre a radicalização veio acompanhada de uma crescente preocupação com a situação econômica do país. O principal receio não era a saúde econômica do cidadão estadunidense comum; na verdade, "os capitalistas no início dos anos 1970 se sentiam ameaçados por mudanças na economia mundial, pelo declínio da hegemonia estadunidense e pelas consequências e implicações dos movimentos políticos no país" (Mintz & Schwartz, 1985).

Um jornalista do *New York Times* e um estudante de pós-graduação foram autorizados a participar de uma série de encontros entre executivos de negócios em 1974 e 1975 e "identificaram um clima de vulnerabilidade e uma preocupação com as implicações de longo prazo que seriam causadas pelas recentes políticas sociais e econômicas". Ao final do processo, Leonard Silk e David Vogel escreveram o livro *Ethics and Profits: the Crisis of Confidence in American Business* [Ética e lucro: a crise de confiança nas empresas estadunidenses], baseado em um amplo questionário respondido por 360 executivos anônimos, muitos com altos cargos nas empresas mais poderosas do país, sobre suas atitudes em relação ao sucesso dos negócios e à livre-iniciativa. O resultado apresentou uma gama de emoções, da ansiedade ao desprezo, direcionadas à grande massa da sociedade estadunidense. Ao responder ao questionário, um dos executivos sugeriu: "O sistema capitalista estadunidense

---

[123] MELLOAN, George. "Thoughts on Student Rioting Abroad" [Ideias sobre as rebeliões estudantis no exterior], *The Wall Street Journal*, 19 abr. 1968.

está enfrentando seu momento mais sombrio. [...] Se não agirmos agora, assistiremos ao nosso próprio declínio. Vamos nos transformar em mais uma social-democracia" (Silk & Vogel, 1976, p. 71). Outro executivo fez queixas sobre o papel do Congresso e enfatizou que os negócios deviam liderar o país: "Cabe a cada um de nós decidir o que deve ser feito, não a um congressista que se comporta como uma prostituta para se reeleger" (Silk & Vogel, 1976, p. 48). Eles ainda questionaram se a democracia estadunidense havia ido longe demais: "Ainda podemos arcar com um voto por pessoa? Um voto por pessoa tem comprometido o poder dos negócios em todos os países capitalistas desde a Segunda Guerra Mundial" (Cockburn & St. Clair, 2007). Alguns discutiram sobre como persuadir o público a parar com essa dependência de programas sociais: "A recessão trará um respeito pelos padrões econômicos que será proveitoso, assim como ocorreu após a Grande Depressão. [...] Seria melhor se a recessão pudesse enfraquecer ainda mais [a economia], assim teríamos um senso de sobriedade. [...] Precisamos de uma recessão acentuada" (Silk & Vogel, 1976, p. 64).

Essa visão mostrava que os administradores estadunidenses estavam preocupados, mas também escancarava o que eles seriam capazes de fazer a fim de recuperar seus lucros. Esses líderes empresariais não confiavam totalmente na capacidade dos governantes de liderar a economia. Nixon tinha o desafio de restaurar a confiança e a lucratividade e, para isso, a ideia era apaziguar a instabilidade social e política que ocorria há uma década. Já que o movimento negro era a maior representação do ativismo social nos Estados Unidos, será que um ataque a esse movimento surtiria efeito? Essa era uma estratégia multifacetada, que incluía a repressão física ao movimento por meio do aumento do uso da força policial, adicionada a um ataque ideológico aos afro-estadunidenses pobres e da classe trabalhadora, rotulando-os como indignos, preguiçosos e violentos, e, por fim, um estímulo ao funcionamento de uma classe média negra que pudesse disciplinar politicamente os afro-estadunidenses mais pobres e, ao mesmo tempo, validar a ideia de que todos poderiam prosperar nos Estados Unidos.

LIBERDADE E ESCOLHAS

O primeiro mandato de Nixon funcionou como uma ponte entre a era dos direitos civis e um período pós-racial repleto de paradigmas e daltonismo racial. Como dissemos, o governo Nixon estava relutante em desmantelar completamente os programas sociais implementados por Johnson, pois temia que isso desencadeasse novas revoltas nos centros urbanos, mas também estava limitado pelo Congresso, controlado pelos democratas. O presidente concentrou-se em acabar com a era dos direitos civis e, em vez de se opor ao movimento, simplesmente mudou os argumentos do debate. Após o movimento negro ter conseguido definir o racismo como sistêmico e institucional, através de protestos e teorização, o governo Nixon ocupou-se em restringir a definição de racismo, explicando-o como consequência de intenções individuais, enquanto combatia a ideia de racismo institucional, concentrando-se na "liberdade de escolha" como uma maneira de determinar que cada situação teria resultados diferentes. Nixon explicitou que seu governo lutaria contra o "racismo intencional", mas não reconhecia os resultados provenientes da discriminação institucional, já que eram mais difíceis de identificar. Nixon e outros consideravam, por exemplo, que a divisão entre ricos e pobres era uma "discriminação econômica", mas saíam em sua defesa ao argumentar que os proprietários, especificamente, tinham o direito de proteger e manter o valor imobiliário de suas áreas, limitando a incursão dos pobres em suas comunidades (referindo-se ao recorrente debate sobre a distribuição de moradias populares). Nixon também abordava questões muito maiores. Em 1971, durante uma declaração pouco lembrada sobre moradia, ele explicou a lógica por trás da estratégia de "daltonismo racial" após a era dos direitos civis:

> O objetivo deste governo é ter uma sociedade livre e acessível. Ao dizer isso, uso as palavras "livre" e "acessível" com muita precisão. [...] A liberdade tem dois elementos essenciais: o direito de escolha e a capacidade de escolha. [...] E, da mesma forma, uma sociedade "acessível" possui escolhas acessíveis, em que cada indivíduo tem a possibilidade de tirar proveito do que escolheu. Uma sociedade acessível não precisa ser homogênea nem mesmo totalmente integrada. Há espaço para muitas comunidades. Quando se trata de sociedade acessível, o que importa é a mobilidade [econômica]. O direito e a capacidade de cada um decidir por si próprio onde e como morar, fazendo parte de uma comunidade étnica ou de uma sociedade maior — ou as duas opções, como muitos já o fazem. Somos privilegiados devido à nossa diversidade cultural; a "mobilidade" é o que nos permite desfrutar dela. Em vez de tomar decisões pelos indivíduos, nosso objetivo é dar a eles o direito e a capacidade de escolher por si mesmos — e a mobilidade para melhorar sua própria condição social e econômica.[124]

Nixon terminou a declaração tentando separar a discriminação econômica da discriminação racial: "É essencial que todos os cidadãos possam escolher a localidade [de seu imóvel] entre alternativas razoáveis de acordo com a realidade

---

[124] NIXON, Richard M. "Statement about Federal Policies Relative to Equal Housing Opportunity" [Discurso sobre políticas federais de equidade de moradia], 11 jun. 1971.

econômica de cada um, e que a não discriminação racial seja aplicada de maneira cuidadosa e rigorosa. Não queremos impor a integração econômica nos bairros; ao mesmo tempo, não aceitaremos nenhum uso de medidas econômicas como subterfúgio para a discriminação racial".[125]

Essa afirmação apresenta todas as características da lógica do daltonismo racial: pela ausência de linguagem racista, espera-se que o interlocutor conclua que não há racismo no discurso. Na íntegra, a declaração ignorava os efeitos de um passado recente de discriminação, sobretudo no mercado imobiliário, e não apontava um responsável pela história de discriminação habitacional padronizada, extinta por lei apenas três anos antes, e que moldou a geografia metropolitana dos Estados Unidos. Tampouco reconhecia o quanto a discriminação histórica e contemporânea havia limitado drasticamente as escolhas econômicas dos afro-estadunidenses. A declaração carece intencionalmente de contexto histórico e, ao mesmo tempo, dá a entender que a configuração dos bairros se deu através da "liberdade de escolha" e que a cultura foi levada em consideração, omitindo a verdadeira causa: racismo e discriminação por parte de instituições.[126] Nixon enfatizava "mobilidade" e "capacidade de escolha", ignorando os ininterruptos e acalorados debates sobre a Fair Housing Act [Lei de Moradia Justa] (FHA).[127] Mas essa

---

125 NIXON, Richard M. "Statement about Federal Policies Relative to Equal Housing Opportunity", 11 jun. 1971.

126 Essa discriminação é uma prática comum nos Estados Unidos, por isso é descrita por uma única palavra em inglês, "*redlining*", ou seja, quando instituições financeiras se recusam a fornecer crédito imobiliário, seguros, empréstimos etc. a pessoas que moram em áreas específicas. [N.T.]

127 A Lei de Moradia Justa, parte integrante da Lei dos Direitos Civis de 1968, proibia a discriminação no mercado imobiliário. Por meio dela, tornou-se crime

mudança retórica e política se ajustou muito bem às demandas da elite empresarial. Quando Nixon fez esse discurso, três anos após a promulgação da Lei de Moradia Justa, a National Association of Real Estate Brokers [Associação nacional de agentes imobiliários] (Nareb), a maior associação de corretores de imóveis do país, continuou a se opor à legislação habitacional, referindo-se a ela como "integração forçada" (Estados Unidos da América, 1971). A linguagem usada não era acidental, mas parte de um esforço maior para reformular os debates políticos que iam muito além da habitação. A crise que o país atravessava foi desconectada da história de discriminação racial incentivada pelas políticas públicas e adotada em todo o setor privado dos Estados Unidos. Assim, Nixon podia falar abertamente sobre as diferenças entre os negros e o resto da sociedade estadunidense. Para ele, uma sociedade "livre e acessível" era mais do que suficiente; as más escolhas eram a única restrição real à "mobilidade para melhorar de vida". Eram as "más escolhas" que levariam a uma vida inteira de pobreza ou crime.

SEGURANÇA PÚBLICA NO GOVERNO NIXON

Desde a época do presidente Harry S. Truman, o tema "segurança pública" desempenhava importante função para o governo federal (Murakawa, 2014), mas a ascensão do movimento pelos direitos civis e as subsequentes agitações entre a população deram novo contexto e significado

> federal qualquer discriminação em venda, aluguel ou financiamento de imóveis baseados em raça, religião, nacionalidade e, depois de 1974, sexo. [N.T.]

para crime, policiamento e prisão. Essas ideias serão mais bem exploradas no quarto capítulo, mas, para os propósitos que trataremos aqui, é importante entender que Johnson e Nixon usaram a segurança pública como um meio de enfrentar a insurgência dos negros e reformular suas demandas por justiça como pretexto para aumentar a força policial e o sistema prisional.

Para tanto, Nixon deu continuidade à linha política conservadora, associando os protestos pelos direitos civis e as exigências dos negros à atividade criminosa. Em 1966, por exemplo, Nixon disse em entrevista que a crescente falta de respeito à lei e à ordem "pode ser atribuída à disseminação da doutrina corrosiva de que todo cidadão possui o direito inerente de decidir por si próprio a quais leis obedecer e quando desobedecê-las".[128] Como presidente, Nixon se aproveitou dessa lógica, além de se utilizar do aumento das taxas de criminalidade e da noção de que os Estados Unidos estavam se tornando uma sociedade incontrolável como razão para expandir drasticamente o poder e os equipamentos do sistema de justiça criminal.

A Omnibus Crime Control and Safe Streets Act [Lei de Controle do Crime e Segurança nas Ruas] foi aprovada pelo presidente Johnson em 1968, poucas semanas após o assassinato de Martin Luther King, fato que havia provocado centenas de tumultos nos Estados Unidos. A legislação complementava os anos de esforços de Johnson para profissionalizar a manutenção da ordem em todo o país, e áreas que antes estavam prejudicadas pela falta de treinamento, coordenação e organização receberam, então, apoio legal. Certamente, não se tratava apenas de "combater o crime", apesar da preocupação com o aumento das taxas

---

[128] PARENTI, Christian. "The 'New' Criminal Justice System" [O "novo" sistema de justiça criminal], *Monthly Review*, v. 53, n. 3, jul.-ago. 2001.

de criminalidade: a Lei de Controle do Crime e Segurança nas Ruas aumentou a capacidade de coleta de informação das autoridades locais, incluindo escutas telefônicas, "para proteger os Estados Unidos contra golpes de Estado, pela força ou por outros meios ilegais, ou contra qualquer outro perigo evidente para a estrutura ou a existência do governo" (Estados Unidos da América, 1968). A lei também incentivava uma integração maior entre o FBI e as autoridades estaduais e municipais, bem como um aumento de 10% no orçamento para "desenvolver ou aprimorar abordagens, técnicas, sistemas, equipamentos e dispositivos para melhorar e fortalecer a manutenção da ordem pública" (Estados Unidos da América, 1968). A criação da Administração de Assistência à Segurança Pública, prevista pela Lei de Controle do Crime e Segurança nas Ruas, direcionava recursos federais para os estados e municípios, permitindo que a ação policial seguisse um método mais coeso em todo o país. De fato, "o governo federal gastou aproximadamente 7,5 bilhões de dólares para reforçar o aparato de segurança pública nacional em pouco mais de uma década".[129]

O jornalista Christian Parenti mostrou como o governo Nixon manipulava a legislação para ameaçar e intimidar a esquerda. Por exemplo, Nixon assinou a Racketeer Influenced and Corrupt Organizations Act [Lei Federal das Organizações Corruptas e Influenciadas pelo Crime Organizado] (RICO) em 1970 como parte de um projeto de lei ainda maior, que tinha como objetivo acabar com o crime organizado e combater ostensivamente a influência

---

[129] THOMPSON, Heather Ann. "Why Mass Incarceration Matters: Rethinking Crisis, Decline and Transformation in Postwar American History" [Por que o encarceramento em massa importa: repensar a crise, o declínio e a transformação na história dos Estados Unidos pós-guerra], *Journal of American History*, v. 97, n. 3, p. 731, dez. 2010.

da máfia. A legislação RICO, no entanto, poderia facilmente ser usada contra a esquerda, conforme se observa no trecho a seguir:

> [a legislação] afrouxou as regras relativas à utilização de provas ilícitas, e de modo que promotores poderiam usá-las com mais facilidade; criou novas categorias de crime federal; deu ao governo federal o poder de apreender o patrimônio de qualquer organização que fosse considerada uma conspiração criminosa; estabeleceu novas infrações e deu mais controle à polícia sobre o uso de explosivos e, finalmente, criou sentenças de 25 anos para "agressores adultos perigosos". (Parenti, 2001, p. 12-3)

Com os poderes provenientes da RICO, o governo Nixon intimou mais de mil ativistas de movimentos antiguerra, incluindo os líderes do movimento pacifista Vietnam Veterans Against the War [Veteranos do Vietnã contra a guerra]. Milhares de jornalistas, membros dos Panteras Negras e nacionalistas porto-riquenhos também foram forçados a testemunhar perante a justiça em audiências que não eram nada mais do que sessões criadas para sondar e obter informações sobre a esquerda (Parenti, 2001, p. 13). A vigilância era um aspecto crucial ao controle social e um importante componente para a expansão do policiamento de Nixon. É importante lembrar que, em um intervalo de quatro anos, o número de estados com "sistemas de informação da justiça penal" em funcionamento aumentou de dez para 47. Um investimento de noventa milhões de dólares permitiu uma integração maior entre os sistemas locais e o principal sistema de inteligência do FBI, o National Crime Information Center [Centro nacional de informação sobre crimes] (NCIC). Quando o NCIC foi criado, seu banco de dados possuía quinhentas mil entradas;

em 1974, o número havia subido para 4,9 milhões (Parenti, 2001, p. 19).

O crescente policiamento não era apenas um ataque à esquerda organizada: também tinha o propósito de aumentar a vigilância sobre a população negra "rebelde". Muitos especialistas apontam a década de 1970 como o início do fenômeno chamado "encarceramento em massa". O policiamento ostensivo direcionado à população negra começou muito antes disso, mas o crescimento exponencial de prisões e a aplicação de sentenças de punição excessiva se iniciaram após as revoltas Black Power da década de 1960. Entre as décadas de 1980 e 1990, as chances de se receber uma sentença de prisão após ser capturado nas ruas aumentaram 50%, e a duração média da sentença cresceu 40% (Pager, 2008, p. 17). Como apontou a historiadora Heather Ann Thompson, as ações governamentais durante as décadas de 1960 e 1970 deram muitos sinais de que haveria mudanças nas normas de preservação da ordem, mas o maior indicativo foi, provavelmente, a violenta repressão à rebelião dos detentos — em sua maioria negros — da prisão de Attica, no norte de Nova York. Os presidiários de Attica tomaram 42 funcionários da penitenciária como reféns para chamar a atenção às suas demandas pela melhoria da qualidade de vida na prisão: melhor saneamento, fim da brutalidade dos carcereiros, melhores cuidados médicos, melhor alimentação etc. Por cinco dias, os presos agiram com boa-fé para negociar com as autoridades do estado, mas na manhã de 13 de setembro de 1971, o governador de Nova York

> deu sinal verde para que helicópteros sobrevoassem Attica repentinamente e a inundassem com gás lacrimogêneo. Enquanto os presos e os reféns estavam no chão, sem enxergar, sufocados e incapacitados, mais de quinhentos policiais da cavalaria irromperam no presídio, esburacando corredores e pátios com milhares de balas. Durante quinze minutos, só se

ouviram gritos, e no chão se viam os corpos de 39 pessoas — 29 presidiários e dez reféns — já mortos, ou à beira da morte. "Eu vi todo aquele sangue escorrendo entre lama e água", lembrou um dos detentos. "Era só o que eu conseguia ver."[130]

A brutal repressão à rebelião em Attica foi a maneira que a segurança pública usou para se vingar violentamente de pessoas como aquelas, que haviam se revoltado nas ruas. Foi a maneira que o Estado encontrou para impor sua autoridade, o que não conseguira fazer durante as centenas de rebeliões que abalaram o país ao longo da década de 1960. Rockefeller[131] usou o ataque a Attica, liderado pelo governo do estado de Nova York, como uma oportunidade "de adotar uma linha dura e repensar como ele estava lidando com os 'marginais' da cidade de Nova York — fossem eles presos, ativistas ou viciados. Determinado a mostrar aos conservadores de seu partido [Republicano] que ele era severo contra o crime", o governador "não apenas escolheu reprimir a rebelião em Attica com força mortal mas também se comprometeu publicamente com certos 'princípios sólidos', afirmando que a sociedade carece de medidas de segurança pública".[132]

Nos anos 1970, as leis antidrogas aprovadas por Rockefeller no estado de Nova York também possibilitaram

---

[130] THOMPSON, Heather Ann. "The Lingering Injustice of Attica" [A injustiça duradoura de Attica], *The New York Times*, 8 set. 2011.

[131] Nelson Aldrich Rockefeller, governador do estado de Nova York entre 1959 e 1973, e vice-presidente dos Estados Unidos entre 1974 e 1977. [N.T.]

[132] THOMPSON, Heather Ann. "Why Mass Incarceration Matters: Rethinking Crisis, Decline and Transformation in Postwar American History", *Journal of American History*, v. 97, n. 3, p. 708, dez. 2010.

um aumento do punitivismo.[133] Após um crescimento de 31% nas prisões relacionadas a posse ou tráfico de entorpecentes no início dos anos 1970, o governador republicano, de suposta inclinação liberal, pediu sentenças mais duras até mesmo para posse de drogas, incluindo uma pena mínima obrigatória de quinze anos, que poderia resultar em prisão perpétua, pela posse de 115 gramas de narcóticos — a mesma condenação aplicada para homicídio culposo.[134] Os efeitos eram incontestáveis. A proporção de presidiários com sentenças relacionadas a entorpecentes em Nova York cresceu de 11% em 1973 para um pico de 35% em 1994. Em 1978, o estado de Michigan tentou superar Nova York criando a lei "650-perpétua", que *exigia* que os juízes impusessem penas de prisão perpétua a réus que fossem condenados por carregar 650 gramas ou mais de narcóticos.[135] O resultado do crescente policiamento e do elevado número de encarceramentos era evidente no final da década: em 1970, a população carcerária estadunidense, em unidades estaduais e federais, era de 196.429 detentos — semelhante ao que era em 1958 —, mas em 1980 havia crescido para 315.974, atingindo o maior número de estadunidenses vivendo atrás das grades até então (Estados Unidos da América, 1982, p. 2). Além disso, enquanto os brancos — tanto naquela época quanto hoje em dia — perfaziam o maior número de usuários de drogas, a polícia direcionava seu poder, sempre crescente, para os bairros dos negros e latino-americanos

---

133 KOHLER-HAUSMANN, J. "'The Attila the Hun Law': New York's Rockefeller Drug Laws and the Making of a Punitive State" ["A Lei de Átila, o Uno": as leis antidrogas de Rockefeller em Nova York e a criação de um Estado punitivo], *Journal of Social History*, v. 44, n. 1, p. 71-95, 2010.
134 GRAY, Madison. "A Brief History of New York's Rockefeller Drug Laws" [Uma breve história das leis antidrogas de Rockefeller], *Time*, 2 abr. 2009.
135 *Ibidem*.

"indisciplinados", áreas violadas pelas autoridades e cujo ativismo e descontentamento eram fonte constante de tensão.

A ênfase de Nixon no combate ao crime se ajustava perfeitamente ao amplo uso do daltonismo racial para promover sua política interna. Não havia necessidade de invocar a raça nessa campanha pela preservação da ordem, mas as consequências desse regime não poderiam ser mais óbvias. O crime era cometido por pessoas indisciplinadas que fizeram más escolhas na vida — não era produto de uma ordem social desigual, que deixou negros e porto-riquenhos, em particular, isolados em áreas urbanas com pouco acesso a bons empregos, moradia ou escolas numa economia em declínio. Ao contrário, a desigualdade deixou as pessoas de cor que eram pobres ou da classe trabalhadora em uma situação em que deveriam progredir por conta própria em uma sociedade que quase não havia tomado providências para que isso acontecesse por meios legais ou normativos. Essas más "escolhas" também eram feitas nos bairros dos brancos, onde os moradores eram menos vigiados e menos propensos a ser criminalizados pela polícia e pelo sistema de justiça penal como um todo.

A capacidade dos governantes de manipular e politizar o crime não se baseava inteiramente em ficção. Houve um aumento no número de delitos cometidos no final da década de 1960 e durante a década de 1970. Parte disso se relacionava a com uma atenção maior à contagem de crimes, pois os "atos delituosos" cometidos durante a rebelião política passaram a ser incluídos aos números gerais da estatística criminal. O número de delitos violentos contalibilizados aumentou de 161 mil em 1960 para 487 mil em 1978. Também houve grandes flutuações e variações nos números e nos locais onde ocorriam atividades criminosas ao longo desse período. Por exemplo, a taxa de homicídios diminuiu 4% entre 1975 e 1978, bem como os crimes contra a propriedade (Marable, 2015, p. 125-6). Mas o que não mudou foi a tendência de os afro-estadunidenses liderarem praticamente todas as categorias criminais como *vítimas*. Ao longo da década de 1970, a chance de um homem negro ser assassinado era de seis a oito vezes maior do que a de um homem branco. As famílias negras eram mais propensas a serem vítimas de assalto à residência e de roubo de carro. Até as famílias negras de classe média, por estarem próximas a áreas pobres, eram muito mais aptas a serem vítimas de crimes do que brancos de classe média. Apontando o fardo desproporcional carregado pelas comunidades negras, os políticos rapidamente usaram as estatísticas como desculpa para expandir os poderes e o alcance da polícia; e os fundos públicos, que poderiam custear instituições públicas e infraestrutura civil para mitigar a pobreza e a atividade criminosa, foram usados em policiamento. Na verdade, isso também significava que a população negra era quem pedia ao governo proteção contra a polícia — mas tudo isso aconteceu num contexto em que quase todas as alternativas foram descartadas.

AS PESSOAS PROBLEMÁTICAS RESPONSÁVEIS PELA CRISE

Em 1973, Richard Nixon determinou o fim da "crise urbana". A gravidade dessa declaração deu-se porque a "crise no centro das cidades", como Johnson descrevera previamente, havia estimulado o governo federal a prestar assistência aos centros urbanos estadunidenses durante grande parte da década de 1960. Mas, na primavera de 1973, várias semanas antes de apresentar um orçamento draconiano que suspendia todos os subsídios federais à habitação, o presidente declarou, em um discurso transmitido pelo rádio, que a crise urbana havia terminado: "Há alguns anos, ouvíamos constantemente que os centros urbanos estadunidenses estavam à beira do colapso. Faltava um minuto para a meia-noite e os sinos da catástrofe já estavam começando a tocar. E até [um livro sobre] a história dos Estados Unidos na década de 1960 recebeu o título de *Desmoronando*.[136] Hoje, os Estados Unidos não estão mais desmoronando" (Nixon, 1973, p. 164).

A revista *Crisis* estava ainda mais cética do que o presidente. Um dos editoriais respondeu ao discurso: "O retrato promissor da situação dos Estados Unidos, sugerindo que teremos um verão calmo, veio após a revelação do alarmante orçamento do presidente [...] [e] aconteceu três meses antes das férias de verão, quando centenas de milhares de jovens pobres e desempregados do gueto serão liberados da escola para perambular pelas movimentadas ruas de seus bairros praticamente 24 horas por dia".[137] Nixon nunca mencionou nenhum reparo ou melhoria nas condições das moradias urbanas, incluindo propriedades habitadas por afro-estadunidenses. Ele também não fez nenhum esforço para descrever ou explicar quais indicadores possibilitariam avaliar a erradicação da crise urbana: seria o fim da brutalidade policial? O fim da discriminação habitacional? Em vez disso, ele se concentrou em reduzir o número de pessoas que moravam em moradias precárias. Isso até poderia ser um indicador importante, mas dificilmente acabaria com a ladainha de problemas descritos no relatório da Comissão Kerner. Nixon estava mais interessado em virar a página. Não era ingênuo, não acreditava que os problemas nos centros urbanos eram

---

[136] O'NEILL, William L. *Coming Apart: An Informal History of America in the 1960's* [Desmoronando: uma história informal dos Estados Unidos em 1960]. Chicago: Quadrangle Books, 1971.
[137] "Mr. Nixon's Optimism" [O otimismo do sr. Nixon], *Crisis*, v. 80, n. 5, p. 149, 1973.

coisa do passado; ele estava tirando a responsabilidade do governo federal de resolvê-los. Cinco longos anos haviam passado desde a última grande revolta em uma comunidade negra, e Nixon aproveitou a oportunidade.

O novo ataque aos gastos em programas sociais foi reforçado por afirmações que diziam que as populações urbanas não estavam realmente necessitadas, ou que o momento em que podiam ser ajudadas por programas federais de combate à pobreza já havia passado. O governo Nixon começou a dizer que os problemas urbanos eram irremediáveis, pois eram causados pelas próprias pessoas que moravam nos centros das cidades. Em outras palavras, se ainda existiam cidadãos em condição de pobreza, era hora de examinar o que havia de errado com eles. Ao enfatizar seus novos termos "sociedade livre" e "escolha", Nixon tinha como objetivo simplificar a origem da desigualdade social, culpando comportamentos individuais: as pessoas, sem dúvida, poderiam fazer escolhas certas ou erradas, e essas escolhas eram feitas por um indivíduo livre de restrições sociais. Depois da mais longa expansão econômica do país, era muito mais fácil promover a ideia de que as pessoas tinham que se contentar com menos, se essas mesmas pessoas fossem responsabilizadas por suas próprias dificuldades.

George Romney, o primeiro-secretário do Departamento de Habitação e Desenvolvimento Urbano do governo Nixon, deu início a essa mudança, concentrando-se nas "pessoas problemáticas responsáveis pela crise", como ele descreveu. Em 1973, Romney discursou na Associação de Economia de Detroit para prestar contas sobre o escândalo do colapso de um dos programas federais de habitação, e explicou que a culpa não era da má conduta do governo ou da fraude institucional privada: "Com profundo pesar, as coisas que deram errado com os subsídios à habitação e os programas de seguro [...] são de minha responsabilidade". E continuou: "Mesmo que tivéssemos sido capazes de evitar todos os erros que ocorreram nos programas habitacionais, ainda enfrentaríamos a tragédia maior: a crise no centro das cidades causada por pessoas problemáticas". Mais tarde, ele daria uma descrição detalhada dessas "pessoas problemáticas": "A moradia, por si só, não é capaz de resolver os problemas das pessoas [...] que podem estar sofrendo de maus hábitos, iniquidade, preguiça, desemprego, educação precária, falta de qualificação, problemas de saúde, pouca motivação e uma visão negativa de si mesmas".[138]

Essas frases eram códigos para descrever os negros pobres que moravam nos centros urbanos — o que mostra como o daltonismo racial trabalhou contra os interesses dos afro-estadunidenses, não apenas de maneiras óbvias mas também como principal ponto de ataque ao padrão de vida e aos programas sociais que seriam direcionados não apenas aos negros, mas a todas as pessoas da classe trabalhadora. Com sua declaração sobre o fim da crise urbana, Nixon achou um jeito de isolar os negros pobres das cidades e também começou a desfazer a ideologia de Estado de bem-estar social do pós-guerra. O deputado democrata Carl Albert, presidente da Câmara dos Representantes, reconheceu o severo orçamento de 1973 de Nixon como "nada menos do que o desmantelamento e a destruição sistemáticos de grandes programas sociais que abriram precedentes a um governo humanitário inaugurado por Franklin D. Roosevelt e que foram conduzidos e ampliados por todos os presidentes democratas desde então".[139] Pode ser que Albert estivesse usando algum tipo de hipérbole partidária, pois Ronald Reagan (1981-1989) é quem destruiria completamente o Estado de bem-estar social

---

[138] DARROW, Joy. "Ghetto Housing's Future" [O futuro da moradia do gueto], *Chicago Daily Defender*, 23 jan. 1973.

[139] "Mr. Nixon's Optimism", *Crisis*, v. 80, n. 5, p. 149, 1973.

criado por Johnson. Nixon, porém, ajudou a estabelecer as bases ideológicas para o projeto de Reagan, tirando gradativamente a credibilidade das pessoas que dependiam dos programas governamentais.

A historiadora Alice O'Connor afirma que a direita neoconservadora surgiu na década de 1970 com o interesse de "*redefinir* o problema [da crise urbana] de acordo com as linhas anteriormente esboçadas pelo relatório sensacionalista de Moynihan, *The Negro Family: The Case for National Action*, de 1965".[140] Intelectuais conservadores se reuniam em grupos de reflexão e patrocinavam publicações para articular todo esse processo de redefinição. Além de ressuscitar a narrativa da "cultura da pobreza", eles se apoiaram em teorias ainda mais antigas sobre racismo científico. Um desses conservadores descreveu as favelas urbanas como "fossas humanas [...] para onde foram levados nossos piores problemas e que, através de algum tipo de ação bacteriana, criaram uma reação autossustentável que acabou por piorar as coisas, apesar do progresso que vem ocorrendo em qualquer outro lugar".[141] Outro autor conservador descreveu as rebeliões nas cidades como "surtos dos favelados com espíritos de animais e ladrões".[142]

---

[140] O'CONNOR, Alice. "The Privatized City: The Manhattan Institute, the Urban Crisis and the Conservative Counterrevolution" [A cidade privatizada: o Instituto Manhattan, a crise urbana e a contrarrevolução conservadora], *Journal of Urban History*, v. 34, n. 2, p. 339, jan. 2008.
[141] *Ibidem*.
[142] *Ibidem*.

CONCLUSÃO

É importante entender que o "daltonismo racial" é muito mais do que uma rejeição ao racismo: ele se tornou a configuração-padrão de como os estadunidenses entendem o funcionamento da raça e do racismo. Alega-se repetidamente que, se não há insulto racial, não há discriminação. De fato, uma simples menção à raça, usada como possível explicação ou forma de contextualização, corre o risco de sofrer acusações de "vitimismo" — uma forma de apelar para a raça para silenciar um desentendimento. Esse recurso é utilizado para ocultar ou esconder as desigualdades e disparidades entre negros e brancos estadunidenses. Também ajudou a promover e ampliar políticas que culpam os negros por sua própria opressão.

O daltonismo racial é uma arma imprescindível no arsenal da elite política e econômica, e tem como objetivo dividir aqueles que teriam interesse em se unir e exigir que o governo fornecesse meios para melhorar a qualidade de vida da população. O daltonismo racial e as políticas "pós-raciais" compõem a falsa ideia de que existe meritocracia nos Estados Unidos, onde o trabalho duro diferencia aqueles que são bem-sucedidos daqueles que não o são. O surgimento do conceito de daltonismo racial se deu no contexto histórico apresentado neste capítulo: o recrudescimento da luta de classes nos Estados Unidos, somado à ansiedade da elite empresarial e ao início da crise econômica do capitalismo global, o que criou a oportunidade de se desmanchar o Estado de bem-estar social criado pelo governo anterior. A ameaça de revolta iminente em algumas cidades, ainda palpável na primavera de 1974, quando Nixon colocou em prática seus rígidos cortes orçamentários, havia bloqueado um ataque aos programas de assistência social da década de 1960. Em vez disso, nos anos 1970, a linguagem mal codificada usava como alvo os negros mais pobres para justificar o retrocesso do centro das cidades, dando embasamento à abrupta declaração de Nixon sobre o fim da "crise urbana". Mais importante ainda, ao remover a "raça" do discurso e, em última instância, eximir o governo da culpa pelas condições de vida dos centros urbanos, os problemas passavam a ser entendidos unicamente como consequência das escolhas dos próprios moradores. Se a questão era a cultura, a solução passaria pela transformação pessoal, e não pela criação um setor público robusto. Tudo isso preparou o terreno ideológico para o ataque pesado ao Estado de bem-estar social que ocorreria na década de 1980 em meio à chamada Revolução Reagan.

3. PRESENÇA NEGRA EM ALTOS CARGOS

A essência da história negra estadunidense está na tensão entre acomodação e luta.
— Manning Marable (2015)

E o que temos aqui nesta cidade? Negros em altos cargos, presença negra em altos cargos, mas os ratos e as baratas permanecem, as mesmas favelas e o lixo, a mesma polícia açoitando suas cabeças, o mesmo desemprego e os mesmos viciados na entrada do prédio assaltando suas mães.
— Amiri Baraka (2009)

Oito meses depois que os negros em Ferguson, Missouri, saíram às ruas para exigir justiça para Michael Brown, assassinado pela polícia em 9 de agosto de 2014, a cidade de Baltimore explodiu em fúria com o espancamento brutal de Freddie Gray, 25 anos, em 12 de abril de 2015, e com sua morte, sete dias mais tarde, em 19 de abril. Gray, proveniente da área mais pobre de Baltimore, era negro e estava desarmado. Quando a polícia o parou sem motivo, ele correu. Havia uma razão para ele ter corrido: a polícia de Baltimore é conhecida pelos abusos físicos que comete contra cidadãos, particularmente negros, que estão sob custódia, conforme documenta a revista *The Atlantic*:

> Entre as vítimas [da polícia de Baltimore] estão: um garoto de quinze anos que pedalava uma bicicleta suja, uma contadora grávida de 26 anos que testemunhou um espancamento, uma mulher de cinquenta anos que vendia rifas da igreja, um diácono de 65 anos que estava fumando um cigarro e uma avó de 87 anos que ajudava o neto ferido. Esses casos exemplificam um número aterrador de seres humanos mortos ou feridos pela polícia de Baltimore. Ao fazer prisões questionáveis, os policiais agrediram dezenas de cidadãos, causando fraturas — maxilares, narizes, braços, pernas, tornozelos quebrados —, traumatismo craniano, falência dos

órgãos e até morte. Alguns moradores foram espancados enquanto estavam algemados e outros, jogados na calçada.[143]

Embora fizesse parte de um padrão assustador, a morte de Gray passou quase despercebida até o surgimento de um vídeo de celular mostrando que ele "desapareceu" na traseira de uma van da polícia e apareceu muito mais tarde com a medula espinhal quase cortada ao meio. Freddie Gray foi morto cerca de duas semanas depois que um vídeo gravado na cidade de North Charleston, na Carolina do Sul, mostrava Walter Scott, um homem negro, sendo atingido oito vezes nas costas pelos disparos de um policial branco enquanto corria, impotente. A relutância das autoridades de Baltimore em relação ao caso de Gray contrasta com a ação rápida das autoridades da Carolina do Sul, que demitiram o policial Michael Slager quase instantaneamente e o acusaram de assassinato. Em Baltimore, os seis policiais envolvidos no espancamento de Gray foram afastados com "licença remunerada", enquanto as dúvidas sobre a lentidão da investigação aumentavam. A morte de Gray levantou protestos diários exigindo a prisão dos policiais; os investigadores, porém, pediam paciência. Nas horas seguintes ao funeral, na segunda-feira, 27 de abril, a paciência se esgotou quando a polícia atacou estudantes do ensino médio e os alunos reagiram, desencadeando a rebelião de Baltimore. Um levantamento federal estimou que as revoltas de Baltimore causaram danos no valor de nove milhões de dólares, incluindo a destruição de 144 carros e incêndios em quinze edifícios.[144] Mais de duzentas pessoas foram

---

[143] FRIEDERSDORF, Conor. "Freddie Gray Is Only the Latest Apparent Victim of Baltimore Police Violence" [Freddie Gray é apenas a última vítima aparente da violência policial de Baltimore], *The Atlantic*, 22 abr. 2015.
[144] TOPPA, Sabrina. "The Baltimore Riots Cost An Estimated $9 Million In Damages" [As revoltas de

presas: metade delas não tinha antecedentes criminais e 49 eram crianças. Um garoto de cinco anos foi "levado ao tribunal com as mãos e os pés acorrentados, antes de finalmente ser libertado e entregue aos pais".[145]

A violência policial que matou Freddie Gray estava agora exposta para o mundo. Mas Baltimore não é Ferguson ou North Charleston. Baltimore é diferente, porque são negros os que administram o poder político da cidade: os afro-estadunidenses controlam praticamente todo o aparato político local. A prefeita Stephanie Rawlings-Blake e o comissário de polícia Anthony Batts foram os rostos do poder político mais proeminentes em Baltimore durante a rebelião, mas há muito mais funcionários públicos negros na cidade: dos quinze membros da Câmara Municipal, oito são negros, incluindo o presidente. O superintendente das escolas públicas e todos os membros do conselho da Comissão de Habitação da cidade são afro-estadunidenses. Já em Ferguson, onde os negros representam 67% da população, a administração pública é composta quase exclusivamente por brancos. A dinâmica em North Charleston é semelhante: os afro-estadunidenses compõem 47% da população, mas são governados por um prefeito e um chefe de polícia brancos, e a Câmara Municipal também possui maioria branca (oito dos onze membros). Em Ferguson, a falta de poder político negro e de representação negra se tornou argumento das explicações populares para o que deu errado. Por isso, eleger afro-estadunidenses para cargos políticos em Ferguson se tornou tarefa imprescindível para muitos ativistas, tanto locais quanto nacionais. Por outro

Baltimore custaram aproximadamente nove milhões em danos], *Time*, 14 maio 2015.
145 LAUGHLAND, Oliver. "Baltimore Unrest: 49 Children Were Arrested and Detained During Protests" [Tumulto em Baltimore: 49 crianças foram presas e detidas durante protestos], *The Guardian*, 7 maio 2015.

lado, a rapidez com que o poder político branco agia em North Charleston chamou a atenção apenas para a resposta medíocre da liderança negra de Baltimore.

Se o assassinato de Mike Brown e a insurgência em Ferguson lembram a antiga era das leis Jim Crow, o assassinato de Freddie Gray e a revolta de Baltimore simbolizam o comportamento da nova elite política negra. A dinâmica de uma rebelião negra em uma cidade governada por negros destaca uma das transformações mais dramáticas da política e da vida negras nos Estados Unidos. Baltimore se localiza a ínfimos quarenta quilômetros da Casa Branca, onde, durante a época das rebeliões, residia o primeiro presidente afro-estadunidense da história. Havia 46 deputados negros na Câmara dos Representantes e dois negros no Senado, o que deu à 114[a] legislatura do Congresso o maior em número de parlamentares negros da história estadunidense. Enquanto a zona oeste de Baltimore se rebelava contra o assassinato de Freddie Gray, morto pela polícia, Loretta Lynch se tornava a primeira mulher negra nomeada como procuradora-geral, substituindo o primeiro homem negro a ocupar o cargo. Em todo o país, milhares de políticos negros governavam diversas cidades e subúrbios. Ainda assim, apesar de um acesso sem precedentes ao poder político, pouca coisa mudou para a grande maioria dos afro-estadunidenses. Por exemplo, três dos seis policiais envolvidos na morte de Gray são afro-estadunidenses. O juiz Barry G. Williams, que também é afro-estadunidense, presidiu a audiência do policial negro William G. Porter, e o julgamento acabou anulado oito meses após a morte de Gray. Embora Porter tenha confirmado que não colocou o cinto de segurança em Gray e não chamou uma ambulância mesmo que seus ferimentos fossem aparentes, o júri considerou que Porter não desempenhou papel significativo na morte da vítima. Mesmo com o envolvimento de um policial negro, com um promotor negro e um juiz negro, a justiça permaneceu elusiva para Freddie Gray.[146] Hoje, a principal diferença é que, quando pessoas negras pobres ou da classe trabalhadora enfrentam dificuldades, é bem provável que essas dificuldades estejam sendo supervisionadas por um afro-estadunidense em alguma posição de autoridade. A existência de um *establishment* negro não trouxe benefícios aos cidadão negros comuns. Muitos oficiais afro-estadunidenses usam seus cargos para disseminar os piores estereótipos sobre os negros, a fim de se eximir da culpa causada por sua própria incompetência.

Apesar de o Departamento de Polícia de Baltimore não agir de acordo com a legislação, a prefeita Rawlings-Blake reservou seus comentários mais severos para as pessoas envolvidas nos protestos, descrevendo-as como "criminosas" e "marginais". Poucos dias depois, o presidente Barack Obama seguiu os passos da prefeita, declarando que "criminosos e marginais destruíram a cidade". Quando perguntaram ao porta-voz de Obama, Josh Ernest, se o presidente gostaria de explicar o que quis dizer com "marginais",[147] ele reforçou: "Quando você está saqueando uma loja de

---

[146] STOLBERG, Sheryl Gay & BIDGOOD, Jess. "Mistrial Declared in Case of Officer Charged in Freddie Gray's Death" [Anulação da acusação do policial indiciado pela morte de Freddie Gray], *The New York Times*, 16 dez. 2015.

[147] Obama chamou as pessoas envolvidas nos protestos de *"thugs"*, termo que possui diferentes significados. Segundo o dicionário *Oxford*, "thug" representa um criminoso que necessariamente se comporta de maneira cruel e violenta. Já as gírias *"thug"* e *"thug life"* (que começaram a ser popularizada pelo *rapper* Tupac Shakur em 1992) podem ser equiparadas ao conceito original da gíria paulista "vida loka" (difundida pelo grupo de *rap* Racionais MCs em 2002), que representa uma pessoa que discorda do "sistema", ou também alguém da classe pobre que é envolvida com o crime. [N.T.]

conveniência ou jogando um bloco de concreto em um policial, você está se comportando de maneira violenta, como um marginal, e foi por isso que o presidente usou essa palavra".[148] O ataque vindo de Rawlings-Blake não surpreendeu: um mês antes da insurgência em Baltimore, a prefeita havia esbravejado que os responsáveis pela violência na cidade eram homens negros. "Muitos de nós, pertencentes à comunidade negra, nos tornamos complacentes com crimes cometidos por negros contra os negros. [...] Enquanto muitos de nós estão dispostos a marchar, protestar e agir contra uma má conduta policial, outros fingem não ver aquilo que nos mata."[149] Mas a prefeita negra de Baltimore "fingiu não ver" a intensa pobreza de Sandtown, bairro da zona oeste onde residia Freddie Gray, cujos moradores convivem com uma taxa de 24% de desemprego e possuem renda média de 25 mil dólares ao ano — menos da metade da renda média do resto da população de Baltimore. Certamente existe uma conexão entre os níveis críticos de pobreza em Baltimore e a quantidade de crimes cometidos nessas comunidades. Porém, diante da falta de investimentos em programas sociais ou de recursos para transformar essas condições de vida adversas, uma coletiva de imprensa da autoridade municipal culpando homens negros pelos crimes na cidade foi considerada suficiente.

Para além da prefeita de Baltimore e do presidente dos Estados Unidos, os governantes negros usam sua posição de "pertencimento" à cultura afro-estadunidense para divulgar, tanto ao público negro quanto ao branco, que

---

[148] JACKSON, David. "Obama Stands by the Term 'Thugs', White House Says" [Obama mantém o termo "marginal", diz Casa Branca], *USA Today*, 29 abr. 2015.
[149] WENGER, Yvonne & BROADWATER, Luke. "Mayor Calls On Black Men To Do More To Stop Violence" [Prefeita pede que homens negros façam mais para combater a violência], *Baltimore Sun*, 9 mar. 2015.

eles têm capacidades exclusivas para lidar com as agitações sociais causadas pela população negra. Os políticos negros são úteis devido à sua habilidade em repreender pessoas negras — já que são membros da mesma comunidade — de uma maneira que políticos brancos jamais conseguiriam. Os governantes negros têm o papel de estabelecer um diálogo entre a população negra em geral e o resto da população estadunidense, e isso os torna indispensáveis à política tradicional. Além disso, por possuírem conhecimentos específicos sobre a "comunidade negra", eles recebem muita credibilidade e em geral causam mais danos do que benefícios, enquanto habilmente escapam do rótulo de "racistas". Por exemplo, na primavera de 2014, Richard Boykin, comissário de polícia afro-estadunidense do condado de Cook, Chicago, convocou uma coletiva de imprensa para fazer *lobby* pela criação de uma legislação que classificaria membros de gangues como "terroristas nacionais". Tal mudança aumentaria a punição para vários crimes, e as sentenças passariam a ter duração de vinte anos a prisão perpétua. Ao defender a proposta, Boykin afirmou: "Esses grupos específicos de indivíduos — alguns negros, outros hispânicos — estão desestabilizando a nossa comunidade e devemos acabar com isso, ou então essa violência vai acabar conosco".[150]

Os governantes negros encobrem suas ações com um manto de solidariedade racial imaginária, enquanto ignoram seu papel de mediadores do poder público e operam de bom grado em um terreno político projetado para explorar e oprimir afro-estadunidenses e outras pessoas da classe trabalhadora. Outro exemplo é o caso de Marilyn Mosby,

---

[150] "Cook County Commissioner Wants Shooters Charged As Domestic Terrorists" [Comissário do condado de Cook quer membros de gangues acusados de terrorismo doméstico], *CBS Chicago*, 26 maio 2015.

procuradora estadual de Baltimore, e sua decisão de acusar de assassinato os seis policiais envolvidos na morte de Gray. Mosby suportou provocações do sindicato da polícia de Baltimore e da mídia pela "decisão precipitada" de acusar a polícia, mas as pressões combinadas de três dias de tumultos em Baltimore, a raiva crescente da população negra e o fortalecimento do movimento Vidas Negras Importam colocaram as práticas policiais da cidade no centro dos holofotes, encorajando a decisão de Mosby. A procuradora estadual de Baltimore ilustra o complicado papel desempenhado pelos governantes negros: por um lado, Mosby talvez estivesse mais suscetível à pressão do eleitorado negro; por outro, também era responsável por ajudar a criar as condições que levaram à morte de Gray. Três semanas antes de os policiais de Baltimore capturarem e matarem o jovem de 25 anos, Mosby havia instruído pessoalmente o departamento de polícia a "intensificar as medidas de repressão às drogas" exatamente no cruzamento onde eles encontrariam Gray.[151] Mosby disse aos policiais designados pela vigilância daquela área que seus supervisores monitorariam seu trabalho nas ruas por meio de "quantificações diárias". O policial Kenneth Butler, de Baltimore, explicou: "Eles demandam maior produtividade, seja através de *blitz* de trânsito, depoimentos informais ou prisões — é isso que eles querem dizer com quantificação".[152] A procuradora não instruiu a polícia a quase partir a medula espinhal de Gray, mas a pressão para reprimir o crime com fiscalização, apreensões e prisões tem resultados previsíveis.

---

[151] RECTOR, Kevin. "Baltimore Prosecutor Asked Police to Target Area Where Freddie Gray Was Arrested" [Procuradora de Baltimore solicitou que a polícia visasse área onde Freddie Gray foi preso], *Baltimore Sun*, 9 jun. 2015.
[152] *Ibidem*.

A dinâmica que instiga os afro-estadunidenses ao confronto político uns com os outros começou a se formar a partir das eleições municipais no final dos anos 1960, quando suas candidaturas foram legitimadas. A busca dos negros pelo poder eleitoral se tornou uma das principais estratégias resultantes do movimento Black Power. Obviamente, essa tática trouxe êxito para alguns, mas as contínuas crises vivenciadas pela população negra, desde escolas com poucos recursos até assassinatos pelas mãos da polícia, expõem as extremas limitações dessa estratégia. A ascensão de negros na política eleitoral também revela como a diferença de classe pode levar a distintas táticas políticas na luta pela libertação negra. Sempre houve diferenças de classe entre afro-estadunidenses, mas é a primeira vez que elas se expressam por uma minoria de negros que exerce significativo poder político e autoridade sobre a maioria das vidas negras. Isso levanta questões importantes sobre o papel da elite negra na contínua luta pela libertação, e sobre de que lado ela está. Não é exagero: quando uma prefeita negra, que governa uma cidade onde a maioria da população é negra, recebe ajuda de uma unidade militar liderada por uma mulher negra para reprimir uma rebelião negra, estamos em um novo período de luta pela libertação negra. Este capítulo explora a ascensão do poder político negro e suas consequências para os afro-estadunidenses pobres e da classe trabalhadora.

UMA CLASSE QUE GOVERNA PARA SI MESMA

A integração dos políticos negros na política convencional coincidiu com um esforço agressivo para cultivar uma pequena — mas estável — classe média negra. Um caminho que levava a esse objetivo eram os cargos públicos. Mesmo que emprego não tenha sido um forte componente dos programas Guerra contra a Pobreza e Grande Sociedade, de Lyndon Johnson, entre 1965 e 1972 os gastos federais em assistência social aumentaram de 75 bilhões para 185 bilhões de dólares (Katz, 1996, p. 266). Essa grande expansão do Estado de bem-estar, somada à legislação contra a discriminação na contratação de funcionários públicos federais, criou diversas oportunidades de emprego para trabalhadores negros. Em 1970, metade dos homens negros e mais de 60% das mulheres negras que possuíam formação superior eram funcionários públicos, em comparação com 35% dos homens brancos e 55% das mulheres brancas. E, embora o funcionalismo público empregasse apenas 18% da mão de obra do país em 1970, 26% dos adultos afro-estadunidenses trabalhavam para o Estado (Brown *et al.*, 2003, p. 74). Segundo o historiador Thomas Sugrue (2008, p. 505), "nenhuma instituição desempenhou papel mais importante do que o governo em livrar muita gente das garras da pobreza e criar uma classe média negra".

Em 1974, 64% de todos os novos funcionários federais eram provenientes de minorias (Wilson, 2012, p. 103). Essas mudanças no mercado de trabalho para os negros coincidiram com o aumento geral da renda e com uma nítida e crescente diferenciação de classe. Entre 1969 e 1974, os primeiros 5% do *ranking* de famílias não brancas tiveram um aumento de renda anual de dezessete mil para 24 mil dólares. Em 1977, 21% de todas as famílias negras possuíam renda anual entre quinze mil e 24 mil dólares; 9% ganhavam acima de 25 mil dólares (Marable, 1991, p. 148). Para os negros em cargos administrativos e outros cargos que demandavam qualificação, a taxa de desemprego permaneceu em um dígito ao longo da década de 1970; já os trabalhadores negros e brancos da área industrial compunham uma taxa de desemprego de dois dígitos (Marable, 2015, p. 42).

Embora essa quantidade relativamente pequena de negros continuasse a sofrer discriminação racial por parte dos brancos, esse grupo, diferente da maioria dos afro-estadunidenses, também passava por novas experiências. De modo geral, a taxa de desemprego entre os negros com capacitação ou nível técnico era aproximadamente duas vezes menor que a de outros trabalhadores negros. A taxa de desemprego de funcionários assalariados negros era ainda mais baixa. O número de negros proprietários de bancos também dobrou durante esse período, subindo para 24 (Marable, 1991, p. 148). Apenas um pequeno número de afro-estadunidenses trabalhava no comércio, em bancos ou nas áreas do direito, da educação e da medicina, mas "eles foram desassociados da grande maioria de negros pobres ou da classe trabalhadora por terem renda semelhante à dos brancos, por sua formação educacional e seu sucesso profissional, por sua moderação política e conformidade social, por defenderem a economia capitalista e a empresa privada" (Marable, 1991, p. 149). Em quatro décadas, o número de famílias negras com salário maior que 75 mil dólares ao ano cresceu de 3,4% para 15,7%. Entre 1970 e 2006, a quantidade de famílias negras que ganhava mais de cem mil dólares anuais aumentou de 1% para 9% (DeNavas-Walt *et al.*, 2011). Em números concretos, seis milhões de afro-estadunidenses se tornaram ricos o suficiente para "morar em casas espaçosas, comprar artigos de luxo, viajar para o exterior nas férias, paparicar seus filhos — ou, em outras palavras, para viver exatamente como os brancos abastados" (Robinson, 2011, p. 91).

O tamanho desse grupo não era tão importante quanto a sua existência, pois ela justificava o capitalismo estadunidense. A classe política negra em ascensão via nesse grupo uma base para assessorar e se orientar, já que compartilhavam dos mesmos valores e objetivos. As experiências dessa parcela relativamente pequena de afro-estadunidenses não representavam, de maneira nenhuma, a maioria, tampouco as vivências cotidianas da população negra, mas eram anunciadas como exemplos do trabalho duro que permitia aos negros superar os desafios institucionais. O sucesso moderado de alguns afro-estadunidenses também dava margem para que outros negros menos "bem-sucedidos" fossem criticados por não aproveitarem a generosidade das "oportunidades" oferecidas pelos Estados Unidos. Quanto mais o tempo passava, mais o ímpeto radical do movimento negro diminuía. Histórias pessoais de conquistas e realizações começaram a substituir a narrativa da luta coletiva.

Da recém-desenvolvida classe média negra surgiram centenas, depois milhares, de políticos negros que começaram a governar para as comunidades de onde vieram. A elite e a classe política negras, então, cresceram muito mais do que aquele simples desejo de inclusão na economia capitalista; elas agora têm verdadeiro poder político e autoridade, o que as distingue da maioria da população negra comum. Na Presidência da República, no Congresso ou em prefeituras por todo o país, elas têm a capacidade de moldar políticas públicas e ampliar debates públicos que afetam desproporcionalmente as vidas negras. Elas exercem mais autoridade política, social e econômica do que a maioria das pessoas. Sua posição continua tênue e potencialmente comprometida quando comparada ao poder político branco, mas é praticamente impossível descrevê-las como insignificantes ou impotentes.

A CIDADE É DOS NEGROS

No final dos anos 1960, eram frequentes as demandas para que as cidades habitadas por negros fossem "controladas pela comunidade". Fazia sentido: a migração dos negros da geração anterior havia levado milhões de afro-estadunidenses para as cidades, e isso ajudou a aumentar seus interesses e preocupações, mesmo que fossem raramente colocados em prática. Isso também transformava a demografia metropolitana, pois a migração de negros provocou uma emigração de brancos. O crescente número de residentes negros nas cidades controladas pelo poder político branco intensificou as tensões relativas ao desemprego e à pobreza dos negros, às escolas com pouco financiamento e às moradias precárias, entre muitas outras dificuldades, o que deu origem a rebeliões urbanas. Em cidades como Chicago, onde um terço da população era negra, alguns afro-estadunidenses apadrinhados puderam fazer parte da política, mas não havia, de fato, real poder político ou econômico negro sobre a infraestrutura da cidade. A destruição e a instabilidade causadas pelas rebeliões ao longo da década fizeram a elite política ser atraída pela ideia de que dar mais controle e posses aos afro-estadunidenses nos centros urbanos poderia acalmar a população negra que protestava. Considerando o ponto de partida conservador de muitos governantes negros atualmente, é difícil conceber essa presença negra na política eleitoral como radical ou mesmo relevante. Mas, no final da década de 1960, o potencial desenvolvimento político e econômico dos negros era uma alternativa bem-vinda, após décadas de negligência e falta de investimento. A possibilidade de haver prefeitos negros em cidades com grandes populações negras era considerada "a revolução política mais surpreendente desde o fim da escravidão".[153]

Ainda sem saber qual rumo tomaria o movimento negro, voltar-se à política eleitoral e às cidades "controladas pela comunidade" parecia uma alternativa lógica e pragmática. O Counter Intelligence Program [Programa de

---

[153] BOOKER, Simeon. "Can Negroes Become Big City Mayors?" [Podem os negros se tornar prefeitos de grandes cidades?], *Ebony*, p. 30, mar. 1966.

contrainteligência] (Cointelpro)[154] do governo dos Estados Unidos havia exercido uma pressão implacável sobre a esquerda em todo o país; por isso, seguir essa direção política parecia muito arriscado. Os assassinatos de Malcolm X e Martin Luther King, em meio a uma atmosfera de intensa vigilância e perseguição, pretendiam reprimir a oposição política. Durante entrevista ao documentário *The Black Power Mixtape: 1967-1975* [Gravações sobre o movimento Black Power: 1967-1975], dirigido por Göran Hugo Olsson, uma mulher disse: "Não acho que haja muito futuro neste momento. Não mesmo. Eles estão simplesmente matando as pessoas". Bobby Seale, ex-presidente do Partido dos Panteras Negras, disse o mesmo em uma entrevista à revista *Ebony* sobre sua candidatura a prefeito de Oakland, em 1973. No artigo intitulado "A Shift to the Middle" [Uma mudança para o centro], Seale aponta que, na existência relativamente curta dos Panteras, cinquenta membros foram mortos, duzentos feridos e outros trezentos presos; como resultado, os Panteras tiveram que mudar de estratégia.[155] Essa mudança também contava com a colaboração da classe média negra, que utilizou seus recursos para preencher o vazio criado pela falta de investimento público e privado. "Tivemos que construir uma estrutura na qual a classe média negra pudesse trabalhar", afirmou Seale. O incessante ataque aos Panteras Negras e à esquerda negra em geral causava isolamento e era desgastante. Para criar essa aliança com a classe média negra

---

154 Cointelpro foi um programa secreto mantido pelo FBI entre 1956 e 1971 para "neutralizar" e destruir qualquer organização que o FBI considerasse uma ameaça à segurança nacional. (ver CABAN, Pedro. "Cointelpro", *Latin American, Caribbean, and U.S. Latino Studies Faculty Scholarship*, v. 18, 2005. Disponível em: https://scholarsarchive.library.albany.edu/lacs_fac_scholar/18). [N.T.]

155 MASON, B. J. "A Shift to the Middle", *Ebony*, p. 82, ago. 1972.

e conquistar novos aliados, foi necessário ajustar a mensagem. Seale deu fundamento a essa mudança, permitindo que os Panteras expandissem forças e oferecessem serviços que o governo não queria ou não podia prestar.

Quando algumas seções da esquerda revolucionária negra se "afastaram oportunamente" do tema "revolução", organizações de direitos civis e militantes negros tiveram condições de entrar em um consenso. Carmichael e Hamilton (1967) descreveram como seria a governança negra nos municípios: "O poder deve estar na comunidade e emanar de lá. [...] Os políticos negros devem deixar de representar o 'distrito financeiro' da cidade, custe o que custar, mesmo que percam apadrinhamento ou viagens de férias grátis". Os negros moderados podem não ter enfatizado o controle e o poder negros, mas em contraposição à imprevisibilidade das rebeliões nas áreas urbanas, o poder político negro parecia uma alternativa favorável. Bayard Rustin, líder de movimentos sociais pelos direitos civis, aconselhou, em um artigo:

> Se há algo de positivo na expansão do gueto é a criação de uma potencial base de poder político, e perceber esse potencial é uma das tarefas mais desafiadoras e urgentes diante do movimento pelos direitos civis. Se o movimento conseguir angariar votos do gueto e tirar os votos da máquina política,[156]

> 156 A "máquina política" estadunidense pode ser entendida como um tipo peculiar de organização partidária que exerce controle social com o objetivo de reduzir as tensões entre a população e a elite política. A máquina ("*machine*", no original) é geralmente comandada por um único líder ou pequeno grupo autocrático, e tem poder sobre um número suficiente de eleitores para se manter no poder administrativo de uma cidade, condado ou estado (ver GAMA NETO, R. B. "O conceito de máquina política", *Textos e Debates*, n. 4, p. 80-8, 1997; ENCYCLOPAEDIA Britannica. *Political*

terá construído seu eleitorado, assim como grupos maiores da sociedade.[157]

Os revolucionários afro-estadunidenses Grace Lee Boggs e James Boggs declararam, no prestigiado artigo "The City is the Black Man's Land" [A cidade é dos negros], que a luta pelo controle negro dos municípios era uma "guerra civil entre o poder negro e o poder branco, cuja primeira grande batalha havia sido travada em agosto [de 1965], no sul da Califórnia, entre dezoito mil soldados e a população negra da cidade de Watts".[158] Segundo os autores, "os negros, por meio de multas de trânsito, impostos etc., são a principal fonte de custeio para polícia, juízes, prefeitos, vereadores e todos os funcionários públicos da cidade. Ainda assim, em todas as grandes cidades, os negros têm pouca ou nenhuma representação no governo municipal. NÓS PAGAMOS ESSES GOVERNANTES. NÓS DEVERÍAMOS LHES DAR ORDENS".[159] Martin Luther King também sugeriu que o poder político negro local poderia conter a onda de rebeliões por meio de um "envolvimento político mais agressivo por parte dos [...] negros". Prevendo que os negros se voltariam para a política municipal, ele escreveu: "A eleição de prefeitos negros [...] mostrou [aos afro-estadunidenses] que eles têm o potencial de determinar seu próprio destino — e o destino da sociedade. Nós veremos mais prefeitos negros

machine. Disponível em: britannica.com/topic/political-machine). [N.T.]
157 RUSTIN, Bayard. "From Protest to Politics: The Future of the Civil Rights Movement" [Dos protestos à política: o future do movimento pelos direitos civis], *Commentary*, fev. 1965.
158 BOGGS, Grace Lee & BOGGS, James. "The City Is the Black Man's Land", *Monthly Review*, abr. 1966, p. 37.
159 *Idem*, p. 42.

nas grandes cidades nos próximos dez anos" (King Jr. & Washington, 1986, p. 319).

Incentivar uma maior participação negra na política tradicional foi um projeto do movimento negro, mas isso passou pela aprovação do poder político estabelecido. O governo e os políticos encorajaram a presença de mais negros na administração do espaço urbano como medida preventiva contra os motins: negros empreendedores começaram a receber suporte da agência do governo Small Business Administration [Administração de pequenas empresas] (SBA); o capitalismo negro passou a ser fomentado por Richard Nixon; e a aquisição de imóveis no centro da cidade tinha, então, incentivo tanto de republicanos como de democratas. Os negros precisavam ter o que Nixon gostava de descrever como *"piece of the action"* [alguma atuação]. Em 1968, Nixon disse, em um discurso: "O que a maioria dos militantes está pedindo não é segregação, é inclusão — não como pedintes, mas como proprietários, como empreendedores — para dividir a riqueza e ter alguma atuação" (Weems, 2009, p. 115). E acrescentou que os programas federais deveriam "incentivar que mais negros se tornem proprietários; a partir daí pode fluir o resto — orgulho negro, empregos para os negros, oportunidades para os negros e, sim, poder negro".[160]

---

160 NIXON, Richard M. "Bridges to Human Dignity" [Pontes para a dignidade humana], NBC *Radio*, discurso proferido em 25 abr. 1968.

"FIQUE DE BOA, FIQUE COM CARL"

Em 1967, Carl Stokes, de Cleveland, Ohio, tornou-se o primeiro negro a se eleger como prefeito de uma grande cidade estadunidense. Sua vitória foi o prenúncio das dinâmicas que se tornariam características de prefeituras administradas por negros durante as décadas de 1970 e 1980. Em sua carreira política, Stokes foi membro da assembleia estadual de Ohio por dois mandatos. Concorreu à prefeitura de Cleveland pela primeira vez em 1965, sem partido, e viu a máquina política do Partido Democrata local ajudar a derrubar sua campanha. Logo após o fracasso eleitoral de Stokes, o bairro de Hough, em Cleveland, explodiu em rebelião devido à costumeira combinação de violência policial, pobreza e moradias precárias. Stokes aproveitou a oportunidade para lançar uma nova campanha para prefeito no ano seguinte, e repentinamente se tornou o candidato favorito de vários interesses políticos. Stokes havia pensado em continuar sem partido devido à profunda animosidade entre ele e a máquina política do Partido Democrata de Cleveland, mas Lyndon Johnson e a Convenção Nacional Democrata intervieram diretamente, garantindo que, se ele concorresse pelo Partido Democrata, este lhe forneceria todos os recursos necessários. A campanha de Stokes se tornou uma pauta prioritária do movimento pelos direitos civis, pois seus líderes estavam preocupados com o rumo político que a organização tomaria após a aprovação das leis contra a discriminação no Sul e com as revoltas urbanas no Norte. Até mesmo Martin Luther King — que, em 1966, em conjunto com a Southern Christian Leadership Conference [Conferência de liderança cristã do Sul] (SCLC), encerrava uma campanha malsucedida contra a discriminação habitacional em Chicago — sentiu-se atraído pelo potencial da campanha renovada de Stokes, dirigindo-se à cidade para apoiar o candidato negro. Para as lideranças do Partido Democrata, as eleições municipais em Cleveland ofereceram a oportunidade de criar uma alternativa viável à rebelião nas ruas. Organizações de direitos civis e seus apoiadores passaram a concentrar esforços na candidatura de Stokes. No entanto, a campanha também era vista como insurgente, pois havia oposição dentro do Partido Democrata local, inclusive de muitos democratas negros, que consideravam que Stokes estava "acabando com a união dos afro-estadunidenses".[161] O Partido Democrata de Cleveland alertava sobre um iminente "governo negro" e insinuava que, se Stokes vencesse, Martin Luther King logo estaria administrando a prefeitura. Stokes também acreditava que a presença de King em Cleveland pudesse afastar os eleitores brancos, e pediu para que ele fosse embora. King se recusou a deixar a cidade, mas prometeu não se envolver em nenhuma ação direta que pudesse contrariar os moradores brancos.

Para o desespero de Stokes, a National Association for the Advancement of Colored People, a Southern Christian Leadership Conference, o Congress of Racial Equality [Congresso de igualdade racial] (CORE), o Student Nonviolent Coordinating Committee [Comitê de coordenação estudantil não violenta] (SNCC), a National Urban League [Liga nacional urbana] (NUL) e o National Council of Negro Women [Conselho nacional de mulheres negras] (NCNW) se dirigiram a Cleveland com o objetivo de registrar milhares de novos eleitores negros para que pudessem ir às urnas nas eleições seguintes. A Fundação Ford concedeu à filial do CORE em Cleveland a surpreendente quantia de 175 mil dólares (o equivalente a 1,2 milhão de dólares em 2015) para ajudar no

---

[161] BOOKER, Simeon, "Can Negroes Become Big City Mayors?", *Ebony*, p. 30, mar. 1966.

cadastramento de novos votantes (Moore, 2003, p. 65). As organizações de direitos civis em Cleveland promoveram o *slogan* "Keep it cool for Carl" [Fique de boa, fique com Carl], para dar direcionamento político à campanha e garantir que não haveria confrontos entre os ativistas e o público. A essa altura, a crescente lista de admiradores de Stokes incluía industriais e capitalistas locais, que doaram quarenta mil dólares a organizações nacionalistas negras de Cleveland para ajudar a manter a cidade calma durante o período eleitoral, já que não tinham certeza se o prefeito em exercício, Ralph Lochner, ainda era capaz de administrar o governo da cidade. Como resultado, até 1967, a campanha de Stokes havia arrecadado impressionantes 250 mil dólares.

Stokes proclamou que, mesmo amando sua "ascendência negra", ele era o candidato à prefeitura de *todos* os moradores de Cleveland, independentemente da raça. Em um de seus típicos discursos de campanha, ele prometeu ser o prefeito de "todas as pessoas, sem favoritismo e sem fazer diferenças injustas [...] entre ricos e pobres, brancos e negros, banqueiros e ajudantes de garçom. Todos têm direito de receber o melhor serviço possível, igualmente" (Moore, 2003, p. 55). Stokes prometia tudo para todo mundo. Ele prometeu oferecer serviços públicos e melhorar as condições sociais nos bairros negros. Aos brancos, prometeu que, como afro-estadunidense, podia garantir que a paz seria mantida nos bairros de população negra, e que ele não "iria tolerar violência nas ruas" (Moore, 2003, p. 55). Às empresas, prometeu um clima propício ao investimento. Stokes venceu Lochner nas primárias do Partido Democrata. Depois, nas eleições municipais, derrotou com facilidade o concorrente republicano com uma diferença de dezoito mil votos, incluindo 15% dos votos da população branca (Moore, 2003, p. 58).

Assim, em 1967, Stokes se tornou o prefeito da oitava maior cidade dos Estados Unidos. Seu sucesso, anunciado como uma vitória para todos os afro-estadunidenses, ocorreu poucos meses depois de Richard Hatcher assumir o cargo de prefeito em Gary, Indiana. Juntas, essas vitórias pareciam indicar uma nova direção para a política negra. Mas, em Cleveland, devido aos movimentos iniciais de Stokes como prefeito, algumas questões começaram a surgir antes mesmo de seu triunfo se consolidar. Uma de suas primeiras ações foi nomear Michael Blackwell como chefe de polícia. A brutalidade policial havia sido um grande catalisador da revolta de Cleveland em 1966, e nomear um veterano branco com histórico profissional de 43 anos na polícia da cidade foi uma escolha, no mínimo, bizarra. Stokes também deu às empresas um papel desproporcional nos planos de reconstruir a economia local. Vários líderes empresariais que apoiaram sua candidatura foram nomeados para a Força-Tarefa de Renovação Urbana. Stokes anunciou: "Os negócios e a indústria construíram essas cidades. E, já que elas serão reconstruídas, serão necessários os mesmos investimentos e engenhosidade originalmente empregados" (Moore, 2003, p. 63). Esse foi o pano de fundo para a decisão de Stokes de apoiar um empreendimento público-privado de quatro milhões de dólares chamado Cleveland Now [Cleveland já], que, como muitos dos projetos semelhantes na época, foi defendido pelas empresas e apresentado ao público como um impulso à reconstrução da economia local. Mas o verdadeiro valor de Stokes para os grandes interesses comerciais veio à tona em 1968, quando um novo episódio de violência policial quase provocou a eclosão de uma revolta. Uma batalha armada com nacionalistas negros locais de uma organização chamada New Libya [Nova Líbia] levou a uma rebelião de cinco dias na qual três policiais foram mortos. Stokes prometeu reprimir a onda de violência e recebeu apoio dos brancos ao nomear como chefe de polícia outro veterano branco, que prometia restaurar a ordem. O prefeito também gastou dezenas de milhares de dólares na modernização do arsenal da força de segurança. À medida que a eleição seguinte se aproximava, ele usou o medo que as pessoas tinham do crime nos bairros negros para angariar apoio, redigindo materiais internos de campanha que diziam: "O medo é a única arma que aumentará efetivamente a participação dos eleitores negros nestas eleições".[162]

Deixar os protestos e entrar na política foi considerado um sinal de maturidade do movimento negro. Como explicou o historiador Peniel Joseph (2006), "ao aderir aos protestos *e* à política, Gary ilustrou o novo entendimento político de que a revolução, longe de ser a corrida de cem metros que muitos imaginavam no final da década de 1960, era de fato uma maratona que exigia uma comunidade de corredores de longa distância". O historiador se refere à reunião política negra na cidade de Gary, Indiana, em 1972, que reuniu revolucionários e governantes negros, e que contou com todos os problemas que poderiam surgir nesse tipo de reunião. Discutiremos a convenção de Gary posteriormente, mas o argumento de Joseph é que a conferência sinalizou uma transição importante no movimento político negro. A transição para a política formal suscitaria muitas questões, mas também indicava o surgimento de uma visão "pragmática" e "realista" frustrante, que substituía as aspirações para mudar o mundo. No entanto, com toda essa reviravolta, ainda havia críticas à crescente popularidade do capitalismo negro e seu avanço eleitoral. Um exemplo são as palavras de protesto de Huey P. Newton:

> O capitalismo negro é uma farsa. O capitalismo negro é retratado como um grande passo em direção à libertação negra.

[162] SUSTAR, Lee. "Carving a Niche in the System" [Trinchando uma posição no sistema], *Socialist Worker*, 15 mar. 2013.

Mas não é. É um passo gigantesco no sentido oposto à libertação. Nenhum capitalista negro pode ter êxito, a menos que ele faça o jogo do homem branco. Pior ainda: o capitalista negro prefere acreditar que ele opera de acordo com seus próprios termos, mas ele não opera. Ele está sempre sujeito aos caprichos do capitalista branco. As regras e os limites do capitalismo negro são estabelecidos pela estrutura do poder branco.[163]

Assumir o controle de prefeituras ou câmaras municipais poderia não resolver as questões iminentes de como atender plenamente às demandas por moradia, emprego, educação e saúde em meio a reduções de receita tributária, cortes nos gastos federais e crescente hostilidade a programas de bem-estar para os pobres. Os ajustes diários dos tributos fiscais e as minúcias municipais certamente consumiam muito tempo e causavam distração do grande cenário de transformação social que vinha ocorrendo. King, em um texto de 1967, também reconheceu que as eleições por si só não eram "a resposta final". "Os prefeitos são figuras relativamente impotentes no esquema da política nacional. Até mesmo um prefeito branco [...] simplesmente não tem dinheiro nem recursos para lidar com os problemas de sua cidade" (King Jr. & Washington, 1986). A luta por reformas cotidianas para melhorar a vida das pessoas não contradizia o otimismo revolucionário que queria criar um mundo diferente, mas a filiação de setores do movimento negro ao Partido Democrata reduziu drasticamente o potencial e a possibilidade de ambos.

---

[163] NEWTON, Huey P. "The Black Panthers" [Os Panteras Negras], *Ebony*, p. 64, jun. 1973.

A CONSCIÊNCIA DO CONGRESSO

No início dos anos 1970, voltar-se para a política não era mais um debate; todas as alas do movimento negro já faziam isso. Dos tradicionais liberais do Partido Democrata aos membros do Partido dos Panteras Negras, todos consideravam que concorrer a cargos públicos era uma das armas mais importantes de seu arsenal político. Houve sérias tentativas de construir organizações políticas independentes, sem ligação com os democratas. Porém, a máquina política local do partido usava seu peso para esmagar a oposição que estivesse fora de seu controle, assim como fizeram em Cleveland com Stokes. Mas o Partido Democrata, em sua estrutura nacional, reconheceu a realidade: enquanto os brancos debandavam e os negros emergiam como o grupo predominante nas cidades, os afro-estadunidenses não podiam mais ser desconsiderados. Além disso, à medida que as cidades continuavam em alvoroço, a crença de que uma máquina política negra seria capaz de acalmar as tensões urbanas e administrar as crises de arrecadação com mais habilidade fez com que o poder político negro parecesse mais atraente. Sua ascensão não se limitou à política local ou a áreas "controladas pela comunidade": cada vez mais os negros começavam a disputar eleições federais.

A maior evidência do novo poder político negro nacional foi a fundação da Congressional Black Caucus [Associação dos negros no Congresso] (CBC),[164] criada em 1970 por treze parlamentares com a missão de unir e abordar a legislação

---

[164] Formada por deputados e senadores afro-estadunidenses, com o *slogan*: "a população negra não tem amigos permanentes, não tem inimigos permanentes, mas tem interesses permanentes". [N.T.]

que dizia respeito aos negros e às minorias. Os membros da CBC pretendiam dar mais ênfase aos interesses dos negros, pois "uma voz uníssona proporcionaria influência política e visibilidade muito maiores do que a quantidade de membros [negros no Congresso]".[165] Seguindo a onda do novo poder político negro nos municípios, os membros da CBC diziam ter chegado ao Congresso com entendimento preciso sobre seu eleitorado e sobre seus objetivos como parlamentares eleitos por negros. John Conyers, deputado de Detroit pelo Partido Democrata, explicitou essa postura no texto "Politics and the Black Revolution" [Política e a revolução negra], mostrando o contraste entre política e revolução. Conyers alegou que "a única coisa que caracteriza quase todos esses novos governantes negros é seu comprometimento com os afro-estadunidenses que os elegeram, e não mais com manipuladores políticos brancos, sejam do Norte ou do Sul, que sempre estiveram nos bastidores".[166] Conyers traçou a conexão entre a revolução negra e a entrada dos negros na política eleitoral:

> Estou falando de política do nosso ponto de vista — do ponto de vista negro. Nosso próprio discernimento sobre a opressão causada por uma sociedade que gostaria de nos esquecer, juntamente com outros "erros" históricos, deveria dar aos negros uma força única para efetuar mudanças nos Estados Unidos. A entrada dos negros na arena política pode fornecer a força moral da "alma" que os Estados Unidos perderam, ou nunca tiveram. Não nos contentaremos mais em ficar à margem e ser castigados pelas forças poderosas que moldam nossa vida. Ao contrário, nos comprometemos a adentrar a arena política e fazer parte da tomada de decisões. [...] Alguns acham

---

165 "Congressional Black Caucus", *Fairness.com*, 2011.
166 CONYERS JR., John. "Politics and the Black Revolution", *Ebony*. 1969, p. 165, ago.

que o afro-estadunidense tem a escolha de se retirar desse governo "sem esperança" ou derrubar todo o sistema. Já eu vejo que nossas escolhas estão entre envolvimento político ou apatia política. Os Estados Unidos são o campo de batalha do homem negro. É aqui que decidiremos se vamos fazer o país ser o que ele alega ser. Para mim, pelo menos, a escolha é óbvia.[167]

Um escritor comentou as oportunidades que surgiriam a partir da representação negra no Congresso: "Com salários anuais de 42 mil dólares e mais 170 mil dólares para funcionários e equipamentos de escritório, acesso ilimitado às audiências da Câmara dos Representantes, à Biblioteca do Congresso, para fazer pesquisas, e à renomada publicação *Congressional Record* para divulgar suas opiniões, os membros do Congresso terão acesso a recursos que até então não estavam disponíveis para os negros".[168] A CBC funcionava com tamanha coesão em seus primeiros dias que era quase como se a associação fosse um partido político agindo em nome de todos os afro-estadunidenses. Os membros da bancada negra formavam, sem dúvida, o grupo mais à esquerda em todo o Congresso; eles se opunham à Guerra do Vietnã e ao plano de Nixon para desmantelar os programas sociais instituídos por Johnson. Essa percepção foi reforçada quando Nixon se recusou a se reunir com representantes da CBC e, como resposta, eles ameaçaram boicotar seu Discurso sobre o Estado da União[169] em 1971.

[167] CONYERS JR., John. "Politics and the Black Revolution", *Ebony*, ago. 1969, p. 165.
[168] POINSETT, Alex. "The Black Caucus: Five Years Later" [A Associação dos Negros: cinco anos depois], *Ebony*, jun. 1973, p. 64.
[169] O Discurso sobre o Estado da União é um pronunciamento feito anualmente em janeiro pelo presidente dos Estados Unidos aos membros do Congres-

Os assistentes de Nixon contataram a Congressional Black Caucus para evitar um desprezo embaraçoso, mas seus membros ainda assim fizeram o boicote. Quando Nixon finalmente se reuniu com o grupo, vários meses depois, insistiu que seu governo estava fazendo "tudo o que podia" e continuaria mantendo as linhas de comunicação abertas.

A crescente ameaça ao Estado de bem-estar social mantinha a CBC na oposição ao governo, aumentando a percepção de que se tratava de uma força política importante ou mesmo radical. Muitas vezes, os membros negros do Congresso consideravam que as manobras internas da CBC eram mais críticas, pragmáticas e propositadas do que os protestos da década de 1960. Em um evento para arrecadação de fundos para a Black Caucus, em 1971, o ator e ativista Ossie Davis fez um discurso elogiando a CBC por tomar medidas reais, e não apenas usar de retórica. "Não é a pessoa, é o plano geral. Não é o discurso, é a prática" (Associação dos Negros no Congresso, 1982, p. 1).[170] Tais declarações redefiniram o ativismo da década de 1960, que passou a ser visto como uma "retórica raivosa" que produziu pouca mudança real nas cidades. A capacidade de "colocar [ideias] em prática" era a nova medida de perspicácia política. No entanto, quando se tratava de colocar ideias em prática, a CBC tinha um histórico fraco. A maior parte de sua atividade parecia envolver inúmeras audiências e estudos sobre a opressão sofrida pelos negros. No início dos anos 1970, a situação dos bairros negros era notícia obsoleta e muitas outras organizações já haviam realizado estudos semelhantes. Devido às limitações da CBC, os negros da esquerda continuavam a pensar em diferentes possibilidades.

so, cujo conteúdo geralmente aborda o andamento da administração do país, a situação do governo federal e o planejamento legislativo para aquele ano. [N.T.]
170 No original: "It's not the man, it's the plan. It's not the rap, it's the map". [N.E.]

Em 1972, políticos negros se dirigiram à cidade de Gary, em Indiana, governada por Richard Hatcher, um dos primeiros prefeitos negros da época. A National Black Political Convention [Convenção nacional de política negra] reuniu, pela primeira vez na história, todo o espectro político negro do país — dos radicais e revolucionários aos cerca de dois mil eleitos para cargos públicos. Foram mais de oito mil presentes. Charles Diggs, membro do Congresso pela cidade de Detroit e integrante da CBC, foi um dos organizadores do evento, provando que ainda havia laços entre a esquerda negra e os governantes negros. Os debates durante a convenção explicitaram as tensões políticas entre as diversas ramificações do movimento de libertação negra e, por isso, havia dificuldade em encontrar uma direção consensual a ser seguida pelo movimento.

O preâmbulo da convenção refletia a visão radical de uma das seções do movimento, bem como a profunda conexão entre o passado de rebeliões e os debates sobre o rumo que o movimento deveria tomar naquele momento:

> Uma convenção política negra, e na verdade qualquer política de fato negra, deve partir da seguinte premissa: o sistema estadunidense não foi feito para as massas e não vai funcionar se não houver mudanças radicais fundamentais. [...] A intensa crise do povo negro e o desastre dos Estados Unidos não são causados simplesmente por homens, nem serão resolvidos apenas por homens. Essas crises são provenientes da deficiência econômica e política e da degradação cultural. Nenhum dos candidatos, seja democrata ou republicano — independentemente de suas vagas promessas para nós ou para seus eleitores brancos —, pode resolver nossos problemas ou os problemas deste país sem mudar radicalmente o sistema operante.[171]

---

[171] SUSTAR, Lee. "The National Black Political Convention", *Socialist Worker*, 22 mar. 2013.

O tom dessa declaração não refletia inteiramente as já evidentes fissuras que surgiriam ao longo da convenção. Enquanto os radicais e os nacionalistas insistiam que era "hora de pensar na nação", o crescente número de negros inseridos na política convencional apresentava um dilema. De fato, apesar de um dos integrantes da CBC fazer parte da organização da convenção, a CBC, como entidade, se recusou a endossar o evento ou qualquer uma das declarações lá realizadas. Os congressistas que compareceram à conferência estavam lá como indivíduos, não como representantes da CBC. A convenção de Gary acabou sendo desfeita devido ao peso de suas próprias contradições, impossíveis de serem ocultadas, nem mesmo em nome da solidariedade racial. Denunciar o capitalismo, apelar para a derrubada do sistema e, ao mesmo tempo, apoiar candidatos do Partido Democrata era, no mínimo, complicado. Enquanto isso, os membros da CBC eram cada vez mais requisitados pelo trabalho no Congresso — organização de comitês, captação de recursos e a simples navegação pelo mundo de compromissos e negociações que definem o processo legislativo —, e se mostravam cada vez menos enamorados da "política comunitária" e de uma pauta restrita, definida e baseada na raça.

Conforme a vibração da insurgência negra diminuía, também baixava a pressão exercida sobre os governantes negros. Após o recuo do movimento, a classe trabalhadora negra e os pobres afro-estadunidenses perceberam que os governantes negros e qualquer assistência que eles pudessem oferecer seriam suficientes, porque, afinal, não receberiam ajuda de nenhum outro lugar. Com o passar do tempo, essas descobertas tiveram um efeito conservador, e muitos políticos negros passaram a assumir posições de direita, pois o manto do conservadorismo começava a cobrir a política hegemônica nos Estados Unidos. O Partido Democrata abriu suas portas para negros, mulheres e jovens porque achava que, se não o fizesse, afastaria potenciais eleitores e, com isso, perderia apoio. Em busca de recursos, apoio e talvez legitimidade diante de um futuro nebuloso para o movimento negro, ativistas engrossaram as fileiras democratas acreditando que poderiam usá-las para alcançar seus próprios propósitos. Mas, em vez de a esquerda transformar a agremiação, muitos ativistas acabaram tendo que se conformar com os objetivos do partido (Selfa, 2012, p. 63-84). Em alguns casos, os radicais e os revolucionários não apenas seguiram a agenda limitada e conservadora dos democratas, mas também se viraram contra o liberalismo e desertaram para a direita.

DO PROTESTO AO RISCO

Ao longo de vinte anos, os municípios estadunidenses deixaram de ser dominados por máquinas políticas brancas e passaram a ser o local onde se exerce o real poder político negro. Foi, obviamente, um momento infeliz para governar as cidades estadunidenses. A arrecadação de impostos diminuía à medida que milhões de indivíduos e empresas deixavam as cidades rumo aos subúrbios. Embora o processo de "desindustrialização" tivesse começado na década de 1950, o termo se tornou popular na década de 1970, "quando uma onda de fechamento de fábricas mudou o cenário do mercado de trabalho" (Sugrue, 2005). De acordo com a analista Betsy Leonard-Wright, entre 1966 e 1973 as empresas transferiram mais de um milhão de empregos estadunidenses para outros países:

> Mais e mais empregos foram deslocados do Nordeste e do Centro-Oeste para o Sul, onde os sindicatos eram escassos e os salários, mais baixos. Só a cidade de Nova York perdeu seiscentos mil empregos industriais durante a década de

1960. [...] O número de trabalhadores demitidos nas décadas de 1960 e 1970 era composto por uma maioria desproporcional de negros. A Comissão de Direitos Civis dos Estados Unidos descobriu que, durante a recessão de 1973 e 1974, entre 60% e 70% dos trabalhadores demitidos eram afro-estadunidenses, mas eles compunham apenas de 10% a 12% da força de trabalho. Em cinco cidades da região dos Grandes Lagos, a maioria dos homens negros que trabalhava na indústria perdeu o emprego entre 1979 e 1984. Um dos principais motivos foi a senioridade, ou tempo de casa: trabalhadores brancos estavam em seus empregos há mais tempo e, portanto, eram mais propensos a permanecer nos cargos durante os cortes.[172]

Na década de 1980, Ronald Reagan colocou em prática seu fanatismo ideológico contra o Estado de bem-estar social e liderou os esforços republicanos para reduzir drasticamente os gastos públicos com programas sociais. Os cortes orçamentários, que encolheram o já reduzido Estado de bem-estar social estadunidense, incluíam:

- corte de 17% no seguro-desemprego (durante uma recessão);
- redução de 13% no auxílio-alimentação (*food stamps*);
- redução de 14% nos benefícios em dinheiro do programa Aid to Dependent Families with Children [Auxílio a famílias dependentes com crianças], resultando na exclusão de 410 mil cadastros e na redução de benefícios para 259 mil famílias;

---

172 LEONDAR-WRIGHT, Betsy. "Black Job Loss Dejà Vu" [*Déjà vu* de desempregos negros], *Dollars & Sense*, 4 maio 2004.

- aumento da franquia do Medicare,[173] redução do Medicaid[174] em 3% e restrição de padrões de elegibilidade;
- eliminação súbita de trezentos mil vagas financiadas pelo programa federal de empregos, afetando predominantemente os trabalhadores negros;
- aumento de 5% no aluguel de unidades habitacionais subsidiadas pelo governo.

Talvez os cortes mais severos tenham sido os que atingiram programas voltados para crianças. Em 1982, o programa federal de merenda escolar — que custeava alimentação para alunos de escolas públicas — teve um corte de 560 milhões de dólares. Como resultado, 590 mil crianças foram desligadas do programa. Quando Reagan não conseguiu se safar das denúncias que o acusavam de tirar comida das crianças, ele diminuiu o cardápio o máximo que pôde, autorizando porções reduzidas, permitindo o uso de substitutos de carne e colocando infamemente *ketchup* na lista de vegetais — tudo isso enquanto aumentava o preço do almoço em vinte centavos.[175]

O impacto sobre os afro-estadunidenses foi rápido e cruel. Durante o primeiro ano de Reagan na presidência, a renda das famílias negras caiu 5%. A proporção de famílias negras vivendo na pobreza aumentou de 32% para 34%, enquanto o número total de famílias pobres aumentou em mais de dois milhões. Em 1983, o desemprego da

---

[173] Medicare é um plano de saúde do governo federal destinado principalmente a estadunidenses com mais de 65 anos e pessoas jovens com deficiência. [N.T.]
[174] Medicaid é um programa do governo federal estadunidense que auxilia os custos médicos de pessoas de baixa renda, independentemente da idade. [N.T.]
[175] POOLE, Isaiah J. "Uncle Sam's Pink Slip" [A rescisão de Tio Sam], *Black Enterprise*, dez. 1981, p. 29.

população negra em todo o país havia disparado para 21%.[176] Os ataques implacáveis aos pobres e à classe trabalhadora de todas as raças e etnias continuaram ao longo da década, mas atingiram o ápice quando Reagan demitiu sumariamente onze mil controladores de tráfego aéreo que estavam em greve por melhores condições de trabalho e salários mais altos. Ele também impôs uma multa de um milhão de dólares ao sindicato, e os trabalhadores que aderiram ao movimento grevista foram banidos do setor: uma proibição vitalícia impediu que fossem recontratados por companhias aéreas. Isso ocorreu pouco mais de uma década depois da vitoriosa greve dos trabalhadores dos correios, mas a dramática diferença de resultados demonstrou que o país estava diante de uma nova era.

Foi nesse cenário da década de 1980 que se desenrolou o drama do poder político negro nos municípios. Afro-estadunidenses administravam a prefeitura de algumas das maiores e mais importantes cidades do país — por exemplo, Los Angeles, Detroit, Atlanta, Chicago, Filadélfia e Nova York —, mas tinham poucos recursos financeiros para governá-las, e o número de habitantes negros pobres e desempregados continuava a crescer.

Foi também um tempo de profunda polarização política no país como um todo, inclusive dentro do poder político negro. Um mês após a eleição de Ronald Reagan, em 1980, 125 acadêmicos e empresários negros se reuniram em San Francisco para uma conferência que discutia o significado do conservadorismo negro. O economista Thomas Sowell organizou o encontro, patrocinado pelo Instituto de Estudos Contemporâneos, e convidou conservadores eruditos como Edwin Meese e Milton Friedman para participar. O historiador Manning Marable descreveu a reunião como

---

176 "Not So Colour-Blind" [Daltonismo racial, mas nem tanto], *The Economist*, 3 dez. 2009.

uma "exibição [...] das preocupantes contradições existentes nas principais questões políticas, econômicas e educacionais que dividiam os membros da elite negra" (Marable, 2015, p. 172). A vitória de Reagan deu espaço para que os conservadores negros pudessem operar aberta e livremente. Charles Hamilton, que em 1968 escreveu o livro *Black Power* com Stokely Carmichael, dizia aos políticos negros que agora era hora de "desracializar" a mensagem política para evitar alienar potenciais eleitores brancos (Harris, 2012, p. 144-51). Para alguns, a degeneração política dos liberais negros foi impressionante. Ralph David Abernathy e Hosea Williams, "ex-soldados" de Martin Luther King, endossaram a candidatura de Reagan em 1980 com a espantosa sugestão de que o inabalável segregacionista Strom Thurmond[177] servia como "um político que articulava com o Partido Republicano em nome das minorias" (Marable, 2015, p. 171-2). Os democratas negros também notaram a onda de mudanças e começaram a realinhar sua mensagem política. Em uma reunião da CBC, em 1981, um funcionário da NAACP descreveu o novo desafio da liderança negra: desenvolver "profissionais negros qualificados". Outro funcionário concordou: "Temos que preparar militantes competentes entre os negros abastados da classe média que tenham recebido capacitação e escolaridade e que façam parte da economia convencional" (Marable, 2015, p. 171). Até o ativista Jesse Jackson clamou que empresários negros "ultrapassassem os direitos civis para chegar aos direitos promissores (*silver rights*),[178] ultrapassassem a necessidade

---

177 Strom Thurmond (1902-2003) foi um político branco estadunidense, membro do Dixiecrats e, depois, do Partido Republicano. Foi senador dos Estados Unidos pela Carolina do Sul por 48 anos e apoiador das candidaturas de Nixon e Reagan. [N.E.]
178 Num jogo de palavras, políticos negros criaram o termo "*silver rights*" (direitos de prata, em tradução

de auxílio para começar a se engajar no comércio", e isso significava que o desenvolvimento dos negócios e a economia eram o novo foco da luta.[179]

É impossível entender por que liberais negros passaram a defender ideias conservadoras sem entender a deterioração da relação entre o Partido Democrata e os negros dos Estados Unidos. A eleição de Jimmy Carter à presidência, em 1976, se deu com uma margem estreita, e só foi possível devido ao voto dos negros. No entanto, uma vez no cargo, Carter tornou-se hostil às exigências dos afro-estadunidenses, que pediam seu comprometimento com o Estado de bem-estar social após os seis anos das administrações de Nixon e Gerald Ford (1974-1977). Em vez disso, seus representantes "declararam que não haveria novos programas de bem-estar social, de assistência médica ou educacional" (Marable, 1991, p. 170). Enquanto isso, o desemprego da população negra continuava aumentando. As organizações liberais negras consideravam a desatenção de Carter à pobreza negra como "negligência insensível", e reclamavam que ele havia "traído" a causa (Marable, 1991, p. 170). Carter aumentou o orçamento militar para o nível mais alto na história estadunidense

literal), uma fusão de "*civil rights*" (direitos civis) e "*silver lining*" (um raio de esperança em uma situação desafortunada, algo promissor). O autor John Bryant define "*silver rights*" como a fase posterior à era dos direitos civis, onde todos seriam empoderados, não somente as minorias estadunidenses como também as maiorias: "Ou seja, transpusemos a fase de dar um peixe e de ensinar a pescar: agora todos podem possuir o próprio lago" (ver BRYANT, J. *The Silver Rights Movement* [O movimento *silver rights*], 2005. Disponível em: https://johnhopebryant.com/2005/03/the_silver_righ-9.html). [N.T.]

179 LEWIS, C. "Where Are the Civil Rights Leaders?" [Onde estão os líderes do movimento pelos direitos civis?], *Philadelphia Inquirer*, 24 jul. 1989.

até aquele momento — 111 bilhões de dólares — e reduziu impostos sobre ganhos de capital, expandindo o lucro das empresas. Enquanto forrava o bolso dos ricos, ele incentivava "o aumento no preço de laticínios, cereais, carne e outros produtos, bem como o 'desajuste' das indústrias de transporte público, promovendo a monopolização e o aumento irrestrito de preços".[180]

Dessa forma, nas eleições de 1980, quando Reagan e Carter se enfrentaram nas urnas, não foi exatamente uma surpresa que somente 33% dos democratas tenham escolhido Carter como governante (Marable, 1991, p. 172). A situação dos negros durante o governo Carter ficou evidente após o julgamento de quatro policiais brancos acusados pelo assassinato de um militar, veterano de guerra, negro e desarmado em Miami, Flórida. Embora dois policiais que estavam no local tenham testemunhado contra os réus, um júri totalmente composto por homens brancos os absolveu. Por três dias, o bairro de Overtown, em Miami, composto por uma população de maioria negra, foi tomado pela ira. No final, os motins contabilizaram cem milhões de dólares em danos materiais, dezoito pessoas mortas e mil feridas. A Guarda Nacional finalmente reprimiu a rebelião. Carter se dirigiu a Miami e prometeu aos habitantes locais que um auxílio federal estava a caminho, desde que as tensões fossem contidas.[181] Mas não era o reavivamento dos anos 1960. Dessa vez, o poder político negro se mobilizou para acalmar a população negra de Miami. A era de protestos havia

---

[180] PERLO, Victor. "Carter's Economic Prescription: Bitter Medicine for the People" [A receita econômica de Carter: um remédio amargo para o povo], *Public Affairs*, v. 58, n. 1, p. 1-9, 1979.
[181] CHANDLER, D. L. "Little Known Black History Fact: 1980 Miami Riots" [Um fato pouco conhecido na história negra: as rebeliões de 1980 em Miami], *Black America Web*, 11 jul. 2014.

terminado. A política eleitoral e a visibilidade de governantes negros eram apresentadas como a única alternativa.

No final dos anos 1980, sob o peso da Revolução Reagan, os democratas haviam se adaptado à agenda política de direita — desde o apoio a vários aspectos da "guerra às drogas" até a promoção da agenda que priorizava a privatização em lugar da reconstrução da infraestrutura pública. As escolhas políticas dos governantes negros não estavam alinhadas com as políticas reclamadas pela maioria da população negra dos Estados Unidos, especialmente porque os afro-estadunidenses de forma geral continuavam sofrendo com o desemprego e a cruel redução dos programas de assistência social.

Após a aprovação da Lei dos Direitos de Voto, em 1965, o número de políticos negros eleitos aumentou para 1,4 mil em 1970 e para quase cinco mil em 1980, mas a mudança demográfica metropolitana gerou uma mudança de estratégia: aqueles que anteriormente haviam concorrido como candidatos "negros" se transformaram, então, em candidatos "elegíveis". Tais transformações, no entanto, não impediram que os políticos negros deparassem com o "teto de vidro" da política, exposto por Fred Harris (2012, p. 193). Em 1983, um grupo de pensadores negros de Washington se reuniu com diversos políticos negros para determinar se seria possível transpor esse "teto de vidro" e como iriam superar o racismo dentro do eleitorado. As principais perguntas da reunião foram: "Como transcender a raça? Como elevar os problemas a um nível profundamente sofisticado? Como minimizar a raça? Como modificar ou diminuir o impacto racial?".

Nem todos os políticos negros queriam transcender a raça. Na verdade, eles invocavam a negritude e a solidariedade racial com muita frequência, com o objetivo de angariar apoio a seus programas eleitorais. Em 1982, a recém-criada National Black Leadership Round Table [Mesa-redonda de liderança negra nacional] (NBLRT) produziu uma cartilha intitulada *The Black Leadership Family Plan for the Unity, Survival, and Progress of Black People* [Plano familiar de liderança negra para unidade, sobrevivência e progresso da população negra], que alegava ser um novo plano de ação "para garantir a nós e aos nossos descendentes liberdade total e uma parcela igualitária das bênçãos desta nação" (Walters, 1999; Associação dos Negros no Congresso, 1982). A NBLRT era composta por mais de 150 organizações cívicas, empresariais e fraternas negras, destinadas a representar a ampla liderança negra nos Estados Unidos. Ao contrário da convenção nacional de política negra realizada em Gary na década anterior, nenhuma organização de esquerda ou revolucionária foi incluída na NBLRT. Inicialmente, o grupo era financiado e dirigido pela CBC e refletia seus objetivos políticos de aproveitar o potencial voto dos negros para desenvolver e consolidar seu poder eleitoral.

Walter Fauntroy, figura de destaque no NBLRT, foi personagem importante no movimento dos direitos civis, amigo pessoal de Martin Luther King e o primeiro representante não votante[182] do Distrito de Colúmbia no Congresso. Em 1982, Fauntroy também era presidente da CBC (Walters, 1999; Associação dos Negros no Congresso, 1982).

O foco da cartilha demonstrava a enorme transformação da política negra no breve período de dez anos. O preâmbulo apresentado pela convenção de Gary, em 1972, focava problemas externos: responsabilizava as falhas do capitalismo

---

182 Membros não votantes do Congresso dos Estados Unidos representam seu território na Câmara dos Representantes. Eles não têm direito de voto na legislação proposta pelo Congresso, mas participam de outras funções da Casa. Os seis membros não votantes do Congresso representam o Distrito de Colúmbia, Porto Rico, Ilhas Marianas do Norte, Guam, Samoa Americana e Ilhas Virgens Americanas. [N.T.]

estadunidense pela crise nas comunidades negras e sugeria uma mudança no sistema para se alcançar a vitória negra. Embora essas observações fossem verdadeiras, a estrutura da política eleitoral, também mencionada no preâmbulo, foi incapaz de promover tal mudança. Já o foco do *The Black Leadership Family Plan*, de 1982, era definitivamente interno. Em vez de exigir mudanças sistêmicas, o plano de ação pedia

> compromisso diário conosco e com nossas famílias, com nosso povo e, finalmente, com o progresso dos Estados Unidos. Embora reconheçamos as responsabilidades de outras instituições, precisamos fazer uma aliança histórica entre nós, com o entendimento de que a liberdade e a dignidade de nosso povo repousam essencialmente sobre o que fazemos, sobre a seriedade, a liderança e a autodeterminação de nossas atitudes. (Associação dos Negros no Congresso, 1982, p. 3)

A NBLRT tinha intenção de fortalecer os recursos voltados às comunidades negras, "tornando-se um fundo comum de investimentos, onde negros e outras minorias contribuiriam juntos para incrementar os negócios das minorias; para complementar o capital público; e para multiplicar [...] recursos" (Walters, 1999, p. 167).

O verdadeiro idealizador da cartilha foi o empresário negro Theodore Adams, e os objetivos do plano refletiam as preocupações dos negócios, desde o desenvolvimento econômico até a demanda generalizada de repressão ao crime nas comunidades negras. O plano chegou inclusive a sugerir que os centros comunitários para jovens deveriam "impedir o crime nos bairros negros e apoiar a ação justa da polícia [...], condenar o uso e a venda ilegal de drogas [...] [e] denunciar traficantes às autoridades policiais e às organizações de defesa dos negros" (Associação dos Negros no Congresso, 1982, p. 8). Mesmo acolhendo cidadãos negros em seus esforços de fazer militância e se opondo à perspectiva de "desracialização", os organizadores da NBLRT consideravam a política negra muito mais limitada do que julgava a convenção de Gary, realizada apenas dez anos antes.

Além disso, a defesa do policiamento nas comunidades negras indicava uma corrente mais conservadora, mesmo entre os políticos liberais negros. De certa forma, isso refletia a diferença entre estar e não estar no poder em determinada localidade. Historicamente, a alta taxa de desemprego, o aumento do tráfico de drogas e os efeitos cumulativos da falta de investimento público nas áreas urbanas fizeram com que as cidades habitadas por negros parecessem ingovernáveis e caóticas. Os governantes negros atuavam de maneira conservadora em um clima político que não deixava muitas outras alternativas àqueles que atuavam segundo os parâmetros da política eleitoral.

As condições da administração urbana na década de 1980 eram severas, mas muitos governantes negros também adotaram políticas que, embora promovessem desenvolvimento econômico, na realidade transferiam recursos públicos para o setor privado. Conforme observou Adolph Reed, eles davam preferência a "programas que tornavam os governos locais meros serviçais dos interesses privados em desenvolvimento [...] e pouco consideravam o impacto danoso que isso causaria sobre seu círculo eleitoral" (Reed Jr., 1999, p. 106-9). Em meados da década de 1980, treze cidades estadunidenses com mais de cem mil habitantes eram administradas por negros que contavam com apoio de maiorias sólidas nos parlamentos municipais (Reed Jr., 1999, p. 55). Além de os governantes negros não receberem recursos, eles também aceitavam a premissa de governo "a favor do crescimento". A aprovação de isenções fiscais para empresas privadas foi quase unânime, somada à criação de parcerias público-privadas onerosas que pretendiam reconstruir distritos comerciais, mas frequentemente se transformavam em elefantes brancos. O prefeito de Detroit, Coleman Young, concedeu benefícios fiscais a um projeto de desenvolvimento privado que custaria quinhentos milhões de dólares para renovar a orla da cidade, ao mesmo tempo que "reduzia a força de trabalho municipal, os orçamentos dos departamentos e as dívidas da cidade".[183]

Randy Primas, o primeiro prefeito afro-estadunidense de Camden, em Nova Jersey, tinha o intuito de colocar um incinerador de lixo na cidade e lutou por seis anos contra a oposição da comunidade, liderada por mulheres. Obviamente, o lixo que seria incinerado provinha de residentes do subúrbio, que não enfrentariam os crescentes casos de asma resultantes da medida, além de outros problemas de saúde (Gillette Jr., 2006, p. 111). Primas concluiu seu legado permitindo que o departamento de administração penitenciária de Nova Jersey construísse, na zona norte de Camden, uma prisão de 55 milhões de dólares, capaz de comportar de quinhentos a oitocentos detentos, e afirmou: "Eu não lutaria contra isso. Eu vejo a prisão como um projeto de desenvolvimento econômico. Além disso, acho que a vigilância do alto das duas torres da prisão pode impedir, em parte, o tráfico de drogas no norte de Camden". Quando os membros da comunidade protestaram, Primas respondeu: "Preciso de faturamento para administrar uma cidade. Não acho que uma prisão seja tão negativa quanto as pessoas falam. Vai gerar empregos e receita, e terá um impacto positivo quanto ao problema das drogas. Não é a solução para os problemas de Camden, mas é uma medida realista" (Gillette Jr., 2006, p. 112).

A população negra da Filadélfia se mobilizou para eleger o afro-estadunidense Wilson Goode para prefeito em 1983,

---

[183] BOMEY, Nathan & GALLAGHER, John. "How Detroit Went Broke: The Answers May Surprise You — And Don't Blame Coleman Young" [Como Detroit quebrou: as respostas são surpreendentes, e não culpe Coleman Young], *Detroit Free Press*, 15 set. 2013.

mas, "desde o início, Goode era o representante obediente dos interesses corporativos e financeiros" (Davis, 1987, p. 4). Em 1985, Goode orquestrou um ataque à MOVE, uma organização negra de contracultura. A polícia bombardeou a casa geminada que servia de sede da MOVE, lançando mão de mais de sete mil cartuchos de munição. O ataque terminou com a polícia atirando uma bomba sobre a casa, matando onze pessoas — entre elas, cinco crianças — e destruindo 61 imóveis no incêndio que consumiu o quarteirão, desabrigando 240 pessoas.[184] Organizações negras de direitos civis ou políticos negros membros da Congressional Black Caucus pouco protestaram contra o ataque.

No início dos anos 1990, Sharon Pratt, ex-advogada corporativa e tesoureira do Comitê Nacional Democrata, foi eleita prefeita de Washington. Ela fez pressão para que a Guarda Nacional ocupasse os bairros negros da capital do país como medida de combate ao crime.

Em 1983, negros de toda a cidade de Chicago organizaram um movimento para derrubar a máquina política branca e racista do Partido Democrata, liderada por Richard J. Daley. Para surpresa de todos, a população negra de Chicago elegeu Harold Washington à prefeitura, mas ele não conseguiu desfazer o que décadas de segregação e práticas discriminatórias haviam construído: uma Chicago dividida. Sem dúvida, ninguém esperava que a eleição de um prefeito negro revertesse os danos econômicos e sociais causados por anos de discriminação, mas a ênfase apresentada pelas campanhas e eleições locais mostrava o quanto os objetivos do movimento negro haviam mudado e seus horizontes, se

---

184 GONZALEZ, Juan; WASHINGTON, Linn & ABU-JAMAL, Mumia. "MOVE Bombing at 30: 'Barbaric' 1985 Philadelphia Police Attack Killed 11 & Burned a Neighborhood" [Sede da MOVE bombardeada: ataque "bárbaro" da polícia da Filadélfia em 1985 matou onze pessoas e incendiou a vizinhança], *Democracy Now!*, 13 maio 2015.

reduzido: se antes tinham em vista a libertação negra, agora se preocupavam em conquistar nas urnas a população dos municípios estadunidenses habitados pelos negros; se antes cogitavam uma posição defensiva contra a trajetória conservadora da política nacional, agora seguiam um caminho mais "realista" e "pragmático".

Talvez nada exemplifique melhor a direção conservadora da política negra formal do que o apoio da Congressional Black Caucus à Anti-Drug Abuse Act [Lei de Combate às Drogas] de Ronald Reagan, em 1986. O liberal Ron Dellums, eleito para o Congresso pela Califórnia, juntamente com outros dezessete (dos 21) membros da CBC, apoiou a legislação. A lei foi considerada uma ferramenta importante para a crescente campanha de "guerra às drogas" e, posteriormente, seria fundamental para o aumento exponencial do número de negros encarcerados, ao definir sentenças para posse e uso de *crack* mais severas do que para cocaína, e alocar 1,7 bilhão de dólares para o combate às drogas, enquanto os frágeis programas federais de bem-estar social continuavam a sofrer incansáveis cortes orçamentários. A legislação de 1986 fez do *crack* a única droga que trazia embutida uma sentença mínima obrigatória de cinco anos para réus primários.[185]

O forte apoio da CBC ao policiamento nas comunidades negras refletia a profunda crise do crime nos centros urbanos, a renúncia a outras alternativas viáveis em um ambiente político cada vez mais conservador e o amadurecimento político dos governantes negros. De meados

---

[185] Para os votos, ver: Estados Unidos da América (1985) e LARK-FLEMING, Teka. "The Role Black Politicians Play in Systematically Murdering Black People" [O papel de políticos negros em assassinar sistematicamente pessoas negras], *Medium*, 22 set. 2014. Para a sentença, ver: Estados Unidos da América (2002, p. 10-1).

para o fim da década de 1980, os governantes negros não eram mais novatos: eram executivos e administradores experientes, em compromisso e negociação constantes — características marcantes do sistema político estadunidense. Em 1985, no auge da 99ª legislatura do Congresso, os negros haviam deixado de ser desprezados para serem cobiçados, presidindo cinco comissões permanentes, duas comissões de estudo e catorze subcomissões na Câmara dos Representantes. Embora os negros constituíssem apenas 4,6% do Congresso, presidiam 22% das comissões permanentes e 40% das comissões de estudo. A CBC patrocinou políticas conservadoras de segurança pública, não por fraqueza política, mas para se consolidar na cúpula do Legislativo federal estadunidense.

A POLÍTICA PÓS-MOVIMENTO NEGRO

Na década de 1990, haviam chegado ao fim os dias excitantes nos quais era explícita a diferença entre políticos brancos e políticos negros. Até então, de acordo com John Conyers, estes últimos "mantinham uma aliança [...] com a população negra". Mas, durante a gestão de Bill Clinton (1993-2001), os governantes negros fizeram fila para aprovar uma legislação que pretendia, literalmente, matar pessoas negras. Tratava-se do novo projeto de lei de "combate ao crime", divulgado em 1993, que deveria entrar em vigor no ano seguinte. O Violent Crime Control and Law Enforcement Act [Lei de Preservação da Ordem para o Controle de Crimes Violentos], de 1994, incluía a expansão da aplicação da pena de morte, sentenças de prisão perpétua para crimes não violentos, cem mil novos policiais nas ruas e uma eliminação arbitrária do financiamento federal para a educação dos detentos. Logicamente, era certo que, se a legislação aumentasse o número de pessoas a serem punidas, deveria haver um lugar onde colocá-las; por isso, a lei também destinava dez bilhões de dólares para a construção de mais prisões. Clinton fez um pronunciamento para defender a legislação na mesma igreja onde Martin Luther King discursara pela última vez, em Memphis, no dia anterior ao seu assassinato. A eloquência de Clinton demonstrava a enorme mudança na política racial. King havia usado aquele palanque para incentivar a tentativa de sindicalização dos trabalhadores negros pobres do setor de manutenção; Clinton o usou para pedir que os negros apoiassem a ampliação da pena de morte. Clinton alegou ter escolhido as palavras que, segundo ele, o próprio King diria caso estivesse vivo para fazer o discurso: "Lutei para impedir que os brancos ficassem cheios de ódio e descontassem com violência sobre os negros. Não lutei para que pessoas negras tivessem o direito de assassinar outras pessoas negras de maneira indiferente".[186] Era uma afirmação horrível, destituída dos fatos e do contexto histórico que provam como as políticas públicas alimentaram a falta de investimento nas cidades durante a maior parte do século XX e, dessa maneira, incentivaram o crime, a violência e o uso de drogas. Essa era a lógica predominante da época. Até o ativista dos direitos civis Jesse Jackson, que havia se candidatado à presidência em 1984 e 1988 por uma plataforma de extrema esquerda, contribuiu para as afirmações "linha dura" contra o crime. Jackson não apoiou a lei de controle do crime, mas fez um comentário que favoreceu o clima político que a legitimava: "A esta altura da vida, não há nada mais doloroso para mim do que andar na rua, ouvir

---

[186] CLINTON, William J. "The Freedom to Die" [A liberdade de morrer], discurso proferido em Memphis, Tennessee, 13 nov. 1993.

passos e pensar que serei assaltado — e, ao olhar para trás e ver alguém branco, me sentir aliviado".[187]

Os negros que viviam nas comunidades devastadas pelas drogas estavam desesperados por ajuda, e investir bilhões de dólares em prisões e encher as ruas de policiais não resolveria o problema real do crime nas áreas habitadas por negros pobres e da classe trabalhadora. Depois de apoiar a "guerra às drogas" de Reagan, os democratas negros do Congresso agora relutavam em defender a lei de controle do crime. O problema da crescente população carcerária e seu impacto nas comunidades negras já começava a despontar. Muitos membros da CBC sugeriram concentrar esforços em medidas de prevenção à deliquência, e até apresentaram um projeto de lei que permitiria que presos não brancos no corredor da morte recorressem da sentença usando estatísticas que demonstrassem o viés racial dos tribunais. Os democratas negros tinham influência, e os republicanos ameaçaram bloquear o projeto de lei porque incluía medidas de controle de armas. Mas os prefeitos negros de cidades como Detroit, Atlanta e Cleveland, por exemplo, pressionaram a Congressional Black Caucus para que votasse a favor da lei de controle do crime. Eles enviaram uma carta ao presidente da CBC, Kweisi Mfume, pedindo-lhe que apoiasse a legislação, mesmo que ela não desse providências sobre a "justiça racial".[188] John Lewis, outrora um dos líderes do movimento dos direitos civis, não votou a favor do texto, mas participou de uma moção que permitiu o avanço do

---

187 HERBERT, Bob. "In America; a Sea Change on Crime" [Nos Estados Unidos, uma mudança drástica no crime], *The New York Times*, 12 dez. 1993.
188 LAWRENCE, Jill. "Growth Splinters Black Lawmakers — Views Clash as Caucus Doubles in a Decade" [Aumentam dissidências entre legisladores negros — discordâncias de pontos de vista na bancada, que dobrou de tamanho em uma década], *Seattle Times*, 27 jul. 1994.

projeto para a Câmara dos Representantes.[189] Por fim, a maioria dos membros da CBC votou a favor da legislação, incluindo expoentes liberais como John Conyers e o ex-Pantera Negra Bobby Rush. No final do mandato de Clinton, a taxa de encarceramento dos negros havia triplicado, e os Estados Unidos aprisionavam proporcionalmente mais habitantes do que qualquer outro país no mundo. As comunidades negras ainda sofrem com essas políticas, embora o índice de detenção de negros esteja diminuindo lentamente. Em 2015, Bill Clinton admitiu o dano terrível causado por sua lei de controle do crime — algo que já era previsto pelos progressistas opositores do projeto: "Temos muitas pessoas encarceradas. E acabamos [...] colocando tanta gente na prisão que não tivemos dinheiro suficiente para educá-las, treiná-las para novos empregos e aumentar suas chances de sair e ter uma vida produtiva".[190]

O objetivo aqui não é simplesmente atribuir a culpa aos políticos negros pelas condições catastróficas nas comunidades negras, mas observar que os exemplos citados são frutos de uma estratégia que se centrou na política eleitoral como alternativa "realista" à luta pela liberdade popular. Como dinheiro e poder exercem grande influência no resultado das eleições, a capacidade de arrecadar fundos e atrair investidores lucrativos distorceu os objetivos de inspirar alguma "alma" no processo político. Na virada do século XXI, a CBC não pôde mais reivindicar seu posto de "consciência" do Congresso; seus membros, como

---

[189] HOSLER, Karen. "Black Caucus Yields on Crime Bill" [Bancada negra cede à lei criminal], *Baltimore Sun*, 18 ago. 1994.
[190] LIND, Dara. "Bill Clinton Apologized For His 1994 Crime Bill, But He Still Doesn't Get Why It Was Bad" [Bill Clinton se desculpou por sua lei de controle do crime de 1994, mas ainda não entendeu por que a lei era tão danosa], *Vox*, 15 jul. 2015.

todos os outros políticos de Washington, fazem fila para receber dinheiro de grandes corporações, e já aceitaram dinheiro da elite dos interesses corporativos, incluindo BP, Chevron, ExxonMobil, Shell, Texaco, General Motors, Ford, Nissan, DaimlerChrysler, Anheuser-Busch, Heineken, Philip Morris, RJ Reynolds e Coca-Cola. O *New York Times* afirmou que a CBC se manteve "independente" devido à sua "habilidade" de captação de recursos, enquanto documentava que havia dobrado suas arrecadações entre 2001 e 2008.[191] À medida que a economia piorava e seus efeitos mais nocivos se arraigavam, a CBC continuava a arrecadar doações das grandes corporações estadunidenses. As maiores doações para a Congressional Black Caucus Foundation [Fundação da associação dos negros no Congresso] (CBCF), sua ala sem fins lucrativos, vieram de empresas como Walmart e McDonald's.[192] A fundação também aceitou dois milhões de dólares do American Legislative Exchange Council [Conselho estadunidense de intercâmbio legislativo] (ALEC),[193] mesmo quando este encabeçava a criação de uma lei para identificação de eleitores destinada a suprimir o voto dos negros.[194] Membros da CBC receberam individualmente dinheiro de uma série de

---

[191] LIPTON, Eric & LICHTBLAU, Eric. "In Black Caucus, a Fund-Raising Powerhouse" [Uma fonte de influência arrecadadora de fundos na bancada negra], *The New York Times*, 14 fev. 2010.

[192] CONGRESSIONAL BLACK CAUCUS FOUNDATION. "CBCF Announces $1 Million Grant from Walmart" [CBCF anuncia doação de um milhão de dólares do Walmart], informe à imprensa, 9 jun. 2015.

[193] ALEC é uma organização sem fins lucrativos, composta por legisladores conservadores e representantes do setor privado que elaboram e compartilham modelos de legislação para distribuição entre os governos estaduais nos Estados Unidos. [N.T.]

[194] SALANT, Jonathan D. "Corporations Donate to Groups on Both Sides of Voter-ID" [Corporações doam

empresas de seguros, laboratórios e de empresas privadas ligadas ao Departamento de Defesa. Ao realizar doações, essas grandes corporações garantiram que a CBC não fosse mais do que um ator coadjuvante nas campanhas contra ações de despejo ou em prol de salários mais justos, realizadas pelo movimento de trabalhadores mal remunerados.

Isso também explica, ao menos parcialmente, a relutância dos membros da CBC em reagir aos assassinatos de Mike Brown, Eric Garner e de muitas outras vítimas da brutalidade policial. Os membros da CBC são hábeis em permitir que pessoas negras pobres e da classe trabalhadora desabafem sobre a polícia racista ou sobre políticas injustas de moradia, mas raramente essas audiências medíocres se transformam em políticas que modificam a realidade contra a qual se protesta. No meio da rebelião de Ferguson, Elijah Cummings, representante democrata de Maryland e líder da CBC, argumentou que as eleições eram a próxima etapa do movimento: "As pessoas precisam ser lembradas de que as eleições de 2014 são muito, muito, muito importantes. Uma eleição pode ser o fator determinante para o tipo de legislação que será aprovada".[195] Até mesmo quando um movimento contra a brutalidade policial se desenrolava, os olhares dos parlamentares negros, tão treinados para o jogo partidário, só conseguiam articular ganhos políticos através do cálculo eleitoral.

Após quarenta anos dessa estratégia, marcados pela incapacidade dos governantes negros de modificar a pobreza, o desemprego e as incertezas sobre alimentação e moradia enfrentadas pelos negros do país, levanta-se a dúvida sobre a capacidade do sistema eleitoral de alcançar a libertação

para grupos de ambos os lados da disputa eleitoral], *Bloomberg Business*, 19 abr. 2012.
195 FRENCH, Lauren. "Black Caucus Stumps Where Obama Can't" [Bancada Negra faz campanha política onde Obama não consegue], *Politico*, 23 ago. 2014.

negra. Além disso, sua completa cumplicidade e a assimilação dos piores e mais corruptos aspectos da política estadunidense, incluindo o recebimento de doações de grandes corporações, não se resume simplesmente ao caso de "se vender" por dinheiro e acesso ao poder; tampouco significa que, se melhor entendessem a realidade, agiriam de forma diferente. Essa cumplicidade é o preço de sua admissão nas altas fileiras da esfera política nacional. A elite política negra não tem nenhuma diferença ideológica *fundamental* com o *status quo* estadunidense; por isso, não é impedida de participar livremente das instituições governamentais e empresariais do país. Há também os "novos" (Gillespie, 2012, p. 9-45), o "pós-movimento negro" ou a "terceira onda" (Cohen, 2012, p. 202-32) de governantes negros, que querem distância da luta pela libertação. O presidente Barack Obama é o integrante mais notório desse grupo, cujos membros são descritos como possuidores "de fluência equivalente, tanto em ambientes negros quanto brancos; redes amplas e multirraciais de captação de recursos; e poucos laços com a política de protesto dos negros — [o que] também pode significar um ônus, caso aspirem a um cargo mais alto".[196] Eugene Robinson, colunista do jornal *The Washington Post*, refere-se a esses adeptos da "política pós-racial" como "os transcendentes": uma nova safra de governantes negros que representam "um grupo pequeno, porém crescente, com poder, riqueza e influência jamais imaginados pelas gerações anteriores de afro-estadunidenses" (Robinson, 2011, p. 140). Ele os descreve como pessoas que "geralmente têm quarenta e poucos anos [...], jovens demais para terem vivenciado as leis Jim Crow, mas com idade suficiente para saber o que foram as leis Jim Crow, e maturidade suficiente

---

[196] COBB, Jelani. "Cory Booker: the Dilemma of New Black Politician" [Cory Brooker: o dilema do novo político negro], *The New Yorker*, 22 maio 2012.

para acreditar, tão profundamente quanto seus antepassados, na necessidade de continuar lutando contra o projeto inacabado de libertação negra" (Robinson, 2011, p. 160).

Atualmente, as dificuldades da administração municipal só fazem atrair ainda mais atenções à grande diferença entre os negros comuns e os políticos negros — sejam do velho ou do novo tipo — que dizem representá-los. Em Chicago, durante o inverno e a primavera de 2015, Rahm Emanuel e Jesús "Chuy" García, ambos candidatos democratas numa disputa acirrada pelo segundo turno da prefeitura, lutavam pelo apoio dos eleitores negros. Emanuel concorria pela reeleição; porém, seu primeiro mandato de quatro anos não fora nada menos do que uma catástrofe para a população negra. Desacatando totalmente os apelos e os protestos da comunidade, Emanuel fechou mais de cinquenta escolas públicas localizadas quase exclusivamente em bairros negros e latino-americanos, prejudicando estudantes negros e deslocando centenas de professores negros. (Em 2000, 40% dos professores da rede pública de Chicago eram afro-estadunidenses; em 2015, eles representavam apenas 23% do total.)[197] Desde que tomou posse, Emanuel defendeu esquemas de privatização que prejudicavam as instituições públicas e redistribuíam o dinheiro arrecadado através de impostos para empresas vinculadas a ele. Em uma tentativa de recuperar a receita perdida devido à isenção de impostos para corporações, Emanuel inundou os moradores da cidade com multas e taxas, tirando dinheiro da classe trabalhadora e pobre. Essas políticas contribuíram diretamente para que a cidade tivesse o maior índice de desemprego negro entre

---

[197] MOORE, Natalie. "Why Are There Fewer Black Teachers in CPS?" [Por que há menos professores negros nas escolas públicas de Chicago?], WBEZ, 15 jul. 2015.

as cinco mais populosas do país (as outras são Nova York, Los Angeles, Houston e Filadélfia).[198]

Apesar desse histórico sombrio, Emanuel teve o apoio do comitê dos negros da Câmara Municipal de Chicago. O vereador Howard Brookins racionalizou o apoio do comitê a um dos programas mais temidos de Emanuel, que colocava "radar de semáforo" nos cruzamentos da cidade: "Como compensamos esses trezentos milhões de dólares em faturamento sem prejudicar as pessoas com as quais estamos sendo injustos? As pessoas que reduzem a velocidade ou param no semáforo serão solicitadas a pagar impostos mais altos sobre vendas, propriedades ou combustível, ou teremos que cortar os programas que ajudam essas mesmas pessoas".[199] Talvez Brookins nem tenha considerado que cem dólares de multa para quem fura o sinal vermelho era também uma forma de "prejudicar as pessoas". Era mais provável que ele estivesse pensando no apoio financeiro que ele e vários outros vereadores receberam do "super PAC", o Political Action Committee [Comitê de ação política] de Emanuel, no valor de dois milhões de dólares.[200]

Os políticos negros adotam programas que prejudicam e causam danos aos afro-estadunidenses da classe trabalhadora devido à pressão exercida sobre os governantes em uma era de orçamentos austeros. E os políticos negros da atualidade seguem a mesma lógica de seus antecessores. À medida que as cidades entram em concorrência umas

[198] EMMANUEL, Adeshina. "Chicago's Black Unemployment Rate Higher Than Other Large Metro Areas" [Desemprego de negros em Chicago é maior do que em outras grandes metrópoles], *Chicago Reporter*, 16 nov. 2014.
[199] SPIELMAN, Fran. "Black Caucus Going to Bat for Rahm Emanuel in Wilson Courtship" [Bancada negra vai defender Rahm Emanuel no cortejo a Wilson], *Chicago Sun Times*, 5 mar. 2015.
[200] *Ibidem*.

com as outras para atrair capital, elas também buscam se nivelar por baixo, cortando impostos e deixando de lado as pessoas que precisam de serviços sociais. O censo de 2010 mostra que mais de 181 mil negros deixaram Chicago ao longo da primeira década do século XXI.[201] É impossível não fazer a conexão entre esse número impressionante e o ataque implacável à infraestrutura pública, que começou sob a administração de Richard M. Daley, mas continuou com Emanuel. Quando governantes como a vereadora negra Lona Lane se referem a "jovens afro-estadunidenses andando com as calças caídas" como se representassem a "geração perdida",[202] eles justificam as afirmações racistas frequentemente usadas para cortar orçamentos sociais — o que afeta pessoas negras de maneira desproporcional. Evidenciar o fracasso individual e a moralidade corrompida da juventude, em vez de pontuar as desigualdades estruturais, legitima os cortes no orçamento e a diminuição do aparato público, e é isso o que as elites políticas negras têm promovido. De acordo com essa narrativa, o que os afro-estadunidenses nas cidades de todo o país precisam é de transformação pessoal, não de expansão de serviços sociais. Assim, alega-se que o mau comportamento e a atitude dos jovens negros são a razão pela qual seus bairros estão desassistidos. A expectativa dessas elites para a libertação negra parece estar limitada ao "aumento da terceirização de empresas de negros, [...] ampliação do número de negros em

[201] SLEDGE, Matt. "Chicago's Black Population Dwindles, Census Numbers Show" [De acordo com os números do censo, a população negra de Chicago diminuiu], *Huffington Post*, 4 ago. 2011.
[202] DUMKE, Mick. "Why Aldermen Are Mum about Chicago's Violence: They're Not Sure What To Say" [Por que vereadores não se pronunciam sobre a violência em Chicago: eles não sabem bem o que dizer], *Chicago Reader*, 3 jun. 2014.

cargos de gerência, [...] [e] integração na tradicional cultura branca dos Estados Unidos" (Marable, 1997, p. 151) — mas isso, obviamente, não é uma expectativa.

O progresso do povo negro sempre foi impulsionado pela força dos movimentos organizados pela massa de cidadãos negros comuns. A luta dos negros dos anos 1960 transformou a vida dos afro-estadunidenses e foi também a base de apoio para todos os movimentos progressistas daquela época. Foi a revolução negra que criou as condições para que os políticos negros pudessem ser eleitos. Mas, quanto mais o movimento diminuía nas ruas, maior se tornava a distância entre o cidadão negro comum e os governantes que afirmavam representá-lo. Somadas a esse dilema estavam as restrições de se governar em tempos de cortes de orçamento e austeridade, que obrigavam os políticos negros a agir de maneira conservadora em termos fiscais justamente quando seu eleitorado tinha a necessidade urgente de investimento e recursos vigorosos. No entanto, o conflito entre o poder político negro e os cidadãos negros comuns não foi impulsionado apenas por contenções orçamentárias, mas também devido ao fato de a elite negra sentir desprezo pelos negros pobres e ter uma expectativa drasticamente reduzida sobre o que significa a libertação negra. Reclamar sobre calças caídas ou caracterizar negros de baixa renda como "marginais e criminosos" durante uma rebelião só faz legitimar a racialização e a criminalização da população negra. Isso explica as dificuldades enfrentadas pelos afro--estadunidenses, e elucida a causa das más condições e da falta de recursos que permeiam as comunidades da classe trabalhadora de cor. É difícil para os conservadores brancos se safarem quando citam tais estereótipos, mas para os políticos negros isso se tornou uma posição-padrão, uma maneira de desviar a atenção de sua incompetência e, às vezes, de sua improbidade. Dirigir-se a Ferguson no calor do momento apenas para falar sobre o quanto as eleições eram cruciais demonstrou que os membros negros do Congresso não entendiam a natureza ímpar da revolta. Talvez isso nem deva surpreender: a rebelião de Ferguson não expôs apenas o racismo e a brutalidade da polícia estadunidense, mas a incapacidade dos governantes negros de intervir efetivamente em nome dos afro-estadunidenses pobres e da classe trabalhadora.

4. AS DUAS FACES DA JUSTIÇA

O policial branco no gueto é tão ignorante quanto apavorado, e sua concepção de trabalho policial se resume a aterrorizar os nativos. Ele não é obrigado a se responsabilizar perante esses nativos por nada do que faz; seja o que for, ele sabe que será protegido por seus irmãos, que não permitirão que nada manche a honra da corporação. Quando seu dia de trabalho termina, ele volta para casa e dorme profundamente em uma cama a quilômetros de distância — a quilômetros de distância dos crioulos, pois é assim que ele realmente considera os negros.
— James Baldwin (1972)

Quero viver até os dezoito anos [...] Você quer envelhecer. Você quer aproveitar a vida. Você não quer morrer em questão de segundos por causa da polícia.
— Aniya, treze anos, durante a marcha de Nova York, 2015

Na virada do século XX, os afro-estadunidenses começaram sua longa emigração das áreas rurais rumo às zonas urbanas. Desde então, houve muitas mudanças na vida, na política e na cultura negras, mas a intimidação cotidiana da vigilância policial, das inspeções, da violência e do assassinato permaneceu constante. O dano causado pela simples presença policial nas comunidades negras é diário, característica marcante da história dos negros nas cidades e, cada vez mais, da história dos negros nos subúrbios dos Estados Unidos. Ser alvo da brutalidade policial é o símbolo de cidadania inferior no país. Quando a polícia faz cumprir a lei de maneira desigual e se torna agente da ilegalidade e da desordem, nota-se uma ausência de igualdade formal. Não se pode ser verdadeiramente livre enquanto se é atacado arbitrariamente pela polícia, sem qualquer razão específica. Trata-se de um lembrete constante da lacuna existente entre liberdade e "falta de liberdade". É exatamente nessa lacuna em que se encontra a controversa cidadania dos afro-estadunidenses.

O racismo de um policial não é causado por um veneno; vem acoplado à sua função de agente armado do Estado. A polícia existe para impor o domínio da elite econômica, politicamente poderosa, e é por isso que as comunidades pobres e da classe trabalhadora são vigiadas de maneira tão intensa. Os afro-estadunidenses são representados com exagero quando se fala dos pobres e da classe trabalhadora, e é por essa razão que a polícia se concentra predominantemente nesses bairros, mesmo que direcionem sua violência de maneira mais geral contra todas as pessoas da classe trabalhadora, incluindo os brancos. Mas a polícia também reflete e reforça a ideologia dominante do Estado, o que explica por que os policiais estadunidenses são profundamente racistas e resistentes a mudanças estruturais. Em outras palavras, se a tarefa da polícia é a manutenção da ordem, esse papel assume um significado bem específico quando a sociedade é fundamentalmente racista. O policiamento tem mudado com o tempo, acompanhando as transformações nas condições e nas necessidades do governo estadunidense, mas permaneceu incrivelmente atrelado às suas raízes: uma instituição racista treinada nas comunidades negras. O racismo da polícia, historicamente, também coincide com as necessidades econômicas das empresas e do Estado, cujo objetivo é criar uma economia política racializada, particularmente opressiva para as comunidades negras.

RAÇA, CLASSE, POLÍCIA

A economia política da atual condição policial foi criada nos momentos iniciais da liberdade dos negros. Historiadores identificaram diferentes origens da polícia estadunidense moderna, incluindo as patrulhas de escravos do século XIX. Após a emancipação, o objetivo do racismo, bem como o da polícia, se transformou. Ideologias fundamentadas em inferioridade biológica, não mais necessárias para justificar a escravidão, foram empregadas para legitimar a vigilância e o controle da população negra, especialmente dos trabalhadores. Os "códigos para negros" — uma série de leis, regras e restrições impostas apenas aos afro-estadunidenses — criminalizavam a pobreza, o direito de ir e vir e até o lazer. Legislações redigidas de maneira vaga ou "crimes" inócuos podiam levar os negros à prisão; para a acusação de vadiagem, por exemplo, a sentença era "trabalho duro", em condições análogas à escravidão. As leis permitiam que negros acusados de vadiagem fossem "contratados" por empregadores brancos e "trabalhassem" a fim de cumprir sua sentença. Os afro-estadunidenses precisavam apresentar um contrato de trabalho para provar que não eram vagabundos; caso contrário, eram levados de volta a circunstâncias equivalentes à escravização. Era um esforço para recriar a escravatura "com outro nome" (Blackmon, 2008). A força da polícia era usada para que esses códigos fossem cumpridos, pois os policiais eram agentes de um governo ainda controlado por uma classe de agricultores brancos que havia sido derrotada militarmente, mas ainda usufruía de poder político e econômico.

O racismo e o policiamento moderno foram, portanto, mutuamente concebidos para reforçar o *status* de submissão dos negros. Os códigos para negros fundiram negritude com criminalidade, como mostra o exemplo da legislação do condado de St. Landry Parish, na Louisiana, aprovada imediatamente após o fim da Guerra Civil (1861-1865):

> SEÇÃO 1. Que fique ordenado pelo poder legislativo do condado de St. Landry que nenhum negro poderá sair deste condado sem uma permissão especial por escrito de seu empregador. Quem violar esta disposição deverá pagar uma multa de dois dólares e cinquenta centavos, ou, na falta dela, será forçado a trabalhar por quatro dias na via pública, ou sofrer punições corporais conforme previsto a seguir.
>
> SEÇÃO 2. Fica também ordenado que todo negro que for encontrado fora da residência de seu empregador depois das dez horas da noite, sem uma permissão por escrito de seu empregador, deverá pagar uma multa de cinco dólares, ou, na falta dela, será obrigado a trabalhar por cinco dias na via pública ou sofrer punições corporais, conforme previsto a seguir.

SEÇÃO 3. Fica também ordenado que nenhum negro poderá alugar ou manter uma casa dentro do referido condado. Qualquer negro que violar esta disposição será imediatamente despejado e obrigado a encontrar um empregador; e qualquer pessoa que alugue ou forneça moradia a um negro, violando esta seção, deverá pagar uma multa de cinco dólares para cada infração.

SEÇÃO 4. Fica também ordenado que todo negro deve ser empregado de uma pessoa branca, ou seu ex-proprietário, que será responsabilizado pela conduta do referido negro. Mas o referido empregador ou ex-proprietário pode permitir que o negro tenha tempo livre, através de permissão especial por escrito, que não deve se estender por mais de sete dias. Qualquer negro que violar esta disposição deverá pagar uma multa de cinco dólares por cada infração, ou, na falta dela, será obrigado a trabalhar por cinco dias na via pública ou sofrer punições corporais, conforme previsto a seguir.

SEÇÃO 5. Fica também ordenado que nenhuma reunião pública ou congregação de negros após o pôr do sol está autorizada neste condado; mas tais reuniões e congregações podem ser realizadas após o amanhecer e antes do anoitecer, mediante permissão especial por escrito do capitão da patrulha, e tais reuniões devem ocorrer sob sua vigilância. Essa proibição, no entanto, não visa impedir que os negros participem dos cultos normais da igreja, realizados por padres brancos. Qualquer negro que violar esta disposição deverá pagar uma multa de cinco dólares, ou, na falta dela, será obrigado a trabalhar por cinco dias na via pública ou sofrer punições corporais, conforme previsto a seguir.

SEÇÃO 6. Fica também ordenado que nenhum negro está autorizado a pregar, exaltar ou fazer sermão de congregações de pessoas de cor, sem uma permissão especial por escrito do presidente do poder legislativo. Qualquer negro que violar esta disposição deverá pagar uma multa de dez dólares, ou, na falta dela, será obrigado a trabalhar por dez dias na via pública ou sofrer punições corporais, conforme previsto a seguir. [...]

SEÇÃO 11. Fica também ordenado que é dever de todo cidadão atuar como um policial, detectar infrações e apreender infratores, que devem ser imediatamente entregues ao capitão ou chefe da patrulha. (Estados Unidos da América, 1865)

Esperava-se que todos os cidadãos brancos policiassem as atividades dos afro-estadunidenses, mas a responsabilidade de realizar as prisões era dos policiais. Essas leis deixam claro que o policiamento era mais do que simples racismo: a polícia trabalhava com aqueles que estavam no poder para fornecer uma força de trabalho regular que substituísse o que havia sido interrompido pelo fim da escravidão. Isso era encoberto pela retórica da segurança pública, mas, abolido o escravismo, a elite branca no Sul usou a lei para controlar e manipular os afro-estadunidenses recém-libertados (Estados Unidos da América, 1865).

Durante o período da Reconstrução, após a Guerra Civil, houve a promessa de efetivar completamente a cidadania negra; nesse contexto, a 13ª Emenda à Constituição, de 1865, e a Lei dos Direitos Civis de 1866 proibiram expressamente práticas como os códigos para negros, que poderiam ser consideradas um emblema da escravidão (Rutherglen, 2013). Havia, porém, uma brecha na 13ª Emenda que permitia que os prisioneiros fossem tratados como escravos. Daí nasceu a prática de "aluguel de condenados".

Durante o século XIX e o início do XX, o aluguel de condenados se tornou a nova maneira que os empregadores do Sul do país encontraram para manipular a lei e resolver a permanente falta de trabalhadores. A necessidade desesperada de mão de obra parecia insaciável, transformando todos os negros em possíveis suspeitos, o que justificava tamanha vigilância e fiscalização. O aluguel de condenados era lucrativo para os empregadores em comparação à escravidão, pois envolvia menores despesas administrativas. Um observador afirmou: "Antes da guerra, éramos proprietários dos negros. Se tivéssemos um bom negro, tínhamos de arcar com os custos de seus cuidados; se ele ficasse doente, pagávamos um médico. Ou poderíamos até colocar dentes de ouro nele. Mas esses condenados não são nossos. Se um morre, pegamos outro" (Oliphant, 1916, p. 5-9). E a polícia era o elemento fundamental para que esse novo acordo funcionasse.

Frederick Douglass, ao escrever sobre o aluguel de condenados, explicou:

> Ter sangue negro nas veias faz com que a pessoa seja indigna de consideração, um marginal da sociedade, um leproso, até mesmo na igreja. A segunda razão pela qual nossa raça compõe uma parcela tão grande dos condenados é que os juízes, júris e outros funcionários dos tribunais são homens brancos que compartilham dos mesmos preconceitos. Eles também fazem as leis. Eles têm o poder de dar clemência aos criminosos brancos e punir severamente os criminosos negros pelos mesmos crimes, ou até por crimes ainda menores. Os criminosos negros são, na maioria das vezes, ignorantes, pobres e não têm amigos. Sem dinheiro para contratar advogados e sem amigos influentes, são sentenciados em massa a longas penas por pequenos delitos. O *People's Advocate*, um jornal negro de Atlanta, Geórgia, fez a seguinte observação a respeito da aparência das prisões daquele estado em 1892: "É surpreendente que, nesse estado, 90% dos condenados sejam de cor; 194 homens brancos e duas mulheres brancas; 1.710 homens de cor e 44 mulheres de cor. É possível que [o estado da] Geórgia seja tão preconceituoso que não condenará seus infratores brancos? Sim, é bem isso, mas esperamos por dias melhores". (Oliphant, 1916, p. 5-9)

Em alguns estados do Sul, o aluguel de condenados foi fundamental para a economia. Em 1898, quase 73% da receita total no Alabama foi derivada do aluguel de condenados nas minas de carvão.[203]

A exploração desenfreada da mão de obra dos negros dependia da difamação da humanidade negra. Assim, pressupostos sobre a criminalidade negra tornaram-se perfeitamente integrados ao senso comum coletivo do que constituía "o negro". O historiador Khalil Muhammad argumenta que "o crime em si não era a questão central. Na verdade, o problema era a criminalização racial: rotular o crime como 'negro' e mascarar o crime das pessoas brancas, classificando-o como fracasso individual. A prática de vincular o crime aos negros, como um grupo racial, mas não aos brancos, [...] reforçou e reproduziu a desigualdade racial" (Muhammad, 2010, p. 3). Em outras palavras, não era apenas a "criminalização racial", mas a criminalização em nome de garantir uma força de trabalho estável. A racialização não ganhou vida própria: foi conscientemente invocada para explicar de forma racional o *status* degenerado dos negros. Muhammad argumenta que as estatísticas, em especial as taxas de encarceramento de negros, foram entrelaçadas ao crime pela grande mídia, pela elite política e econômica do Sul e pelo emergente campo das ciências sociais, com o objetivo de produzir uma narrativa sobre a criminalidade negra após o fim da Reconstrução dos Estados Unidos.

Parte da elite negra corroborou esse discurso com o intuito de se diferenciar dos negros mais pobres. Na virada do século, William S. Scarborough, professor da histórica Faculdade Black Wilberforce, disse: "O criminoso negro é um dos piores fardos que a raça carrega atualmente" (Oshinsky, 1997, p. 97), e complementou:

---

203 "Convict Lease System" [Sistema de aluguel de condenados], *Digital History*, ID 3179, s./d.

Há *negros* e *negros*: brutos, cultos, preguiçosos, comedidos, excêntricos, urbanos; imorais, grosseiros, degradados; limpos, dedicados à vida espiritual. Pessoas como [o então governador do Mississippi, James K.] Vardaman não conhecem distinções, não fazem discriminações, consideram todos nós criaturas inferiores. Portanto, não podemos ignorar a criminalidade negra. (Oshinsky, 1997, p. 97)

Observadores da elite negra admitiram que "a opressão branca era, em grande parte, a culpada", mas, ao aceitarem a fusão da negritude com o crime, legitimaram o rígido regime de segurança pública. Conforme argumenta a historiadora Evelyn Higginbotham Brooks, "os líderes negros afirmavam que, com um comportamento 'adequado' e 'respeitável', os negros provaram ser dignos de direitos civis e direitos políticos. Por outro lado, quando não se conformavam, eram considerados portadores de patologia, desvio e, frequentemente, culpados pela desigualdade e injustiça raciais".[204]

No século XX, após anos de repetição, certamente, a criminalidade e a inferioridade do povo negro constituíam um tipo de lógica racial e de senso comum. Muhammad (2010, p. 4) elucida: "Para os estadunidenses brancos de qualquer linha ideológica, a criminalidade dos afro-estadunidenses se tornou uma das bases mais aceitas para justificar o pensamento preconceituoso, o tratamento discriminatório e/ou a aceitação da violência racial como um instrumento de segurança pública". A decisão da Suprema Corte no caso Plessy *vs*. Ferguson, de 1896, nacionalizou o paradigma "segregados, mas iguais", enquanto também introduziu a

---

[204] BROOKS, Evelyn H. "African-American Women's History and the Metalanguage of Race" [História das mulheres afro-estadunidenses e a metalinguagem da raça], *Signs*, v. 17, n. 2, p. 271, 1992.

inferioridade negra nos níveis mais altos do governo estadunidense. Essas percepções, somadas à grande aceitação das teorias eugenistas, não se limitaram ao Sul: tornaram-se um fenômeno nacional, especialmente quando os afro-estadunidenses começaram a se mudar para as cidades do Norte, criando pânico entre as elites (Roberts, 1999). No verão de 1917, o jornal *Chicago Tribune* publicou a chocante manchete: "Meio milhão de crioulos deixam a região de Dixie e migram para o Norte para melhorar de vida" (Lewinnek, 2014, p. 153).

O racismo foi alimentado, em parte, pelos empregadores do Norte que usavam os afro-estadunidenses recém-chegados para furar greves no final da década de 1910 e início da de 1920 (Tuttle, 1970; Lumpkins, 2008). As tensões também aumentaram porque a maioria das cidades geralmente carecia de moradia e infraestrutura necessárias para suportar as ondas de imigrantes e de negros vindos do Sul. As opções de moradia para os negros eram muito limitadas, não importavam quantos milhares continuassem a chegar às cidades do Nordeste e do Centro-Oeste. O mercado imobiliário segregado foi excessivamente explorado pelos proprietários de imóveis, que ofereciam aos inquilinos negros moradias inferiores por preços mais altos e se recusavam a fazer a manutenção de suas propriedades, já que esses locatários não tinham outra alternativa de moradia fora das áreas negras superlotadas. Em 1917, o conselho das agências imobiliárias de Chicago alterou seu estatuto para advertir que qualquer agente imobiliário seria disciplinado caso introduzisse um residente de raça minoritária em um bairro racialmente homogêneo (Helper, 1969).

A segregação habitacional é um aspecto relevante, porque a separação física das pessoas permitia que florescessem estereótipos hediondos sobre os afro-estadunidenses. Isso era produto da ignorância e do impacto material que a segregação racial causou nos bairros negros. A superlotação levou ao rápido declínio do estoque de moradias e à superabundância de lixo, que resultou em infestações de ratos e problemas de saúde. Os brancos atribuíram essas condições à higiene inferior dos negros, e não à manipulação racista do mercado imobiliário.

A concentração de pessoas e os efeitos da pobreza da população negra forneceram um pretexto constante para incursões, prisões e violências policiais, alimentando o relacionamento antagônico entre a polícia e os afro-estadunidenses. No começo da década de 1920, o abuso policial já seguia um padrão facilmente reconhecido hoje em dia, contribuindo para a crescente desilusão dos negros tanto com a polícia quanto com a suposta liberdade no Norte do país. O assédio e a violência policiais ofuscaram a diferença entre a suposta "terra da esperança", no Norte, e o *apartheid* das leis Jim Crow, no Sul. Em 1925, o jornal *Detroit Independent* relatou "repetidas agressões policiais contra negros. Cinquenta e cinco negros foram baleados por policiais apenas na primeira metade do ano. Alguns deles foram executados — não havia outra descrição para isso" (Boyle, 2007, p. 24). Era uma "prática comum" para a polícia de Detroit "parar homens negros aleatoriamente e revistá-los, muitas vezes sob a mira de uma arma, e aqueles detidos às vezes passavam dias na prisão à espera de uma acusação criminal" (Boyle, 2007, p. 111). Como se não bastasse a deterioração física dos bairros de população negra, as autoridades permitiram ainda que vícios como drogas, álcool e prostituição prosperassem nesses territórios, para que os negros não precisassem se dirigir às áreas de população branca. Segundo Muhammad (2010, p. 258-9), "estimava-se que entre 80% e possivelmente 90% dos negócios relacionados a vícios eram de propriedade de não negros em Chicago e outras cidades". Os policiais sabiam, "mas eles não se importavam, a menos que vissem um homem de cor andando na companhia de uma mulher branca. Aí eles o prenderiam". Um investigador da época apontou que "policiais uniformizados, prostitutas e assaltantes dividem o dinheiro entre eles nessa área".

A substancial presença da polícia não significou maior proteção para os afro-estadunidenses numa era em que a multidão branca agia com violência. A polícia branca demonstrou seu desprezo pelas comunidades negras de várias maneiras, inclusive por meio da falta de intervenção quando turbas compostas por brancos atacavam afro-estadunidenses. E em muitos casos, a polícia participava da violência. Em Chicago, em 1919, por exemplo, policiais não se moveram enquanto brancos racistas destruíam bairros negros com raiva depois que o adolescente negro Eugene Williams violou as regras informais de segregação em uma praia local. Williams foi assassinado, e mesmo quando o assassino foi identificado, a polícia branca se recusou a prendê-lo (Tuttle, 1970, p. 4-10).

Em 1943, as tensões borbulhantes voltaram a ferver. A renda e as expectativas dos afro-estadunidenses em ascensão colidiram com o senso de domínio dos brancos sobre o espaço urbano. Trabalhadores negros e brancos competiam pelo uso de "escolas, *playgrounds*, parques, praias" e moradias na cidade, enquanto a Segunda Guerra Mundial atingia seu auge (Hirsch, 1998, p. 65). Em 1943, ocorreram "242 rebeliões raciais em 47 cidades, as piores delas em Los Angeles, Beaumont, Texas, Mobile, Alabama, Harlem [Nova York] e Detroit" (Litwack, 2009, p. 84). Naquele mesmo ano, no Harlem, uma nova rebelião ocorreu quando um policial branco assassinou um veterano de guerra negro desarmado. Em Detroit, um violento confronto entre trabalhadores negros e brancos eclodiu devido à competição por empregos e moradias, gerando um tumulto racial assustador e chocante para o sistema, pois se tratava da cidade industrial mais importante do país, com um dos padrões de vida mais altos entre os trabalhadores negros e brancos. Essa combustão social resultou em dezenas de mortos e milhões de dólares em danos materiais. As elites temiam que pudesse haver "sucessores de Detroit". Embora a violência policial não tenha sido a causa direta dessa explosão, certamente colaborou com as tensões sociais. E isso não ocorria somente em Detroit. Como uma mulher negra disse sobre a violência branca, incluindo a da polícia: "Não há mais Norte. Agora tudo é Sul" (Litwack, 2009, p. 85).

Os afro-estadunidenses estavam questionando toda a ordem existente, até mesmo a função policial de "manutenção da ordem". A grande maioria dos policiais nos Estados Unidos era branca, sem instrução, oriunda da classe trabalhadora e completamente consumida pelo racismo. A racialização do crime e as condições desfavoráveis em seus bairros sujeitaram os negros à vigilância contínua. Isso também contribuiu para a alta taxa de pobreza e desemprego entre os negros, pois os estereótipos sobre criminalidade e falta de respeito à lei geraram um número crescente de homens negros desempregados ou relegados a empregos marginalizados. Essa condição de inferioridade também isolou mulheres negras em cargos mal remunerados. Dessa forma, conforme cresciam as expectativas dos cidadãos negros, mais as cidades entravam em combustão, chamando a atenção para a incongruência entre a desigualdade e as promessas da democracia estadunidense. A brutalidade policial foi o exemplo mais significativo.

POLICIAMENTO NO PERÍODO PÓS-GUERRA

Em meados da década de 1960, centenas de milhares de afro-estadunidenses participaram de protestos urbanos para contestar e enfrentar o racismo, a brutalidade policial e a injustiça. Em diferentes cidades, como Detroit, Tampa,

Houston, Chicago, Filadélfia e Prattville, no Alabama, as rebeliões levantaram questões básicas sobre a democracia estadunidense. Graças à razão comum e contínua dos distúrbios, o que antes era considerado um conjunto de eclosões episódicas de descontentamento se transformou em uma força que mudou a política. As questões que definiram a crise urbana — moradia precária, brutalidade policial, escolas precárias, desemprego, entre muitas outras — deixaram de ser politicamente periféricas e foram consideradas pelo presidente Lyndon Johnson como "a tarefa mais urgente do país". As rebeliões negras são geralmente vistas como os primos disfuncionais do movimento pelos direitos civis: enquanto o movimento é universalmente elogiado como bem-sucedido graças à sua estratégia de não violência, os motins são amplamente condenados em razão de sua violência inerente. Um editorial do *New York Times*, escrito algumas semanas após os tumultos de Detroit, em 1967, apresentou o seguinte argumento: "As revoltas, ao contrário de produzir um clamor pelo progresso social para acabar com a pobreza, tiveram, em grande parte, o efeito inverso, e aumentaram a necessidade do uso da força policial e do direito penal".[205] No entanto, o que provocava as insurreições quase sempre eram incidentes de brutalidade policial.

Depois das rebeliões mortais em Detroit e Newark, no verão de 1967, Lyndon Johnson nomeou a já citada Comissão Kerner, e o primeiro capítulo do relatório afirmava:

> Para alguns negros, a polícia passou a simbolizar poder branco, racismo branco e repressão branca. E o fato é que muitos policiais refletem e expressam essas atitudes brancas. A atmosfera de hostilidade e cinismo é ainda mais reforçada,

---

[205] "The Race Problem: Why the Riots, What to Do?", *The New York Times*, 6 ago. 1967.

porque os negros estão convencidos de que a brutalidade policial existe e as "duas faces" da justiça e da proteção — uma para negros e outra para brancos — causam uma profunda hostilidade entre a polícia e o gueto [...], essa foi a principal causa das rebeliões. (Comissão Kerner & Wicker, 1968)

O relatório não captava com precisão o ódio absoluto que as comunidades negras sentiam em relação à polícia. O escritor James Baldwin foi mais competente ao resumir esse sentimento em um de seus ensaios:

> Agora, o que eu disse sobre o Harlem também se aplica a Chicago, Detroit, Washington, Boston, Filadélfia, Los Angeles e San Francisco — é válido para todas as cidades do Norte que possuem uma grande população negra [...], a polícia nada mais é do que o inimigo contratado dessa população. Policiais existem para manter o negro em seu lugar e proteger interesses comerciais brancos, não têm outra função. Além disso, eles são — mesmo em um país que comete o gravíssimo erro de equiparar ignorância a ingenuidade — surpreendentemente ignorantes; e, como sabem que são odiados, estão sempre com medo. Não se pode chegar a uma fórmula mais infalível para a crueldade. É por isso que esses pedidos de "respeito à lei", vindos de cidadãos ilustres sempre que o gueto explode, são tão obscenos. A lei deve ser minha serva e não minha dona, muito menos minha torturadora ou minha assassina. Respeitar a lei, no contexto em que o negro estadunidense se encontra, é simplesmente renunciar ao respeito por si próprio.[206]

Uma pesquisa de 1968 apontou que 52% dos negros culpavam a "brutalidade policial" como a "principal causa de

---

[206] BALDWIN, James. "A Report From Occupied Territory" [Um relatório do território ocupado], *The Nation*, 11 jul. 1966.

desordem"; apenas 13% dos brancos concordavam com essa afirmação. No entanto, 63% de todos os entrevistados, brancos e negros, disseram: "Até que haja justiça para as minorias, não haverá segurança pública".[207]

Em 1965, poucos meses antes da explosiva Rebelião de Watts, no centro-sul de Los Angeles, o governo Johnson formou a Comissão Presidencial sobre Preservação da Ordem e Administração da Justiça para investigar a "manutenção da segurança pública" e o policiamento. A comissão tinha como objetivo principal aprimorar o policiamento nas comunidades negras, transformando a profissão de maneira efetiva, e pretendia recrutar mais oficiais negros. Seu relatório concluiu que "é necessário dar um passo grande e urgente para melhorar as relações entre polícia e comunidade por meio do recrutamento de mais, muito mais policiais de grupos minoritários" (Estados Unidos da América, 1967, p. 111). Afirmou ainda que as tensões entre afro-estadunidenses e a polícia eram culpa dos policiais brancos, de sua "falta de entendimento sobre os problemas e comportamentos dos grupos minoritários" e de sua incapacidade de "lidar satisfatoriamente com pessoas cuja maneira de pensar e agir não lhes é familiar. [...] Para ganhar confiança e aceitação geral de uma comunidade, [...] os membros de um departamento de polícia devem representar a comunidade como um todo". As autoridades também se concentraram em "profissionalizar" a polícia, pois naquela época não se dava muita importância para esse ofício. No final dos anos 1960, a média anual do salário de um policial nas pequenas cidades era de 4,6 mil dólares, o que colocava esse trabalhador pouco acima da linha de pobreza. Em 1965, apenas quatro estados exigiam

[207] "81% in a Poll See Law Breakdown: 84% Feel Strong President Would Help, Harris Says" [Pesquisa mostra que 81% veem colapso da lei e 84% acreditam que um presidente firme ajudaria, diz Harris], *The New York Times*, 10 set. 1968.

algum treinamento aos policiais e mais de vinte estados não tinham requisitos mínimos de educação e alfabetização para os membros da polícia. Havia tão pouco treinamento que "barbeiros e esteticistas se preparavam mais para exercer seus ofícios, e a duração de seu treinamento era em média três vezes maior que a de um policial estadunidense comum". Em Detroit, por exemplo, a maioria dos policiais vinha dos 25% de alunos com mais baixo rendimento de toda a turma do ensino médio, o que Parenti (2001, p. 15) observou "não ser um caso isolado".

Enquanto essa medida era colocada em funcionamento, havia um esforço simultâneo para culpar a iniquidade dos negros pela agitação civil racial no período pós-guerra. Assim, a comissão presidencial também argumentou:

> Devemos identificar e eliminar as causas da atividade criminosa, estejam elas presentes no ambiente ao nosso redor ou profundamente enraizadas em alguns indivíduos. Esse é um dos principais objetivos de tudo o que estamos fazendo em combate à pobreza e melhoria da educação, saúde, bem-estar, habitação e recreação. Tudo isso é vital, mas não é suficiente. O crime não vai esperar enquanto arrancamos suas raízes. Devemos deter e reverter a tendência à ilegalidade.[208]

Era uma tentativa de retratar as revoltas como simples atividade criminosa, não como rebeliões contra a discriminação racial e a exclusão sistemática dos benefícios da expansão econômica em andamento. Na realidade, como escreveu Naomi Murakawa (2008, p. 238), "os Estados Unidos não enfrentaram um problema de criminalidade

---

[208] JOHNSON, Lyndon B. "Special Message to the Congress on Law Enforcement and the Administration of Justice" [Mensagem especial ao Congresso sobre a preservação da ordem e a administração da justiça], 8 mar. 1965.

que era [...] racializado, mas sim um problema racial que era [...] criminalizado". Caracterizar como criminosa a raiva dos negros contra a discriminação e a segregação favoreceu a interpretação do movimento Black Power e da política negra independente como criminosos, criando um pretexto para ainda mais policiamento, prisões e repressão do movimento em geral. Isso coincidiu com a intensificação da retórica da "cultura da pobreza", descrita no primeiro capítulo deste livro.

À medida que prefeitos negros e outros administradores de assuntos urbanos ganhavam destaque durante as décadas de 1970 e 1980, o mesmo acontecia com a demanda para diversificar o policiamento local. O resultado mais bem-sucedido foi a transformação dramática dos "departamentos compostos quase que totalmente por homens brancos das décadas de 1950 e 1960 [...] em departamentos com um grande número de oficiais femininas e/ou provenientes de minorias, que também chefiavam o grupo. Oficiais *gays* e lésbicas também passaram a ser cada vez mais comuns. Atualmente, o LAPD [Departamento de Polícia de Los Angeles] não é mais aquele local homogêneo representado em *Dragnet*[209] — nem a polícia".[210] Em 1970, nos trezentos

---

[209] *Dragnet* (diligência policial, em tradução livre) foi um seriado estadunidense da década de 1950, cujo enredo representava policiais investigando casos supostamente reais em Los Angeles. Seu sucesso lhe garantiu diversos episódios ao longo da década de 1960, um filme em 1987 (lançado no Brasil como *Dragnet — Desafiando o Perigo*) e mais duas temporadas no início dos anos 2000. [N.T.]
[210] SKLANSKY, David Alan. "Not Your Father's Police Department: Making Sense of the New Demographics of Law Enforcement" [Este não é o departamento de polícia dos tempos do seu pai: compreendendo a nova demografia da força policial], *Journal of Criminal Law and Criminology*, v. 96, n. 3, p. 1224, 2006.

maiores departamentos de polícia do país, negros compunham 6% dos policiais; em 2006, esse número havia crescido para 18%. No início do século XXI, nas cidades com população acima de 250 mil habitantes, 20% dos oficiais eram negros e 14%, latino-americanos. Em 2005, na cidade de Nova York, pela primeira vez na história, a maioria dos policiais formados pela Academia de Polícia era membro de minorias raciais. Em algumas cidades, o aumento de oficiais de grupos minoritários foi ainda mais surpreendente. Em Detroit, mais de 60% da força policial é negra, em comparação com menos de 10% na década de 1960. Em Washington, membros de minorias são quase 70% dos policiais, enquanto na década de 1960 havia menos de 20%.[211]

Essas mudanças drásticas na composição e na profissionalização da polícia não surtiram o efeito de mitigar as tensões entre os policiais e as comunidades negras — o que contraria as previsões da comissão presidencial de Lyndon Johnson. Alguns estudos apontam que "policiais negros atiram com a mesma frequência que policiais brancos"; "policiais negros dão voz de prisão tão frequentemente quanto policiais brancos"; "policiais negros costumam ter preconceito contra cidadãos negros"; "policiais negros têm a mesma probabilidade, ou até maior, de serem denunciados por cidadãos e receberem ações disciplinares".[212] Embora exista uma percepção popular de que um maior número de policiais não brancos possa ajudar a aliviar as tensões entre a polícia e as populações não brancas, talvez mais

---

[211] SKLANSKY, David Alan. "Not Your Father's Police Department: Making Sense of the New Demographics of Law Enforcement", *Journal of Criminal Law and Criminology*, v. 96, n. 3, p. 1224, 2006.
[212] ALCINDOR, Yamiche & PENZENSTADLER, Nick. "Police Redouble Efforts to Recruit Diverse Officers" [Polícia redobra esforços para recrutar oficiais com base na diversidade], *USA Today*, 21 jan. 2015.

convincente seja o fato de que o aumento desenfreado do encarceramento de homens, mulheres e crianças negras ocorreu *após* o esforço de anos para "profissionalizar" e diversificar a polícia.[213] As forças policiais mais diversificadas da história estadunidense não conseguiram mudar mais de um século de policiamento violento, racialmente discriminatório e injusto.

POLICIAMENTO NA ERA MODERNA

Houve três períodos distintos de policiamento após o fim do movimento pelos direitos civis, cada um baseado no período anterior: a "guerra às drogas" do presidente Reagan, a lei de controle do crime do presidente Clinton e, finalmente, a era do programa de "guerra ao terror". Esses períodos sobrepostos culminaram no fenômeno do "encarceramento em massa", decorrente do aumento de vistorias, vigilância, policiamento e prisão de todas as pessoas da classe trabalhadora, especialmente dos afro-estadunidenses. Conforme as cidades se tornaram mais independentes de recursos financeiros federais e foram forçadas a gerar as próprias fontes de renda, a polícia também se tornou agente de gentrificação, aumentando a receita municipal. Essa transformação ilustra como a segurança pública é uma extensão armada do Estado, exercida regularmente de acordo com o interesse dos ricos e poderosos.

Sabe-se que atualmente os Estados Unidos abrigam 25% das pessoas presas em todo o planeta, apesar de possuir

---

[213] BLOOM, Lisa. "When Will the U.S. Stop Mass Incarceration?" [Quando os Estados Unidos vão parar com o encarceramento em massa?], *CNN*, 3 jul. 2012.

apenas 5% da população mundial. Em 1971, havia menos de duzentos mil detentos no país. De lá para cá, a população carcerária aumentou 700%, elevando o número de presidiários para 2,4 milhões, "adicionados a outros quase cinco milhões [que se encontram] sob um sistema cada vez mais restritivo de controle correcional, que substitui (ou é aplicado após) o encarceramento".[214] A população carcerária começou a aumentar na década de 1970, quando Richard Nixon iniciou a primeira versão da campanha de "guerra às drogas".[215] A partir de meados da década de 1970, a população carcerária estadual cresceu a uma taxa sem precedentes, e daquela época até hoje esse número quase quadruplicou. Nos anos 1980, as taxas de encarceramento deram um salto qualitativo, e esse número havia quadruplicado em 2013.[216] As prisões não eram apenas motivadas pela "guerra às drogas"; conforme observado no Capítulo 3, "a taxa de encarceramento devido a violência, assalto e outros crimes [...] também aumentou consideravelmente".[217] As consequências da demanda bipartidária por "segurança pública" causaram uma grande expansão das forças policiais, da construção de prisões e cadeias, do código penal e do sistema de justiça criminal como um todo. Esses eventos coincidiram com perspectivas econômicas desanimadoras para a maioria dos estadunidenses e com cortes significativos no já debilitado Estado de bem-estar social.

214 VULLIAMY, Ed. "Nixon's 'War on Drugs' Began 40 Years Ago, and the Battle Is Still Raging" [A "guerra às drogas" de Nixon começou há quarenta anos e a batalha ainda é devastadora], *The Guardian*, 24 jul. 2011.
215 KLEIN, Ezra & SOLTAS, Evans. "Wonkbook: 11 Facts about America's Prison Population" [Compêndio: onze fatos sobre a população carcerária estadunidense], *The Washington Post*, 13 ago. 2013.
216 LABORATÓRIO de Criminalidade da Universidade de Chicago. "Incarceration", s./d.
217 *Ibidem*.

Ao falar sobre a década de 1980, Kevin Phillips, ex-consultor do presidente Nixon, afirmou que "nada se compara à era das riquezas do final do século XIX, a era dos Vanderbilts, Morgans e Rockefellers"[218] (Phillips, 1991). Ronald Reagan reduziu o imposto federal para pessoas muito ricas, de 70% para 28%, mas essa era apenas a ponta do *iceberg*.[219] Os anos 1990 produziram uma concentração ainda maior de riqueza: "em 2000, poderia se dizer que os Estados Unidos tinham uma plutocracia" (Phillips, 2003, p. xvi). Era fácil para os ricos prestar atenção no aumento da taxa de criminalidade enquanto ignoravam a enorme destruição dos serviços sociais somada à pobreza e à falta de segurança das classes inferiores.

Mesmo antes de se tornar presidente, Bill Clinton mostrou que a direita não poderia atacá-lo com acusações de ser "frouxo perante a criminalidade". Em 1992, ele abandonou o trajeto de sua carreata presidencial para supervisionar pessoalmente a execução de um homem negro com deficiência mental que ignorava de tal maneira a iminência da própria morte que perguntou aos carrascos se poderia comer sobremesa depois da injeção letal. Clinton tornou o combate ao crime a peça central de seu mandato.[220]

---

[218] Cornelius Vanderbilt, J. P. Morgan e John D. Rockefeller foram empreendedores da segunda metade do século XIX, considerados por alguns os homens que construíram os Estados Unidos (ver REAMS, Patrick & MAGAN, Ruán. "The Men Who Built America: America Wasn't Discovered, It Was Built" [Os homens que construíram os Estados Unidos: os Estados Unidos foram construídos, não descobertos]. DVD. *History Channel*, 2013). [N.T.]

[219] NAIR, R. Shankar. "Willie's Got a Lesson for Washington" [Willie tem uma lição para Washington], *Chicago Tribune*, 16 fev. 1995.

[220] APPLEBOME, Peter. "The 1992 Campaign: Death Penalty; Arkansas Execution Raises Questions on Governor's Politics" [A campanha de 1992: pena de morte;

Nos meses anteriores às eleições, a Rebelião de Los Angeles acendeu o Centro-Sul do país mais uma vez. Clinton e os democratas responderam, aproveitando a oportunidade para fazer do combate ao crime o interesse central do partido. Dentro de dois anos, Clinton defenderia e, posteriormente, patrocinaria a Lei de Preservação da Ordem para o Controle de Crimes Violentos, em 1994. Essa lei custou trinta bilhões de dólares, conforme vimos no terceiro capítulo, e previa a contratação de mais cem mil policiais, a ampliação da pena de morte — sessenta novos delitos passaram a prevê-la como punição possível —, a expansão do sistema prisional através da construção de novas penitenciárias, a criação de disposições na "lei das três infrações"[221] e o encerramento do programa educacional de reclusos. E essas políticas foram apenas o começo. O governo Clinton também criou incentivos financeiros para os estados aprisionarem mais pessoas e mantê-las na prisão por mais tempo, sob disposições de "sentença indiscutível".[222] Não havia dúvida de que essas políticas foram

> execução em Arkansas levanta questões na política do governador], *The New York Times*, 25 jan. 1992.
> **221** Implementada em 7 de março de 1994, a lei conhecida popularmente por Three Strikes Law [Lei das três infrações] estabelece que três infrações (um crime violento grave somado a duas outras condenações anteriores) levam o infrator reincidente à sentença de prisão perpétua obrigatória (ver WHITE, Ahmed A. "The Juridical Structure of Habitual Offender Laws and the Jurisprudence of Authoritarian Social Control" [A estrutura jurídica do infrator usual e a jurisprudência do controle social autoritário], *University of Toledo Law Review*, v. 37, n. 705, 2006. Disponível em: https://scholar.law.colorado.edu/articles/386). [N.T.]
> **222** PILKINGTON, Ed. "Bill Clinton: Mass Incarceration on My Watch 'Put Too Many People in Prision'" [Bill Clinton: encarceramento em massa no meu mandato "colocou muita gente na prisão"], *The Guardian*, 28 abr.

direcionadas às comunidades afro-estadunidenses, já que a destruição do Estado de bem-estar social, a introdução do *crack* e a "guerra às drogas" haviam provocado um aumento da taxa de criminalidade.

Em 1996, Clinton defendeu a Anti-Terrorism and Effective Death Penalty Act [Lei Antiterrorismo e Pena de Morte Efetiva], com o objetivo de fortalecer a lei de controle do crime, restringindo ainda mais a capacidade dos prisioneiros de recorrer de suas sentenças. Ao final da presidência de Clinton, em 2000, a taxa de encarceramento da população negra havia triplicado. Outro legado deixado por Clinton foi o fim dos "programas sociais como os conhecemos". As consequências dessa guerra contra os pobres seriam confirmadas durante a recessão do início dos anos 2000 e o colapso econômico de 2008.

A resistência ao crescente sistema de justiça penal aumentava no final da década de 1990, mas os ataques de 11 de setembro de 2001 encobriram a maioria dos espaços políticos onde essas críticas se elaboravam. O poder político se uniu à expansão do "Estado de segurança" com a aprovação do Patriot Act[223] e uma série de outras novas ferramentas que

> 2015. [Sentença indiscutível, do inglês "*truth in sentencing*", refere-se a políticas e legislação que visam abolir ou reduzir a liberdade condicional para que os condenados cumpram o período real de prisão a que foram sentenciados. — N.T.]
> **223** Após o ataque às torres gêmeas do World Trade Center e ao Pentágono, em 2001, o Congresso dos Estados Unidos promulgou o Patriot Act, cujo nome completo é USA PATRIOT Act, sigla para Uniting and Strengthening America by Providing Appropriate Tools Required to Intercept and Obstruct Terrorism [Unificar e fortalecer os Estados Unidos provendo as ferramentas necessárias para interceptar e obstruir o terrorismo]. Em português, a legislação é conhecida como Ato Patriótico ou Lei Patriótica. Ambos os partidos votaram a favor do projeto, que tem como

aumentaram o poder do Estado em nome do combate ao terrorismo. A "guerra ao terror" legitimava mais vigilância, mais inspeções, mais revistas e mais poder nas mãos da polícia — sem falar das armas.

Durante o governo Clinton, o Pentágono foi autorizado a doar equipamentos militares sobressalentes para os departamentos de polícia locais. Segundo um relatório, "nos três primeiros anos após a aprovação da lei de controle do crime de 1994, o Pentágono distribuiu 3,8 mil fuzis M-16 e 2,18 mil fuzis M-14, 73 lançadores de granadas e 112 carros blindados para as polícias em todo o país, que também receberam baionetas, tanques, helicópteros e até aviões".[224] Depois do Onze de Setembro, governantes promoveram ativamente a noção de que a "guerra ao terror" deveria ser travada em solo nacional — e a polícia estava na linha de frente dessa nova "batalha". Em 2006, o Pentágono distribuiu "veículos no valor de 15,4 milhões de dólares, aeronaves no valor de 8,9 milhões de dólares, barcos no valor de 6,7 milhões de dólares, armas no valor de um milhão de dólares e 'outros' itens no valor de 110,6 milhões de dólares" para departamentos de polícia locais.[225] Em 2012, os militares transferiram propriedades para as polícias no valor recorde

objetivo detectar e prevenir o terrorismo. A Lei Patriótica foi aprovada quase por unanimidade pelo Senado e pela Câmara dos Representantes, com o apoio de membros de todo o espectro político (ver Estados Unidos da América. Departamento de Justiça. *The USA PATRIOT Act: preserving life and liberty* [Lei Patriótica: preservar a vida e a liberdade]. Washington: Department of Justice, 2001. Disponível em: https://www.justice.gov/archive/ll/highlights.htm). [N.T.]
224 BALKO, Radley. "Have Police Departments Become More Militarized since 9/11?" [Os departamentos de polícia ficaram mais militarizados depois do Onze de Setembro?], *Huffington Post*, 12 set. 2011.
225 *Ibidem.*

de 546 milhões de dólares.[226] O processo de transformar policiais em soldados exacerbou os problemas existentes no centro das cidades, como descreveu um ex-chefe de polícia:

> A ênfase na "segurança dos policiais" e o treinamento paramilitar permeia o policiamento atual [...]. Antigamente, nas grandes cidades, a polícia carregava revólveres calibre 38 com seis cartuchos. Atualmente, a polícia carrega pistolas semiautomáticas com dezesseis cartuchos de alto calibre, espingardas e rifles de assalto militares, armas que antes eram atribuídas somente à SWAT (Special Weapons and Tactics [Armas e táticas especiais]) ao enfrentar circunstâncias emergenciais. A preocupação com cidadãos inocentes, que poderiam ser atingidos por tamanho poder de fogo policial em áreas densamente povoadas, foi substituída pela ideia de que a polícia está travando uma guerra contra as drogas e o crime, e deve estar fortemente armada.[227]

O governo federal também concedeu subsídios para que os departamentos de polícia comprassem veículos blindados, mesmo em lugares que não são considerados alvos de terroristas em potencial, como os estados de Alabama e Idaho.

Esse crescimento encontrou impacto maior nas comunidades afro-estadunidenses. A "guerra às drogas" é travada nas comunidades negras há mais de trinta anos. A representação dos afro-estadunidenses como responsáveis pela violência relacionada aos narcóticos é fomentada por políticos republicanos e democratas, pela grande mídia e pela cultura *pop*, e contribuiu para uma suspeita geral de que os afro-estadunidenses são criminosos que merecem vigilância extra.

---

[226] "Little Restraint in Military Giveaways" [Poucos freios nas doações militares], *National Public Radio*, 31 jul. 2013.
[227] MCNAMARA, Joseph D. "50 Shots" [Cinquenta tiros], *The Wall Street Journal*, 29 nov. 2006.

Porém, quanto mais a rede de policiamento cresce, maior sua propensão a alcançar aqueles que antes eram capazes de evitá-la. Por exemplo, de 2000 a 2009, a taxa de encarceramento dos afro-estadunidenses na verdade caiu — o que não surpreende, já que tinha subido demasiadamente no período anterior —, enquanto a taxa de prisão de brancos e latino-americanos aumentou, sendo 47,1% mais alta para mulheres brancas e 8,5% mais alta para homens brancos.[228] Os objetivos gerais da "guerra ao terror" em solo nacional legitimaram o "aumento da criminalidade" em toda a sociedade estadunidense.

POLICIAMENTO NO SÉCULO XXI

A rebelião em Ferguson, em 2014, levou a investigações mais profundas sobre o policiamento na cidade; e constatou-se que o número de afro-estadunidenses detidos por infrações de trânsito era muito mais alto: os negros totalizam 67% da população do município, mas representam 89% do total de veículos parados pela polícia. Os negros também foram alvo de 92% das prisões provenientes de abordagens policiais no trânsito.[229] As práticas de policiamento em Ferguson tornaram-se objeto de averiguação nacional. De acordo com uma investigação do jornal *USA Today*, em todo o país "os negros são abordados, revistados,

---

[228] GOODE, Erica. "Incarceration Rates for Blacks Dropped, Report Shows" [Relatório revela queda nas taxas de encarceramento de negros], *The New York Times*, 28 fev. 2013.
[229] BERMAN, Mark. "The Breaking Point for Ferguson" [O ponto de ruptura para Ferguson], *The Washington Post*, 12 ago. 2014.

detidos e aprisionados com muito mais frequência do que as pessoas de outras raças, [mas] em Ferguson, Missouri, a coisa mais impressionante deve ser o quanto a desproporcionalidade das detenções é corriqueira".[230] O relatório apurou que 1.581 departamentos de polícia dos Estados Unidos prendiam negros em "proporções ainda mais desiguais do que em Ferguson, incluindo os de Chicago e San Francisco. Pelo menos setenta departamentos de polícia prendiam negros num índice dez vezes maior que o de não negros".[231] Esses números não incluem informações de todos os departamentos de polícia do país; ainda assim, mostram que os afro-estadunidenses geralmente são mais propensos a serem presos do que os brancos.

Curiosamente, o policiamento cresceu mesmo após a taxa de criminalidade ter experimentado uma queda vertiginosa, como observa a revista *The Atlantic*:

> No decorrer dos últimos 25 anos, a onda de crimes e violência parece ter recuado. A taxa de criminalidade é cerca da metade do que era em 1991, seu auge. Crimes violentos despencaram 51%. Assaltos caíram 43%. Homicídios diminuíram 54%. Em 1985, houve 1.384 assassinatos na cidade de Nova York; no ano passado [2014] foram 333. Indubitavelmente, o país agora é um

---

[230] HEATH, Brad. "Racial Gap in U.S. Arrest Rates: Staggering Disparity" [Lacuna racial nas taxas de detenção estadunidenses: disparidade inacreditável], *USA Today*, 18 nov. 2014.

[231] "Interactive: Compare Arrest Rates by Police Department" [Interativo: compare os índices de detenção por departamentos de polícia], *USA Today*, 20 jan. 2015. Disponível em: https://eu.usatoday.com/story/news/nation-now/2015/01/20/arrest-rate-interactive/22049927/.

lugar mais seguro. A população urbana em crescimento é uma consequência positiva.[232]

Há pouco ou nenhum consenso sobre as causas dessa queda na taxa de criminalidade nos Estados Unidos, mas a maioria dos especialistas concorda que isso teve pouco a ver com a rígida aplicação de sentenças prevista pela lei de Bill Clinton. Muitos governantes durante o final da década de 1980 e ao longo da de 1990 articularam suas carreiras políticas clamando em alto e bom som serem "implacáveis contra o crime", mas "o aumento do número de prisões teve um efeito muito mais limitado sobre a delinquência do que se pensava popularmente. Descobrimos que esse crescimento no índice de encarceramento fez a criminalidade baixar em aproximadamente 5% nos anos 1990".[233]

Contudo, depois de trinta anos construindo esse nível de policiamento, a vontade de usá-lo é tentadora. "Perturbação da ordem" e outras infrações que afetam a "qualidade de vida" tornaram-se mais um alvo das polícias estadunidenses, e isso tem pouco a ver com o combate ao crime. Os agentes policiais fiscalizam a pobreza suscitando medo e monitorando populações oprimidas. Enquanto os municípios e a legislação estadual cortam serviços sociais e outras atribuições do setor público que poderiam mitigar os problemas relacionados à pobreza, a polícia é mobilizada para "limpar" as consequências.

O problema do crime é tratado como depravação moral, e não como produto da pobreza ou da injustiça social, aliviando o Estado de qualquer obrigação de lidar com essas adversidades; em vez disso, ainda mais recursos são destinados ao

---

232 CHETTIAR, Inimai M. "Locking More People Up Is Counterproductive" [Trancafiar mais pessoas é contraproducente], *The Atlantic*, 11 fev. 2015.
233 *Ibidem*.

policiamento. O exemplo mais nítido são as prisões, que se tornaram o principal destino daqueles que cometem crimes relacionados a condições psicológicas. Isso ocorre em razão da escassez de assistência à saúde mental, como unidades de tratamento, que seriam os destinos mais apropriados a essas pessoas. O prefeito de Chicago, Rahm Emanuel, fechou metade das doze clínicas públicas de saúde mental da cidade, deixando aqueles que não têm convênio médico com poucas alternativas para encontrar ajuda; pessoas acometidas por distúrbios mentais que não têm condições de arcar com os custos de um convênio frequentemente acaba atrás das grades. Emanuel usou a baixa arrecadação de impostos como desculpa para fechar as clínicas, ao mesmo tempo que aumentava o salário de policiais e pagava a eles dezenas de milhões de dólares em horas extras.[234] Tom Dart, xerife do condado de Cook [em Illinois, onde se localiza a cidade de Chicago], afirmou que um terço dos dez mil detentos da cadeia local possui problemas mentais; essa taxa é ainda mais alta do que a média nacional, de 17% entre os encarcerados.[235] O sistema de saúde mental foi assolado em todo o país devido a 4,53 bilhões de dólares em cortes no orçamento estadual desde 2009. Não é de surpreender, portanto, que pelo menos metade das pessoas mortas pela polícia desde 2000 sofria de algum tipo de doença mental.[236]

[234] GORNER, Jeremy & DARDICK, Hal. "No Back Pay for OT in First Year of New Chicago Police Contract" [Sem pagamentos de horas extras no primeiro ano do novo contrato da polícia de Chicago], *Chicago Tribune*, 5 set. 2014.
[235] SULLIVAN, Laura. "Mentally Ill Are Often Locked Up in Jails that Can't Help" [Pessoas com doenças psicológicas são constantemente presas em penitenciárias que não oferecem ajuda], *National Public Radio*, 20 jan. 2014.
[236] BOUCHARD, Kelley. "Across Nation, Unsettling Acceptance When Mentally Ill in Crisis Are Killed" [Em

A austeridade orçamentária trouxe consequências sociais aos centros urbanos, e isso fez com que os policiais se tornassem os soldados da gentrificação, pois as cidades vêm competindo para atrair empresas e jovens profissionais brancos de classe média ou alta. Isso fica nítido ao se observarem novas regras, regulamentos e leis que criminalizam demonstrações públicas de pobreza. Em mais da metade das cidades dos Estados Unidos, sentar-se na calçada é crime. Em 18% delas, é crime dormir em local público. Além disso, 76% proíbem pedir dinheiro ou mendigar em público; 33% proíbem vadiagem em toda a jurisdição pública, enquanto 65% proíbem vadiagem em determinados lugares; 53% proíbem que pessoas se deitem em locais públicos específicos. Em 43% das cidades, é ilegal dormir dentro de um carro. Numa tendência crescente, 9% das cidades proíbem doação ou distribuição de alimentos para os desabrigados.[237] Com a denominação de infrações que afetam a "qualidade de vida", esses "crimes" sem vítimas compreendem vadiagem, urinar em público ou mendicância. Tais delitos se multiplicam à medida que empregos e programas para ajudar os trabalhadores pobres são cortados ao máximo ou eliminados.

Esse método de policiamento é amplamente descrito pela teoria das "janelas quebradas", popularizada por William Bratton, chefe de polícia da cidade de Nova York nos anos 1990. A teoria das "janelas quebradas" é uma criação dos cientistas sociais conservadores James Q. Wilson e George L. Kelling, cujo argumento pressupunha que a

---

todo o país, há uma aceitação perturbadora quando doentes mentais em crise são mortos], *Portland Press Herald*, 9 dez. 2012.
237 KEYES, Scott. "It Is Illegal for Homeless People to Sit on the Sidewalk in More Than Half of U.S. Cities" [Em mais da metade das cidades dos Estados Unidos, é ilegal que pessoas sem-teto sentem-se na calçada], *Think Progress*, 16 jul. 2014.

interrupção de crimes de "perturbação da ordem" ou de baixo risco, como evasão da tarifa de metrô, consumo de bebida alcoólica em público ou grafite, impediria crimes mais graves. Não há evidências empíricas de que a teoria seja eficaz, mas ela criou um pretexto para que a polícia seja agressiva contra pessoas pobres e da classe trabalhadora, que têm maior tendência a serem flagradas praticando atividades de "perturbação da ordem", já que seus bairros são mais propensos a ser patrulhados. Bratton, que via George Kelling como um mentor, foi contratado para implementar o policiamento "janelas quebradas" na vida real quando o republicano Rudolph Giuliani foi eleito prefeito de Nova York, em 1993. Bratton implementou o CompStat, um *software* que ainda é usado para rastrear abordagens policiais e prisões em toda a cidade e gerar estatísticas diárias de crimes para cada delegacia. Um boletim interno da polícia de Nova York descreve a forma como o CompStat organiza o trabalho policial:

> No passado, havia uma defasagem de meses para calcular estatísticas de crimes, e esse lapso de tempo também prejudicava a avaliação das iniciativas de controle criminal, de modo que não se sabia se elas haviam sido bem-sucedidas ou frustradas. Agora, há uma atualização diária dos números do CompStat, como são chamadas as estatísticas criminais, e os comandantes da polícia de Nova York observam a evolução semanal do crime, da mesma maneira que as empresas privadas prestam atenção aos seus lucros e prejuízos. As estatísticas criminais são a base do departamento, o melhor indicador de como a polícia está atuando, seja distrito por distrito ou em todo o país. (Estados Unidos da América, 2013)

O método de policiamento adotado pela cidade de Nova York, que combinava "janelas quebradas" e CompStat, expandiu-se nacionalmente nos anos 1990. Em 2013, 58%

dos grandes departamentos policiais (com cem ou mais policiais) usavam ou planejavam usar o CompStat (Estados Unidos da América, 2013). Parte do critério do CompStat envolve enaltecer os policiais que aparecem nas estatísticas como maneira de incentivá-los a manter e melhorar seus resultados, e o oposto também se aplica: conforme explicado por Kelling, "se os comandantes tomam decisões erradas ou permitem que seus subordinados tenham um desempenho ruim, eles não devem ser poupados da humilhação" (Estados Unidos da América, 2013, p. 27). Essa atmosfera certamente favoreceu o aumento vertiginoso do número de "abordagens e revistas" praticadas pela polícia da cidade de Nova York: os policiais procuram por atividades criminosas na esperança de aumentar as estatísticas de sua delegacia.

O primeiro caso a levantar suspeitas de que o Departamento de Polícia de Nova York estava abordando as pessoas de acordo com a raça se deu após a execução de Amadou Diallo por policiais da cidade, em 1999. Entre 1998 e 1999, a polícia abordou 175 mil nova-iorquinos. Embora os negros representassem apenas 26% da população de Nova York na época, eles somaram 51% das abordagens policiais. Os latino-americanos, que representavam 24% da população, totalizaram 33% das abordagens.[238] Em 2011, o número de abordagens policiais havia aumentado para 684 mil; homens negros e marrons faziam parte da grande maioria. Segundo o Centro de Direitos Constitucionais, entre 2004 e 2012, mais de quatro milhões de pessoas foram abordadas pela polícia, porém menos de 6% dessas abordagens resultou em prisão. Mais de 80% desses quatro milhões de pessoas eram afro-estadunidenses ou latino-americanos. Representantes dessas comunidades

---

238 BERGNER, Daniel. "Is Stop-And-Frisk Worth It?" [O método de abordagem e revista vale a pena?], *The Atlantic*, abr. 2014.

entraram com uma ação federal, argumentando que o ato de abordar e revistar possuía um viés racial codificado.[239]

Em um processo judicial, o policial de Nova York Pedro Serrano declarou que havia recebido ordens diretas para participar de ações de abordagem e revista. Ele também gravou seus comandantes na delegacia ameaçando transferir policiais para uma tarefa indesejável, caso não parassem "as pessoas certas, no momento certo e no lugar certo". Para não haver dúvidas sobre quem eram as "pessoas certas", o comandante elucidou: "Homens negros. Eu já te falei durante a preleção no início do turno, e não tenho problema em repetir: homens negros de catorze a vinte anos".[240]

Kelling e Wilson admitiram que o programa baseado na teoria das "janelas quebradas" transformaria policiais em "agentes da intolerância nos bairros". Eles consideravam que esse era o preço a ser pago: "Não podemos oferecer uma resposta totalmente satisfatória a essa importante questão [diminuir a discriminação policial]. Não estamos confiantes de que haja uma resposta satisfatória, exceto a esperança de que, através de seleção, treinamento e supervisão, a polícia seja orientada de que há um limite externo em sua autoridade irrestrita".[241] Em audiência separada, o comissário de polícia Ray Kelly declarou que provocar medo e intimidação era o objetivo da abordagem policial. O senador do estado de Nova York Eric Adams testemunhou que ouviu pessoalmente Kelly dizer que "abordagem e revista" deveria

---

239 BERGNER, Daniel. "Is Stop-And-Frisk Worth It?", *The Atlantic*, abr. 2014.
240 CARVER, Marina. "NYPD Officers Say They Had Stop-And-Frisk Quotas" [Policiais do Departamento de Polícia de Nova York dizem que tinham cotas de abordagem e revista], *CNN*, 22 mar. 2013.
241 WILSON, James Q. & KELLING, George. "Broken Windows: The Police and the Neighborhood Safety" [Janelas quebradas: a polícia e a segurança nos bairros], *The Atlantic*, mar. 1982.

"incutir medo neles, ao saber que toda vez que saíssem de casa, poderiam ser parados pela polícia". Adams explicou que o termo "eles" se referia a negros e latino-americanos.[242] No verão de 2013, um tribunal distrital localizado no sul de Nova York declarou inconstitucional a ação de abordar e revistar adotada pela polícia de Nova York. Mas isso não impediu que a prática continuasse, tanto na cidade como em outros lugares; apenas modificou-se a nomenclatura. Em Chicago, seis afro-estadunidenses abriram um processo por discriminação racial relacionada a práticas de abordagem e revista na primavera de 2015. Após investigação, a American Civil Liberties Union [União estadunidense pelas liberdades civis] (Aclu) descobriu que o uso de abordagem e revista pelo Departamento de Polícia de Chicago era ainda mais arraigado que o da polícia de Nova York antes de ser declarado inconstitucional. No verão de 2014, os negros de Chicago foram submetidos a 182.048 abordagens — 72% de todas as abordagens no período, embora representassem apenas 32% da população de Chicago.[243]

Esse policiamento ostensivo resulta numa crescente taxa de detenção de afro-estadunidenses, além de fazer com que todos os encontros com a polícia levem negros da classe pobre ou trabalhadora a uma avalanche de multas e taxas. Os municípios do século XXI, urbanos e suburbanos, dependem cada vez mais da receita gerada por sanções financeiras aplicadas no momento da abordagem ou resultantes

---

242 GOLDSTEIN, Joseph. "Kelly Intended Frisks to Instill Fear, Senator Testifies" [Kelly queria que as abordagens incutissem medo, testemunha senador], *The New York Times*, 1º abr. 2013.
243 MEISNER, Jason. "Chicago Sued over Police Department's Alleged Stop-And-Frisk Practices" [Departamento de polícia de Chicago é processado por alegações a respeito das práticas de abordagem e revista], *Chicago Tribune*, 21 abr. 2015.

de detenções. Uma vez que os políticos são relutantes em aumentar os impostos sobre indivíduos abastados ou empresas prósperas, a polícia é cada vez mais responsável pela arrecadação municipal. Como consequência, a porcentagem de multas aumentou nos últimos anos, tornando-se parte importante da receita estadual e local. A rebelião em Ferguson revelou como o governo local literalmente extorquia a população negra, a tal ponto que o dinheiro derivado dessas multas e taxas era a segunda maior fonte de recursos para o município. A cidade emitiu 33 mil mandados de prisão por crimes leves para uma população de 21 mil habitantes, principalmente por infrações de trânsito — sobretudo, aos moradores negros. Os brancos, que totalizam 29% da população, somaram somente 12,7% das abordagens.[244] Em todo o estado do Missouri, esse processo de extorsão legal é considerado uma prática perfeitamente aceitável.

De acordo com um relatório do grupo sem fins lucrativos Better Together, Ferguson nem sequer está entre os vinte principais municípios do condado de St. Louis que dependem de multas e taxas como fonte central de financiamento. A pequena cidade de Edmundson, a oito quilômetros de distância, arrecada quase seiscentos dólares por ano para cada residente em multas judiciais, seis vezes mais do que Ferguson.[245] Em Bel-Ridge, cidade vizinha, um semáforo foi montado de maneira que a polícia pudesse alterá-lo assim que as pessoas entrassem no cruzamento, aumentando

---

244 RICHARDSON, John H. "Michael Brown Sr. and the Agony of the Black Father in America" [Michael Brown Sr. e a agonia do pai negro nos Estados Unidos], *Esquire*, 5 jan. 2015.
245 ROBERTSON, Campbell; DEWAN, Shaila & APUZZO, Matt. "Ferguson Became Symbol, But Bias Knows No Border" [Ferguson tornou-se símbolo, mas o preconceito não tem fronteiras], *The New York Times*, 7 mar. 2015.

o orçamento da cidade em 16%.[246] As autoridades locais, incluindo afro-estadunidenses, defendem esse método de exploração como uma importante fonte de renda. "Você não desmonta a casa inteira apenas para matar um inseto", disse o prefeito da cidade de Normandy, Patrick Green, que é negro. Ele afirmou que a força policial da cidade passou a emitir mais multas desde que as agências estaduais pediram ajuda para patrulhar a Rodovia Interestadual 70, e que o dinheiro era usado para custear a segurança pública. "Todos dizem: 'Ah, não, essas cidades estão apenas tirando vantagem dos pobres'. Mas quando os pobres começaram a ter o direito de cometer crimes?"[247]

As taxas e multas, no entanto, são apenas uma amostra das emboscadas do sistema penal para pessoas pobres e da classe trabalhadora. Em quase um terço dos estados do país, quem não paga suas dívidas — e taxas de tribunal — pode ser preso.[248] Trata-se, porém, de uma prática completamente ilegal. Uma decisão da Suprema Corte em 1983 determinou que as pessoas não podem ser presas por serem pobres demais para pagar uma multa, taxa ou dívida, mas é preciso dinheiro para usar esse argumento e contestar práticas ilegais em todo o sistema de justiça criminal. Transferir a carga tributária daqueles com renda mais alta para os pobres e a classe trabalhadora é, na melhor das hipóteses, um retrocesso; na pior, uma ação exploradora e predatória. Quando essas multas não são pagas, elas colocam os

---

246 BALKO, Radley. "How Municipalities in St. Louis County, Mo., Profit from Poverty" [Como municípios no condado de St. Louis, Missouri, lucram com a pobreza], *The Washington Post*, 3 set. 2014.
247 ROBERTSON, Campbell; DEWAN, Shaila & APUZZO, Matt. "Ferguson Became Symbol, But Bias Knows No Border", *The New York Times*, 7 mar. 2015.
248 SHERTER, Alain. "As Economy Flails, Debtor's Prisons Thrive" [A economia patina e a prisão de devedores aumenta], *CBS News*, 5 abr. 2013.

cidadãos numa odisseia de taxas legais das quais é difícil ou impossível se desvencilhar sem comprometer as finanças da casa. Quarenta e oito estados aumentaram os valores ou criaram novas taxas judiciais (civis e criminais).[249] O número de estadunidenses com taxas e multas não pagas cresce a cada ano. "Em 2011, apenas na Filadélfia, os tribunais enviaram boletos referentes a dívidas não pagas que datam da década de 1970 a mais de 320 mil pessoas — aproximadamente um em cada cinco moradores do município. A dívida média era de cerca de 4,5 mil dólares. E, na cidade de Nova York, há 1,2 milhão de mandados em aberto, muitos deles devido a tarifas e honorários judiciais não pagos".[250] Novas taxas e multas surgem como punição pelo atraso no pagamento de taxas e multas. Assim, o governo adquire o direito de apreender propriedades. Em última instância, existe a ameaça de prisão — o que, obviamente, resulta em mais uma rodada de taxas e multas. De acordo com as estatísticas do Departamento de Justiça dos Estados Unidos, em 2014, 66% dos encarcerados "não efetuaram o pagamento de custas processuais, restituições, multas e taxas"; em 1991, esse número totalizava 21%.[251]

O estado do Alabama tentou compensar a perda de receita através da imposição de tributos, como o encargo de 35 dólares para pagamento de fiança, ou a taxa de recebimento de 30% para quitação de débitos. Atualmente, há meia dúzia de ações judiciais que acusam os tribunais locais no Alabama de perpetuar um ciclo de multas por pequenos delitos e prisão para quem não pode pagá-las. A Flórida permite que empresas privadas de cobrança de dívidas adicionem uma

---

[249] SHAPIRO, Joseph. "As Court Fees Rise, the Poor Are Paying the Price" [Sobem as taxas judiciais e os pobres pagam o preço], *National Public Radio*, 19 maio 2014.
[250] *Ibidem*.
[251] *Ibidem*.

sobretaxa de 40% à dívida original. Alguns condados da Flórida também usam o que é chamado de "tribunais de cobrança", onde os devedores podem ser presos, mas não têm direito a um defensor público. Em pelo menos 43 estados, as pessoas pobres podem ser cobradas pelos serviços de um defensor público — o que significa que réus pobres podem não ter acesso a um consultor jurídico.[252] Em 41 estados, os reclusos podem ser cobrados por "alojamento e alimentação" após sua estadia na cadeia ou penitenciária. Em Wyoming, a evasão escolar é uma infração criminal, assim como no Texas, onde crianças de doze a dezoito anos podem ser julgadas em tribunal criminal se abandonarem a escola. Dez faltas não justificadas em seis meses geram uma intimação automática. Crianças presas por evasão escolar no Texas são tratadas como adultos aos olhos do tribunal, o que significa que seus pais não podem intervir por elas. Um juiz afirmou: "Sei que algumas pessoas acreditam que a representação legal [nomeada pelo tribunal] deveria ser permitida. No momento, a legislação não prevê isso". Em 2013, o Texas indiciou 115.782 crianças por "não comparecerem à escola", o que gerou dezesseis milhões de dólares em custos judiciais e outras multas. O número significativo — porém, não surpreendente — de 83% dos acusados eram negros ou latino-americanos.[253]

Quando o democrata Bill DeBlasio, prefeito de Nova York, criticou policiais por terem sufocado Eric Garner até a morte, em julho de 2014, o Departamento de Polícia da cidade declarou uma desaceleração do trabalho. Essa desaceleração revelou até que ponto Nova York depende da polícia, não apenas para proteger a propriedade privada

---

[252] SHERTER, Alain. "As Economy Flails, Debtor's Prisions Thrive", *CBS News*, 5 abr. 2013.
[253] THOTTAM, Jyoti. "In Texas, Courts Turn Truancy Cases into Cash" [No Texas, tribunais transformam evasão escolar em dinheiro], *Al Jazeera America*, 21 maio 2015.

mas também para sugar dinheiro e propriedades de cidadãos comuns. Em 2014, o município distribuiu cerca de dezesseis mil multas de estacionamento, arrecadando 10,4 milhões de dólares por semana.[254] A prefeitura arrecada quase um bilhão de dólares por ano em taxas processuais, criminais e administrativas por infrações que afetam a "qualidade de vida". Isso equivale, de fato, a um "imposto sobre a raça", já que as populações não brancas carregam o fardo desproporcional de serem excessivamente policiadas.

Embora as reduções orçamentárias de programas sociais estimulem diversos aspectos do novo modelo de policiamento, a polícia parece ser a única instituição pública que não precisa se preocupar com cortes de gastos. Ainda que cidades de todo o país paguem centenas de milhões de dólares para resolver processos judiciais relativos à brutalidade policial, a polícia continua a operar com impunidade.[255] Em 2014, a cidade de Chicago — que alegava estar sem dinheiro — pagou mais de cinquenta milhões de dólares para resolver processos por má conduta policial (sem contar os 63 milhões de dólares pagos aos advogados que atuaram nos casos).[256] Durante a última década, a cidade desembolsou mais de meio bilhão de dólares em ações de brutalidade policial. E isso não inclui o recente acordo de cinco milhões

---

254 MURPHY, Carla. "NYPD Officers Do Less; City's Young Black Men Exhale" [Policiais de Nova York reduzem atividade; jovens negros respiram], *Colorlines*, 9 jan. 2015.

255 BALKO, Radley. "U.S. Cities Pay Out Millions to Settle Police Lawsuits" [Cidades estadunidenses pagam milhões em processos judiciais de policiais], *The Washington Post*, 1º out. 2014.

256 NEWMAN, Jonah. "Chicago Police Misconduct Payouts Topped $50 Million in 2014" [Má conduta da polícia de Chicago gerou cinquenta milhões de dólares em gastos em 2014], *Chicago Reporter*, 25 fev. 2015.

de dólares pagos àqueles que sobreviveram à tortura policial nas décadas de 1970 e 1980.[257]

Chicago não é a única. Em dez anos, a cidade de Nova York pagou em média cem milhões de dólares anuais — totalizando um bilhão de dólares — para solucionar casos de má conduta policial. O Departamento de Polícia de Los Angeles, glorificado por alguns como uma instituição remodelada e exemplar, pagou 54 milhões de dólares, apenas em 2011, para resolver ações judiciais contra brutalidade e má conduta de seus policiais.[258] Desde 1990, Oakland gastou 74 milhões de dólares para resolver 417 ações judiciais da mesma natureza. Minneapolis desembolsou 21 milhões de dólares desde 2003.[259]

Charles Ramsey, chefe de polícia afro-estadunidense, foi escolhido a dedo pelo presidente Barack Obama para liderar um estudo nacional sobre reforma do policiamento. Ramsey chefiava o Departamento de Polícia da Filadélfia, que, durante seu mandato, pagou quarenta milhões de dólares para resolver processos que envolviam mortes por disparo injustificado, buscas ilegais e uso excessivo da força. A polícia da Filadélfia é assim descrita por um dos advogados que processou a cidade com êxito: "O policial de base não espera que seu comportamento esteja sujeito a algum tipo de inspeção real e significativa. [...] Isso é evidência

---

[257] SCHAPER, David. "Chicago Creates Reparation Fund for Victims of Police Torture" [Chicago cria fundo de reparação para vítimas de tortura policial], *National Public Radio*, 6 maio 2015.

[258] RUBIN, Joel. "Federal Judge Lifts LAPD Consent Decree" [Juiz federal aumenta acordos de consentimento no Departamento de Polícia de Los Angeles], *Los Angeles Times*, 16 maio 2013.

[259] BALKO, Radley. "U.S. Cities Pay Out Millions to Settle Police Lawsuits", *The Washington Post*, 1º out. 2014.

cabível de que a cidade não está supervisionando e disciplinando adequadamente os policiais".[260]

Aparentemente, as quantias astronômicas drenadas do bolso dos contribuintes para resolver os casos de brutalidade e má conduta policial são uma das despesas normais na administração de uma cidade. A maioria das outras instituições públicas responsáveis por esse tipo de dívida e mau procedimento — hospitais, clínicas, bibliotecas, escolas — é privatizada ou sofre cortes orçamentários profundos que ameaçam sua capacidade de funcionar adequadamente. Quando as escolas públicas de Chicago enfrentavam um déficit de um bilhão de dólares em 2013, o prefeito Rahm Emanuel fechou 54 delas, apesar de milhares de famílias pedirem que permanecessem abertas. No entanto, raramente (ou nunca) a polícia é repreendida por custar milhões de dólares em recursos públicos desesperadamente necessários à administração das cidades. Em vez disso, são unanimemente elogiadas pelos governantes e protegidas de quaisquer consequências — mesmo em casos de assassinatos e outras brutalidades cometidas contra civis. A rédea solta da polícia é hoje um componente crítico da administração urbana.

Essa ausência de culpabilidade oferece uma pista para entender por que os policiais estadunidenses matam tanto, mais do que qualquer outra polícia do assim chamado Primeiro Mundo. Em apenas oito anos (no período 2003-2009 e 2011), segundo o Departamento de Estatísticas Jurídicas, os agentes policiais mataram 7.427 pessoas nos Estados Unidos — uma média de 928 pessoas por ano.[261]

---

260 DIFILIPPO, Dana & GAMBACORTA, David. "Civil-Rights Lawsuits Against Police Spiked in 2013" [Processos de violação aos direitos civis dispararam contra a polícia em 2013], *Philadelphia Daily News*, 30 maio 2014.
261 MCCARTHY, Tom. "Police Killed More Than Twice as Many People as Reported by U.S. Government" [A polí-

É um número impressionante.[262] Considere que apenas 58 soldados estadunidenses foram mortos no Iraque em 2014.[263] No Canadá, 78 pessoas foram mortas pela polícia em 2014. De 2010 a 2014, a polícia da Inglaterra matou quatro pessoas. A polícia alemã não matou ninguém em 2013 e 2014. A China, com uma população 4,5 vezes maior do que a dos Estados Unidos, registrou doze pessoas mortas pela polícia em 2014.[264]

cia matou mais que o dobro de pessoas do que relata o governo estadunidense], *The Guardian*, 4 mar. 2015.
[262] De acordo com dados do Monitor da Violência, parceria entre o *site* de notícias *G1*, o Núcleo de Estudos da Violência da Universidade de São Paulo (USP) e o Fórum Brasileiro de Segurança Pública, em 2018 as polícias brasileiras mataram 5.716 pessoas e, em 2019, 5.804 pessoas. Os números não incluem as mortes causadas pela polícia de Goiás, uma vez que a Secretaria de Segurança Pública estadual se recusa a divulgar dados relativos à letalidade policial ("Número de pessoas mortas pela polícia cresce no Brasil em 2019; assassinatos de policiais caem pela metade", *G1*, 16 abr. 2020). No primeiro semestre de 2020 — ainda de acordo com o Monitor da Violência, e também sem contabilizar os casos ocorridos em Goiás —, as polícias brasileiras mataram 3.148 pessoas ("Número de pessoas mortas pela polícia cresce no Brasil no 1º semestre em plena pandemia; assassinatos de policiais também sobem", *G1*, 3 set. 2020). [N.E.]
[263] MCCARTHY, Tom. "Police Killed More Than Twice as Many People as Reported by U.S. Government", *The Guardian*, 4 mar. 2015.
[264] LARTEY, Jamiles. "By the Numbers: U.S. Police Kill More in Days than Other Countries Do in Years" [De acordo com os números, a polícia estadunidense mata mais em dias do que outros países em anos], *The Guardian*, 9 jun. 2015; AGORIST, Matt. "Police in the U.S. Kill Citizens at Over 70 Times the Rate of Other First-World Nations" [A polícia nos Estados Unidos mata mais de setenta vezes a média de outras nações do Primeiro Mundo], *Freethought Project*, 8 jan. 2015.

O elevado número de óbitos é apenas uma imagem parcial de quão letal é o policiamento estadunidense. Diversas mortes efetuadas pela polícia são omitidas em relatórios feitos pelas autoridades — isso quando há relatório. De acordo com o *Wall Street Journal*, centenas de assassinatos cometidos pela polícia entre 2007 e 2012 nunca foram relatados ao FBI.[265] A investigação descobriu que os 105 maiores departamentos policiais do país não incluíram em seus relatórios mais de 550 assassinatos cometidos por seus membros. Por incrível que pareça, o governo federal não exige que os departamentos de polícia relatem o número, a raça ou a etnia das pessoas em quem atiram ou que morrem em decorrência de suas ações, impossibilitando, assim, a identificação da magnitude do problema. Por exemplo, a Flórida não informa ao FBI nenhum assassinato cometido pela polícia desde 1997; a cidade de Nova York não o faz desde 2007.[266]

É impossível saber exatamente quem está sendo morto pela polícia sem um rastreamento preciso. Sabemos, no entanto, que o contato desproporcional que a polícia mantém com homens, mulheres e crianças afro-estadunidenses provavelmente significa que são eles os que estão sofrendo o impacto desses assassinatos. Uma simulação em um estudo de 2005 mostrou que um grupo de policiais na Flórida — em sua maioria brancos e do sexo masculino — era "mais propenso a deixar escapar suspeitos brancos armados e a atirar em suspeitos negros desarmados".[267] Na vida real, a

---

265 BARRY, Rob & JONES, Coulter. "Hundreds of Police Killings Are Uncounted in Federal Stats" [Centenas de assassinatos cometidos pela polícia não são contabilizados nas estatísticas federais], *The Wall Street Journal*, 3 dez. 2014.
266 GABRIELSON, Ryan; JONES, Ryann G. & SAGARA, Eric. "Deadly Force in Black and White" [Força mortal em preto e branco], *ProPublica*, 10 out. 2014.
267 LEBER, Rebecca. "Police Officers Are More Likely to Shoot Black Men, Studies Suggest" [Estudos

probabilidade de que homens negros sejam alvejados ou mortos pela polícia também é muito maior. De acordo com um estudo da agência de jornalismo *ProPublica*, entre 2010 e 2012, a chance de jovens negros do sexo masculino com idade entre quinze e dezenove anos serem mortos pela polícia era 21 vezes maior do que homens brancos da mesma idade. Defensores das forças policiais desaprovaram o estudo, alegando que o tamanho da amostra era muito pequeno para se propor declarações definitivas sobre esses assassinatos. Quando os autores retomaram a pesquisa utilizando maior amostragem, descobriram que a desproporção entre jovens negros e jovens brancos mortos pela polícia piorava com o tempo. De 2006 a 2008, a taxa de risco de assassinato era de nove negros para um branco; em 2010, subiu para dezessete para um; e, em 2012, a taxa apresentava a conclusão original do estudo: 21 para um.[268]

Se as estimativas do número de negros mortos pela polícia na última década são verdadeiras, então a polícia também matou centenas de latino-americanos e milhares de brancos. Isso não significa somente que estamos vivendo uma crise; também estabelece embasamento objetivo para a possível organização de um movimento multirracial contra o terrorismo policial. A avassaladora natureza racista da polícia estadunidense ofusca o seu real alcance populacional. Por isso, é de interesse dos ativistas contrários à brutalidade da polícia apontar a natureza específica *e* genérica do terrorismo policial.

sugerem que policiais são mais propensos a atirar em homens negros], *New Republic*, 12 ago. 2014.
268 GABRIELSON, Ryan & JONES, Ryann G. "Answering the Critics of Our Deadly Force Story" [Respondendo às críticas da história da nossa força mortal], *ProPublica*, 24 dez. 2014.

CONCLUSÃO

Em 2 de março de 2015, após noventa dias de trabalho, a Task Force on 21st Century Policing [Força-tarefa sobre policiamento do século XXI], criada pelo presidente Barack Obama, apresentou suas conclusões. Obama organizou o comitê às pressas, em dezembro de 2014, no calor das primeiras ondas de protestos nacionais, para dar a aparência de que o governo federal respondia às demandas da rebeldia popular — e como uma maneira de tirar os manifestantes das ruas. Ele se reuniu com jovens ativistas e até colocou alguns deles na comissão, para dar a ela um ar de legitimidade. A força-tarefa fez 58 recomendações, incluindo o fim do "estereótipo racial", a expansão do "policiamento comunitário", "melhor treinamento" e "reformulação de todo o sistema de justiça penal".[269] O relatório também pedia "investigações independentes" sobre assassinatos efetuados pela polícia, ignorando o que havia ocorrido nos casos de Michael Brown e Trayvon Martin, quando investigações "independentes" terminaram silenciosamente, sem punição aos acusados. Além disso, "o relatório não mencionou como suas propostas seriam financiadas" nem esclareceu quais mecanismos seriam aplicados para que os dezoito mil departamentos de polícia cumprissem as recomendações. Talvez o fato mais revelador tenha sido que, 29 dias após a entrega do relatório, a polícia já havia matado ao menos outras 111 pessoas no país — 33 a mais do que no mês anterior. Também naquele mês, o brutal assassinato de Walter Scott foi filmado. Scott foi parado pela polícia porque a lanterna traseira de seu automóvel não

---

[269] JACKSON, David. "Obama Task Force Urges Independent Probes of Police Killings" [Força-tarefa de Obama impulsiona provas independentes de mortes pela polícia], USA Today, 2 mar. 2015.

estava funcionando. Temendo ser preso, ele saiu correndo e foi baleado nas costas oito vezes pelo policial branco Michael Slager. Slager foi preso e acusado de assassinato, mas a morte de Scott revelou um padrão inveterado.[270] Em junho de 2015, o jornal *The Guardian* informou que, desde janeiro daquele ano, a polícia dos Estados Unidos já havia matado ao menos 489 pessoas, incluindo 138 afro-estadunidenses.[271]

Violência e brutalidade sempre definiram o relacionamento da polícia com os afro-estadunidenses. Os "anos dourados" do policiamento, eventualmente mencionados pelos governantes, simplesmente nunca existiram, e há poucas razões para acreditar que a polícia estadunidense possa realmente ser reestruturada. Os exemplos de departamentos de polícia "remodelados" durante o governo Obama revelam o quanto esse conceito é falho. Em maio de 2015, o presidente viajou para a cidade de Camden, em Nova Jersey, para promovê-la como um "símbolo de promessa para a nação".[272] Obama não se referia à saúde ou à estabilidade econômica, mas ao método local de policiamento. Em 2013, Camden extinguiu totalmente sua força policial, constituída por 250 oficiais, devido a improbidade, corrupção e altas

---

[270] GRAHAM, David A. "The Shockingly Familiar Killing of Walter Scott" [O assassinato assustadoramente familiar de Walter Scott], *The Atlantic*, 8 abr. 2015.

[271] "The Counted: People Killed by Police in the United States in 2015" [A contagem de pessoas assassinadas pela polícia nos Estados Unidos em 2015], *The Guardian*, 1º jun. 2015. Disponível em: http://www.theguardian.com/us-news/ng-interactive/2015/jun/01/the-counted-police-killings-us-database.

[272] BRADY, Jeff. "Obama: Camden, NJ, Police a Model for Improving Community Relations" [Obama: a polícia de Camden, Nova Jersey, um modelo para melhorar as relações comunitárias], *National Public Radio*, 22 maio 2015.

despesas com policiais sindicalizados, e a substituiu por uma força policial dirigida pelo condado. Livre do sindicato da polícia, Camden contratou 411 policiais e 120 "funcionários civis", que atuam como "analistas em um novo centro de operações e inteligência, monitorando as 121 câmeras de vigilância e os microfones de rastreamento de tiroteios".[273] Essa versão de policiamento comunitário envolve mais patrulhas policiais a pé, com o objetivo de oferecer um relacionamento mais próximo com as pessoas nos bairros.

Em outros aspectos, Camden é o exemplo perfeito de como a "reforma da polícia" realmente se configura. Enquanto políticos e especialistas celebram a queda das taxas de criminalidade, ignoram a desagradável face oculta desse processo. Durante o primeiro ano da "nova e aprimorada" conduta policial, Camden teve as maiores queixas de "uso excessivo da força" policial do que qualquer outro município do estado de Nova Jersey. Segundo a American Civil Liberties Union, o número de reclamações "excedeu os totais somados relatados pelos departamentos de Newark e Jersey City, as duas maiores cidades do estado, com uma quantidade de policiais centenas de vezes maior do que Camden".[274] A polícia de Camden também adotou completamente o estilo de policiamento do programa "janelas quebradas". Intimações por andar de bicicleta sem capacete aumentaram de três para 339; intimações por perturbação da ordem aumentaram 43%, de 1.766 para 2.521; intimações por falta de manutenção de lanternas e faróis de veículos aumentaram 421%, de 495 para 2.579; e intimações pelo

---

[273] ZERNIKE, Kate. "Camden Turns Around with New Police Force" [Camden muda de atitude com nova força policial], *The New York Times*, 31 ago. 2014.
[274] ACLU. "Policing in Camden has improved, but concerns remains" [O policiamento em Camden melhorou, mas as preocupações permanecem], informe à imprensa, 18 maio 2015.

uso de *insulfilm* nos vidros dos carros aumentaram 381%, de 197 para 948. A aplicação de multas aumentou o número de casos no Tribunal Municipal de Camden em 29% — a partir de então, taxas e encargos começaram a fazer o dinheiro fluir para os cofres públicos.[275] O que não mudou ou teve reformulação foi a economia defasada, a taxa de desemprego e o mercado imobiliário falido da cidade. A população de Camden é 95% negra e latino-americana, 42% dos habitantes vive abaixo da linha da pobreza, e os índices de desemprego estão entre 30% e 40%. A renda média anual é de 26 mil dólares por ano, em comparação aos 71 mil dólares anuais para habitantes dos outros municípios de Nova Jersey. O município de 77 mil habitantes possui mais de quatro mil propriedades abandonadas. O novo enfoque sobre taxas, multas, intimações e prisões por delitos leves ameaça aumentar ainda mais a pobreza e o desemprego. As palavras do presidente Obama, então, significavam mais do que ele provavelmente imaginava ao enaltecer a cidade de Camden como um "símbolo nacional".

A polícia estadunidense mudou à medida que o policiamento se profissionalizou e recebeu mais financiamento, mas essas mudanças não resultaram em um policiamento melhor ou mais justo. Racismo, exploração e abusos continuam se perpetuando, mesmo após as forças policiais de todo o país se tornarem racialmente mais diversas e gozarem de representatividade nas comunidades que patrulham. O policial funciona principalmente como um agente de controle social em uma sociedade fundamentalmente desigual, o que significa que ele opera, sobretudo, em comunidades pobres e da classe trabalhadora. Historicamente, os afro-estadunidenses se concentram nesses bairros, e

---

275 ACLU. "Policing in Camden has improved, but concerns remains", informe à imprensa impressa, 18 maio 2015.

por isso são alvos prioritários da polícia. Hoje em dia, isso é ainda mais verdadeiro, já que as consequências do policiamento incluem centenas de mortes, centenas de milhares de prisões e milhões de futuros arruinados quando as interações com a polícia acarretam desemprego, fichas criminais sujas (que suscitam desempregabilidade crônica) e todos os demais problemas sociais decorrentes. Não é nada surpreendente, portanto, que a polícia seja sempre o foco principal dos protestos sociais da população negra nos Estados Unidos.

5. BARACK OBAMA: O FIM DE UMA ILUSÃO

Quando um rifle de assalto é apontado para o seu rosto só porque você se recusou a se mexer, você não sente que a experiência estadunidense foi feita para incluí-lo. Quando o presidente escolhido pela sua geração não condena esse tipo de ataque, de repente você começa a acreditar que esse sistema é um deboche fraudulento — e você é a piada. O racismo está muito vivo nos Estados Unidos, mas, apesar de ser um presidente com muita melanina na pele, você parece ter muita vergonha de abordar esse problema.
— Tef Poe (2014)

Por mais de cem dias, um miscigenado grupo de pessoas comuns que se tornaram ativistas mantiveram vivo o nome de Mike Brown e esperavam que seus protestos resultassem em uma acusação formal contra Darren Wilson, o policial que o matou. Essas esperanças desapareceram em questão de minutos na noite de novembro em que o júri anunciou a decisão de não indiciar Wilson. Uma semana depois, quando o fogo ainda ardia nas ruas e a amargura persistia, Tef Poe, um artista *hip-hop* nascido em St. Louis, enviou uma carta aberta a Barack Obama, falando por toda uma geração de jovens negros que havia acreditado profundamente na promessa do presidente:

> Eu falo em nome de um grande grupo demográfico: há muito tempo esperávamos que nosso presidente negro falasse em tom direto para condenar os assassinatos de nossa gente. Da nossa perspectiva, a declaração que você fez sobre [o caso de] Ferguson apenas corroborou as conotações racistas de que somos saqueadores violentos, sem instrução e dependentes de programas sociais. Seus comentários em apoio aos ataques da Guarda Nacional contra nós e nossa comunidade devoraram nossa dignidade.[276]

---

[276] POE, Tef. "Dear Mr. President: A Letter From Tef Poe" [Prezado senhor presidente: uma carta de Tef Poe], *Riverfront Times*, 1º dez. 2014.

SERÁ QUE PODEMOS?[277]

A esperança e o otimismo que circulavam entre os afro-estadunidenses em antecipação à vitória de Obama como primeiro presidente negro dos Estados Unidos pareciam ter ocorrido há milhões de anos. Mesmo quando os negros enfrentavam os efeitos da crise econômica de 2008 — o que fez com que muitos fossem despejados de suas casas e enfrentassem uma taxa de desemprego de dois dígitos —, havia otimismo de que a eleição de Obama mudasse o rumo da situação. Antes de Obama, havia ainda grande esperança sobre o significado de uma presidência negra para a política racial estadunidense. A National Public Radio organizou a mesa-redonda "Uma nova era política 'pós-racial' nos Estados Unidos" muitos meses antes das eleições de 2008.[278]

Contudo, o presidente Obama se revelou muito diferente do candidato Obama, cuja campanha foi administrada e encenada com o objetivo de se parecer com algo próximo de um movimento social. Na corrida acirrada das primárias do Partido Democrata, Obama se distinguiu da principal candidata, Hillary Clinton, fazendo campanha abertamente contra a guerra no Iraque e prometendo fechar a base militar de Guantánamo, em Cuba. Ele tocou no assunto da desigualdade econômica e se conectou com os jovens, desapontados com a perspectiva de votar em mais um velho falastrão branco como John McCain, que concorria pelo Partido Republicano. O entusiasmo dos negros pela campanha de Obama não pode ser reduzido à solidariedade racial ou à recriminação. Ele eletrizou os eleitores:

---

[277] Aqui, a autora faz um jogo de palavras com o *slogan* da campanha presidencial de Barack Obama em 2008: "Yes We Can" [Sim, nós podemos]. [N.T.]

[278] SCHORR, Daniel. "A New 'Post-Racial' Political Era in America" [Uma nova era política "pós-racial" nos Estados Unidos], *National Public Radio*, 28 jan. 2008.

Fomos convidados a fazer uma pausa para analisar a realidade. Fomos advertidos sobre as falsas esperanças dadas ao povo desta nação. Mas os Estados Unidos possuem uma história improvável, e não há nada de falso na esperança. Porque, quando enfrentamos adversidades impossíveis, quando nos disseram que não estávamos prontos, ou que não deveríamos tentar, ou que não podíamos, várias gerações de estadunidenses responderam com a simples convicção que resume o espírito de um povo: sim, nós podemos. Sim, nós podemos. Sim, nós podemos.

Era a convicção escrita nos documentos que embasaram a fundação desta nação e declaravam o seu destino: sim, nós podemos. Ela foi sussurrada por escravos e abolicionistas enquanto abriam caminho para a liberdade durante as noites mais sombrias: sim, nós podemos. Foi cantada por imigrantes quando partiram de terras distantes e por exploradores que avançavam para o oeste com destino a uma região selvagem: sim, nós podemos. Foi o apelo dos trabalhadores que fizeram militância, das mulheres que conquistaram o direito ao voto, de um presidente que escolheu a lua como nossa nova fronteira, e de um rei que nos levou ao topo da montanha e apontou o caminho para a terra prometida: sim, nós podemos, com justiça e igualdade.

Sim, nós podemos, com oportunidade e prosperidade. Sim, nós podemos curar esta nação. Sim, nós podemos consertar este mundo. Sim, nós podemos.[279]

Em março de 2008, Obama finalmente fez um discurso sobre a temática racial, no qual conseguiu o feito de abordar as preocupações dos afro-estadunidenses enquanto acalmava os temores dos eleitores brancos. A simples menção

---

[279] OBAMA, Barack. "New Hampshire Primary Speech" [Primeiro discurso em New Hampshire], *The New York Times*, 8 jan. 2008.

ao assunto foi mal-interpretada tanto pelos liberais quanto pela grande mídia, que passaram a vê-lo como um político mais à esquerda do que ele realmente era. O jornalista David Corn, por exemplo, em um artigo para a revista *Mother Jones*, descreveu o discurso de Obama como "uma tentativa de mostrar à nação um caminho para uma sociedade livre de impasses raciais [...]. Obama não estava usando de vitimismo. Ele estava mirando a Lua".[280] Obama estava sendo pressionado havia semanas para repreender seu pastor, o reverendo Jeremiah Wright, que tinha proferido o sermão "Que Deus amaldiçoe os Estados Unidos", referindo-se aos erros que os Estados Unidos haviam cometido no mundo. Os inimigos políticos de Obama tentaram atribuir as ideias de Wright ao candidato presidencial. Obama usou seu palanque na Filadélfia para se distanciar do reverendo e descrevê-lo como uma pessoa "polêmica" e com "uma visão profundamente distorcida deste país". Então, contextualizou os inflamados comentários e condenações de Wright, dizendo que o religioso se baseava na época de sua juventude nos Estados Unidos, quando

> a discriminação legalizada impedia os negros de ter propriedades, geralmente fazendo uso de violência; empresários afro-estadunidenses não podiam fazer empréstimos; os proprietários de imóveis negros não tinham acesso a crédito imobiliário da Federal Housing Administration [Administração federal de moradias]; trabalhadores negros eram excluídos de sindicatos, da força policial ou do corpo de bombeiros — o

[280] CORN, David. "'Black and More than Black': Obama's Daring and Unique Speech on Race" ["Negro e mais do que negro": o audacioso e ímpar discurso de Obama sobre raça], *Mother Jones*, 18 mar. 2008.

que significava que as famílias negras não podiam acumular riqueza para deixar um legado às gerações futuras.[281]

Nenhum candidato à presidência dos Estados Unidos havia falado tão diretamente sobre o racismo histórico no governo e na sociedade em geral. No entanto, o discurso de Obama também disse aos afro-estadunidenses que, para os Estados Unidos serem perfeitos, seria necessário "assumir total responsabilidade por nossa própria vida [...] exigindo mais de nossos pais, passando mais tempo com nossos filhos, lendo para eles e ensinando-lhes que, embora possam vir a enfrentar desafios e discriminação na vida, nunca devem sucumbir ao desespero ou ao cinismo; eles devem sempre acreditar que podem escrever seu próprio destino". O candidato expressou seus comentários por meio do discurso do progresso estadunidense e do "sonho americano", mas eles só foram notáveis no teatro da política, onde a covardia e a retórica vazia fazem parte do procedimento típico. Nesse sentido, Obama foi pioneiro, mas também estabeleceu os termos com os quais se engajaria em questões raciais — com imparcialidade duvidosa, mesmo em resposta a eventos que exigiam ação decisiva em nome das raças desfavorecidas. Ele falou de maneira bastante eloquente sobre o "pecado original" e a "história sombria" do país, mas falhou repetidamente em conectar os pecados do passado aos crimes do presente, nos quais o racismo — embora muitas vezes sem xingamentos ou insultos — prospera quando a polícia faz abordagens, quando empréstimos *subprime* são reservados para compradores negros, quando escolas públicas não recebem recursos e quando o desemprego de dois dígitos se torna tão normal que mal recebe

---

[281] OBAMA, Barack. "Barack Obama's Speech on Race" [Discurso de Barack Obama sobre raça], *The New York Times*, 18 mar. 2008.

atenção. O descontentamento e uma saudável desconfiança correm nas veias dos jovens afro-estadunidenses: em 2006, 52% dos jovens negros (de dezoito a 25 anos) descreveram o governo dos Estados Unidos como "indiferente" às necessidades dos negros, enquanto 61% disseram ter sofrido discriminação ao procurar trabalho e 54% acreditavam que a juventude negra recebe uma "educação mais escassa" do que a juventude branca (Cohen, 2012, p. 118).

Antes dos eventos em Ferguson, o discurso de Obama na Filadélfia foi o mais próximo que ele havia chegado de se pronunciar com sinceridade sobre o racismo nos Estados Unidos, embora antes disso já tivesse se mostrado um observador interessado, um interlocutor atencioso entre os afro-estadunidenses e a nação como um todo, muito mais do que um senador[282] com influência política para efetuar as mudanças sobre as quais ele discursava. E esse papel de "observador atento" se manteve, mesmo após alcançar a presidência. Assim, somos levados a acreditar que um homem que pode direcionar ataques de drones nas montanhas do Paquistão e do Afeganistão e mobilizar recursos em qualquer canto do mundo em nome da política externa do país não tem poder para defender a aplicação de leis e direitos existentes em favor da justiça racial dentro do território nacional.

No contexto das eleições de 2008, oito anos após os republicanos terem tomado a Casa Branca [com George W. Bush] privando os eleitores negros da Flórida do direito ao voto, e três anos após o furacão Katrina, a sinceridade relutante de Obama sobre questões raciais parecia trazer uma mudança radical. A cientista política Cathy Cohen (2012, p. 110) identificou o Katrina como um evento que aproximou os jovens negros da radicalização, semelhante

---

[282] Barack Obama foi senador dos Estados Unidos pelo estado de Illinois entre 2005 e 2008. [N.E.]

à comoção causada pelo espancamento de Rodney King na geração anterior. A ausência do governo federal em Nova Orleans naquele momento, quando milhares de negros se afogavam dramaticamente nas inundações provocadas pelo furacão, invalidou as declarações de união nacional diante do terrorismo feitas pela Casa Branca após os ataques de 11 de setembro de 2001. Embora o governo estadunidense tenha movido céus e terra para desencadear uma guerra no Oriente Médio contra o chamado "eixo do mal", sua chocante indiferença ao sofrimento dos negros dentro do próprio país foi um lembrete absoluto de quão pouco havia realmente mudado. O ator negro Danny Glover pontuou, com muita pungência: "Quando o furacão atingiu o Golfo [do México] e a enchente tomou conta de Nova Orleans, mergulhando a população em um carnaval de miséria, ele não transformou a região em um país do Terceiro Mundo, conforme o relato e o menosprezo da mídia; ele apenas revelou que isso já existia. Revelou o desastre dentro do desastre. Uma pobreza extenuante subiu à superfície, como ocorre com um machucado em nossa pele".[283]

Logo após a tragédia do Katrina, dezenas de milhares de universitários, em sua maioria negros, protestaram na pequena cidade de Jena, Louisiana, contra um ataque racista aos estudantes negros do ensino médio local. Esse ativismo não marcou o início de um movimento, mas expôs a persistência da desigualdade racial. Desde o Onze de Setembro, guerras e ocupações haviam ceifado o espaço para protestar e expressar as desigualdades. O Katrina, porém, expôs ao mundo que os Estados Unidos ainda eram o mesmo antigo império racista. A cidade de Jena ajudou

---

[283] "Belafonte and Glover Speak Out on Katrina" [Belafonte e Glover se pronunciam sobre o Katrina], *AlterNet*, 22 set. 2005.

a reviver uma tradição de marchas e protestos que havia sido propositalmente abafada. Como argumenta Cohen (2012, p. 159), "para muitas pessoas da comunidade negra, a agitação decorrente do caso dos seis jovens de Jena[284] reacendeu a esperança de que a política negra, muitas vezes imaginada e conceituada como uma política antissistêmica, coletiva e voltada à mobilização, ainda esteja viva entre a geração mais jovem de afro-estadunidenses".

A GERAÇÃO O[285]

Os temas "esperança" e "mudança" da campanha de Obama deram vida ao otimismo que concebia um futuro diferente e melhor. O *rapper* Young Jeezy escreveu: "Obama para

[284] Referência aos seis estudantes negros julgados como adultos após brigarem com um jovem branco em 4 de dezembro de 2006. Antes da agressão, diversos eventos de cunho racial ocorreram na escola onde estudavam, cujo corpo discente era composto por aproximadamente 90% de alunos brancos e 10% de negros. A minoria negra era segregada na cantina, no pátio, no jardim. Alguns estudantes brancos (cujos nomes não foram divulgados) penduraram cordas de forca em frente à escola; outros atearam fogo ao prédio principal da instituição. Certos repórteres acreditavam que os seis réus do "Jena Six", como o caso ficou conhecido nos Estados Unidos, haviam sido acusados de crimes muito graves, como tentativa de assassinato em segundo grau, recebendo tratamento injusto. O caso levantou protestos de pessoas que consideraram as prisões e as acusações excessivas e racialmente discriminatórias. Os manifestantes afirmavam que os jovens brancos da cidade de Jena envolvidos em incidentes semelhantes eram tratados com mais clemência. [N.T.]
[285] Termo relativo aos jovens (*millennials*) que votaram em Obama nas eleições presidenciais de 2008. [N.T.]

a humanidade, estamos prontos para a maldita mudança, então deixem o homem brilhar!". Khari Mosley, presidente do Partido Democrata em Pittsburgh, descreveu o efeito Obama sobre a "chamada 'geração perdida' de jovens da cidade [...], jovens com bonés de beisebol enormes, calças caídas e tênis coloridos [...] que, através dele [Obama], redescobriram um propósito para si mesmos e a fé nesta nação".[286] O *rapper* Jay-Z vinculou a corrida presidencial de Obama a uma narrativa mais longa da luta dos negros: "Rosa Parks[287] se sentou para que Martin Luther King pudesse caminhar; Martin Luther King caminhou para que Obama pudesse correr; Obama está correndo para que todos possamos voar!".[288] O magnata do *rap* Sean Combs disse: "Não estou tentando ser dramático, mas me senti como Martin Luther King, senti todo o movimento pelos direitos civis, senti toda aquela energia, e senti meus filhos. Estava tudo lá de uma vez. Foi um momento de alegria".[289]

[286] MOSLEY, Khari. "Vote for Hope" [Vote pela esperança], *Pittsburgh Post-Gazette*, 2 nov. 2008.
[287] Rosa Parks (1913-2005), ativista afro-estadunidense, símbolo do movimento dos direitos civis. [N.E.]
[288] MARTIN, Dan. "Impassioned Words from Jay-Z in Support of Obama" [As palavras fervorosas de Jay-Z em apoio a Obama], *The Guardian*, 5 nov. 2008. [No original: "Rosa Parks sat so Martin Luther King could walk. Martin Luther King walked so Obama could run. Obama's running so we all can fly". A frase faz referência e sintetiza dois momentos marcantes da luta pelos direitos civis dos afro-estadunidenses: a presença de Rosa Parks, sentada em um ônibus segregado na cidade de Montgomery, em 1955; e a caminhada de Martin Luther King em Selma, em 1965. O termo "*run*", usado para se referir a Obama, remete tanto a "correr" como a "concorrer" a um cargo eleitoral — N.E.]
[289] *Ibidem*.

O entusiasmo dos afro-estadunidenses por Obama ficou evidente no resultado das eleições. Um número de pessoas nunca antes registrado, de todas as idades e sexos, foi às urnas para colocar o primeiro negro na Casa Branca. Em 2008, registrou-se a participação de dois milhões de eleitores negros a mais do que em 2004 (Estados Unidos da América, 2008). De modo geral, 64% dos eleitores negros votaram no pleito de 2008, incluindo 68% de mulheres afro-estadunidenses, gerando a maior participação[290] nas eleições presidenciais desde 1968. Mas foram os jovens eleitores negros que garantiram a vitória de Obama. De acordo com o Pew Reasearch Center, o voto dos jovens negros representou a maior participação de eleitores jovens de qualquer grupo étnico na história das eleições nos Estados Unidos. Os negros da geração Y, ou *millennials*, foram os que tiveram a maior participação eleitoral "na história do país"[291] (Cohen, 2012, p. 172). "Sinto-me feliz e otimista quando vejo Barack e Michelle. Eles me dão esperança, e as crianças para quem dou aula também esperam por algo melhor", disse uma eleitora.[292] Em 2012, quando Obama disputaria a reeleição, pela primeira vez na história a porcentagem de participação de eleitores negros suplantou a participação dos brancos no pleito presidencial, totalizando 66% e 64%, respectivamente.

A empolgação pela perspectiva da vitória de Obama se transformou em euforia após a eleição. Esse foi, com certeza, o sentimento em Chicago na noite da votação, quando

---

290 Nos Estados Unidos, o voto não é obrigatório. [N.T.]
291 MCGUIRT, Mary. "2008 Was the Year of the Young Black Voter" [2008 foi o ano do eleitor jovem e negro], *ABC News*, 21 jul. 2009.
292 SAMUELS, Allison. "Black Voters Turn Out in Big Numbers for Obama" [Eleitores negros comparecem em grande número para votar em Obama], *Daily Beast*, 6 nov. 2012.

moradores de diferentes áreas da cidade se dirigiram ao Parque Grant para ouvir o primeiro presidente negro eleito do país fazer um comunicado à nação. Era uma cena rara, quase estranha, ver uma multidão multirracial reunida em Chicago, uma das cidades mais segregadas dos Estados Unidos — eis uma demonstração do poder dos brados de Obama por esperança e mudança. Na véspera da posse presidencial, uma pesquisa da CNN apontou que 69% dos entrevistados negros acreditavam que a visão de Martin Luther King havia se "realizado".[293] No início de 2011, ao serem perguntados se esperavam que o padrão de vida de seus filhos fosse melhor ou pior do que o seu, 60% dos negros responderam "melhor", e apenas 36% dos brancos deram a mesma resposta.[294] Não era uma esperança cega: havia uma expectativa de que as coisas fossem, de fato, melhorar. Um pesquisador descreveu o contexto de maneira mais ampla: "Certamente, a presidência de Obama alimentou a euforia nos círculos negros. Mas, mesmo antes de Obama entrar em cena, o otimismo estava aumentando, principalmente entre uma nova geração de empreendedores negros que se recusava a acreditar que seria prejudicada pela intolerância que perseguira seus pais. A eleição de Obama foi, com efeito, a revelação final, o tão esperado prenúncio de que uma nova era havia chegado aos Estados Unidos".[295] "Agora temos um senso de futuro", disse Elijah Anderson, sociólogo da Universidade Yale. "De repente, há algo em jogo, você tem uma aposta. Essa aposta é extremamente importante. E, se há aposta, há risco — você se dá conta

---

[293] "Most Blacks Say MLK's Vision Fullfiled, Poll Finds" [Pesquisa aponta que a maioria dos negros afirma que a visão de Martin Luther King se cumpriu], *CNN*, 19 jan. 2009.
[294] COSE, Ellis. "Meet the New Optimists" [Conheça os novos otimistas], *Newsweek*, 15 maio 2011.
[295] *Ibidem*.

de que as consequências podem comprometer um futuro incerto."[296] Quase 75% dos afro-estadunidenses no Sul do país disseram que Obama ajudaria os Estados Unidos a se livrar do preconceito racial.[297] A revista *Forbes* publicou um editorial entusiasmado em dezembro de 2008, intitulado "Acabou o racismo nos Estados Unidos".[298]

SOM DE DISPAROS

Nas primeiras horas de 2009, poucas semanas antes de Obama tomar posse como presidente, ouviram-se disparos. Era um lembrete: por mais brilhante que o futuro parecesse, o passado nunca estaria muito distante. Johannes Mehserle, um oficial de trânsito armado, atirou em um negro desarmado de 22 anos que estava deitado e algemado em uma plataforma de transporte público. Seu nome era Oscar Grant. Dezenas de testemunhas, muitas delas retornando a Oakland após as comemorações de Ano-Novo, assistiram horrorizadas quando Grant foi executado a sangue frio. Sua morte foi registrada por várias câmeras de celular. A população negra de Oakland explodiu com uma raiva palpável, com centenas, depois milhares de pessoas nas ruas, exigindo justiça.

Talvez esse clamor tivesse acontecido em qualquer circunstância, mas a brutalidade do assassinato de Grant, a

---

296 VERINI, James. "Is There an 'Obama Effect' on Crime?" [Haverá um "efeito Obama" no crime?], *Slate*, 5 out. 2011.
297 "Obama Effect? Blacks Optimistic in Spite of Economic Struggles" [Efeito Obama? Negros otimistas apesar das batalhas econômicas], *McClatchy DC*, 26 fev. 2009.
298 "Racism in America is Over" [Acabou o racismo nos Estados Unidos], *Forbes*, 30 dez. 2008.

menos de vinte dias da posse do primeiro presidente negro dos Estados Unidos, era um banho de água fria. Brutalidade policial e assassinato eram fatos corriqueiros em Oakland, Califórnia. Mas, depois da vitória de Obama, o país não deveria ter entrado num universo paralelo pós-racial? Um movimento local, liderado pela família e pelos amigos de Grant, se alastrou por toda a região da Baía de San Francisco para exigir que Mehserle fosse acusado e julgado. Protestos, marchas, ativismo no *campus*, fóruns públicos e reuniões mantiveram pressão suficiente para forçar as autoridades locais a indiciarem o agente por assassinato — a primeira vez em quinze anos que a Califórnia processava um policial por homicídio "em serviço". Mehserle foi condenado e passou menos de um ano na prisão. Mas o movimento ocorrido em Oakland no início de 2009 serviu de prenúncio para os eventos vindouros.

A surpreendente vitória de Obama estava começando a perder o brilho no alvorecer de seu primeiro mandato. Ele teve e sempre terá um bom desempenho nas pesquisas entre afro-estadunidenses, mas isso não deve ser confundido com apoio cego a ele ou às políticas que defende. Enquanto os membros do Partido Republicano tratarem Obama de uma maneira descaradamente racista, os negros o defenderão porque entendem que esses ataques também se destinam a eles. No início do governo, porém, com todos os efeitos da recessão de 2008 pulsando nas comunidades negras, foi possível detectar conflitos entre o presidente negro e sua base eleitoral. Os negros dos Estados Unidos se encontravam em meio a uma "queda livre" econômica e, com ela, desaparecia a prosperidade negra. Enquanto o desemprego entre os negros chegava à casa dos dois dígitos, líderes do movimento de direitos civis perguntaram a Obama se ele elaboraria políticas para lidar com o desemprego negro, ao que o presidente respondeu: "Tenho uma responsabilidade especial de cuidar dos interesses de todos os cidadãos estadunidenses. Esse é o meu trabalho como presidente dos Estados Unidos. Eu acordo todas as manhãs tentando promover políticas que façam grande diferença para o maior número de pessoas, para que elas possam viver seu 'sonho americano'".[299] Foi uma resposta decepcionante, mesmo que essa decepção não tenha se manifestado nos índices de aprovação de Obama. Em 2011, com o desemprego dos negros acima de 13%, 86% dos afro-estadunidenses aprovavam o que o presidente vinha fazendo. No entanto, 56% expressaram decepção com o quesito "supervisão adequada de Wall Street e dos grandes bancos".[300] Apenas metade dos negros disse que as políticas presidenciais melhoraram a condição econômica do país. Para os afro-estadunidenses, a presidência de Obama basicamente se definiu por sua relutância em se envolver e abordar diretamente a discriminação racial, que parecia atrapalhar o impacto dos esforços de recuperação desempenhados pelo seu governo.

Obama não demonstrou a mesma reticência ao repreender publicamente os afro-estadunidenses por uma série de comportamentos que parecem ter saído de um manual sobre estereótipos contra os negros: habilidades parentais, escolhas alimentares, hábitos sexuais e até o modo como assistem à televisão. Essas advertências públicas serviram para fechar o espaço político em que os afro-estadunidenses podiam expressar queixas legítimas sobre uma recuperação econômica que ofereceu alívio material aos banqueiros e

---

299 CONDON JR., George E. & O'SULLIVAN, Jill. "Has President Obama Done Enough for Black Americans?" [O presidente Obama fez o suficiente para os negros estadunidenses?], *The Atlantic*, 5 abr. 2013.
300 ODUAH, Chika. "Poll: Black Americans More Optimistic, Enthused about 2012" [Pesquisa: negros estadunidenses mais otimistas, entusiasmados para 2012], *theGrio*, 7 nov. 2011.

aos executivos da indústria automobilística, mas que representou apenas uma elevação moral aos negros. Seus pedidos de assistência foram recebidos com piadas de que Obama "não é o presidente dos Estados Unidos dos negros". O jornalista negro Vann Newkirk, que se autodeclara membro da geração O, falou por muitos quando escreveu: "A Grande Recessão [de 2008] nos deixou sobrecarregados de dívidas, impossibilitados de fazer poupança, bem-educados mas desempregados, e profundamente insatisfeitos com a dissonância entre o *éthos* e a realidade dos Estados Unidos. Mesmo agora, em meio a uma recuperação, nós representamos 40% de todos os indivíduos desocupados, ainda temos uma taxa de desemprego de dois dígitos e lutamos para ter uma poupança e pagar as dívidas".[301]

Soa muito falso abordar a questão dos negros pobres e da classe trabalhadora sem considerar o modo como o sistema penal fez com que os pais negros "desaparecessem" da vida de seus filhos. Quando Obama fala sobre pais negros ausentes, ele nunca menciona a disparidade no número de prisões e sentenças que geram uma quantidade desproporcional de homens negros ausentes. Poucas discussões na mídia sobre a candidatura de Obama mencionaram medidas para restringir o apetite voraz que o sistema penal do país sente por corpos negros, mas as cicatrizes da "segurança pública" estavam por toda parte: um milhão de afro-estadunidenses encarcerados; 10% dos negros previamente detidos eram impedidos de votar; um em cada quatro homens negros na faixa etária de vinte a 29 anos está sob controle do sistema penal. Os Estados Unidos "pós-raciais" estavam desaparecendo sob a avalanche de disparidades da justiça criminal.

[301] NEWKIRK II, Vann R. "The Dream that Never Was: Black Millennials and the Promise of Obama" [O sonho que nunca se realizou: *millennials* negros e a promessa de Obama], *Gawker*, 1º dez. 2014.

Ao longo de seu primeiro mandato, Obama não deu atenção especial às questões cada vez mais numerosas sobre a relação entre a manutenção da ordem e as prisões, nem mesmo quando o livro *A nova segregação: racismo e encarceramento em massa*, de Michelle Alexander, publicado em 2012, descreveu os horrores que o encarceramento em massa e a corrupção em todo o sistema legislativo infligiam às famílias negras. Nada disso começou durante o governo Obama, mas seria ingênuo pensar que os afro-estadunidenses não consideraram o impacto destrutivo do policiamento e do encarceramento quando se dirigiram maciçamente às urnas para elegê-lo. A falta de vontade do presidente em lidar com os efeitos da desigualdade estrutural desiludiu os jovens afro-estadunidenses, que até então confiavam na capacidade transformadora de seu governo, como descreveu Newkirk:

> O júbilo que senti: os pulos de alegria, as lágrimas. Não eram apenas meus, mas de pessoas que marcharam antes de mim. A experiência foi espiritual.
>
> Mas esse idealismo logo se desgastou. O que não esperávamos era que o falso sonho pós-racial cego suplantasse e se disfarçasse de sonho pós-racismo. [...] As correntes de ignorância deliberada sobre questões raciais e respostas racistas venenosas do presidente frustraram muitos *millennials* negros, especialmente aqueles que haviam sido doutrinados pelo ideal progressivo de esperança de Obama. Assim que a campanha terminou, ficamos à deriva, lutando para encontrar uma maneira de expressar nossas preocupações.[302]

---

302 NEWKIRK II, Vann R. "The Dream that Never Was: Black Millennials and the Promise of Obama", *Gawker*, 1º dez. 2014.

A PRIMAVERA ESTADUNIDENSE

Um momento específico fez com que os afro-estadunidenses encarassem e aceitassem coletivamente o fato de que Barack Obama não usaria sua posição como presidente para intervir em nome dos negros. Troy Davis era um homem negro no corredor da morte no estado da Geórgia. Muitos acreditavam que ele havia sido condenado injustamente. No outono de 2011, ele seria executado por um crime que não cometera. Davis clamava inocência e seus gritos foram ouvidos: durante anos, ele e sua irmã, Martina Davis-Correia, uniram-se a ativistas contrários à pena de morte para lutar por sua vida. Em setembro de 2011, uma campanha internacional para tirá-lo do corredor da morte estava a pleno vapor. Os protestos ficavam maiores e mais frenéticos à medida que a data da execução se aproximava. Ocorreram manifestações ao redor do mundo, e quando o movimento internacional para cancelar a execução tomou forma, Davis recebeu também o apoio de dignitários globais. A União Europeia, os governos da França e da Alemanha, a Anistia Internacional e William Sessions, ex-diretor do FBI, imploraram aos Estados Unidos que impedissem a execução. O democrata Vincent Fort, senador estadual na Geórgia, pediu aos responsáveis pela execução que se recusassem a fazê-lo: "Apelamos aos funcionários da equipe de injeção [letal]: entrem em greve! Não sigam as ordens! Não iniciem o fluxo de produtos químicos da injeção letal. Se você se recusar a participar, você torna essa execução imoral muito mais difícil".[303] Na noite anterior à

---

[303] WOLF, Sherry. "Why Did Obama Let Troy Die?" [Por que Obama deixou que Troy morresse?], *Socialist Worker*, 22 set. 2011.

execução de Davis, marcada para 21 de setembro, pessoas do mundo inteiro esperavam que Obama dissesse ou fizesse alguma coisa — mas ele não fez nada, não deu nenhuma declaração. Em vez disso, enviou o secretário de imprensa Jay Carney para falar em seu nome, dizendo simplesmente que não era "apropriado" para o presidente intervir em um julgamento realizado por um estado. No final, o presidente negro sucumbiu à legislação da Geórgia.[304] Um observador negro capturou a decepção: "Obama dá opiniões sobre tudo o que é seguro, comedido e o que ele considera que os Estados Unidos querem ouvir, mas fica em cima do muro sobre questões importantes para os afro-estadunidenses".[305] Foi nesse momento que a geração O acordou e teve uma nova compreensão dos limites do poder presidencial negro — não porque Obama não podia intervir, como insistiam seus assessores, mas porque ele se recusava. Johnetta Elzie, uma das ativistas mais conhecidas de Ferguson, descreveu em entrevista o impacto que sentiu com a execução de Davis: "Foi a primeira vez que fui ferida por algo que aconteceu a um estranho".[306]

As mobilizações por Troy Davis certamente não foram insignificantes. Um dia após o estado da Geórgia finalmente assassiná-lo, a Anistia Internacional e a Campanha para Acabar com a Pena de Morte decretaram, em protesto, um "Dia de Indignação". Mais de mil pessoas marcharam, chegando a um pequeno acampamento de protesto em Wall

---

[304] BLUESTEIN, Greg. "Obama Silent as U.S. Murders Troy Davis" [Obama se cala enquanto os Estados Unidos assassinam Troy Davis], *Common Dreams*, 21 set. 2011.

[305] FREEMAN-COULBARY, Joy. "Obama Silent on Troy Davis" [Obama não se pronuncia sobre Troy Davis], *Root DC*, 26 set. 2011.

[306] DEMBY, Gene. "The Birth of a New Civil Rights Movement" [O nascimento de um novo movimento pelos direitos civis], *Politico*, 31 dez. 2014.

Street que se autodenominava Occupy Wall Street. Essa ocupação havia começado mais ou menos uma semana antes da morte de Davis, e estava em seu estágio inicial. Quando os ativistas do protesto por Troy Davis se juntaram aos ativistas do Occupy, a conexão foi imediata, e os manifestantes abraçaram a causa contra a desigualdade e a injustiça na execução de um negro da classe trabalhadora. Após a marcha, muitos dos que protestavam por Davis ficaram e se tornaram parte do acampamento. Depois disso, o canto popular durante as marchas do movimento Occupy era "We are all Troy Davis" [Somos todos Troy Davis].[307]

Marchas para salvar o prisioneiro no corredor da morte e os eletrizantes protestos do movimento Occupy Wall Street em 2011 pareciam significar o início da "Primavera estadunidense". A recusa de Obama em intervir em favor de Davis e os diversos triunfos eleitorais republicanos nas eleições de 2010 sinalizaram que a janela progressista, que muitos ativistas acreditavam ter sido aberta com a vitória nas urnas em 2008, havia se fechado. O movimento de protesto foi derrotado e Davis, executado.

O Occupy Wall Street, por outro lado, tornava-se a expressão política mais importante da divisão de classes dos Estados Unidos em mais de uma geração. O *slogan* "We are the 99 percent" [Somos os 99%] e a articulação do movimento, que separava o "1%" [mais rico] do resto de nós, ofereciam uma compreensão estrutural e palpável sobre a desigualdade estadunidense. Foi um passo importante para entender o alcance limitado do "sonho americano" em um país que não reconhece a existência de desigualdades de classe ou econômicas. A proximidade entre o Occupy e os protestos pela vida de Troy Davis destacou o quanto

---

[307] SINGSEN, Doug & RUSSELL, Will. "A Spotlight on Wall Street Greed" [Uma luz na ganância de Wall Street], *Socialist Worker*, 28 set. 2011.

as desigualdades racial e econômica estão emaranhadas. O apoio ao Occupy foi maior entre os negros do que entre o restante da população: 45% dos afro-estadunidenses expressaram uma visão "positiva" do movimento, e outros 35% disseram que o movimento foi bom para o "sistema político".[308] Apesar das dificuldades do Occupy em expressar coerentemente a relação entre as desigualdades econômica e racial, sua ênfase na ajuda financeira concedida pelo governo às empresas privadas, enquanto milhões de pessoas comuns suportavam o peso do desemprego e dos despejos, abordava algumas das questões mais importantes que afetam os afro-estadunidenses. Era difícil ignorar que os proprietários de imóveis negros haviam sido abandonados numa luta solitária.

A mídia taxava o Occupy Wall Street como "branco", o que desvalorizava os esforços árduos e às vezes bem-sucedidos para trazer mais afro-estadunidenses para o movimento. O Occupy era, sim, predominantemente branco, e a certa altura várias correntes dentro das assembleias passaram a debater se a polícia deveria ou não ser considerada parte dos "99%". No entanto, o movimento tinha variações de acordo com cada cidade. Em alguns municípios, havia bem poucos negros, latino-americanos e outras pessoas de cor envolvidas; em contrapartida, os ativistas de Oakland nomearam seu acampamento em homenagem a Oscar Grant, e os ativistas de Atlanta homenagearam Troy Davis. O Occupy Wall Street em Nova York tinha um "grupo de trabalho de pessoas de cor", cujo objetivo era abordar questões antirracistas com a intenção de atrair mais negros e outras pessoas de cor para o movimento. O Occupy de Chicago organizou

---

308 ODUAH, Chika. "Poll: Blacks Back 'Occupy', Want Obama to be Tougher on Wall Street" [Pesquisa: negros apoiam Occupy e querem que Obama seja mais duro com Wall Street], *theGrio*, 9 nov. 2011.

palestras chamadas "Racismo em Chicago", "Nossos inimigos em azul" [em referência ao uniforme da polícia nos Estados Unidos] e "Despejos".

Mais significativamente, os ativistas negros do Occupy organizaram o Occupy the Hood [Ocupação da periferia], cujo objetivo era propagandear o movimento em comunidades com grande presença de negros e latino-americanos em todo o país e ampliar o leque de pessoas envolvidas. Alguns organizadores do Occupy the Hood também participaram de manifestações contra "a abordagem e a revista" policial. Dessa forma, o Occupy popularizou a desigualdade econômica e de classe nos Estados Unidos por meio de protestos contra a ganância corporativa, a fraude e a corrupção em todo o setor financeiro, bem como ajudou a estabelecer uma conexão entre essas questões e o racismo. A insistência dos políticos democratas e republicanos em culpar a cultura negra pela pobreza tornou-se incoerente após o início das discussões públicas sobre a desigualdade econômica. Embora obviamente não tenha dissipado os argumentos que colocavam a culpa na cultura e na "responsabilidade pessoal" dos negros, o movimento Occupy ajudou a criar um espaço para explicações alternativas na política dominante, inclusive expondo que a pobreza e a desigualdade que afetam os afro-estadunidenses são produtos do sistema. Os ataques violentos e a repressão aos acampamentos desarmados e pacíficos do Occupy, no final de 2011 e no início de 2012, também forneceram uma lição sobre a polícia nos Estados Unidos: ficou claro que os agentes eram servos do poder político e da elite dominante. Além de racistas, eles também eram a tropa de choque pronta para proteger o *status quo* e os guarda-costas dos membros pertencentes ao "1%".

DO CASO TRAYVON
AO FUTURO

O assassinato de Trayvon Martin em Sanford, Flórida, no inverno de 2012, foi um ponto crucial. Assim como o assassinato de Emmett Till, ocorrido quase 57 anos antes, a morte de Trayvon minou a ilusão de que os Estados Unidos eram um país pós-racial. Till foi um garoto que, nas férias de verão no Mississippi, em 1955, foi linchado por homens brancos devido a uma transgressão racial imaginária. O assassinato de Till mostrou ao mundo a brutalidade racista pulsando no coração da "maior democracia do mundo". Sua mãe, Mamie, optou por um funeral de caixão aberto para mostrar ao mundo como seu filho havia sido mutilado e linchado na "terra das pessoas livres". Já o crime de Trayvon Martin foi andar de volta para casa usando um capuz, falando ao telefone e cuidando da própria vida. George Zimmerman, agora uma ameaça bem conhecida, foi retratado na época como um aspirante a agente de segurança; ele ligou para a polícia e descreveu o perfil de Trayvon: "Parece que esse cara está aprontando, ou drogado, ou algo assim".[309] O "cara" era um garoto de dezessete anos que se deslocava de uma loja de conveniência para sua casa. Zimmerman seguiu o garoto, confrontou-o e, no fim, atirou no peito dele, matando-o. Quando os policiais chegaram, eles acreditaram no relato de Zimmerman. Trayvon era negro, e a suposição-padrão era entendê-lo como agressor, então eles o trataram como tal. Eles o consideraram como "não identificado" e não fizeram nenhum esforço para descobrir se ele morava naquele bairro ou se estava desaparecido. Mas a história começou a

---

[309] "We Have to Win Justice for Trayvon" [Precisamos de justiça para Trayvon], *Socialist Worker*, 21 mar. 2012.

ganhar a atenção da mídia e, à medida que mais detalhes se tornavam públicos, ficava evidente que o jovem negro havia sido vítima de um assassinato extrajudicial. Trayvon Martin fora linchado.

Dentro de algumas semanas, marchas, manifestações e protestos surgiram em todo o país. A exigência era simples: a prisão de George Zimmerman pelo assassinato de Trayvon Martin. A raiva foi alimentada, pelo menos em parte, pelo duplo padrão indiscutível: se Trayvon fosse branco e Zimmerman, negro, Zimmerman teria sido preso imediatamente, ou pior. Em vez disso, o caso mostrou as consequências mortais do estereótipo racial e a mistura de medo e nojo que a polícia sente por meninos e homens negros, tentando, assim, varrer o assunto para debaixo do tapete. Os protestos eram nacionais, como também haviam sido para Troy Davis, porém muito mais difundidos. Esse foi o impacto do movimento Occupy, que restabeleceu a legitimidade dos protestos de rua, das ocupações e das ações diretas. Muitos dos ativistas do Occupy dispersos pela repressão policial no inverno anterior voltaram a se mobilizar pela luta crescente por justiça em decorrência da morte de Trayvon. Os protestos na Flórida e na cidade de Nova York reuniram milhares de pessoas, e manifestações menores ocorreram em outros cantos do país.

A inércia legal em torno do assassinato de Trayvon nos níveis local, estadual e federal demonstrou a histeria racista que prevalece em toda a sociedade estadunidense. Trayvon não havia sido considerado suspeito por ter, de fato, feito algo errado, mas por ser negro. Durante semanas, Barack Obama esquivou-se das perguntas, comentando apenas que era um caso local. Demorou mais de um mês para que o presidente finalmente falasse sobre o ocorrido: "Se eu tivesse um filho, ele se pareceria com Trayvon. [...] Quando penso nesse garoto, penso nas minhas próprias crianças". E acrescentou: "Acho que todos os pais nos Estados Unidos devem entender por que é tão importante investigarmos todos os aspectos desse caso — juntos, nos âmbitos federal, estadual e local — para descobrirmos exatamente como essa tragédia aconteceu".[310]

Obama poderia não ter se manifestado, mas o simples fato de ter se pronunciado foi a evidência necessária para que o ímpeto dos protestos aumentasse. O assassinato de Trayvon foi uma vergonha nacional e internacional. Pode ser que os negros já tivessem entendido que, como presidente, Obama não poderia liderar um movimento social contra a brutalidade policial, mas por que ele deixava de usar seu cargo para amplificar a dor e a raiva sentidas pelos negros? Embora todos aplaudissem sua declaração pessoal, o presidente sinalizava que o governo federal se manteria longe de assuntos "locais". Porém, foi exatamente para agir em situações como essa que os negros o haviam colocado na Casa Branca. "Estávamos cheios de esperança — elegemos e reelegemos Barack Obama, mas isso ainda está acontecendo. É como se já soubéssemos que o sistema nos odiava, não importa como especulássemos sobre isso, mas agora, mesmo com Barack na presidência, sabemos que temos que andar com cuidado", disse o poeta Frankiem Nicoli.[311]

É impossível saber ou prever quando um momento específico se transforma em movimento social. Quarenta e cinco dias após George Zimmerman ter assassinado Trayvon Martin a sangue-frio, ele finalmente foi preso, na esteira de semanas de protestos, marchas e manifestações, muitas

---

[310] THOMPSON, Krissah & WILSON, Scott. "Obama on Trayvon Martin: 'If I Had a Son, He'd Look Like Trayvon'" ["Se eu tivesse um filho, ele se pareceria com Trayvon", diz Obama sobre Trayvon Martin], *The Washington Post*, 23 mar. 2012.
[311] RUDER, Eric. "Trayvon Martin Woke Us Up" [Trayvon Martin nos despertou], *Socialist Worker*, 19 jul. 2013.

delas planejadas através de redes sociais, fora do controle conservador das organizações de direitos civis tradicionais. Pais, familiares e amigos de outras pessoas mortas pela polícia, como Alan Blueford,[312] Ramarley Graham,[313] James Rivera,[314] Danroy "DJ" Henry[315] e Rekia Boyd, marcharam ao lado de ativistas locais para chamar a atenção para o assassinato de seus filhos e entes queridos.

Naquele verão de tensões crescentes, escrevi sobre a impunidade da polícia em relação aos assassinatos:

> Se a polícia continuar matando impunemente homens negros e mulheres negras, aquelas rebeliões urbanas que abalaram a sociedade estadunidense na década de 1960 serão novamente uma possibilidade explícita. Esta não é a década de 1960, mas, no século XXI, com um presidente negro e um procurador-geral negro em Washington, as pessoas com certeza têm expectativas maiores. Enquanto isso, no final de julho, quase ocorreram rebeliões no sul da Califórnia e em Dallas, depois que a polícia, cujo desprezo pela vida negra e marrom se torna cada vez mais descarado, executou jovens em plena luz do dia, ao ar livre e para todo mundo ver. [...] É crescente o sentimento de cansaço com relação ao racismo e à brutalidade dos policiais em todo o país, e com o silêncio generalizado

---

[312] Alan Blueford, negro de dezoito anos, assassinado pela polícia de Oakland, Califórnia, em 6 de maio de 2012. [N.E.]

[313] Ramarley Graham, negro de dezoito anos, assassinado pela polícia de Nova York em 2 de fevereiro de 2012. [N.E.]

[314] James Rivera, negro de dezesseis anos, assassinado pela polícia de Stockton, Califórnia, em 22 de julho de 2010. [N.E.]

[315] Danroy "DJ" Henry, negro de vinte anos, assassinado pela polícia de Pleasantville, Nova York, em 18 de outubro de 2010. [N.E.]

que os envolve — e as pessoas estão começando a se levantar contra isso.[316]

No verão de 2013, mais de um ano após sua prisão, George Zimmerman foi considerado inocente do assassinato de Trayvon Martin. O veredito fazia perdurar o fardo do povo negro: mesmo morrendo, Trayvon seria difamado como um "delinquente" e um agressor, enquanto Zimmerman seria retratado como sua vítima. O juiz chegou a instruir ambas as partes de que a frase "estereótipo racial" não poderia ser mencionada no tribunal, muito menos usada para explicar por que Zimmerman havia alvejado Trayvon.[317]

Na ocasião, o presidente Obama se dirigiu à nação: "Sei que esse caso suscitou fortes sentimentos. E, após o veredito, eu sei que esses sentimentos podem aumentar ainda mais. Mas somos uma nação de leis, e o júri decidiu. Devemos nos perguntar, enquanto indivíduos e enquanto sociedade, como podemos evitar futuras tragédias iguais a essa. Como cidadãos, isso é um trabalho para todos nós".[318]
O que significa ser uma "nação de leis" quando a lei é aplicada de forma desigual? Existe um sistema duplo de justiça penal nos Estados Unidos: um para negros, outro para brancos. A consequência são as diferenças discriminatórias na punição, que ocorrem em todos os aspectos da jurisprudência estadunidense. George Zimmerman se beneficiou desse sistema duplo: foi autorizado a permanecer em liberdade por semanas antes que os protestos pressionassem

---

316 TAYLOR, Keeanga-Yamahtta. "The Terrorists in Blue" [Os terroristas de azul], *Socialist Worker*, 30 jul. 2012.
317 ALVAREZ, Lizette. "Zimmerman Case Has Race as a Backdrop, But You Won't Hear It in Court" [Caso Zimmerman tem um cenário racial, mas isso não será ouvido na corte], *The New York Times*, 7 jul. 2013.
318 OBAMA, Barack. "Statement by the President", informe à imprensa, 14 jul. 2013.

as autoridades a prendê-lo. Zimmerman não foi submetido a nenhum exame toxicológico, mas o cadáver de Trayvon Martin foi. Esse duplo padrão arruinou as alegações públicas de que os Estados Unidos são uma nação construída com base no Estado de direito. O pedido de Obama por uma busca silenciosa e individual da alma era uma maneira de dizer que ele não tinha respostas.

Para a geração O, as declarações do presidente deram a dimensão do tamanho da limitação do poder político negro nos Estados Unidos. FM Supreme, uma jovem artista negra de *hip-hop* de Chicago, descreveu o significado da absolvição de Zimmerman:

> Quando anunciaram, parecia um filme. [...] Eu fiquei tipo: cara, que foda. Tá brincando? Na verdade, eu não estava surpresa, mas não estava preparada para aquilo. No geral, a decisão reforça que os Estados Unidos da América não dão nenhum valor para a vida dos negros. [...] A maneira como demonizaram Trayvon Martin, como cutucaram seu cadáver para ver se ele tinha drogas no corpo — eles não nos valorizam. Eles não verificaram se George Zimmerman tinha drogas no corpo. [...] Temos que mudar. Temos que agir. Especificamente, precisamos repreender a lei de legítima defesa.[319] Precisamos enfrentar o racismo nos Estados Unidos. Precisamos atingi-los economicamente. E, para isso, temos que apresentar uma estratégia. Precisamos lembrar de Emmett Till e de que, após sua morte, houve Rosa Parks e os boicotes aos ônibus.[320]

---

319 A lei de legítima defesa dos Estados Unidos (conhecida por "Stand Your Ground") estabelece que cidadãos podem usar força letal para defender a si ou a outrem contra ameaças reais ou prováveis, mesmo que possam se retirar com segurança da situação. [N.T.]
320 RUDER, Eric. "Trayvon Martin Woke Us Up", *Socialist Worker*, 19 jul. 2013.

Quase dois anos após a absolvição de Zimmerman, o Departamento de Justiça anunciou silenciosamente que não apresentaria nenhuma acusação federal contra ele. A mãe de Trayvon, Sybrina Fulton, declarou: "O que queremos é que alguém seja responsabilizado, queremos que alguém seja preso, é óbvio".[321]

A absolvição não significou o fim do movimento: ela mostrou todas as razões pelas quais ele precisava crescer.[322] Com as esperanças perdidas após o veredito, a ativista comunitária Alicia Garza postou uma simples *hashtag* no Facebook: *#blacklivesmatter*. Foi uma réplica poderosa e direta sobre a desumanização e a criminalização que transformaram Trayvon imediatamente em suspeito e levaram a polícia a não fazer o menor esforço para descobrir de onde vinha esse garoto. Foi uma resposta à opressão, à desigualdade e à discriminação que desvalorizam a vida negra todos os dias. Foi tudo, em três simples palavras.[323] Garza prosseguiu, com as colegas ativistas Patrisse Cullors e Opal Tometi, e transformou a *hashtag* em uma organização homônima: #BlackLivesMatter. Em renomado artigo sobre o significado do *slogan* e as esperanças de sua nova organização, Garza descreve o #BlackLivesMatter como "uma intervenção ideológica e política em um mundo onde as vidas negras são sistemática e intencionalmente levadas à morte. É uma afirmação das contribuições dos negros para

---

[321] KAY, Jennifer. "Trayvon Martin's Mother Says Zimmerman Got Away with Murder" [A mãe de Trayvon Martin afirma que Zimmerman se safou do assassinato], *Huffington Post*, 25 fev. 2015.
[322] SMITH, Mychal Denzel. "How Trayvon Martin's Death Launched a New Generation of Black Activism" [Como a morte de Trayvon Martin lançou uma nova geração de ativismo negro], *The Nation*, 27 ago. 2014.
[323] GARZA, Alicia. "A Herstory of the #BlackLivesMatter Movement" [Uma história feminina do movimento #BlackLivesMatter], *Feminist Wire*, 7 out. 2014.

essa sociedade: temos humanidade e resiliência diante da opressão mortal".[324]

A absolvição de Zimmerman também inspirou a formação do importante Black Youth Project 100 [Projeto juventude negra 100] (BYP 100), em Chicago. Charlene Carruthers, coordenadora nacional da iniciativa, disse sobre o veredito: "Não acredito que, necessariamente, a dor tenha sido resultado do choque pela absolvição de Zimmerman [...], isso foi só mais um exemplo [...] de como a injustiça é validada pelo Estado — algo a que os negros estavam acostumados".[325] Na Flórida, onde o crime ocorreu, Umi Selah (antigamente conhecido como Phillip Agnew) e seus amigos formaram o grupo Dream Defenders [Defensores de sonhos], cujos membros ocuparam por 31 dias o gabinete de Rick Scott, governador da Flórida, em protesto ao resultado do julgamento. "Vi George Zimmerman comemorando, me lembro de sentir um enorme, enorme, enorme [...] colapso [...], nunca esquecerei aquele momento [...], porque não esperávamos que o veredito fosse dado naquela noite, e muito menos que ele fosse absolvido",[326] disse Selah, que deixou seu emprego de representante farmacêutico e se tornou militante em tempo integral.[327]

Ninguém sabia quem seria o próximo Trayvon, mas o crescente uso de câmeras de celular e redes sociais pareceu acelerar o ritmo com que os incidentes de brutalidade policial se tornavam públicos. Essas ferramentas estavam nas

---

324 GARZA, Alicia. "A Herstory of the #BlackLivesMatter Movement", *Feminist Wire*, 7 out. 2014.
325 SMITH, Mychal Denzel. "How Trayvon Martin's Death Launched a New Generation of Black Activism", *The Nation*, 27 ago. 2014.
326 *Ibidem*.
327 LISTON, Barbara. "Dream Defenders Leader Headed to DC" [Líder dos Defensores de Sonhos vai para a capital], *Huffington Post*, 24 ago. 2013.

mãos de cidadãos comuns, o que significava que as famílias das vítimas não dependiam mais do interesse da grande mídia: elas podiam levar o caso diretamente aos olhos do público. Enquanto isso, a formação de organizações dedicadas ao combate ao racismo por meio de mobilizações em massa, manifestações de rua e outras ações diretas era a evidência de uma nova esquerda negra em desenvolvimento, que poderia disputar a liderança contra forças já estabelecidas, adeptas de táticas e políticas conservadoras. O poder político negro, liderado pelo presidente Barack Obama, havia demonstrado repetidamente que não era capaz da tarefa mais básica: manter crianças negras vivas. Os jovens teriam que fazer isso por conta própria.

6. VIDAS NEGRAS IMPORTAM: UM MOVIMENTO, NÃO UM MOMENTO

O que aconteceu com minha filha foi injusto. Foi injusto. Foi muito injusto. Isso me fez passar por toda a gama de emoções possíveis. Mas, como já disseram todas as outras mães, não vou parar até que eu tenha respostas.
— Cassandra Johnson,[328] mãe de Tanisha Anderson, assassinada pela polícia de Cleveland em 2014

[328] DEAN, Michelle. "'Black Women Unnamed': How Tanisha Anderson's Bad Day Turned Into Her Last" ["Mulheres negras anônimas": como um dia ruim transformou-se no último dia da vida de Tanisha Anderson], *The Guardian*, 5 jun. 2015.

Todo movimento precisa de um catalisador, de um evento que capte as experiências das pessoas, tire-as do isolamento e as conduza para uma causa coletiva que tenha o poder de transformar as condições sociais. Poucos poderiam prever que, quando o policial branco Darren Wilson atirou em Mike Brown, uma rebelião teria início em um subúrbio pequeno e desconhecido do Missouri chamado Ferguson. Por razões que talvez nunca sejam desvendadas, a morte de Brown foi um ponto de ruptura para os afro-estadunidenses daquela cidade — e também para centenas de milhares de negros nos Estados Unidos. Talvez tenha sido a falta de humanidade da polícia, ao deixar o corpo morto de Brown apodrecer no sol quente do verão por quatro horas e meia, mantendo seus pais afastados sob a mira de armas e sob a guarda de cães. "A gente foi tratado como se não fosse os pais, sabe?", disse o pai da vítima. "Isso que eu não entendi. Eles atiçavam os cães em cima da gente. Eles não deixaram a gente identificar o corpo. Eles miravam suas armas na nossa direção."[329] Talvez tenha sido o equipamento militar que a polícia usou contra as manifestações que surgiram em protesto pela morte de Brown. Com tanques, metralhadoras e um arsenal interminável de gás lacrimogêneo, balas de borracha e cassetetes, o Departamento de Polícia

---

[329] RICHARDSON, John H. "Michael Brown Sr. and the Agony of the Black Father in America", *Esquire*, 5 jan. 2015.

de Ferguson declarou guerra aos residentes negros e a qualquer pessoa que se solidarizasse com a causa.

Desde então, a revolta explodiu em centenas de protestos. Enquanto os Estados Unidos celebravam várias festas de aniversário pelos cinquenta anos da luta pela libertação negra dos anos 1960, a atualidade do racismo e da brutalidade policial vinham à tona, rasgando o véu que encobria a segregação. Nas últimas décadas, vez ou outra, a quietude da democracia estadunidense (que não deve ser confundida com docilidade) foi rompida depois do espancamento brutal de Rodney King, por exemplo, ou do abuso sexual contra Abner Louima,[330] ou da execução de Amadou Diallo. Apesar de não terem desencadeado um movimento nacional, esses espancamentos e assassinatos não foram esquecidos. Zakiya Jemmott, manifestante de Ferguson, explica: "Participei de um protesto pela primeira vez em 1999, quando Amadou Diallo foi assassinado pela polícia. Não vi mudanças e não mudei minha percepção sobre os policiais".[331]

É impossível responder, e talvez seja fútil perguntar: "Por que Ferguson?", assim como é impossível calcular com precisão quando se atinge "a gota d'água". O assassinato de Mike Brown pela polícia foi transformado em linchamento, o que certamente piorou as coisas. O escritor Charles Pierce conseguiu descrever o que muitos sentiram: "Ditadores deixam corpos na rua. Déspotas mesquinhos deixam corpos na rua. Chefes militares em guerra deixam corpos na rua.

---

330 Abner Louima, negro, espancado e violentado pela polícia de Nova York em 1997, aos 31 anos. [N.E.]
331 BRASWELL, Kristin. "#FergusonFridays: Not All of the Black Freedom Fighters Are Men: an Interview with Black Women on the Front Line in Ferguson" [#SextasEmFerguson: nem todos os que lutam pela liberdade negra são homens: uma entrevista com mulheres negras na linha de frente em Ferguson], *Feminist Wire*, 3 out. 2014.

Corpos são deixados na rua para dar uma lição, para provar um ponto, ou porque não há dinheiro para tirar os corpos e enterrá-los, ou porque ninguém se importa se os corpos são deixados lá".[332] Poucas horas após o cadáver de Brown ser finalmente removido, os moradores ergueram um memorial improvisado com ursinhos de pelúcia e outros objetos no local onde os policiais haviam deixado o corpo por todo aquele tempo. Quando a polícia chegou com os cães, um dos agentes deixou o animal urinar no memorial. Mais tarde, quando a mãe de Brown, Lesley McSpadden, colocou pétalas de rosas na forma das iniciais do filho assassinado, um carro da polícia passou zunindo, esmagando o memorial e espalhando as flores.[333] Na noite seguinte, McSpadden, amigos e familiares voltaram ao local e colocaram uma dúzia de rosas. Mais uma vez, um carro da polícia apareceu e destruiu as flores.[334] Mais tarde, naquela noite, o levante começou.

A polícia respondeu ao motim na intenção de reprimir e punir a população, que havia ousado desafiar a autoridade. É difícil interpretar de outra maneira o uso indevido de gás lacrimogêneo, balas de borracha e ameaças persistentes de violência contra uma população civil desarmada. Durante o período de protestos, os policiais de Ferguson — 95% deles brancos do sexo masculino — cobriam os distintivos para esconder a identidade, usavam munhequeiras com os dizeres "EU SOU DARREN WILSON" [em referência ao assassino

[332] PIERCE, Charles P. "The Body on the Street" [O corpo na rua], *Esquire*, 22 ago. 2014.
[333] FOLLMAN, Mark. "Michael Brown's Mom Laid Flowers Where He Was Shot — and Police Crushed Them" [Mãe de Michael Brown deixou flores no lugar de sua morte — e a polícia as esmagou], *Mother Jones*, 27 ago. 2014.
[334] RICHARDSON, John H. "Michael Brown Sr. and the Agony of the Black Father in America", *Esquire*, 5 jan. 2015.

de Mike Brown] e apontavam as armas contra os civis desarmados envolvidos nas manifestações legais. O município parecia um Estado hostil, criando regras arbitrárias para tentar controlar os protestos públicos e agredindo a mídia, como um ato de vingança e uma tentativa de esconder a absoluta brutalidade da operação. Depois da morte de Brown, em apenas doze dias 172 pessoas foram presas, 132 delas acusadas de "resistência à dispersão". Durante as manifestações, um policial de Ferguson apontou seu rifle AR-15 semiautomático na direção de um grupo de jornalistas e gritou: "Eu vou matar vocês, porra!". Quando alguém perguntou: "Qual é o seu nome, senhor?", ele gritou: "Vai se foder!".[335] Naquele período, a realidade brutal da vida negra em Ferguson estava exposta para todo o mundo.

Os manifestantes negros desmascararam a corrupção que regia as operações da cidade, revelando que o Departamento de Polícia de Ferguson, dirigido pelo prefeito e pela Câmara Municipal, usava a população negra como principal fonte de receita para os cofres públicos (ver Capítulo 4). As famílias negras eram a tal ponto inundadas com multas, taxas, encargos, intimações e prisões que estas eram a segunda principal fonte de arrecadação da cidade. As multas judiciais decorrentes de infrações de trânsito representavam 21% da arrecadação — o "equivalente a mais de 81% dos salários da polícia, excluindo-se horas extras".[336] A falha no pagamento ou o não comparecimento ao tribunal para responder pelas multas geravam, instantaneamente, um mandado de prisão. *E-mails*

---

[335] "On the Streets of America: Human Rights Abuses in Ferguson" [Nas ruas dos Estados Unidos: violação dos direitos humanos em Ferguson], *Anistia Internacional*, 24 out. 2014.

[336] DAVIES, Megan & BURNS, Dan. "In Riot-Hit Ferguson, Traffic Fines Boost Tension and Budget" [Rebeliões em Ferguson: multas de trânsito aumentam tensão e orçamento], *Reuters*, 19 ago. 2014.

trocados entre administradores públicos eram explícitos ao pedir cada vez mais. Em março de 2013, o diretor financeiro escreveu ao gestor municipal: "Prevê-se que as custas judiciais aumentem cerca de 7,5%. Eu já perguntei ao chefe de polícia se ele achava que o FPD [Departamento de Polícia de Ferguson] poderia gerar 10%. Ele deu a entender que iria tentar".[337] Em dezembro de 2014, o departamento possuía dezesseis mil mandados de prisão pendentes, principalmente por pequenos delitos.[338] Motoristas negros eram parados no trânsito em 95% das vezes. O relatório do Departamento de Justiça sobre a polícia da cidade afirmava que "as práticas de aplicação da lei em Ferguson são moldadas e perpetuadas diretamente pelo viés racial".[339] Os negros de Ferguson viviam sob o domínio quase completo da polícia.

De fato, à medida que os protestos diários continuavam, a brutalidade e a iniquidade policial em Ferguson aumentavam — o que parecia ter origem na frustração dos policiais por não conseguirem submeter os homens negros e as mulheres negras da cidade à sua autoridade. Quentin Baker, de dezenove anos, morador da cidade vizinha, St. Louis, observou: "Tudo isso acontece depois que a polícia provoca. O que eles querem é impor a vontade deles".[340] Toda vez que

---

[337] BRAND, Anna & SAKUMA, Amanda. "11 Alarming Findings in the Report on Ferguson Police" [Onze descobertas alarmantes no relatório sobre a polícia de Ferguson], *MSNBC*, 4 mar. 2015.
[338] SCHUPPE, Jon. "U.S. Finds Pattern of Biased Policing in Ferguson" [Estados Unidos encontram padrão tendencioso no policiamento de Ferguson], *NBC*, 3 mar. 2015.
[339] ROBINSON, Nathan. "The Schocking Finding From the DOJ's Ferguson Report That Nobody Has Noticed" [A descoberta chocante do relatório do Departamento de Justiça que ninguém tinha percebido], *Huffington Post*, 13 mar. 2015.
[340] ANDERSON, Joel. "Ferguson's Angry Young Men" [Os jovens raivosos de Ferguson], *BuzzFeed*, 22 ago. 2014.

a polícia tentava destruir o memorial de Mike Brown, os moradores o reconstruíam em poucas horas, e essa mesma dinâmica ocorria em relação aos protestos: todas as noites a polícia usava gás lacrimogêneo e balas de borracha para dispersar a multidão; no dia seguinte, as multidões ressurgiam. A ativista Johnetta Elzie descreveu como a atitude dos manifestantes estava mudando, mesmo diante de uma violência policial "inimaginável":

> Eu me tornei uma manifestante menos pacífica e mais ativa. Usar minha voz para protestar bem alto junto com outros manifestantes parecia suficiente, mas não era. Em vez disso, decidi gritar diretamente para a polícia. Resolvi desafiar a polícia a olhar para o rosto dos bebês e das crianças que seus cães estavam prontos para atacar. Quanto mais pessoas começavam a olhar diretamente para os policiais e protestar sua indignação, mais irritados eles ficavam.[341]

O manifestante Dontey Carter apontou: "Estou aqui desde o primeiro dia. [...] Todos nós passamos pela mesma dor e raiva com o que aconteceu. Todos nós nos reunimos naquele dia. [...] Eles estão nos matando, e isso não está certo".[342]

As palavras de Carter se referem àquele crítico verão [de junho a agosto de 2014], que havia se transformado em uma temporada de assassinatos. Poucas semanas antes da morte de Mike Brown, o mundo assistiu ao vídeo de Daniel Pantaleo, policial de Nova York, sufocando e matando Eric Garner. Quatro dias antes da morte de Brown, a polícia fez uma operação no subúrbio de Dayton, Ohio:

---

[341] ELZIE, Johnetta. "When I Close My Eyes at Night, I See People Running From Tear Gas" [Quando fecho meus olhos à noite, vejo pessoas correndo do gás lacrimogêneo], *Ebony*, set. 2014.

[342] ANDERSON, Joel. "Ferguson's Angry Young Men", *BuzzFeed*, 22 ago. 2014.

John Crawford III, um afro-estadunidense desarmado de 22 anos, foi morto no corredor de um Walmart enquanto falava ao telefone com a mãe de seus filhos. Crawford segurava uma arma de brinquedo. Embora o estado de Ohio tenha "porte de armas liberado", onde os cidadãos podem portar armas sem a necessidade de escondê-las, a polícia local abriu fogo contra Crawford sem nenhum aviso.[343] Dois dias após o assassinato de Brown, a polícia de Los Angeles atirou três vezes nas costas de Ezell Ford, que estava desarmado, detido e deitado de bruços na calçada. No dia seguinte, em outro lugar da Califórnia, Dante Parker, um afro-estadunidense de 36 anos, foi detido e atacado com uma arma de choque várias vezes antes de morrer sob custódia da polícia.[344] A rebelião de Ferguson se tornou o ponto de referência para a raiva que crescia entre os membros de comunidades negras de todo o país.

Durante quase todo o outono [setembro, outubro e novembro de 2014], o movimento em Ferguson se esforçou para que o policial Darren Wilson fosse indiciado. Os promotores trabalharam o máximo que podiam para retardar o processo de levá-lo ao júri, acreditando que as estações mais frias do ano afastariam os manifestantes das ruas. Sem dúvida, dado o nível de repressão, a intensidade dos protestos de agosto não se sustentou ao longo do tempo. Mas, quando a repressão arrefeceu, a persistência dos protestos manteve o movimento vivo. As manifestações de ativistas

[343] SWAINE, Jon. "Ohio Walmart Video Reveals Moments Before Officer Killed John Crawford" [Vídeo revela últimos momentos antes de policial matar John Crawford em Walmart de Ohio], *The Guardian*, 24 set. 2014.
[344] HARKINSON, Josh. "4 Unarmed Black Men Have Been Killed by Police in the Last Month" [Quatro homens negros desarmados foram mortos pela polícia no último mês], *Mother Jones*, 13 ago. 2014.

e simpatizantes de todo o país também foram importantes para ajudar a sustentar a mobilização em Ferguson. No final de agosto de 2014, Darnell Moore e Patrisse Cullors, do #BlackLivesMatter, organizaram a "viagem pela liberdade", trazendo a Ferguson pessoas de diversos lugares dos Estados Unidos em solidariedade ao movimento local. Moore descreveu a amplitude da mobilização:

> Mais de quinhentas pessoas, vindas de outras cidades dos Estados Unidos e do Canadá, viajaram para Ferguson para prestar diferentes formas de apoio aos ativistas. Quem viajou conosco representava um contingente novo e diversificado de ativistas negros. Não tínhamos todos a mesma idade, nem compartilhávamos do mesmo ponto de vista político. Não éramos todos heterossexuais, documentados ou livres de antecedentes criminais. Em nosso grupo havia transexuais, deficientes, bissexuais.[345]

Ativistas locais fizeram vigílias e piquetes no Departamento de Polícia de Ferguson e bloquearam o tráfego na Rodovia Interestadual 70, que atravessa a cidade, em um esforço obstinado de continuar pressionando as autoridades locais para que Wilson fosse indiciado. O assédio policial contínuo também foi fundamental para sustentar o movimento. No final de setembro, o memorial de Mike Brown foi encharcado de gasolina e incendiado. As chamas revitalizaram as manifestações: mais de duzentas pessoas se reuniram em um protesto furioso que resultou em cinco prisões.[346]

---

[345] MOORE, Darnell L. "Two Years Later, Black Lives Matter Faces Critiques, But It Won't Be Stopped" [Dois anos depois, Vidas Negras Importam é criticado, mas não vai parar], *Mic*, 10 ago. 2015.
[346] "Five Arrested in Ferguson after Protests Break Out over Burned Memorial" [Cinco foram presos em

Quando as autoridades começaram a especular que a decisão do júri viria a público em outubro, o ativismo local aumentou. Um protesto multirracial explodiu quando a música "Which Side Are You On?" [De que lado você está?] foi tocada em solidariedade à causa, durante apresentação da Orquestra Sinfônica de St. Louis. Quando os manifestantes se retiraram, cantando "vidas negras importam", muitos na plateia — incluindo os músicos da orquestra — aplaudiram. No dia 8 de outubro, um policial de St. Louis que não estava em serviço disparou dezessete vezes contra o adolescente negro Vonderrit Myers; oito tiros atingiram o jovem, que faleceu. Alguns dias após sua morte, duzentos estudantes marcharam de Shaw, bairro onde Myers morava, para se juntar a centenas de estudantes em uma ocupação na Universidade de St. Louis. Por vários dias, mais de mil estudantes ocuparam o *campus*, relembrando os dias do Occupy.[347] O movimento na universidade coincidiu com a série de eventos Ferguson October [Outubro em Ferguson], quando centenas de pessoas viajaram para a cidade em solidariedade ao movimento local, mas também para registrar seu próprio descontentamento. O manifestante Richard Wallace, de Chicago, descreveu: "Todo mundo aqui está representando um membro da família ou alguém que foi ferido, assassinado, preso, deportado".[348] As autoridades continuavam adiando a divulgação sobre o destino judicial de Wilson, mas a resistência do movimento em Ferguson

Ferguson depois de protestos por causa de memorial incendiado], *The Guardian*, 12 ago. 2015.
[347] LEE, Trymaine. "Why Vonderrit Myers Matters" [Por que Vonderrit Myers importa], MSNBC, 18 out. 2014.
[348] "Ferguson October: Thousands March in St. Louis for Police Reform and Arrest of Officer Darren Wilson" [Outubro em Ferguson: milhares marcham em St. Louis pedindo a reforma da polícia e a prisão do policial Darren Wilson], *Democracy Now!*, 13 out. 2014.

inspirava pessoas em localidades muito além do Centro-Oeste do país. A historiadora Donna Murch escreveu:

> Não tenho palavras para expressar o que está acontecendo em Ferguson. Em nome de Michael Brown, uma bela tempestade negra contra a violência estatal está se formando, e tão densa que criou uma gravidade própria, atraindo pessoas de todo o país, vindas de centros de riqueza e privilégio para esta cidade, cujos anos mais prósperos aconteceram há um século. Parece explícito que assassinatos e angústia não são causados apenas pela polícia da cidade de St. Louis, do condado e por outras autoridades municipais, mas também nas guerras do império no Oriente Médio. As palavras que se repetem várias vezes são de Stokely Carmichael: "militância, militância, militância". E esse movimento juvenil crescente tem toda a ternura ancestral do parentesco. Nas palavras de um ativista e artista de *hip-hop* local, "nossos avós estariam orgulhosos de nós".[349]

SUBSTITUINDO A VELHA GUARDA

Em Ferguson, travava-se uma batalha entre ativistas, militantes de direitos civis, políticos e agentes federais sobre o significado dos protestos. Para os ativistas e a população negra do município, o objetivo da luta era que justiça fosse feita em nome de Mike Brown, o que significava manter os protestos vivos. Vencer uma acusação contra Wilson justificaria a estratégia adotada, que frequentemente resultava em conflito com as autoridades locais — as quais,

---

[349] MURCH, Donna. "Historicizing Ferguson" [Tornando Ferguson histórica], *New Politics*, v. 15, n. 3, verão 2015.

repetidamente, pediam "calma" e pareciam estar mais preocupadas em criticar as pessoas que iam às ruas do que em compreender as circunstâncias que as levavam ao protesto.

Os líderes de direitos civis, os membros do Congresso e os agentes federais eram favoráveis às manifestações por vários motivos. Os membros da Congressional Black Caucus pareciam preocupados em aumentar o número de votos por meio de campanhas de registro de eleitores, além de tentar transformar a raiva presente nas ruas em um grande comparecimento às urnas, o que favoreceria o Partido Democrata. Os líderes de direitos civis tinham objetivos alinhados e concorrentes. A NAACP, cuja reputação estava em declínio, procurava reabilitar sua imagem, tentando liderar e dirigir eventos em Ferguson. Jesse Jackson, figura de destaque no folclore dos direitos civis, estava politicamente à deriva e marginalizado porque não circulava na órbita da Casa Branca durante o governo Obama. Ele havia sido substituído pelo reverendo Al Sharpton, a nova face nacional do movimento pelos direitos civis. Durante anos, famílias vinham pedindo a Sharpton visibilidade e respostas aos assassinatos de jovens negros pela polícia. Sharpton podia fazer isso, e o fez — o que melhorou sua reputação, tornando-se um canal para a comunidade negra: ele desembarcou em Ferguson logo após a morte de Mike Brown. Uma semana depois de sua chegada, o Departamento de Justiça veio à cidade, liderado pelo procurador-geral Eric Holder. Sharpton e Holder trabalharam em conjunto para restabelecer a legitimidade da "lei e ordem" e a credibilidade do governo federal como árbitro respeitável em situações locais que não podiam ser resolvidas de outra forma.

Quando Sharpton chegou a Ferguson, porém, já era tarde demais. Os jovens negros haviam encarado dois confrontos com a polícia que terminaram em gás lacrimogêneo e balas de borracha. As pessoas estavam furiosas. Essas táticas de intimidação transformaram as marchas em muito mais do que uma luta por Mike Brown. A batalha nas ruas de Ferguson também foi alimentada pelas profundas queixas dos jovens da cidade, cujo futuro estava sendo roubado pelo ciclo interminável de multas, taxas, mandados e prisões. Eles lutavam pelo direito de ir às ruas e para se libertarem das garras corruptas da polícia de Ferguson. Vivenciando seu poder coletivo, ganhavam força ao sobreviver à polícia. Estavam perdendo o medo. E não estavam dispostos a parar ou se afastar para acomodar a chegada de Sharpton como porta-voz de um movimento local já firmemente estabelecido.

O conflito foi quase imediato. Sharpton convocou uma reunião no dia em que chegou. Seu primeiro discurso culpou os manifestantes pela violência, que era o tema central da grande mídia. "Eu sei que vocês estão com raiva, [...] eu sei que isso é ultrajante. Quando vi aquela foto [de Brown sem vida no chão], fiquei ultrajado. Mas não podemos ficar mais indignados do que a mãe e o pai dele. Se eles podem manter a cabeça erguida com dignidade, então nós também podemos." E acrescentou: "Tornar-se violento em nome de Michael Brown é trair o gigante gentil que ele era. Não traia Michael Brown".[350]

Sharpton tinha acabado de chegar à cidade e já estava descrevendo o caráter e a personalidade de Mike Brown para seus amigos e colegas. Isso foi condescendente e presunçoso. As palavras de Sharpton também davam legitimidade à narrativa das autoridades de Ferguson, que responsabilizavam os manifestantes pela violência, mesmo quando a polícia violava descaradamente o direito de reunião. Mas o plano de Sharpton excedia os eventos em Ferguson: se ele conseguisse reprimir a agitação local, seu valor político

---

[350] FOWLER, Lilly. "Al Sharpton Arrives in St. Louis, Seeking Justice for Michael Brown" [Al Sharpton chega em St. Louis em busca de justiça por Michael Brown], *Saint Louis Post-Dispatch*, 12 ago. 2014.

aumentaria exponencialmente. Era um caso importante para o governo Obama, dado a crescente atenção nacional à brutalidade policial. A presença de Eric Holder também confirmava isso. Quando, apesar da chegada de Sharpton, os protestos continuaram, o reverendo acentuou as críticas aos manifestantes "violentos", tentando diferenciá-los dos manifestantes "pacíficos".

Quando Sharpton proferiu a homenagem póstuma durante o funeral de Brown, ele reservou suas palavras mais ríspidas não para a polícia, mas para os jovens manifestantes negros que haviam enfrentado violências e provocações policiais:

> [Os pais de Brown] tiveram que interromper seu luto para pedir às pessoas que parassem de saquear e fazer rebeliões. [...] Imaginem, eles estão com o coração partido — o filho deles foi subjugado, descartado e marginalizado. E eles precisaram cessar o pranto para que vocês controlassem sua raiva, como se vocês estivessem com mais raiva do que eles. [...] Ser negro nunca significou ser um gângster ou um marginal. A negritude era dar a volta por cima de qualquer maneira, não importava o quanto fôssemos colocados para baixo. [...] Negritude nunca significou abandonar nossa busca pela excelência. Na época em que era contra a lei frequentar algumas escolas, construímos colégios para negros. [...] Nós nunca desistimos. [...] Agora, no século XXI, chegamos ao ponto em que temos acesso a algumas posições de poder. E vocês decidem que ter sucesso não é mais para os negros. Agora vocês querem ser crioulos e chamar suas mulheres de piranhas. Vocês se perderam de suas origens. Temos que limpar nossa comunidade para poder limpar os Estados Unidos da América.[351]

---

[351] TomP. "Rev. Sharpton Preaches Truth and Action at Michael Brown, Jr. Funeral" [Reverendo Sharpton prega verdade e ação no funeral de Michael Brown Jr.], *Daily Kos*, 25 ago. 2014.

Sharpton não somente condenou os jovens negros de Ferguson mas o fez invocando os piores estereótipos contra os afro-estadunidenses. Isso só confirmou o que os novos ativistas já estavam sentindo: o reverendo e autoridades como ele estavam fora de sintonia. Uma indagação persistente ainda não havia sido verbalizada: o que deu a Sharpton, a Jackson, à NAACP ou ao Departamento de Justiça a autoridade para dizer aos manifestantes como eles deveriam responder à violência da polícia de Ferguson? O que eles realmente sabiam sobre o assédio diário vivido pelos moradores locais? Alguma dessas autoridades já havia feito algo para impedir a brutalidade e os assassinatos cometidos pela polícia?

UM NOVO MOVIMENTO PELOS DIREITOS CIVIS?

Os jovens de Ferguson tinham grande consideração e respeito pela memória do movimento pelos direitos civis, mas a realidade é que o legado da luta tinha pouco significado em sua vida cotidiana. "No meu coração, eu sinto que eles falharam com a gente", disse Dontey Carter sobre os líderes contemporâneos dos direitos civis. "Eles são a razão pela qual as coisas estão assim agora. Eles não nos representam. É por isso que estamos aqui, para um novo movimento. E temos alguns guerreiros aqui."[352] Jesse Jackson foi confrontado por um ativista local quando chegou a Ferguson: "Quando você vai parar de nos vender, Jesse? Não queremos

---

[352] ANDERSON, Joel. "Ferguson's Angry Young Men", *BuzzFeed*, 22 ago. 2014.

você aqui em St. Louis".[353] Outros ativistas não foram tão longe, mas sabiam que os jovens negros estavam na liderança em Ferguson porque eram eles os que estavam sendo atacados. A ativista Johnetta Elzie reconheceu: "Os jovens que lideram esse movimento são importantes porque é a nossa hora. Por muito tempo, os mais velhos nos disseram que nossa geração não lutava por nada, ou que não nos importamos com o que acontece no mundo. Provamos que eles estavam errados".[354]

Essa divisão entre a "velha guarda" e a "nova geração" se intensificou à medida que o movimento começou a tomar forma. Durante um dos fóruns do evento Ferguson October, as tensões ameaçaram explodir quando os militantes pediram aos representantes do poder instituído dos direitos civis,[355] que não tinham ido às ruas ou participado dos protestos, para discutir a situação do movimento. Enquanto o presidente da NAACP, Cornell William Brooks, fazia um discurso, vários jovens da plateia se levantaram e deram as costas. Durante a reunião, o *rapper* Tef Poe alertou: "Este não é o movimento pelos direitos civis dos seus avós". Ele descreveu que o movimento real era composto pelos homens jovens nas ruas usando bandanas e pelas mulheres jovens que deveriam estar na escola, mas que estavam na

---

[353] RITZ, Erica. "Jesse Jackson Cornered by Angry Ferguson Protesters: 'When You Going To Stop Selling Us Out?'" [Jesse Jackson é confrontado por manifestantes raivosos de Ferguson: "Quando você vai parar de nos vender?"], *Blaze*, 22 ago. 2014.

[354] BRASWELL, Kristin. "#FergusonFridays: Not All of the Black Freedom Fighters Are Men: An Interview with Black Women on the Front Line in Ferguson", *Feminist Wire*, 3 out. 2014.

[355] A autora chama de "poder instituído dos direitos civis" o pensamento e os representantes do movimento pelos direitos civis da década de 1960 que atualmente estão estabelecidos na política estadunidense. [N.T.]

linha de frente. Ele disse à NAACP e aos outros reunidos no palco: "Vocês não apareceram. [...] Levantem a bunda da cadeira e juntem-se a nós!".[356]

Sharpton cativou o poder político, em parte, por sua capacidade de manter os protestos circunscritos às especificidades de cada caso, evitando que se espalhassem — ao menos é o que vinha acontecendo nas questões relativas à "responsabilidade policial". Mas o conflito entre os jovens ativistas e o poder instituído dos direitos civis se agravou quando as autoridades de Ferguson decidiram prorrogar ainda mais a decisão sobre o indiciamento de Darren Wilson. Para os jovens, isso significava aumentar a pressão; enquanto isso, a "velha guarda" continuava aconselhando que tivessem paciência e esperassem o término do processo. Havia, porém, outras tensões. Os jovens ativistas passaram a universalizar a política por trás dos múltiplos casos de brutalidade policial no país e desenvolveram uma análise sistêmica do policiamento. Muitos começaram a articular uma crítica muito mais ampla, que situava o policiamento dentro de uma matriz de racismo e desigualdade nos Estados Unidos e além. Ashley Yates, ativista do grupo Millennials United in Action [Millennials unidos em ação], reconheceu que

> os jovens sabiam, desde muito cedo, algo que a geração mais velha não sabia. Sabíamos que o sistema já havia falhado antes mesmo de começar a se expor publicamente. Não apenas sabíamos que o assassinato de Mike Brown era injustificado mas também sabíamos que esse era mais um exemplo de como o sistema em vigor tornou nossa morte aceitável. Nossa

---

[356] PEARCE, Matt. "Ferguson October's Rally Highlights Divide Among St. Louis Activists" [Reunião de Ferguson October divide ativistas de St. Louis], *Los Angeles Times*, 12 out. 2014.

geração foi despertada pelo assassinato de Trayvon Martin, havíamos depositado nossa fé em um sistema de justiça que falhou de maneira notória e intencional.[357]

Elzie também observou que, "graças ao Twitter, eu pude ver fotos da [Faixa de] Gaza poucas semanas antes, e me senti emocionalmente conectada às pessoas de lá. Nunca pensei que a pequena Ferguson, essa pequena parte da região metropolitana de St. Louis, fosse se tornar Gaza".[358]

Havia uma verdade na divisão geracional. Geralmente, quando surge uma nova geração de ativistas, ela ainda não está abatida pelas derrotas anteriores ou habituada a um método particular de organização ou pensamento. Ela traz novas ideias, novas perspectivas e, muitas vezes, nova vitalidade aos padrões e ritmos do ativismo. Em geral, conforme o movimento se desenvolveu, alguns militantes celebraram a juventude em detrimento da experiência dos mais velhos. Tensões geracionais não significam que movimentos e organizações em geral não possam arrebanhar pessoas de diferentes idades. Ella Baker, ícone dos direitos civis, era significativamente mais velha e mais experiente do que os jovens ativistas com quem trabalhou para formar o SNCC, e mesmo assim era imensamente considerada, devido ao respeito que tinha pelos jovens com quem militou. No renomado artigo que apresentava algumas de suas concepções de organização e liderança durante o movimento de protestos pacíficos de 1960, Baker descreveu:

---

[357] BRASWELL, Kristin. "#FergusonFridays: Not All of the Black Freedom Fighters Are Men: An Interview with Black Women on the Front Line in Ferguson", *Feminist Wire*, 3 out. 2014.

[358] ELZIE, Johnetta. "When I Close My Eyes at Night, I See People Running From Tear Gas", *Ebony*, set. 2014.

> Os líderes adultos e a comunidade adulta tinham o desejo de cooperar e ser solidários [...] mas havia a apreensão de que os adultos tentassem "se apoderar" do movimento estudantil. Os alunos se demonstravam abertos ao diálogo fundamentado na igualdade, mas eram intolerantes a qualquer coisa que parecesse manipulação ou dominação. Essa inclinação para a *liderança centrada no grupo* em vez de um padrão de *organização de grupo centrada no líder* foi realmente revigorante para as pessoas do grupo mais velho, que carregam as cicatrizes da batalha, as frustrações e a desilusão que surgem quando o líder profético parece estar cansado.[359]

Apesar do constante pedido de "divisão entre gerações", atualmente há muita fluidez entre os negros jovens e os mais velhos, que geralmente são os pais dos jovens que são mortos pela polícia. É no desenvolvimento político do movimento que a divisão geracional se expressa com mais força hoje em dia. Os jovens ativistas possuem táticas e estratégias flexíveis, características provenientes de uma política em desenvolvimento que não é restrita por uma agenda limitante, pautada no registro de eleitores, ou por uma simples estratégia eleitoral. Em Ferguson, essas políticas em ascensão foram incorporadas devido ao surgimento de jovens mulheres negras no papel de uma força organizadora central.

---

[359] BAKER, Ella. "Bigger than a Hamburger" [Maior do que um hambúrguer], *Southern Patriot*, n. 18, jun. 1960.

MULHERES NEGRAS IMPORTAM

A maioria dos assassinatos de negros pelas mãos do Estado passa despercebida pelo público geral e não é relatada pela mídia convencional. Se considerarmos o grande número de pessoas mortas, são poucos os casos expostos que ganham notoriedade, e estes geralmente envolvem homens ou meninos negros. Ferguson e Baltimore são exemplos disso — o que não é tão surpreendente, já que, quando a polícia atira para matar, geralmente está mirando em afro-estadunidenses do sexo masculino. Mas as mulheres negras — mães, filhas, irmãs desses homens e meninos negros, suas companheiras ou mães de seus filhos — também sofrem os efeitos da violência. O apagamento do modo particular como as mulheres negras padecem a violência policial minimiza a profundidade e a extensão dos danos causados pelo policiamento abusivo. Quando um homem negro cai nos tentáculos do sistema penal, suas famílias e o bairro onde vive são prejudicados. Antecedentes criminais aumentam as taxas desemprego, e ex-presidiários têm acesso negado aos programas federais destinados a atenuar os piores efeitos da pobreza, como o vale-moradia, os empréstimos para estudantes e outras formas de ajuda financeira. E essa realidade afeta as mulheres negras que se relacionam com homens negros.

Mulheres negras, no entanto, também são vítimas diretas da violência policial. Trayvon Martin se tornou um nome familiar, mas a maioria das pessoas não conhece o caso de Marissa Alexander, negra vítima de violência doméstica. Depois de usar uma arma de fogo para manter seu agressor à distância, ela invocou a "lei de legítima defesa" da Flórida perante a justiça. Embora George Zimmerman, cidadão que matou Trayvon Martin, tenha conseguido usar esse argumento nos tribunais, Marissa Alexander foi condenada a vinte anos de prisão. Embora Marissa tenha sido libertada antes do cumprimento total da pena, o contraste entre os casos dela e de Zimmerman é mais um lembrete cruel do duplo sistema de justiça dos Estados Unidos.

A polícia também mata mulheres negras. Os nomes Rekia Boyd, Shelly Frey,[360] Miriam Carey[361] e Alberta Spruill[362] são menos familiares que os nomes Mike Brown ou Eric Garner, mas seus assassinatos foram motivados pela mesma desumanização. A polícia também vê com suspeita a vida das mulheres negras e, em última análise, não a valoriza, tornando sua morte e barbarização mais prováveis. Pouca atenção se dedica às mulheres negras — incluindo as mulheres trans — mortas ou violentadas pela polícia, porque elas geralmente são vistas como menos femininas ou menos vulneráveis. Um exemplo é o caso ocorrido na cidade de Tulsa, Oklahoma, onde o policial Daniel Holtzclaw foi condenado por estuprar treze mulheres negras em serviço. Acredita-se que Holtzclaw tenha escolhido mulheres negras como alvo por elas serem de um "*status* social mais baixo", o que significa que era menos provável que alguém acreditasse no que elas diziam, e que menos pessoas se importariam.[363] De fato, os crimes cometidos por Holtzclaw mal foram mencionados pelos noticiários nacionais.

Embora as mulheres negras sempre tenham sido suscetíveis à violência por parte da polícia e do sistema de

---

[360] Shelly Frey, negra de 27 anos, assassinada por um policial que trabalhava como segurança do Walmart em Houston, Texas, em 6 de dezembro de 2012. [N.E.]

[361] Miriam Carey, negra de 34 anos, assassinada pela polícia de Washington em 3 de outubro de 2013. [N.E.]

[362] Alberta Spruill, negra de 57 anos, morta após ação da polícia de Nova York em 16 de maio de 2003. [N.E.]

[363] DANIELLE, Britni. "'Say Her Name' Turns Spotlight on Black Women and Girls Killed by Police" ["Diga o nome dela" coloca os holofotes em mulheres e meninas negras mortas pela polícia], *Take Part*, 22 maio 2015.

justiça penal, as organizações e as lutas têm, na maioria das vezes, um rosto masculino. Nos casos que ganham atenção nacional, geralmente o rosto mais visível é o de um advogado, reverendo ou líder de direitos civis, como Al Sharpton. É óbvio que a mãe e outras mulheres presentes na vida das vítimas (que, como dissemos, geralmente são do sexo masculino) são ouvidas, mas o ativismo costumava ser liderado e organizado por homens — até Ferguson.

Na verdade, a mídia tem sido particularmente ciente de que as "mulheres de Ferguson" são as peças-chave que transformaram "em um movimento [o que até então era] uma série de protestos, desempenhando perfeitamente os papéis de mantenedoras da paz, manifestantes, organizadoras e líderes".[364] As mulheres que foram indispensáveis para sustentar o movimento durante o verão até o início do inverno [dezembro de 2014, janeiro e fevereiro de 2015] também estavam cientes de sua importância. Brittany Ferrell aponta:

> A mídia não mencionou que, se não fosse pelas mulheres negras, não haveria movimento. Nós o conduzimos ao ponto em que se encontra agora, com seriedade, e não quero dizer que não há homens aqui fazendo sua parte, porque há. O que eu quero dizer é que as mulheres estão aqui desde o primeiro dia; estamos dispostas a arriscar nossa vida na linha de frente para travar uma boa luta sem o apoio de ninguém e de nenhuma organização, e é por isso que construímos a nossa.[365]

---

[364] SAKUMA, Amanda. "Women Hold the Front-Lines of Ferguson" [Mulheres são a linha de frente em Ferguson], MSNBC, 12 out. 2014.
[365] BRASWELL, Kristin. "#FergusonFridays: Not All of the Black Freedom Fighters Are Men: An Interview with Black Women on the Front Line in Ferguson", Feminist Wire, 3 out. 2014.

Perguntar por que as mulheres negras têm sido tão centrais nesse movimento é o mesmo que assumir que elas tiveram menos protagonismo em outros movimentos. Não é preciso dizer que as mulheres negras sempre desempenharam um papel integral nas sucessivas lutas pela libertação negra. Seja Ida B. Wells — que arriscou a vida para expor a ampla prática de linchamento no Sul —, sejam as mães dos meninos injustamente acusados de estupro em Scottsboro, Alabama — que viajaram o mundo para construir uma campanha para libertar seus filhos —, as mulheres negras tiveram e têm papel central em toda campanha significativa pelos direitos e pela liberdade dos negros. Mulheres negras como Ella Baker (1903-1986), Fannie Lou Hamer (1917-1977), Diane Nash (1938) e inúmeras outras desconhecidas foram essenciais para o desenvolvimento do movimento pelos direitos civis, embora ele ainda seja mais conhecido por seus líderes do sexo masculino.

Hoje, porém, a face do movimento #BlackLivesMatter é, em grande parte, *queer* e feminina. Como isso aconteceu? A liderança feminina pode, na verdade, ter sido fruto do policiamento profundamente racista que os homens negros vivenciam em Ferguson. De acordo com o Departamento do Censo dos Estados Unidos, existem 1.182 mulheres afro-estadunidenses entre 25 e 34 anos em Ferguson e apenas 577 homens afro-estadunidenses na mesma faixa etária. Mais de 40% dos homens negros de Ferguson de vinte a 24 e de 35 a 54 anos estão desaparecidos.[366]

Isso não acontece apenas em Ferguson. Nos Estados Unidos, 1,5 milhão de homens negros estão "desaparecidos" — expulsos da sociedade devido à prisão ou à morte

---

[366] BRONARS, Stephen. "Half of Ferguson's Young African-American Men Are Missing" [Metade dos homens jovens afro-estadunidenses de Ferguson estão desaparecidos], *Forbes*, 18 mar. 2015.

prematura. Para ser mais exata, "mais de um em cada seis homens negros que hoje deveriam ter entre 25 e 54 anos desapareceu da vida cotidiana".[367] Isso não significa necessariamente que os 40% de homens negros desaparecidos de Ferguson, se estivessem presentes, teriam o mesmo papel que as mulheres na construção, organização e manutenção do movimento, mas fornece um exemplo concreto do impacto da abordagem hiperagressiva e geradora de arrecadação pública do policiamento da cidade. É mais provável que essas mulheres tenham assumido papéis de liderança devido ao impacto absolutamente devastador dos abusos e da violência da polícia na vida dos negros em geral. Quaisquer que sejam as razões, porém, sua presença contribuiu para além de uma paridade entre gêneros.

As mulheres negras que lideram o movimento contra a brutalidade policial trabalharam para expandir nossa compreensão sobre o amplo impacto da violência de Estado nas comunidades negras. Às vezes, essa articulação se dá fazendo a sociedade reconhecer de quais maneiras as mulheres negras são vítimas da polícia. "A mídia está excluindo o fato de que a brutalidade policial e o assédio em nossas comunidades afetam tanto as mulheres quanto os homens", diz Zakiya Jemmott, militante da Millenial Activists United. "Eles dão visibilidade às vidas perdidas dos homens negros e omitem as vidas perdidas das mulheres negras, também em decorrência da violência policial. Quero que a mídia entenda que *todas* as vidas negras importam."[368]

---

[367] WOLFERS, Justin; LEONHARDT, David & QUEALY, Kevin. "1.5 Million Missing Black Men" [1,5 milhão de homens negros desaparecidos], *The New York Times*, 20 abr. 2015.
[368] BRASWELL, Kristin. "#FergusonFridays: Not All of the Black Freedom Fighters Are Men: An Interview with Black Women on the Front Line in Ferguson", *Feminist Wire*, 3 out. 2014.

As mulheres negras apresentaram uma análise mais detalhada para expor a brutalidade policial como parte de um sistema de opressão muito maior na vida de todos os negros e pessoas da classe trabalhadora. Charlene Carruthers, do Black Youth Project 100, explica:

> Somos realmente sérias ao exigir liberdade e justiça para todos os negros, mas, com muita frequência, mulheres e meninas negras, pessoas LGBTQ negras, são deixadas de lado. E se quisermos tratar a libertação com seriedade, precisamos incluir todos os negros. É simples assim. Na minha experiência, as questões de justiça de gênero e justiça LGBTQ têm sido secundárias ou nem sequer reconhecidas.[369]

As mulheres negras que criaram a *hashtag #blacklivesmatter* — Patrisse Cullors, Opal Tometi e Alicia Garza — definem com mais nitidez as opressões sobrepostas enfrentadas pelos negros que se engajam na luta para acabar com a violência policial e obter justiça. Em artigo que capta a ampla natureza da opressão sobre os negros, argumentando que o movimento não pode ser reduzido apenas à brutalidade policial, Alicia Garza diz:

> Sabe-se que a pobreza negra e o genocídio são decorrentes da violência estatal. Sabe-se que um milhão de negros estão atrás das grades neste país — metade de todas as pessoas encarceradas —, o que é um ato de violência estatal. Sabe-se que as mulheres negras continuam a carregar o fardo do ataque implacável a nossos filhos e famílias, e esse ataque é um ato de violência estatal. Pessoas negras, *queer* e trans carregam um fardo único em uma sociedade heteropatriarcal, que nos descarta

---

[369] MIRANI, Katherine. "Nurturing Black Youth Activism" [Nutrir o ativismo da juventude negra], *Chicago Reporter*, 6 out. 2014.

como lixo e simultaneamente nos fetichiza e lucra conosco em um ato de violência estatal. O fato de que quinhentos mil negros nos Estados Unidos são imigrantes sem documentos e estão relegados às sombras é um ato de violência estatal. O fato de que meninas negras são usadas como moeda de troca em tempos de conflito e guerra é um ato de violência estatal. Os negros que possuem deficiências e habilidades especiais carregam o fardo de experimentos darwinistas patrocinados pelo Estado — que tenta nos rotular em caixas de normalidade definidas pela supremacia branca, em um ato de violência estatal.[370]

O foco na "violência estatal" distancia estrategicamente a realidade daquela análise convencional que reduz o racismo às intenções e ações dos indivíduos envolvidos. Mencionar "violência estatal" legitima a demanda subsequente de que o "Estado tome providências"; exige mais do que a remoção de um policial em particular ou a advertência de um departamento de polícia específico, e chama a atenção para as forças sistêmicas que permitem que os indivíduos ajam com impunidade. Além disso, as mulheres negras que criaram a *hashtag #blacklivesmatter* são "interseccionais" em sua perspectiva de organização — em outras palavras, partem da premissa básica de que a opressão sofrida pelos afro-estadunidenses é multidimensional e deve ser combatida em diferentes frentes. As organizadoras fazem uma análise de grande alcance, e é isso que está por trás das tensões entre a "nova geração" e a "velha guarda" do movimento pelos direitos civis. De certa forma, isso demonstra que os ativistas de hoje estão lidando com perguntas semelhantes às que os radicais negros enfrentavam na era do movimento Black Power, ou seja, questões ligadas à natureza

---

[370] GARZA, Alicia. "A Herstory of the #BlackLivesMatter Movement", *Feminist Wire*, 7 out. 2014.

sistêmica da opressão sofrida pelos negros no capitalismo estadunidense, o que molda a atuação da organização.

A compreensão da brutalidade policial como parte de uma ampla rede de desigualdade não está na agenda restrita de grande parte das organizações liberais, como a National Action Network [Rede de ação nacional] (NAN), liderada pelo reverendo Al Sharpton, que se concentram mais em resolver detalhes de casos particulares do que em analisar a natureza sistêmica da violência policial. Isso significa que as principais organizações de direitos civis tendem a recorrer a abordagens legalistas para tratar da brutalidade policial, em comparação com os ativistas que conectam a opressão policial a outras crises sociais sofridas pelas comunidades negras. Obviamente, outros tipos de abordagens não acabaram totalmente: um foco significativo do movimento de Ferguson foi o registro de eleitores e o aumento da presença de afro-estadunidenses nos órgãos de governo locais. Mas o movimento também deu visibilidade àqueles que adotavam uma visão muito mais ampla e afirmavam que a vigilância de afro-estadunidenses está diretamente ligada aos níveis mais altos de pobreza e desemprego nas comunidades negras, provocados em grande parte pela rede de taxas, multas e mandados de prisão, o que acorrenta os negros a um ciclo interminável de dívidas. As comunidades negras enfrentam uma crise grave, muitas vezes decorrente dos prejudiciais encontros com a polícia, e isso justifica a necessidade de uma análise mais abrangente. Tal análise permitiria que as pessoas entendessem a violência policial de forma geral, e as encorajaria a perguntar por qual razão a polícia recebe o financiamento que, na verdade, deveria ser direcionado a outras instituições públicas. Não é somente a política da "nova geração" que contrasta substancialmente com a "velha guarda", mas também sua forma de organização. Além de ser liderada por mulheres, a nova geração é descentralizada, e o movimento é planejado através de redes sociais. Isso é muito diferente de organizações nacionais como a NAACP, a NAN ou mesmo a operação People United to Serve Humanity [Povo unido para servir a humanidade] (PUSH), de Jesse Jackson, cujos líderes — majoritariamente homens — tomam decisões com pouca contribuição ou orientação das pessoas no local. Essa estratégia não é simplesmente o produto da liderança masculina, mas de um modelo mais antigo, que priorizava as conexões e os relacionamentos dentro do poder político em detrimento do ativismo de rua, ou usava os protestos nas ruas para obter vantagem política. A novidade do movimento em Ferguson e do movimento contra a violência policial que se iniciava impediram temporariamente esse tipo de atalho político.

DO MOMENTO
AO MOVIMENTO

Em 24 de novembro de 2014, o júri em Ferguson decidiu não indiciar Darren Wilson pelo assassinato de Mike Brown. Protestos furiosos tomaram o subúrbio na calada da noite, quando a decisão foi anunciada. A tropa de choque se enfileirou para proteger a Prefeitura e o Departamento de Polícia, enquanto deixavam queimar a seção comercial da comunidade negra de Ferguson. A decisão judicial não surpreendeu, mas ainda assim a raiva se espalhou, pois o não indiciamento do policial foi a conclusão do linchamento legal de Mike Brown. Barack Obama voltou às emissoras para pedir paciência e aconselhar que as pessoas respeitassem a lei. O presidente lembrou à audiência que "somos uma nação construída sob o Estado de direito", um conceito que havia se tornado vazio e sem sentido depois de a população ter testemunhado por meses a iniquidade do Departamento de Polícia de Ferguson.[371] Obama implorou que os manifestantes canalizassem suas preocupações de maneira "construtiva" e não "destrutiva", mas, pelos canais de televisão — que mostravam o presidente de um lado e os protestos de outro —, notava-se que suas palavras eram desconsideradas e os incêndios coloriam a noite de Ferguson. O fogo não representava, porém, um renascimento dos protestos de agosto, mês em que as chamas inauguraram um novo movimento contra a brutalidade policial; em novembro, as labaredas exprimiam resignação e exaustão.

Como aconteceu tantas vezes em 2014, quando parecia que a dinâmica do ativismo se voltava para outra direção, um novo assassinato cometido pela polícia provocou mais um incêndio. Dois dias antes de a justiça inocentar sumariamente o policial Darren Wilson, o jovem Tamir Rice, de apenas doze anos, foi baleado e morto pela polícia em um parquinho em Cleveland, Ohio. Rice estava brincando com uma arma de mentira. A polícia atirou e matou o garoto dois segundos após chegar ao parquinho — tão rápido que a viatura sequer havia parado. Nove dias antes, Tanisha Anderson, também de Cleveland, foi morta quando um policial aplicou um golpe de judô para derrubá-la e imobilizá-la; durante a queda, sua cabeça se chocou contra o concreto.[372] Dias depois, o júri de Staten Island tomou a decisão de não

---

[371] "Transcript: Obama's Remarks on Ferguson Grand Jury Decision" [Transcrição: os comentários de Obama sobre a decisão do júri em Ferguson], *The Washington Post*, 24 nov. 2014.

[372] DAVID, M. & MARCIANA, Jackson. "Tanisha Anderson Was Literally Praying for Help as Cops Held Her Down and Killed Her" [Tanisha Anderson estava literalmente implorando por ajuda quando policiais a imobilizaram e a assassinaram], *CounterCurrent News*, 28 fev. 2015.

indiciar Daniel Pantaleo, o policial que sufocou Eric Garner até a morte. Quando o veredito do júri em Ferguson parecia colocar um ponto-final à luta por justiça que vinha ocorrendo há meses, essas mortes e o pronunciamento da justiça sobre o caso Garner abriram um capítulo inteiramente novo. A continuidade dos protestos, no entanto, estava repleta de tensões, pois a rebeldia deixava de ser um momento para se tornar um movimento.[373]

Obama rapidamente organizou uma reunião com alguns dos ativistas mais proeminentes de Ferguson e de todo o país para discutir a violência policial. James Hayes, do Ohio Student Union [Grêmio estudantil de Ohio], foi um dos participantes. "Agradecemos que o presidente tenha desejado se reunir conosco, mas agora ele deve apresentar uma política significativa", afirmou. "Convidamos todos que acreditam que vidas negras importam a continuar tomando as ruas até conseguirmos uma mudança real para nossas comunidades."[374] O simples fato de a Casa Branca ter convocado esse tipo de reunião provava que o tema já não se restringia a Ferguson. O poder político nacional estava preocupado em conter o movimento.

Não se tratava de uma reunião comum: o presidente, o vice-presidente e o procurador-geral dos Estados Unidos estavam presentes. Mas, enquanto eles tentavam conter a raiva em Ferguson, a decisão de não indiciar Pantaleo, tomada pela justiça dois dias depois, gerou protestos ainda

---

[373] HARRIS, Frederick. "Will Ferguson be a Moment or a Movement?" [Ferguson será um momento ou um movimento?], *The Washington Post*, 22 ago. 2014.
[374] AÇÃO Ferguson. "Breaking: Ferguson Activists Meet with President Obama to Demand an End to Police Brutality Nationwide" [Urgente: ativistas de Ferguson encontram presidente Obama para exigir o fim da brutalidade policial em todo o país], informe à imprensa, 1º dez. 2014.

maiores do que aqueles provocados pelo não indiciamento de Wilson. Dezenas de milhares de pessoas nos Estados Unidos entupiram as ruas, enojadas ou ultrajadas com a nova recusa dos tribunais em punir um policial branco pela morte de um negro desarmado. E, no caso Garner, a evidência era incontestável. Centenas de milhares de pessoas assistiram ao vídeo de Garner implorando por sua vida e repetindo, onze vezes: "Não consigo respirar", enquanto Pantaleo desvanecia a vida de seu corpo. Mesmo assim, o júri não viu nenhum problema. Após a decisão do caso Garner, Obama suspendeu seu discurso sobre a "nação construída sob o Estado de direito" e anunciou a formação de uma nova força-tarefa encarregada de criar "recomendações específicas sobre como fortaleceremos o relacionamento entre as forças policiais e as comunidades formadas por pessoas de cor e minorias, que sentem que existe um comportamento tendencioso".[375]

Os ativistas não esperaram. Conforme as ondas de protestos se espalhavam pelos Estados Unidos, as primeiras manifestações nacionais contra a brutalidade policial foram convocadas para a semana seguinte: uma em Nova York, outra em Washington. A marcha em Nova York foi organizada por meio do Facebook, e a marcha em Washington, convocada pela NAN, de Al Sharpton. Ao se nacionalizar, o movimento depararia imediatamente com o ressurgimento das tensões políticas que haviam ocorrido em Ferguson. Sharpton pretendia gerenciar toda a mobilização, apresentando-se como orador principal. Ativistas de Ferguson haviam viajado para Washington, mas ficaram consternados ao ver o palco cheio de pessoas que não tinham conexão

---

[375] SOMANADER, Tanya. "President Obama Delivers a Statement on the Grand Jury Decision in the Death of Eric Garner" [Presidente Obama manifesta-se sobre a decisão do júri a respeito da morte de Eric Garner], informe à imprensa, 3 dez. 2014.

orgânica com o movimento. Na verdade, os seguranças exigiam crachás VIP para que se pudesse acessar o palco onde começaria o comício de abertura da marcha. A ativista Johnetta Elzie ficou furiosa: "Assim que chegamos lá, duas pessoas da NAN nos disseram que precisávamos de um crachá VIP ou credencial da imprensa para nos sentarmos na frente", disse. "Se é um protesto, por que é preciso ter crachá VIP?"[376] Quando Sharpton finalmente chegou ao palco, ele criticou os ativistas de Ferguson como "provocadores", pois exigiam discursar à multidão. Porém, a rusga entre Sharpton e os ativistas mais jovens, já calejados pelos acontecimentos ocorridos durante os protestos de Ferguson, não se limitava meramente ao acesso ao palco. Charles Wade, um dos jovens militantes, observou: "Acho que parte disso é porque as pessoas simplesmente não se conectam à sua liderança [de Sharpton]. [...] Fomos excluídos pelos grupos tradicionais, então começamos o nosso próprio trabalho".[377] Ambas as marchas foram muito bem-sucedidas, levando dezenas de milhares de pessoas às ruas e dando ao movimento sua primeira aparição como fenômeno nacional, mas as diferenças entre os caminhos a serem seguidos se tornavam ainda mais evidentes.

Dias depois da marcha, Sharpton escreveu um artigo revelando a enorme pressão que sofria e mostrando sua visão extremamente vaga sobre como o movimento "reformaria o sistema":

[376] SAVALI, Kirsten West. "The Fierce Urgency of Now: Why Young Protesters Bum-Rushed the Mic" [A urgência aterradora do agora: por que jovens manifestantes tomaram os microfones], *Root*, 14 dez. 2014.
[377] FEARS, Darryl. "Thousands Join Al Sharpton in 'Justice for All' March in DC" [Milhares juntam-se a Al Sharpton em marcha pela "Justiça para todos" na capital], *The Washington Post*, 13 dez. 2014.

Daqui a dez ou 25 anos, não vai importar quem teve mais publicidade ou mais aplausos em um comício. [...] Não vamos ceder à mesquinhez e à emoção, pois a verdadeira mudança está próxima. Dava para ver nos rostos daqueles que marchavam e cantavam no sábado, e você pode perceber em Washington que os políticos estão tomando medidas para reformar um sistema que falhou demais por muito tempo. [...] Dá para literalmente sentir no ar: mudanças permanentes despontam no horizonte. Agora, precisamos aproveitar, neste momento, enquanto fazemos história juntos.[378]

Palavras muito diferentes de seu pronunciamento arrogante em Ferguson, alguns meses antes. Mas, quando Sharpton mencionou "publicidade" e "aplausos", ele demonstrou que eram esses os objetivos que estavam em sua mente. Sua visão de "grande mudança" era modesta: as duas "principais" reformas que ele citou foram a instalação de câmeras acopladas ao corpo de policiais e a nomeação de promotores independentes para investigar a conduta policial.

A pequenez de suas demandas demonstrou perfeitamente a diferença entre a "velha guarda" e a crescente rebelião juvenil. Sharpton não fez nenhuma menção ao racismo, ao encarceramento em massa ou a qualquer uma das questões mais amplas que os ativistas mais jovens estavam discutindo com muito mais agressividade. Jesse Jackson também ponderou sobre isso: "Para passar do protesto ao poder, você precisa de manifestações, legislação e litígios. [...] Velocistas se cansam muito rápido. Esses jovens precisam estar dispostos a correr uma longa maratona. E deve haver uma coalizão intergeracional. Um movimento maduro exige clérigos, advogados e

---

[378] SHARPTON, Al. "It's Been a Long Time Coming, But Permanent Change Is Within Our Grasp" [Foi um longo tempo de espera, mas a mudança permanente está a nosso alcance], *Huffington Post*, 15 dez. 2014.

litigantes. A luta jamais será um violão de uma corda só".[379] Jackson foi certamente menos ofensivo do que Sharpton, mas seus comentários refletiam uma concepção diferente de como o movimento deveria se apresentar e em que deveria se concentrar. Além disso, perpetuou a suposição de que os novos organizadores eram contra os "mais velhos", o que nunca refletiu a realidade. Alicia Garza elucidou o assunto durante uma entrevista: "Aprendemos cometendo erros e conversando com os mais velhos que são corajosos o suficiente para compartilhar conosco tudo o que sabem. Eu acho que é importante ter conversas corajosas sobre o mundo que queremos construir e como achamos que podemos chegar lá, e chamar a atenção das pessoas quando vemos coisas que são problemáticas".[380] A coalizão a que se referiu Jackson, formada por "clérigos, advogados e litigantes", falhou miseravelmente nos últimos quarenta anos. Aconselhar os jovens a usar os recursos de uma estratégia fracassada serviu apenas para reforçar a percepção de que a velha guarda estava fora da realidade e não tinha mais *expertise*. Não demorou para que a frustração de Sharpton com os sucessivos questionamentos sobre sua liderança e seu papel na comunidade negra dos Estados Unidos chegasse a um ponto insuportável. Semanas após as marchas de dezembro de 2014, o reverendo comparou os representantes da "nova geração" a "cafetões", e as pessoas que os seguiam, a "prostitutas". E continuou:

---

[379] PAYBARAH, Azi. "Amid Tensions, Sharpton Lashes Out at Younger Activists" [Em meio a tensões, Sharpton ataca jovens ativistas], *Politico*, 31 jan. 2015.
[380] CHATELAIN, Marcia. "#BlackLivesMatter: An Online Roundtable with Alicia Garza, Dante Barry, and Darsheel Kaur" [#VidasNegrasImportam: uma mesa-redonda *on-line* com Alicia Garza, Dante Barry e Darsheel Kaur], *Dissent*, 9 jan. 2015.

> E enquanto eles fizeram vocês ficarem discutindo sobre velhos ou jovens em Ferguson, há uma eleição em curso e vocês não têm um candidato. Porque vocês estão ocupados discutindo com a mamãe e o papai, enquanto eles [os brancos] reelegem um prefeito ou um promotor. Eles [os militantes negros jovens] fizeram vocês discutirem sobre quem vai liderar uma marcha — os velhos ou os jovens — enquanto o orçamento da cidade é reduzido. Não é possível que vocês sejam tão estúpidos! [...] A desconexão é a estratégia para interromper o movimento. E eles brincam com o seu ego. "Ah, você é jovem e moderno, está cheio de vigor. Você representa o novo rosto [do movimento]." Todas as coisas que eles sabem que vão excitar seus ouvidos. Isso é o que um cafetão diz para uma prostituta.[381]

O discurso espantoso de Sharpton confirmou todas as preocupações sobre a continuidade de seu papel como líder autodeclarado dos negros dos Estados Unidos.

Nos dias seguintes aos grandes protestos de dezembro, a Ferguson Action [Ação Ferguson, antes denominada Ferguson October], órgão central das várias formações ativistas localizadas na cidade de Ferguson ou que se inspiravam nela, divulgou uma declaração que incluía alguns dos militantes que foram impedidos de falar em Washington. O texto, abrangente e otimista, intitulado "About This Movement" [Sobre este movimento], fez com que a birra de Sharpton parecesse ainda mais mesquinha:

> Este é um movimento feito por e para TODAS as vidas negras — mulheres, homens, transgêneros e *queer*. Somos formados por jovens E idosos alinhados pelas possibilidades que novas táticas e estratégias oferecem ao nosso movimento. Alguns

[381] PAYBARAH, Azi. "Amid Tensions, Sharpton Lashes Out at Younger Activists", *Politico*, 31 jan. 2015.

de nós são novos neste trabalho, mas muitos de nós têm experiência com militância há anos. Reunimo-nos em nome de Mike Brown, mas nossas raízes também estão nas ruas inundadas de Nova Orleans e nas estações ensanguentadas de Oakland.[382] Estamos conectados *on-line* e nas ruas. Somos descentralizados, mas coordenados. E, o mais importante: estamos organizados. No entanto, provavelmente não somos negros respeitáveis. Nos posicionamos um ao lado do outro, não um em frente ao outro. Não empurramos ninguém para escanteio quando percebemos que podemos nos aproximar de uma posição de poder. Porque essa é a única maneira de vencermos. Nós não conseguimos respirar. E não vamos parar enquanto não houver libertação.[383]

VIDAS NEGRAS IMPORTAM

Em dezembro de 2014 e janeiro de 2015, "vidas negras importam" era um grito de guerra que partia de todos os cantos. Uma semana após a decisão do caso Garner, centenas de assessores do Congresso, a maioria negros, fizeram uma paralisação em protesto ao não indiciamento do policial Daniel Pantaleo.[384] Atletas profissionais negros usaram camisetas com o *slogan* "I Can't Breathe". Pouco depois, estudantes secundaristas e universitários também começaram a usar as camisetas, além de organizar e participar de

---

382 Referências ao furacão Katrina, de 2005, e ao assassinato de Oscar Grant, em 2009. [N.T.]
383 AÇÃO Ferguson. "About this Movement" [Sobre este movimento], informe à imprensa, 15 dez. 2014.
384 MAK, Tim. "Capitol Hill's Black Staffers Walk Out To Do 'Hands Up, Don't Shoot!'" [Funcionários do Congresso protestam: "mãos erguidas, não atire"], *Daily Beast*, 10 dez. 2014.

protestos *die-in*,[385] paralisações, marchas e outras formas de manifestação pública.[386] Na Universidade Princeton, mais de quatrocentos estudantes e professores participaram de um *die-in*, que incluiu principalmente estudantes afro-estadunidenses, mas contou também com vários estudantes brancos, latino-americanos e asiáticos. Os estudantes de Stanford bloquearam a ponte San Mateo, na Baía de San Francisco. Estudantes de setenta faculdades de medicina organizaram protestos *die-in* sob o *slogan* "White Coats for Black Lives" [Jalecos brancos em prol das vidas negras].[387] Defensores públicos e advogados organizaram suas próprias ações, incluindo protestos *die-in*.[388] As manifestações varriam o país, e os políticos corriam para acompanhá-las. Na esperança de concorrer à presidência, Hillary Clinton, que nunca antes mencionara publicamente o nome de Mike Brown, foi forçada a dizer "vidas negras importam" em um discurso em Nova York, três dias após a marcha.[389]

Até Obama começou a mudar o tom. Ao se referir aos jovens afro-estadunidenses, passou a falar menos sobre moralidade, concentrando-se em suas "preocupações com

---

[385] Tipo de protesto em que os manifestantes se deitam no chão, como se estivessem mortos. [N.T.]
[386] MULVANEY, Nicole. "Princeton University Students Stage Walkout in Protest of Garner, Ferguson Grand Jury Decisions" [Estudantes da Universidade Princeton mobilizam passeata em protesto sobre Garner, Ferguson e as decisões do júri], *NJ.com*, 4 dez. 2014.
[387] "About" [Sobre], WHITECOATS4BLACKLIVES, s./d.
[388] FRALEY, Malaika & PETERSON, Gary. "Bay Area Public Defenders Rally for 'Black Lives Matter'" [Defensores públicos da área da baía agrupam-se em prol do "Vidas Negras Importam"], *San Jose Mercury News*, 18 dez. 2014.
[389] COLVIN, Jill. "Hillary Clinton Denounces Torture, Says Black Lives Matter" [Hillary Clinton denuncia tortura, diz o Black Lives Matter], *News-Herald*, 17 dez. 2014.

o tratamento injusto", e os chamou de "parte da família estadunidense — tornando muito difícil compará-los a uma criança problemática que requer atenção e amor".[390] Garza, da organização #BlackLivesMatter, falou sobre o significado das ações naquele momento: "O que está acontecendo agora é que o movimento está crescendo. Estamos construindo relacionamentos e conexões, exercitando novas formas de liderança, novas táticas e aprendendo com os mais velhos — pessoas como Bayard Rustin, Diane Nash, Linda Burnham, Assata Shakur e Angela Davis — que fizeram parte de movimentos sociais antes de nós".[391]

Com o entusiasmo pelo movimento no auge, suas líderes agora tinham que articular um caminho a seguir. Sharpton e o poder político haviam fornecido um caminho conveniente por meio do qual se opor às políticas, estratégias e táticas da mobilização. Era fácil focar as diferenças. Mas como as novas organizadoras — aquelas que escreveram o documento Ferguson Action, por exemplo — imaginavam o avanço do movimento? Após o chilique de Sharpton e com o Vidas Negras Importam na boca do povo afro-estadunidense, essas ativistas tinham agora a atenção do país. O nítido contraste entre a organização interseccional, que era a base da "nova geração", e a gestão vertical do poder instituído dos direitos civis ajudou a ocultar importantes diferenças que existiam *entre* os novos organizadores. Por exemplo, alguns preferiram criar organizações, como Black Youth Project 100, #BlackLivesMatter, Dream Defenders, Million Hoodies

---

[390] HENDERSON, Nia-Malika. "'Black Respectability' Politics Are Increasingly Absent From Obama's Rhetoric" [Políticas de "respeitabilidade negra" cada vez mais ausentes do discurso de Obama], *The Washington Post*, 3 dez. 2014.
[391] CHATELAIN, Marcia. "#BlackLivesMatter: An Online Roundtable with Alicia Garza, Dante Barry, and Darsheel Kaur", *Dissent*, 9 jan. 2015.

[Um milhão de capuzes] e Hands Up United [União mãos para cima]; outros viram pouca necessidade disso, adotando as redes sociais como a melhor maneira de organizar o movimento. Dois dos ativistas mais influentes e que se destacavam no movimento, Johnetta Elzie e DeRay McKesson, estavam menos interessados em construir uma organização.

A declaração da Ferguson Action ecoou esse sentimento quando descreveu o movimento como "coordenado" e "organizado", mas "descentralizado". De certa forma, a futilidade de se criar uma organização se confirmou quando a preparação de protestos e manifestações em tempo real obteve grande sucesso. Durante meses, o Twitter e outras redes sociais foram, de fato, eficazes para a organização de grandes e influentes protestos. A marcha de 13 de dezembro de 2014, em Nova York, foi organizada no Facebook por dois ativistas relativamente novatos; em poucas horas, milhares de pessoas "curtiram" e confirmaram presença. Mais de cinquenta mil pessoas estiveram na manifestação. Mas de que maneira o movimento poderia fazer mais do que ações diretas, protestos *die-in*, bloqueio de rodovias e paralisações para acabar com a brutalidade policial, se não tinha espaços para reuniões, criação de estratégias e engajamento na tomada de decisões democráticas? Considerando todas as demandas e a "visão" apresentadas pela Ferguson Action (extinção do estereótipo racial, pleno emprego para os negros e fim do encarceramento em massa), é impossível imaginar que isso aconteça apenas *on-line*.

Esses debates sobre organização se assemelham um pouco à hostilidade ao tipo de organização que se popularizou durante o movimento Occupy, em 2011. Nos dois casos, a ausência de estruturas e liderança formais era justificada para que "todos tivessem voz". Se não há organização, ninguém pode assumir o controle. DeRay McKesson reconheceu essa característica ao dizer: "Mas o que há de diferente em Ferguson [...], o que faz ser realmente importante, diferentemente da luta anterior, é isto: 'quem é o porta-voz?'. O povo. O povo, de uma maneira muito democrática, se tornou a voz da luta".[392] McKesson é um dos protagonistas com mais visibilidade no movimento e suas ideias são influentes:

> Não quer dizer que nós somos contra a organização. Existem estruturas realmente poderosas que se formaram como resultado de protestos. Só que você não precisou dessas estruturas para começar a protestar. *Você* é suficiente para iniciar um movimento. Indivíduos podem se unir contra as coisas que consideram injustas. E podem provocar mudanças. Seu corpo pode fazer parte do protesto; você não precisa de um crachá VIP para protestar. E o Twitter permitiu que isso acontecesse. [...] Eu acho que o que estamos fazendo é a construção de uma nova comunidade radical baseada na luta, o que não existia antes. O Twitter nos permitiu criar uma comunidade. Acho que estamos em uma fase de construção da comunidade. Sim, precisamos abordar políticas; sim, precisamos abordar eleições; precisamos fazer todas essas coisas. Mas sempre com o objetivo de construir uma comunidade forte.[393]

Os protestos *são* para todos — mas como você determina se foram bem-sucedidos ou não, e como você atrai para a causa aqueles que vieram ao protesto? Basicamente, como você passa de protesto para movimento? A historiadora Barbara Ransby escreveu sobre essa dificuldade: "Embora algumas formas de resistência possam ser simples e decorrentes de um reflexo — ou seja, quando somos atacados,

---

[392] BERLATSKY, Noah. "Hashtag Activism Isn't a Cop-Out" [O ativismo de *hashtag* não é um pretexto], *The Atlantic*, 7 jan. 2015.
[393] *Ibidem*.

a maioria de nós ataca também, mesmo que não tenhamos um plano ou uma esperança de vencer —, organizar um movimento é diferente. Não é orgânico ou instintivo, nunca é fácil. Se achamos que todos podemos 'nos libertar' por meio da resistência individual ou descoordenada de pequenos grupos, estamos nos enganando".[394]

Nem todos rejeitam a necessidade de organização. A luta contra o terrorismo policial gerou muitas conexões e novas organizações. Durante um fórum na histórica Igreja Riverside, em Nova York, Asha Rosa, do BYP 100, falou com entusiasmo sobre a necessidade não apenas de ser radical mas também de criar uma organização:

> Organizações são mais duradouras do que uma ação, mais duradouras do que uma campanha, mais duradouras do que um momento. Nas organizações podemos construir estruturas que refletem nossos valores e edificar comunidades que nos ajudam a nos sustentar nesse trabalho e a sustentar o próprio trabalho. Vimos sessenta mil pessoas nas ruas da cidade de Nova York [no protesto de dezembro]. [...] Não vou ficar surpresa se não vermos sessenta mil pessoas nas ruas novamente, até que volte a fazer calor, e tudo bem. [...] Existem fases nesses movimentos. Temos que manter as pessoas conectadas e garantir que haja organizações para isso.[395]

Como dissemos, a nova onda de rebeldia produziu uma importante gama de organizações ativistas: BYP 100, Dream Defenders, Hands Up United, Ferguson Action, Millennials United e #BlackLivesMatter (#BLM) — talvez a

---

[394] RANSBY, Barbara. "Ella Baker's Radical Democratic Vision" [A visão democrática radical de Ella Baker], *Jacobin*, 18 jun. 2015.
[395] KATCH, Danny. "#BlackLivesMatter Looks to the Future" [#BlackLivesMatter olha para o futuro], *Socialist Worker*, 4 fev. 2015.

mais conhecida das novas organizações. Até o momento, a #BLM é o maior grupo, possui mais visibilidade e tem pelo menos 26 filiais. A #BLM se descreve como "uma rede descentralizada com o objetivo de construir liderança e poder para os negros". Patrisse Cullors afirma que os membros atuam "dentro das comunidades onde vivem e trabalham. Eles determinam objetivos e traçam estratégias que acreditam que funcionarão melhor para alcançar seus propósitos. [...] Intencionalmente, adotamos uma abordagem cautelosa e colaborativa para desenvolver a estratégia nacional da #BlackLivesMatter, porque ouvir, aprender e construir leva tempo".[396] A organização #BLM revigorou o método de protesto do Occupy, para o qual ações descentralizadas e "sem liderança" são mais democráticas, pois permitem que seus seguidores tomem as atitudes que preferirem, sem serem tolhidos por outras pessoas. Mas num momento em que muitos tentam se engajar no ativismo contra a polícia e desejam se envolver na militância, esse método específico pode ter uma penetração difícil. De certa forma, a organização descentralizada pode, na verdade, restringir as oportunidades para que novos membros se envolvam democraticamente, já que os membros mais antigos trabalham dentro de um círculo restrito.

São questões que a #BLM terá que resolver, mas, na condição de maior e mais influente organização do movimento, ela dá um exemplo crucial, com implicações mais abrangentes. A organização autônoma e descentralizada levanta questões sobre como as ações serão coordenadas, além de preocupações sobre o peso de todo o movimento, que estará concentrado sobre as instituições-alvo. Localidades diferentes têm problemas diferentes, mas como entrelaçar

---

[396] MOORE, Darnell L. "Two Years Later, Black Lives Matter Faces Critiques, But It Won't Be Stopped", *Mic*, 10 ago. 2015.

ações locais a um movimento social coerente, indo além de apenas uma série de manifestações díspares e desconectadas entre si? Se toda cidade, organização e indivíduo fizer o que acha que tem poder para fazer, em nome do movimento, como transformar uma série de ações locais eficazes em um movimento nacional? Houve situações em que vários grupos foram capazes de coordenar juntos: a campanha #SayHerName [#DigaONomeDela], que realça os efeitos da violência policial sobre as mulheres negras, destaca-se como um excelente exemplo. Porém, quanto mais o movimento cresce, maior será a necessidade de coordenação.

A REVOLUÇÃO NÃO SERÁ PATROCINADA

Se o sucesso do movimento pode ser julgado através do grau de conscientização que criou nos Estados Unidos sobre a violência e a brutalidade policial, ele também poderá ser medido pelo tamanho do apoio financeiro recebido pelas suas organizações: algumas não têm fins lucrativos; outras têm, e ainda assim são capazes de receber financiamento de fundações influentes e indivíduos ricos. De maneira geral, o movimento Vidas Negras Importam chamou a atenção de todo o espectro filantrópico. Isso inclui a Fundação Soros e a Fundação Ford, e também a Resource Generation, descrita como uma "organização de pessoas ricas com menos de 35 anos que apoiam movimentos progressistas".[397] Na realidade, algumas redes filantrópicas existem somente para pressionar outras

---

[397] "How to Fund #BlackLivesMatter" [Como financiar a #BlackLivesMatter], Fundação Hill-Snowdon, 9 jun. 2015.

fundações a doar recursos para vários movimentos de justiça social. Quando as organizações ligadas ao movimento Vidas Negras Importam faziam convocações para a conferência de verão, o National Committee for Responsible Philanthropy [Comitê nacional de filantropia responsável] fez um apelo a outros patrocinadores: "É possível uma profunda transformação do tecido social, econômico e político, que há décadas marginaliza nossas comunidades negras. A reunião do movimento pelas vidas negras será um passo importante nessa transformação. Qualquer fundação comprometida com a busca pela equidade real e a contribuição para o aniquilamento do racismo tem a oportunidade e a responsabilidade de participar".[398] O apelo passou, então, a agradecer "financiadores como a Fundação Evelyn e Walter Haas Jr., a Fundação Levi Strauss, a Fundação Barr" por darem "prioridade ao investimento no desenvolvimento da liderança".

Esses fatos isolados não geram críticas sobre as muitas organizações que recebem esses fundos. Praticamente todas as principais organizações do movimento pelos direitos civis receberam patrocínio de fundações, incluindo o SNCC, o CORE e a SCLC. A Escola Popular Highlander — onde muitos ativistas dos direitos civis, como Rosa Parks e Martin Luther King, foram treinados em desobediência civil e outras técnicas de protesto — recebeu grande parte de seu financiamento da Fundação Field. Organizações de justiça social contam com várias fontes para custear seu importante trabalho. Mas, embora os ativistas possam estar apenas em busca de dólares preciosos para dar continuidade à militância, é de se duvidar que as fundações multibilionárias

---

[398] SCHLEGEL, Ryan. "Why Foundations Should Support July's Movement for Black Lives Convening" [Por que fundações devem apoiar a convocação de julho do movimento por vidas negras], National Committee for Responsive Philanthropy, 9 jun. 2015.

estejam doando por razões puramente altruístas. De fato, o historiador Aldon Morris relata o conchavo duvidoso dos patrocinadores com agentes do Estado em um esforço coletivo para minar a militância dos direitos civis:

> A situação financeira do SNCC melhorou no verão de 1962, quando recebeu alguns recursos das fundações Taconic e Field e do Stern Family Fund. Essas fundações trabalhavam em estreita colaboração com a administração Kennedy e compartilhavam da mesma visão de que os ativistas negros deveriam canalizar suas energias para que os negros do Sul alcançassem o direito ao voto. [...] Após as tumultuosas Viagens para a Liberdade,[399] o governo Kennedy fez tentativas explícitas de canalizar os esforços de todas as organizações de direitos civis em atividades de registro de eleitores, em vez de movimentos de protesto turbulentos. De fato, o governo Kennedy se opunha de maneira categórica à desobediência civil em larga escala. (Morris, 1986, p. 234-5)

Morris continua seu relato, citando James Farmer, líder do SNCC, sobre como "o governo Kennedy tentou 'esfriar' as manifestações": "Kennedy convocou uma reunião em

---

[399] As Viagens para a Liberdade (Freedom Rides) tiveram início em maio de 1961, quando ativistas de direitos civis viajavam em ônibus interestaduais para os estados segregados do Sul. Eles contestavam a falta de aplicação das decisões da Suprema Corte estadunidense, que determinavam que os ônibus públicos segregados eram inconstitucionais. Os estados do Sul haviam ignorado as decisões e o governo federal não fez com que fossem cumpridas. A segregação em restaurantes e outros estabelecimentos também era questionada pelos ativistas. Esses ativistas e as reações violentas com que eram recebidos nas cidades do Sul deram ainda mais credibilidade ao movimento pelos direitos civis. [N.T.]

seu escritório com o CORE e o SNCC [...] e disse: 'Por que vocês não cortam toda essa merda, essa merda de viagem de liberdade e de sentar nos estabelecimentos, e se concentram na educação dos eleitores [...], se fizerem isso, eu consigo lhes dar uma isenção de impostos'" (Morris, 1986, p. 235). As organizações que dependem de financiamento externo podem enfrentar problemas se seus financiadores desenvolverem críticas políticas a seu trabalho. "O sistema sem fins lucrativos é criado para que as fundações tenham um excesso de poder e controle sobre as organizações populares", alerta Umi Selah, diretor executivo da Dream Defenders. Um ex-funcionário de um grande patrocinador das causas progressistas dos negros também aponta que muitas doações vêm, "geralmente, com um conjunto de regras sobre como o patrocinador deseja que as coisas aconteçam".[400]

Alguns grupos passaram a cobrar taxas de seus membros e receber doações do público em geral como forma de compensar a dependência de financiadores externos. Ainda é muito cedo para entender completamente o papel que os financiadores e a "complexa indústria sem fins lucrativos" terão nesse movimento, mas esse certamente é um fator que torna ainda mais necessária a criação de grupos totalmente independentes (Organização Incite, 2007). Por exemplo, a Fundação Ford procura desempenhar um papel importante no financiamento de organizações de movimentos, mas, apesar das intenções que defende, ela tem exercido um papel histórico na subversão de movimentos dentro e fora dos Estados Unidos. Suzanna Arundhati Roy escreve sobre seu prejudicial impacto na Índia no livro *Capitalism: A Ghost Story* [A história fantasma do capitalismo]:

---

[400] VEGA, Tanzina. "How to Fund Black Lives Matter" [Como patrocinar o Vidas Negras Importam], CNN, 5 jun. 2015.

> A Fundação Ford tem uma ideologia muito patente e bem definida, e trabalha em estreita colaboração com o Departamento de Estado dos Estados Unidos. Seu projeto de aprofundar a democracia e a "boa governança" faz parte do esquema de Bretton Woods de padronizar as práticas de negócios e promover a eficiência do livre-comércio. [...] É através dessa lente que precisamos ver o trabalho que a Fundação Ford está fazendo com os milhões de dólares que investiu na Índia — patrocinando artistas, cineastas e ativistas, e sua generosa doação de cursos e bolsas de estudos universitários. (Roy, 2014, p. 26)

Talvez o maior problema de fundações e patrocinadores é que eles também tentam moldar politicamente a direção das organizações que financiam. A Fundação Ford, como muitos outros financiadores, oferece subsídios, mas também produz "relatórios", seminários e conferências nas quais apresenta perspectivas e estratégias políticas destinadas a direcionar as organizações que está financiando.

A cientista política Megan Francis, ao descrever a relação entre a NAACP e o American Fund for Public Service [Fundo estadunidense de serviços públicos], também conhecido como Garland Fund, sugere que este não apenas forneceu enormes recursos financeiros à NAACP nos anos 1950, mas também usou sua influência para redirecionar a organização:

> Por que a NAACP passou de uma agenda que focava a violência racial para uma agenda centrada na educação? Em uma palavra: dinheiro. O Garland Fund controlava a agenda da NAACP porque tinha muito a oferecer à organização, que estava sem dinheiro. Durante a negociação de uma doação, rapidamente se tornou aparente que a liderança negra da NAACP havia favorecido um programa de direitos civis com ênfase explícita na violência racial. Diante da possibilidade de perder uma

fonte importante de financiamento, atendeu de má vontade aos pedidos do Garland Fund. Nos anos seguintes, a NAACP se distanciou de questões sobre violência racial e passou a se concentrar em educação, pelo que ficou conhecida pelo resto do século XX.[401]

Por fim, financiadores e outras organizações filantrópicas ajudam a restringir o escopo da organização por meio da mudança de "política" e outras medidas dentro do sistema existente.

O dinheiro proveniente de fundações também "profissionaliza" os movimentos de maneira a promover o carreirismo e a expectativa de que o ativismo receba financiamento externo. Na realidade, a maior parte do ativismo é voluntária: a angariação de fundos é fruto do esforço coletivo dos participantes e não depende da experiência particular dos redatores de projetos. O importante trabalho de muitas organizações com raízes populares no movimento foi ofuscado por organizações que possuem mais estabilidade financeira. Comitês locais muito menores surgiram em torno de casos específicos, ou para fazer demandas específicas ligadas a situações locais pelas cidades do país.

Por exemplo, em Madison, Wisconsin, o grupo Young, Gifted and Black [Jovens, talentosos e negros] fazia militância pedindo justiça para Tony Robinson, jovem negro morto pela polícia na primavera de 2015. Em Cleveland, ativistas da comunidade, incluindo clérigos, acadêmicos e o Conselho de Relações entre os Estados Unidos e o Islã, se reuniram para exigir a prisão dos dois oficiais que mataram Tamir Rice.[402] Em Chicago, uma organização recém-forma-

---

[401] FRANCIS, Megan. "Do Foundations Co-Opt Civil Rights Organizations?" [Fundações cooptam organizações pelos movimentos civis?], *HistPhil*, 17 ago. 2015.
[402] SHAFFER, Cory. "Cleveland Group Seeks Arrests of Officers Involved in Tamir Rice Shooting" [Grupo

da chamada We Charge Genocide [Nós condenamos o genocídio] viajou a Genebra, na Suíça, para pedir às autoridades internacionais que obriguem o governo estadunidense a impedir a polícia de cometer assassinatos e agressões contra afro-estadunidenses. Na Filadélfia, durante o inverno de 2014 e grande parte de 2015, o grupo Philly Coalition for REAL Justice [Coalizão da Filadélfia por justiça REAL] reunia grupos de até sessenta pessoas, duas vezes por semana, para lutar contra a brutalidade policial — e trouxe milhares à militância ao longo de 2015.[403] Em Dallas, Texas, a organização Mothers Against Police Brutality [Mães contra a brutalidade policial] não apenas ajudou a organizar a importante luta contra a violência cometida pelos policiais, mas também tentou ativamente criar uma corrente de solidariedade entre os movimentos contra a brutalidade policial e pelos direitos dos imigrantes. Nos dias que antecederam o comício do dia 1º de maio, manifestantes de todos esses movimentos convergiram segurando cartazes que diziam "Vidas Negras Importam" e cantando "Abaixo! Abaixo a deportação! A favor! A favor da imigração!".[404] Tais esforços de organização, geralmente vistos pelos patrocinadores como "não profissionais", existem em todo o país e são a porta de entrada para pessoas comuns que querem se envolver em movimentos.

de Cleveland busca prisão de policiais envolvidos na morte de Tamir Rice], *Cleveland.com*, 9 jun. 2015.
403 KOPP, John. "Hundreds in Philly Rally against Police Violence" [Centenas protestam na Filadélfia contra a violência policial], *PhillyVoice*, 30 abr. 2015.
404 CARDONA, Claire Z. & AGUILERA, Jasmine. "Marches against Police Brutality, for Immigration Reform Take to Downtown Dallas Streets" [Marchas contra a brutalidade policial e pela reforma das leis de imigração tomam as ruas de Dallas], *Dallas Morning News*, 1º maio 2015.

AS DEMANDAS:
É ISSO QUE QUEREMOS

A ausência de uma organização independente para o movimento significou que suas demandas reais se tornaram confusas. Parte disso decorre da complexidade da luta em si. A violência policial faz parte do DNA dos Estados Unidos. Como já dissemos, os anos dourados do policiamento nunca existiram; jamais houve um tempo em que a violência e o racismo deixaram de ser o foco central do trabalho da polícia. Mas isso não significa que nada possa ser feito para controlar o Estado policial. Na época, o *site* da Ferguson Action compilou a lista mais abrangente de demandas do movimento, incluindo a desmilitarização da polícia, a aprovação de uma legislação contra o estereótipo racial, a sistematização de dados que documentam o abuso policial, entre outras medidas.[405] A Hands Up United, com sede em Ferguson e St. Louis, pediu, de acordo com o texto publicado em seu *site*, o "afastamento imediato e não remunerado de agentes da lei que aplicaram ou aprovaram o uso excessivo da força". A organização #BlackLivesMatter pediu que a Procuradoria-Geral dos Estados Unidos divulgasse os nomes dos policiais que mataram negros nos últimos cinco anos, "para que pudessem ser levados à justiça, caso isso ainda não tenha ocorrido".[406]

As demandas de diferentes organizações do mesmo movimento se sobrepõem, mas qual é o mecanismo para colocar essas demandas em prática, quando elas são desconectadas de qualquer estrutura coordenada pelo movimento? Como podemos analisar sistematicamente se houve progresso em alcançá-las, ou determinar se elas precisam

---

[405] "Demands" [Demandas], Ação Ferguson, s./d.
[406] "Demands", #BlackLivesMatter, s./d.

ou não ser recalibradas? Conectar a violência policial ao devastador efeito do racismo institucional é o ponto forte do movimento atual, mas também se corre o risco de que as reformas que poderiam ser alcançadas agora fiquem submersas na luta generalizada para transformar a natureza da sociedade estadunidense. Em outras palavras, brigar pela demanda de ser "livre" não estabelece os passos necessários para alcançar esse objetivo.

Exigir tudo é tão eficaz quanto não exigir nada, porque isso ofusca a maneira como a luta é vivenciada no dia a dia; também pode ser desmoralizante, porque, quando o objetivo é "tudo", é impossível medir os pequenos mas importantes passos conquistados, que são a fonte de vitalidade de qualquer movimento. Esse não é um argumento para que se comece a pensar pequeno ou se abandone a luta pela transformação completa dos Estados Unidos; é um argumento para estabelecer uma distinção entre a luta por reformas possíveis agora e a luta pela revolução, que é um projeto de longo prazo. Há definitivamente uma relação entre reforma e revolução. A luta para reestruturar vários aspectos da nossa sociedade vai melhorar a vida da população aqui e agora, além de ensinar as pessoas a lutar e fazer militância. Esses são os tijolos da construção, que levarão a lutas maiores e mais transformadoras. Nesse processo, as pessoas do movimento se desenvolvem politicamente, ganham experiência e conhecimento e se tornam líderes. É impossível conceber que saltaremos da inatividade para a mudança do mundo em um único impulso.

Por exemplo, muitos negros do Sul que se radicalizaram na luta contra as leis Jim Crow da década de 1950 provavelmente não se reconheceriam dez anos depois. Muitas pessoas cuja política começou com pequenas exigências para acabar com as leis Jim Crow acabaram concluindo que um governo baseado em racismo nunca proveria justiça para os negros. Considere as experiências dos ativistas que formaram o SNCC: em 1964, foram à Convenção Nacional do Partido Democrata, em Atlantic City, na esperança de ver os representantes negros de seu Partido Democrata da Liberdade do Mississippi como delegação que representava aquele estado. O objetivo era expor e envergonhar o Partido Democrata, que permitiu apenas que os brancos entrassem com suas delegações, sabendo muito bem que os negros do Mississippi eram violentamente marginalizados. Os ativistas do SNCC acreditavam que, se tivessem sucesso, poderiam acabar com o controle dos Dixiecrats — o Partido Democrata branco do Sul — no processo eleitoral em toda a região. Mas Lyndon Johnson e o Partido Democrata nacional não cogitavam a possibilidade de arriscar os votos dos brancos do Sul ao concordar com as demandas dos ativistas dos direitos civis. No final, Johnson forçou um acordo "goela abaixo" dos ativistas, e tanto a convenção quanto a ala supremacista branca do Partido Democrata saíram praticamente intactas. James Forman, diretor executivo do SNCC, explicou o significado da derrota:

> Atlantic City foi uma lição poderosa. [...] Não havia mais nenhuma esperança [...] de que o governo federal mudaria a situação existente nas entranhas do Sul. A linha tênue de contradição entre os governos estaduais e o governo federal, que tínhamos usado para construir um movimento, havia se rompido. Agora, o núcleo de cada lado do enfrentamento — o povo contra o governo federal e estadual — era aparente. (Forman, 1972, p. 395-6)

Reduzir as demandas do movimento para manter o foco não significa restringir o seu alcance. O que é brilhante no *slogan* "Vidas Negras Importam" é sua capacidade de expressar o aspecto desumano do racismo contra os negros nos Estados Unidos. Para que o movimento tenha força no longo prazo, é imprescindível que consiga alcançar um grande número de pessoas, conectando a violência policial a outras formas de opressão sofridas pela comunidade negra.

Esse processo já está em andamento, pois ativistas da "nova geração" vêm trabalhando para apresentar essas conexões. O melhor exemplo sobre esse tema são os trabalhadores mal remunerados, que lutam para que o salário mínimo suba para quinze dólares a hora. Cerca de 20% dos trabalhadores das redes de *fast-food* são negros, e 68% deles ganham entre 7,26 e 10,09 dólares a hora.[407] Em Chicago, os restaurantes *fast-food* empregam 46% dos trabalhadores negros; em Nova York, 50%.[408] A rede de hipermercados Walmart possui 1,4 milhão de funcionários, 20% dos quais são afro-estadunidenses, tornando-a a maior empregadora de negros do país. Há uma conexão lógica entre a campanha dos trabalhadores com baixos salários e o movimento Vidas Negras Importam. Os negros são representados com exagero quando o assunto é pobreza ou a classe trabalhadora, o que os tornou alvo da polícia, que ataca prioritariamente as pessoas de baixa renda. Trabalhadores negros e latino-americanos também são mais propensos a sofrer as consequências do crescente número de multas e encargos (ver Capítulo 4). Mwende Katwiwa, do BYP 100 de Nova Orleans, explica a relação entre justiça econômica e racial:

> Frequentemente, jovens negros se prendem a uma narrativa simplista sobre a experiência vivida que não aborda as condições estruturais e sociais. [...] O movimento Vidas Negras Importam é muito mais que um pedido para acabar com a

---

[407] STRASSER, Annie-Rose. "The Majority of Fast Food Workers Are Not Teenagers, Report Finds" [Relatório mostra que a maioria dos trabalhadores de *fast-food* não é adolescente], *ThinkProgress*, 8 ago. 2013.
[408] "Racial Justice Is Economic Justice" [Justiça racial é justiça econômica], BYP 100, s./d.

brutalidade policial e o assassinato de pessoas negras — é um reconhecimento de que a vida negra é valiosa enquanto ainda está sendo vivida. Valorizar a vida negra significa que os negros devem ter acesso à dignidade humana básica em seu local de trabalho — especialmente os jovens negros, que são desproporcionalmente impactados pelo desemprego e representados com exagero quando se trata de empregos com baixos salários.[409]

Diferentemente do poder instituído dos direitos civis, o movimento atual possui uma posição muito melhor para alimentar e desenvolver um relacionamento com a crescente luta dos trabalhadores de baixa renda. Durante anos, o Walmart e o McDonald's têm feito consistentes contribuições à CBC, NAACP e NAN.[410] Na festa dos sessenta anos de Al Sharpton, realizada no Hotel Four Seasons, em Nova York, empresas foram incentivadas a fazer doações para a NAACP em vários níveis. A companhia telefônica AT&T se comprometeu com o "nível ativista" e fez um anúncio de página inteira na programação da festa, enquanto o Walmart e a GE Asset Management patrocinaram apenas o "nível orador", e puderam fazer anúncios de meia página. O McDonald's e a Verizon contribuíram com o nível "agasalho" e publicaram suas propagandas na contracapa. Sharpton não disse quanto valia cada nível, mas confirmou que a NAN havia atingido a meta de arrecadar um milhão de dólares, e que "não temos

[409] "Black Youth Project 100 (BYP100) declares #Black WorkMatters at protests in Chicago, New Orleans & New York City" [Black Youth Project 100 (BPY100) declara #TrabalhoNegroImporta em protestos em Chicago, Nova Orleans e Nova York], *Copyline*, 20 abr. 2015.
[410] WALDMAN, Peter. "NAACP's FedEx and Wal-Mart Gifts Followed Discrimination Claims" [Doações de FedEx e Walmart à NAACP seguiram-se de alegações de discriminação], *Bloomberg Business*, 8 maio 2014.

novos débitos. [...] Vamos operar no azul este ano, e não no vermelho. As maiores dívidas já foram pagas, e a festa [...] foi a segunda maior fonte de arrecadação de fundos".[411] Por que será que Sharpton e outras lideranças ficaram tão quietos durante a luta dos trabalhadores para aumentar o salário mínimo para quinze dólares a hora?

A luta pela equidade educacional nas comunidades negras também ganhou visibilidade nos últimos anos, e pode ser outra porta de entrada para a colaboração entre movimentos. O movimento que luta por justiça na educação se concentrou em três questões que afetam os estudantes negros de maneira desfavorável: esforços para privatizar escolas públicas, a conexão entre a escola e a prisão, e testes de alto risco nas escolas públicas. Existe uma relação óbvia entre privatização e "políticas de tolerância zero", que fazem com que as crianças negras deparem com os agentes da lei. Escolas autônomas, com administração privada e financiamento público, adotaram a disciplina "sem perdão", na qual "professores impõem rigorosamente um conjunto complexo de regras que estabelecem como a escola espera que os alunos se comportem. Pequenas infrações — levantar a mão fora de hora, estar com a camisa desarrumada ou desviar o olhar — geram medidas punitivas cada vez maiores: pontos negativos, perda de privilégios, castigo, suspensão. A teoria policial de abordagem e revista agora dá fundamentação ao sistema disciplinar do movimento de reforma da educação".[412]

---

[411] KARNI, Annie. "Rev. Al Sharpton gets $1M in Birthday Gifts for His Nonprofit" [Reverendo Al Sharpton ganha um milhão de dólares em presentes para sua organização sem fins lucrativos], *New York Daily News*, 3 out. 2014.
[412] DAVIS, Owen. "Punitive Schooling" [Educação escolar punitiva], *Jacobin*, 17 out. 2014.

Políticas de tolerância zero incorporadas à disciplina "sem perdão" aumentaram rapidamente a aplicação de suspensões e expulsões como a principal ferramenta disciplinar em escolas públicas e autônomas dos Estados Unidos. A taxa de suspensão aumentou para os estudantes negros, de 6% na década de 1970 para 15% hoje em dia. Remover o aluno da escola é apenas um dos aspectos; com o crescimento na prática das suspensões, também aumentou a presença da polícia nos corredores das escolas, tendo como resultado a criminalização de travessuras infantis que, em épocas anteriores, eram resolvidas na sala do diretor. Os estudantes negros sofrem o impacto da nova abordagem punitiva da educação pública. Quando centenas de estudantes do ensino médio de Seattle fizeram uma paralisação contra a absolvição sumária de Darren Wilson em Ferguson, o professor Jesse Hagopian estabeleceu uma conexão entre o movimento Vidas Negras Importam e a educação pública: "Esses estudantes certamente foram atraídos pela injustiça ocorrida em Ferguson, mas [...] eles não precisam viajar pelo país para enfrentar a ferocidade do racismo. As escolas públicas de Seattle estão sendo investigadas pelo Departamento Federal de Educação, porque a taxa de suspensão para estudantes negros é quatro vezes mais alta do que para estudantes brancos pelas mesmas infrações".[413] Se, como vimos, o dinheiro das grandes corporações silencia a participação de organizações de direitos civis na luta para aumentar o salário mínimo, esse tipo de patrocínio também cala as organizações na luta contra a privatização e a reforma corporativa da educação. A NAACP e a NUL receberam milhões de dólares apenas da Fundação

---

413 HAGOPIAN, Jesse. "Why Are They Doing This to Me? Students Confront Ferguson And Walkout Against Racism" [Por que estão fazendo isso comigo? Estudantes confrontam Ferguson e se manifestam contra o racismo], *Common Dreams*, 30 nov. 2014.

Gates,[414] o projeto do bilionário Bill Gates para transformar a educação patrocinando escolas autônomas — o que, na verdade, se tornou um pretexto para atacar sindicatos de professores e impor provas padronizadas.

Em ambos os casos, o movimento Vidas Negras Importam tem o potencial de estabelecer conexões mais profundas e criar relações com a militância sindical. Trabalhadores negros continuam pagando taxas sindicais mais altas do que trabalhadores brancos. A razão é simples: os trabalhadores negros sindicalizados ganham muito mais do que os trabalhadores negros não sindicalizados, somando-se salário e benefícios. Os trabalhadores negros também tendem a se concentrar nos setores que estão sob ataque mais intenso do Estado, nos níveis federal, estadual e local, incluindo a área da educação e outros empregos municipais. Durante o inverno de 2015, os ativistas do Vidas Negras Importam de todo o país organizaram ações para "encerrar" os serviços em rodovias, transporte público, estabelecimentos comerciais e até lanchonetes. O desenvolvimento de alianças com militantes sindicais poderia levar os trabalhadores a exercer seu poder de interromper a produção diária, os serviços e os negócios, pressionando por reformas concretas relativas ao policiamento. E esse caminho já foi trilhado. No dia 1º de maio de 2015, dezenas de milhares de ativistas se uniram em todo o país sob a bandeira do Vidas Negras Importam — e em Oakland, Califórnia, a sede local do International Longshore and Warehouse Union [União internacional dos trabalhadores portuários e de armazéns alfandegários] realizou uma paralisação que interrompeu o fluxo de milhões de dólares e impediu que os produtos fossem conduzidos

---

414 STRAUSS, Valerie. "Just Whose Rights Do These Civil Rights Groups Think They Are Protecting?" [Quais direitos esses grupos pelos direitos civis acham que protegem?], *The Washington Post*, 9 maio 2015.

aos navios cargueiros. Foi a primeira vez que um grande sindicato organizou uma paralisação em solidariedade ao movimento Vidas Negras Importam. A coalizão que ajudou a organizar a ação disse, em comunicado:

> A mão de obra é um setor da comunidade que pode realmente fechar o país. Se os trabalhadores se recusam a trabalhar, o produto não é fabricado e o dinheiro não troca de mãos. A única maneira de este país nos levar a sério é se interrompermos o comércio e causarmos um impacto em seus resultados financeiros. Apelar para a humanidade deles simplesmente não funciona. Se fosse esse o caso, a epidemia do genocídio de negros pelas mãos da polícia teria terminado décadas atrás.[415]

Ampliar o alcance também desfaz a noção de que o movimento está dividido entre velhos e jovens. Colaborar com trabalhadores negros, incluindo professores negros e outros sindicalistas, permite cruzar a linha entre as faixas etárias e demonstra que os afro-estadunidenses da classe trabalhadora de todas as gerações têm interesse no sucesso do movimento.

SOLIDARIEDADE

Uma frente importante do movimento também envolve sua capacidade de se solidarizar com outros grupos de pessoas oprimidas. Os negros sempre sentiram os aspectos mais difíceis da vida sob o capitalismo estadunidense. Isso não significa, no entanto, que os negros sintam sozinhos o desejo

---

[415] TINONGA, Alessandro. "Black Lives Matter on the Docs" [Vidas Negras Importam nas docas], *Socialist Worker*, 30 abr. 2015.

de transformar a sociedade. A opressão de povos indígenas, imigrantes e pessoas de cor está basicamente impregnada na realidade estadunidense; de maneira profunda, é a resposta ao enigma de como 1% da população domina uma sociedade em que a grande maioria tem todo o interesse de desfazer a ordem existente. A matemática básica parece indicar que 12% ou 13% da população — que é a proporção de negros nos Estados Unidos — não teria capacidade real para transformar fundamentalmente a ordem social do país.

O desafio do movimento é transformar o objetivo da "libertação" em demandas de fácil aceitação, treinando e organizando suas forças para que possam lutar por mais, além de traçar um plano real para construir e desenvolver a solidariedade entre os oprimidos. Isso significa construir redes e alianças com os latino-americanos, em vez de atacar os direitos dos imigrantes, conectar-se com árabes e muçulmanos em campanhas contra a islamofobia e se juntar a organizações de povos indígenas que lutam por autodeterminação em seus territórios nos Estados Unidos. Essa não é uma lista exaustiva; é apenas o começo.

A luta para construir solidariedade entre comunidades oprimidas, no entanto, não é óbvia. Por exemplo, quando três jovens muçulmanos — Deah Barakat, Razan Abu-Salha e Yusor Abu-Salha — foram baleados e mortos por um homem branco em Chapel Hill, na Carolina do Norte, e ativistas começaram a fazer postagens nas redes com o termo *#MuslimLivesMatter* [#VidasMuçulmanasImportam], houve uma reação: alguns ativistas descreveram o uso da *hashtag* como "apropriação" de uma criação do movimento negro:

> Isso não é para minar ou menosprezar as injustiças com as quais outros grupos minoritários neste país lidam todos os dias; de fato, é exatamente o oposto. Toda comunidade merece a capacidade de ter um pensamento crítico sobre sua própria posição nos Estados Unidos, sobre seus próprios desafios,

sobre suas próprias experiências e em seus próprios termos. É evidente que vidas muçulmanas estão sob fogo cerrado em nossos sistemas estadunidenses. Não há dúvida sobre isso. No entanto, construir um argumento usando a tendência #VidasNegrasImportam equipara lutas que, embora aparentemente semelhantes, são drasticamente diferentes.[416]

Uma coisa é respeitar a organização que entrou no movimento contra a violência e a brutalidade policial, mas outra bem diferente é achar que a opressão e o racismo sofrido pelos negros são tão únicos que estão além do limite da compreensão e da potencial solidariedade de outros oprimidos.

Na competição para demonstrar como as opressões diferem de um grupo para o outro, não percebemos como estamos conectados através dessa opressão — e como essas conexões deveriam dar base à solidariedade, e não à celebração de quem está mais marginalizado. O governo estadunidense demoniza seus inimigos para justificar os abusos que comete contra eles, seja por meio de guerras intermináveis, internação e tortura, seja por meio de encarceramento em massa ou abuso policial. Existe um ciclo de convicções racistas, do qual políticas internas e externas se alimentam e pelo qual se reforçam. É por isso que a política externa dos Estados Unidos no Oriente Médio repercutiu dentro do país. O uso cínico da islamofobia para aumentar o apoio às contínuas intervenções militares estadunidenses em países árabes e muçulmanos teve, inevitavelmente, consequências para a população islâmica estadunidense. E o Estado de segurança em constante expansão, justificado pela "guerra ao terror", torna-se pretexto para uma

---

[416] SABAH. "Stop Using #MuslimLivesMatter" [Parem de usar #VidasMuçulmanasImportam], *Muslim Girl*, 12 fev. 2015.

repressão policial ainda maior dentro do país — o que, é certo, afeta os afro-estadunidenses e latino-americanos de maneira desfavorável nas regiões fronteiriças.

No final dos anos 1990, um movimento começou a lutar contra o estereótipo racial sofrido por motoristas negros em abordagens policiais. Grandes processos de ação coletiva em Maryland, Nova Jersey, Pensilvânia e Flórida apontavam o quanto os afro-estadunidenses eram alvos de suspeita e assédio injustificados nas rodovias interestaduais. Nova Jersey se tornou o centro do ativismo contra o estereótipo racial quando, na primavera de 1998, durante uma parada policial rotineira, um policial disparou contra uma van cheia de jovens afro-estadunidenses. Al Sharpton liderou um protesto com centenas de pessoas, incluindo uma carreata de quinhentos carros na Rodovia Interestadual 95. Naquele mesmo ano, a American Civil Liberties Union entrou com uma ação coletiva em nome de vários motoristas negros que se queixavam de ter sido parados no trânsito devido ao estereótipo racial na Rodovia Interestadual 95. Negros e latino-americanos eram considerados suspeitos de maneira generalizada, o que contribuiu para uma atmosfera de intimidação e uma ameaça implícita de violência (esse certamente parecia ser o caso do assassinato de Amadou Diallo, em 1999, que provocou uma onda de protestos e desobediência civil exigindo o indiciamento dos policiais envolvidos). Então, em março de 1999, Christine Todd Whitman, governadora de Nova Jersey pelo Partido Republicano, demitiu o superintendente da polícia estadual quando ele disse que o estereótipo racial era justificado porque o tráfico de maconha e cocaína é feito "principalmente pelas minorias".[417]

---

[417] MCFADDEN, Robert D. "Whitman Dismisses State Police Chief for Race Remarks" [Whitman exonera

O auge do movimento, no entanto, foi drasticamente interrompido após os ataques terroristas do Onze de Setembro. O governo dos Estados Unidos se apressou em transformar a tragédia em um apelo pela união nacional, já se preparando para uma nova guerra contra o Afeganistão, naquele mesmo ano de 2001, e contra o Iraque, em 2003. Além disso, agentes federais justificaram o estereótipo racial para caçar muçulmanos e árabes depois do ataque. Essa tática não estava mais sujeita a investigações e ações federais; tornou-se uma ferramenta legítima e bastante apoiada pela "guerra ao terror". Por exemplo, em 1999, 59% dos estadunidenses disseram acreditar que a polícia baseava sua atuação em estereótipos raciais; dentre eles, 81% consideravam a prática inadequada.[418] Até mesmo George W. Bush, vários meses antes do Onze de Setembro, discursou sobre isso em uma sessão conjunta do Congresso: "O estereótipo racial está errado, e nós vamos acabar com isso nos Estados Unidos".[419] No entanto, em 30 de setembro de 2001, o apoio dos afro-estadunidenses à prática de estereótipo racial contra os árabes saltou para 60%; entre a população em geral, era de 45%.[420] A crescente luta contra o racismo foi enterrada sob uma onda de chauvinismo e racismo islamofóbico, e mais: o estereótipo racial, que era o foco da

superintendente da polícia por comentários racistas], *The New York Times*, 1º mar. 1999.
418 NEWPORT, Frank. "Racial Profiling Is Seen as Widespread, Particularly among Young Black Men" [Perfilagem racial é vista como muito difundida, particularmente entre jovens negros], *Gallup*, 9 dez. 1999.
419 ZEIDMAN, Dan. "One Step Closer To Ending Racial Profiling" [Mais perto de acabar com o estereótipo racial], American Civil Liberties Union, 7 out. 2011.
420 POLAKOW-SURANSKY, Sasha. "When the Profiled Become Profilers" [Quando perfilados se tornam perfiladores], *African America*, 24 nov. 2002.

luta antirracista, passou então a ser defendido como uma ferramenta necessária para proteger os Estados Unidos.

    Quando o movimento adota discórdias promovidas ativamente pelo governo estadunidense, todos os movimentos contra o racismo se tornam mais fracos. Isso não significa que os movimentos devam abafar as diferenças entre os vários grupos de pessoas, mas sim que é necessário entender os pontos em comum e como as opressões sofridas estão relacionadas entre si; ao mesmo tempo, deve-se aceitar a realidade de que há muito mais a ganhar fortificando a união, e muito mais a perder se cada um ficar em seu canto.

CONCLUSÃO

Protestos podem expor as más condições de vida da população negra e relacioná-las ao Estado policial; podem atrair um grande número de pessoas; podem impelir figuras públicas a falar contra essas condições. Protestos podem fazer muitas coisas, mas por si só não conseguem acabar com o abuso policial ou com as premissas usadas para justificá-lo. O movimento contra a brutalidade policial, mesmo no estágio inicial em que se encontra, transformou a maneira como os estadunidenses veem e entendem o policiamento nos Estados Unidos. No decorrer de um ano, os negros lideraram uma luta de norte a sul para expor a existência de um policiamento urbano com base suburbana. Essa luta mostrou à nação a amplitude da mentira sobre o daltonismo racial, ou o "país pós-racial". Mais de 80% dos estadunidenses dizem que o racismo "ainda representa um problema", um aumento de 7% em relação a 2014; 61% dos brancos e 82% dos negros concordam que "os estadunidenses precisam conversar sobre o racismo".[421] Em menos de um ano, o número de estadunidenses brancos que veem os assassinatos cometidos pela polícia como "incidentes isolados" caiu de 58% para 36%.[422] Ao mesmo tempo, apenas em julho de 2015 a polícia matou a impressionante quantidade de 118 pessoas em todo o país, o número mais alto

---

[421] EDWARDS-LEVY, Ariel. "Americans Say Now Is the Right Time to Discuss Racism, Gun Control" [Estadunidenses dizem que é agora o momento certo de se discutir racismo e controle de armas], *Huffington Post*, 22 jun. 2015.

[422] STARR, Terrell Jermaine. "New Study: More White People See Systemic Problems in Policing after Freddie Gray, But Racial Gulf Remains" [Novo estudo: mais pessoas brancas veem problema sistêmico no policiamento depois do caso Freddie Gray, mas abismo racial se mantém], *AlterNet*, 5 maio 2015.

até aquele momento do ano.[423] Em meados de agosto, mataram mais 54. No aniversário de um ano de falecimento de Mike Brown, a polícia de Ferguson atirou e deixou mais um adolescente negro gravemente ferido. Na cidade de Nova York, onde o intenso movimento contra a brutalidade policial já ocorria havia anos — antes mesmo do início do mais recente movimento nacional —, o prefeito democrata Bill DeBlasio prometeu contratar mais mil policiais. Isso foi surpreendente, uma vez que DeBlasio só conquistou o cargo nas eleições de 2013 devido ao sucesso de sua proposta para acabar com a prática de abordagem e revista que prejudicava sobretudo negros e latino-americanos. Eis um exemplo de como a instituição policial é resiliente e de como os políticos são relutantes em discipliná-la.

O movimento tem muitos desafios para confrontar, mas já mostrou que não desaparecerá facilmente. Isso tem menos a ver com a genialidade dos organizadores do que com a raiva profunda dos negros que foram espancados, presos, humilhados e abusados pela polícia, e responsabilizados pelas agressões que sofreram.

O poder dos afro-estadunidenses para impulsionar o movimento foi visto em junho de 2015, em McKinney, Texas, quando a polícia atacou várias crianças negras em uma festa na piscina, e um policial aplicou uso excessivo da força contra Dajerria Becton, de quinze anos. No passado, uma história como essa teria pouca ou nenhuma atenção. Mas, em vez disso, alguns dias depois, centenas de manifestantes negros e brancos encheram a rua do pequeno condomínio no subúrbio onde as crianças haviam sido atacadas, cantando: "Queremos nadar" e "Se não podemos nadar, ninguém pode dirigir". Deve ter sido uma cena poderosa para todos que a testemunharam — e por diferentes razões. Muitos dos vizinhos brancos do subúrbio que apoiaram a

---

423 GUARDIAN. Base de dados interativa, 1º jun. 2015.

polícia se indignaram, mas nada podiam fazer a respeito; ficaram impotentes. A polícia estava, sem dúvidas, intimidada pela ação, tanto que o policial que havia atacado Dajerria foi forçado a pedir demissão dias depois. Porém, o mais importante para as crianças negras que naquela ocasião foram abusadas e ameaçadas pela polícia com armas de fogo, e também para seus pais, foi ver centenas de pessoas protestando e dizendo que suas vidas são importantes. Isso deve ter remediado uma parte do dano causado pela ação policial. Para eles, sentir a solidariedade de centenas de brancos deve ter dado alguma esperança de que nem todos os brancos são racistas e de que alguns podem se levantar e lutar ao lado deles. A manifestação também pode ter validado seu direito de resistir e enfrentar o racismo e a violência racista, e confirmou que eles estavam certos em protestar desde o início.

O movimento Vidas Negras Importam, de Ferguson aos dias de hoje, criou um sentimento de orgulho e garra entre uma geração que os Estados Unidos tentou matar, aprisionar e simplesmente aniquilar. O poder do protesto foi revalidado. E, para se tornar ainda mais eficaz, afetar o estado de policiamento e resistir à oposição e às tentativas de infiltração, subversão e enfraquecimento do que foi construído até aqui, deve haver mais organização e coordenação na transição de protesto a movimento.

7. #VIDAS NEGRAS IMPORTAM E LIBERTAÇÃO NEGRA

A Guerra Civil estadunidense chegou oficialmente ao fim em 12 de abril de 1865, quando o Exército da União aceitou a rendição incondicional da Confederação na escadaria de um tribunal em Appomattox, Virgínia. O Exército da União, liderado por duzentos mil soldados negros, havia destruído a instituição da escravidão; como resultado de sua vitória, os negros não seriam mais uma propriedade, mas sim cidadãos dos Estados Unidos. A Lei dos Direitos Civis de 1866, a primeira declaração de direitos civis do país, atestava:

> Cidadãos de toda raça e cor da pele, sem levar em consideração nenhuma condição anterior de escravidão ou servidão involuntária, terão o mesmo direito, em todos os estados e territórios dos Estados Unidos [...] para benefício pleno e igualitário de todas as leis e procedimentos para a segurança da pessoa e da propriedade, assim como desfrutam os cidadãos brancos. (Estados Unidos da América, 1866)

Não havia ambiguidade: a guerra havia enterrado a escravidão de uma vez por todas. Dias após a rendição da Confederação, o presidente Abraham Lincoln viajou a Richmond, Virgínia — antiga capital dos proprietários de escravos —, subiu as escadarias do antigo Capitólio da Confederação e disse a uma grande multidão de negros que haviam recém-começado a usufruir da liberdade:

Quanto a vocês, pessoas de cor, permitam-me dizer que Deus os libertou. Embora seus autodenominados "donos" os tenham privado dos direitos concedidos por Deus a vocês, agora vocês são tão livres quanto eu, e se aqueles que afirmam ser seus superiores não sabem que vocês são livres, peguem a espada e a baioneta e mostrem a eles que vocês o são — porque Deus criou todos os homens livres, dando a cada um os mesmos direitos de vida, liberdade e busca da felicidade. (Du Bois & Lewis, 1935, p. 111)

Cento e cinquenta anos depois, em 12 de abril de 2015, às nove horas, a 377 quilômetros ao norte do tribunal de Appomattox, Freddie Gray, um negro de 25 anos, foi preso pela polícia de Baltimore. Aparentemente, seu único crime foi fazer contato visual com a polícia e depois correr. Freddie foi colocado em uma van. Quando reapareceu, 45 minutos depois, sua laringe havia sido esmagada, seu pescoço quebrado e 80% de sua medula espinhal estava rompida.

A distância entre o término da Guerra Civil, representado pelo nascimento da cidadania dos negros e dos direitos civis, e o espancamento e a tortura de Freddie Gray, sancionados pelo Estado, retrata uma lacuna entre a igualdade formal perante a lei e a liberdade real: o direito de não ser oprimido, de tomar decisões sobre a própria vida, livre de coação, coerção ou ameaças. A liberdade nos Estados Unidos é ilusória, contingente, repleta de contradições e promessas inatingíveis para a grande maioria.

Os negros não foram libertados para viver o "sonho americano", mas sim, como disse Malcolm X, para viver o "pesadelo americano", feito de injustiça generalizada e desigualdade econômica. E o terrorismo racial mascara a extensão dessa desigualdade. Cem anos após a emancipação, os afro-estadunidenses, por meio do movimento pelos direitos civis, desmantelaram os últimos vestígios da discriminação legalizada, mas a empolgação do movimento desapareceu rapidamente, enquanto os negros inflamavam as cidades do país, zangados e desiludidos por serem impedidos de acessar as riquezas da sociedade estadunidense. Centenas de milhares de afro-estadunidenses participaram dos levantes em busca de soluções para os problemas de intoxicação por chumbo, infestações de ratos, fome e desnutrição, subemprego, escolas precárias e pobreza persistente. Políticos liberais e radicais negros concordavam com a demanda de que os negros deveriam ter maior controle político sobre suas comunidades. Para os liberais, a política eleitoral negra era um sinal de maturidade política, pois o movimento saía das ruas e se dirigia à cabine de votação com dois objetivos: administração urbana e controle comunitário. O problema não era o "sistema", mas a exclusão dos negros de tudo aquilo que a sociedade estadunidense tinha a oferecer. Alguns radicais também foram atraídos pela possibilidade de autogestão e controle comunitário. Era, de fato, uma estratégia viável, já que grande parte da vida dos negros era controlada por políticos e instituições lideradas por brancos. A questão permanecia: será que a máquina política criada em uma época de opressão poderia agora ser refeita em nome da autodeterminação dos negros?

Se, a certa altura, a liberdade dos negros era imaginada como sinônimo de sua integração na sociedade estadunidense e da aceitação das pessoas de cor em suas instituições políticas e financeiras, os últimos cinquenta anos contam uma história desencontrada. Com efeito, desde os últimos suspiros das revoltas negras da década de 1970 até hoje, existem muitas formas de medir as realizações e as conquistas dos afro-estadunidenses em um país que nunca teve a intenção de que os negros sobrevivessem como pessoas livres. Afinal, haveria símbolo maior da realização negra do que um negro ocupando a Casa Branca? Para aqueles que consideram que dominar a política convencional e contar com representantes negros nos palácios de governo são as melhores expressões de inclusão na grande sociedade, então certamente estamos no auge das "relações raciais" estadunidenses. No entanto, paradoxalmente, num momento em que os afro-estadunidenses alcançaram o que nenhuma pessoa em sã consciência poderia imaginar quando a Guerra Civil terminou, entramos simultaneamente em um novo período de protesto e radicalização dos negros, e de nascimento de uma nova esquerda negra.

Ninguém sabe o que decorrerá desse novo desenvolvimento político, mas muitos entendem as causas de seu surgimento. Afinal, mesmo que alguns afro-estadunidenses tenham alcançado o sucesso, quatro milhões de crianças negras ainda vivem na pobreza, um milhão de negros estão encarcerados e 240 mil negros perderam suas casas em decorrência da crise do crédito imobiliário — o que também fez com que os afro-estadunidenses perdessem centenas de milhões de dólares de poupanças. Apesar de um presidente negro governar o país, milhões de negros amargam a miséria, privados dos padrões mais básicos de saúde, felicidade e humanidade. O artista e ativista Harry Belafonte Jr. lembra sua última conversa com Martin Luther King, que na ocasião lamentou: "Pensei em algo que me perturba profundamente. [...] Temos lutado muito e por muito tempo pela integração [à sociedade estadunidense], como acredito que deveríamos fazer, e sei que venceremos. Mas acho que estamos nos integrando a uma casa em chamas".[424]

O anseio pela libertação negra não pode estar separado do que acontece nos Estados Unidos como um todo. A vida negra não pode ser transformada enquanto o resto do país

---

[424] BELAFONTE, Harry. "Harry Belafonte Reflects on Working toward Peace" [Harry Belafonte reflete sobre o trabalho em direção à paz], Makkula Center for Applied Ethics, s./d.

pega fogo. Os incêndios que consomem os Estados Unidos são causados pela grande indiferença do *establishment* diante de empregos inexpressivos e de baixa renda, aluguéis inacessíveis, dívidas sufocantes e pobreza. A essência da desigualdade econômica é confirmada por um simples fato: existem quatrocentos bilionários nos Estados Unidos e 45 milhões de pessoas vivendo na pobreza. Não são fatos paralelos, mas entrelaçados: existem quatrocentos bilionários *porque* 45 milhões de pessoas vivem na pobreza. O lucro vem às custas do salário mínimo. Executivos, presidentes de universidades e capitalistas em geral estão usufruindo de uma boa vida *porque* muitos outros estão passando por dificuldades. A luta pela libertação negra, portanto, não é uma ideia abstrata, isolada do fenômeno de exploração econômica e desigualdade que permeia a sociedade estadunidense; ela está intimamente ligada a esse fenômeno.

A luta pela libertação negra exige ir além da narrativa-padrão de que os negros já percorreram um longo caminho, mas ainda têm um longo caminho a percorrer — o que, obviamente, não diz nada sobre onde realmente estamos tentando chegar. Requer compreender as origens e a natureza da opressão dos negros e do racismo de maneira mais abrangente. Mais importante ainda, requer uma estratégia, algum senso de como passaremos da situação atual para o futuro. Em seu nível mais básico, talvez a libertação negra signifique um mundo onde os negros possam viver em paz, sem a constante ameaça dos problemas sociais, econômicos e políticos de uma sociedade que quase não dá valor à grande maioria das vidas negras. Significaria viver em um mundo onde vidas negras importam. Embora seja verdade que, quando os negros se libertam, todos se libertam, os negros nos Estados Unidos não podem "se libertar" sozinhos. Nesse sentido, a libertação negra está ligada ao projeto de libertação humana e transformação social.

RECONSTRUÇÕES RADICAIS

Este livro começa com a longa citação de um texto de Martin Luther King publicado em 1969. Nesse texto, ele escreve que a luta dos negros "revela falhas sistêmicas em vez de superficiais" e sugere que a reconstrução radical da própria sociedade é o verdadeiro tópico a ser enfrentado. O que seria a "reconstrução radical" da sociedade estadunidense? Eis a questão central que o movimento negro enfrentava no final daquele período de revoltas. O próprio King chegou a definir a crise dos Estados Unidos com a imagem dos "trigêmeos": "racismo, materialismo e militarismo". Ele e centenas de milhares de outros negros, brancos e latino-americanos irados em todo o país estavam se radicalizando rapidamente, em reação à hipocrisia, às contradições e à brutalidade do capitalismo. Com a "resistência maciça" da supremacia branca liderada pelo Partido Democrata no Sul, a guerra em expansão no Vietnã e a imensa pobreza exposta pelas rebeliões nos guetos, o governo dos Estados Unidos se tornou um rei sem roupas.

O avanço da radicalização não ocorria de maneira isolada; fazia parte de uma revolta global contra uma antiga ordem colonial que rapidamente se desfazia. Durante a Segunda Guerra Mundial, Grã-Bretanha, Holanda, Itália, Japão e França perderam colônias. Após a guerra, em 1947, os britânicos perderam sua grande colônia na Ásia, que acabou dividida em Índia e Paquistão. E 1960 ficou conhecido como o "ano da África", quando dezessete países africanos alcançaram a independência. A descolonização foi alcançada de várias maneiras, seja por meio de transferência "pacífica" do poder ou por lutas nacionalistas armadas. Os debates que se seguiram sobre o futuro das sociedades pós-coloniais incluíam argumentos sobre como transformar economias baseadas na exportação de matérias-primas em economias que priorizavam as necessidades da população local. Em vários desses países, os debates abordavam diferentes interpretações do socialismo. Esses argumentos eram distorcidos de diversas maneiras, dada a grande influência da União Soviética, um país que havia sido socialista em algum momento da história, mas que naquele período já havia se tornado um regime autoritário de partido único. O modelo soviético de socialismo fundamentava-se em uma definição extremamente limitada e reduzida sobre "propriedade do Estado". Mas quem era o dono do Estado era uma questão igualmente importante. Esses movimentos suscitavam outras questões, como as formas de conquistar o poder do Estado, a economia política, e como tudo isso contribuiria para o desenvolvimento econômico e a autodeterminação após séculos de ruína colonial. Pessoas não brancas que haviam sido colonizadas ao redor de todo o mundo saudavam o socialismo (definido de várias maneiras) quase universalmente como o meio para alcançar a liberdade e reconstruir o poder do Estado em seus próprios termos.

No final da década de 1960, muitos revolucionários negros tinham como certo que os afro-estadunidenses eram uma população colonizada dentro dos Estados Unidos. No livro *Black Power*, Carmichael e Hamilton (1967, p. 6) afirmam o mesmo: "Os negros deste país formam uma 'colônia' e não é do interesse do poder colonizador libertá-los. Os negros são cidadãos legalizados dos Estados Unidos, com a maioria dos mesmos direitos legais que outros cidadãos. No entanto, eles permanecem como sujeitos coloniais em relação à sociedade branca". Essa ideia era popular porque parecia uma maneira precisa de descrever a relação entre os núcleos urbanos pobres, com grande parte da população composta por negros, e as áreas metropolitanas muito maiores — e mais brancas — que os circundavam. O colonialismo também poderia explicar a relação financeira predatória entre as empresas e as comunidades negras, quase totalmente organizada em torno da extração, com pouco ou nenhum investimento. Todas essas descrições explicavam a opressão e a exploração dos negros, e pareciam se encaixar no que estava acontecendo com os negros e marrons em todo o mundo. Como escreveu Stokely Carmichael, "o poder negro não pode ser separado da Revolução Africana. Ele só pode ser compreendido dentro do contexto da Revolução Africana. Assim, o poder negro [...] foi intensificado quando a Revolução Africana, de Watts a Soweto,[425] entrou na fase da luta armada" (Carmichael & Hamilton, 1967, p. 197).

No entanto, descrever como "colonial" o relacionamento dos negros estadunidenses com os Estados Unidos carece de precisão, apesar das óbvias semelhanças. O lucro obtido com a exploração dos moradores urbanos negros não era insignificante, mas também não era a mais importante fonte de receita para a "metrópole" estadunidense. O capital produzido nas comunidades negras beneficiava quase exclusivamente a camada de empresários envolvidos diretamente em relações que exploravam economicamente o gueto urbano, como banqueiros e agentes imobiliários. Mas esse não era o motor do capitalismo estadunidense, se comparado a algodão, borracha, açúcar e extração e comércio de minerais, que alimentaram os impérios coloniais por centenas de anos.

Ser uma população minoritária oprimida não significa necessariamente ser súdito dos colonizadores. Considerar os negros um povo colonizado levou a luta dos negros à rebelião global contra os "opressores coloniais". Malcolm X falou sobre isso quando reconheceu que era "incorreto classificar a revolta dos negros como simplesmente um conflito racial

---

425 Watts é um bairro de Los Angeles, Califórnia, palco de uma rebelião negra em 1965 (ver Capítulo 1). Soweto é uma cidade vizinha a Joanesburgo, África do Sul, um dos epicentros da resistência ao *apartheid* na segunda metade do século XX, que se notabilizou após o Levante de Soweto, em 1976. [N.E.]

entre negros e brancos, ou como um problema puramente estadunidense. Ao contrário, estamos vendo hoje uma rebelião global dos oprimidos contra os opressores, dos explorados contra os exploradores".[426] Situar a rebelião negra no contexto da Revolução Africana desafiava a ideia de que os afro-estadunidenses compunham uma população "minoritária", que lutava por conta própria dentro da barriga da besta. Identificar a luta negra do país com o movimento anticolonial também reintroduziu interpretações do socialismo no movimento negro. Havia milhares de socialistas, comunistas e outros anticapitalistas negros nos Estados Unidos, mas a caça às bruxas liderada pelo governo federal destruiu amplamente os vínculos entre o movimento socialista da década de 1930 e a nova onda de lutas no país nos anos 1960.

No final da década de 1960, o socialismo estava novamente em pauta como uma alternativa legítima aos "trigêmeos do mal" com os quais King se preocupava. A maioria dos radicais negros se voltava para alguma corrente do socialismo. Era fácil entender por quê, levando em consideração o quanto os crimes cometidos pelo capitalismo estavam expostos. Os Estados Unidos viviam anos de crescimento econômico, mas a pobreza, o subemprego e as moradias precárias ainda eram regra para negros e marrons. Em discurso durante a inauguração da Organization of Afro-American Unity, Malcolm X disse:

> Fazemos isso porque vivemos em um dos países mais podres que já existiu nesta terra. É o sistema que está podre; nós temos um sistema podre. É um sistema de exploração, um sistema político e econômico de exploração, de total humilhação,

---

[426] "Malcom X on Capitalism and Socialism" [O que diz Malcom X sobre capitalismo e socialismo], *Socialist Organizer*, 9 dez. 2008.

degradação, discriminação — todas as coisas negativas com que você pode se deparar são vistas neste sistema que se disfarça de democracia. [...] E você sai correndo e se prepara para ser convocado a ir a algum lugar e defendê-lo. Alguém precisa lhe dar um cascudo.[427]

E então, ele nomeou esse sistema:

> Todos os países que hoje emergem das amarras do colonialismo estão se voltando para o socialismo. Não acho que seja uma coincidência. A maioria dos países que eram potências coloniais era capitalista; o último baluarte do capitalismo hoje são os Estados Unidos, e é impossível para uma pessoa branca na atualidade acreditar no capitalismo e não no racismo. Não podemos ter capitalismo sem racismo. E se você encontra uma pessoa que não seja racista e começa a conversar com ela, caso ela tenha uma filosofia que faça você acreditar que não há racismo em sua perspectiva, geralmente ela é socialista ou sua filosofia política é o socialismo.[428]

Da mesma forma, pouco antes de ser assassinado, King conectou o "fogo" que incendiava os Estados Unidos às desigualdades profundamente enraizadas na economia política do país. Em 1967, ele considerava várias questões que tocavam o âmago da injustiça estadunidense:

> "Para onde vamos agora?" Devemos enfrentar o fato honestamente: o movimento deve se dirigir ao tema da reestruturação de toda a sociedade estadunidense. Há quarenta milhões de pessoas pobres aqui. E um dia devemos perguntar: "Por

---

[427] MALCOLM X. Discurso de fundação da Organization of Afro-American Unity, Nova York, 28 jun. 1964.
[428] "Malcom X on Capitalism and Socialism", *Socialist Organizer*, 9 dez. 2008.

que existem quarenta milhões de pessoas pobres nos Estados Unidos?". Quando você começa a fazer essa pergunta, você levanta questões sobre o sistema econômico, sobre maior distribuição da riqueza. Quando você faz essa pergunta, começa a questionar a economia capitalista. E estou apenas dizendo que, cada vez mais, precisamos começar a fazer perguntas sobre a sociedade como um todo. Somos chamados para ajudar os pedintes desanimados no mercado da vida. Mas, um dia, devemos ver que o edifício que produz pedintes precisa de reestruturação. Isso significa que devemos propor questões. Meus amigos, quando vocês lidam com isso, vocês começam a perguntar: "Quem é o dono do petróleo?". Vocês começam perguntar: "Quem é o dono do minério de ferro?". Vocês começam a perguntar: "Por que as pessoas têm que pagar conta de água em um mundo que é composto por dois terços de água?". (Bloom, 1987, p. 212)

As mulheres negras também conectavam o sistema capitalista às dificuldades vivenciadas por suas famílias. Ativas durante o movimento pelos direitos civis, elas formaram, em 1968, a Aliança das Mulheres do Terceiro Mundo. No início dos anos 1970, publicaram o *Black Women's Manifesto* [Manifesto das mulheres negras], que analisava o racismo e o machismo no movimento e, de maneira geral, "o sistema capitalista (e sua consequência direta, o racismo), sob o qual todos nós vivemos e que tentou destruir a humanidade das pessoas negras usando de muitas formas e meios desonestos. É um ataque ultrajante a todos os homens, mulheres e crianças negras que residem nos Estados Unidos". Algumas das mulheres envolvidas na Aliança das Mulheres do Terceiro Mundo também formariam o Coletivo Combahee River, que igualmente conectou a opressão sofrida pelos negros e pelas mulheres ao capitalismo:

Compreendemos que a libertação de todos os povos oprimidos exige a destruição dos sistemas político-econômicos do capitalismo e do imperialismo, bem como do patriarcado. Somos socialistas porque acreditamos que o trabalho deve ser organizado para o benefício coletivo daqueles que trabalham e produzem, e não para o lucro dos patrões. Os recursos materiais devem ser igualmente distribuídos entre aqueles que os criam. Não estamos convencidas, no entanto, de que uma revolução socialista que não seja feminista e antirracista seja capaz de garantir nossa libertação. [...] Embora concordemos essencialmente com a teoria de Marx aplicada às específicas relações econômicas que ele examinou, sabemos que sua análise deve ser estendida ainda mais, para que entendamos nossa particular situação econômica como mulheres negras.[429]

Em 1970, o Partido dos Panteras Negras, ousada organização socialista radical, era a maior e mais influente estrutura revolucionária negra, com mais de cinco mil membros e 45 filiais. Em 1971, o jornal dos Panteras, chamado *Black Panther*, atingiu seu pico de circulação: 250 mil exemplares por semana (Cleaver & Katsiaficas, 2014, p. 121), um alcance muito maior do que seu número de membros. Os negros que liam o periódico encontraram o esboço dos Panteras para a libertação dos negros traçado através de seu "Programa dos Dez Pontos". Entre suas várias demandas, lia-se: fim "ao roubo de nossa comunidade negra pelos capitalistas", "moradias decentes adequadas para abrigar seres humanos", "um fim imediato à brutalidade policial e ao assassinato de pessoas negras" e "terra, pão, moradia, educação, roupas, justiça e paz".[430]

---

[429] COLETIVO Combahee River. "The Combahee River Collective Statement" [Declaração do Coletivo Combahee River], abr. 1977.

[430] PARTIDO DOS PANTERAS NEGRAS. "Black Panthers Ten-Point Program", 15 out. 1966.

O anticapitalismo abordava todos os aspectos da vida negra, inclusive o local de trabalho. Em 1968, o Dodge Revolutionary Union Movement [Movimento sindical revolucionário da Dodge], formado por ex-alunos negros e trabalhadores negros da indústria automobilística de Detroit, fez referências semelhantes. Nas palavras de John Watson, um dos organizadores do grupo:

> Lutar por nossos próprios interesses significa que o povo negro do gueto deve lutar para derrubar o capitalismo branco. A luta contra o capitalismo é mundial e a luta revolucionária do gueto é crucial e essencial na revolução mundial como um todo. Se os coreanos e vietnamitas conseguirem derrubar o imperialismo na Ásia, a Ásia será livre. Mas, se a revolução negra conseguir derrubar o capitalismo e o imperialismo nos Estados Unidos, o mundo inteiro será livre. Esse é o nosso papel. (Georgakas & Surkin, 1998, p. 17)

No final da década de 1960, muitos já haviam entendido que a economia capitalista era responsável pelas dificuldades enfrentadas pelos negros, e que o socialismo era uma maneira alternativa de organizar a sociedade. Organizações que pediam a derrubada do governo, como os Panteras Negras, eram tão populares que, em 1969, J. Edgar Hoover, então diretor do FBI, declarou que "o Partido dos Panteras Negras, sem dúvida, representa a maior ameaça à segurança interna do país".[431] A popularidade dos Panteras, somada aos anos sucessivos de rebeliões no gueto, obrigou a elite econômica e política a criar mais espaço para o desenvolvimento de uma classe média negra; para a maioria, porém,

---

[431] SMITH, Roger Guenveur. "Hoover and the FBI" [Hoover e o FBI], *site* oficial do documentário *A Huey P. Newton Story* [Uma história de Huey P. Newton], dir. Spike Lee (Filadélfia: PBS e Luna Ray Films, 2002).

grande parte das questões sobre desigualdade e injustiça continuou sem solução.

Dada a ampla defesa de diferentes perspectivas do socialismo, foi estranho que, no final da última revolta negra, o socialismo tenha sido descartado por ser incapaz de explicar o racismo ou a opressão sofrida pelos negros. O comentarista político Tim Wise publicou uma crítica em seu *blog*, em 2010:

> Ativistas de esquerda geralmente marginalizam as pessoas de cor, amparando-se em uma estrutura de classe extremamente reducionista, que afirma que a questão "real" é a classe, e não a raça, que "a única cor que importa é a verde", e que problemas como racismo são meras "políticas de identidade", um empecilho para a promoção do universalismo e a criação de programas de classe para ajudar os trabalhadores. Esse reducionismo, que ignora que até as pessoas de cor ricas ou da classe média enfrentam racismo e discriminação por causa da cor da pele (e presume que a população de baixa renda, seja de pessoas de cor ou de pessoas brancas, é igualmente oprimida, apesar de muitas evidências do contrário), reforça o quanto os brancos sentem desprezo [pelos negros], privilegia a perspectiva da população branca e descarta a realidade vivida pelas pessoas de cor. E, ainda mais, [...] isso talvez ignore a lição política mais importante sobre a interação entre raça e classe, a maior razão pela qual há tão pouca consciência e união da classe trabalhadora nos Estados Unidos (e, portanto, explica por que programas baseados em classe para elevar todos que passam por dificuldades são muito mais fracos aqui do que no resto do mundo industrializado), que é justamente devido ao racismo e à maneira como o racismo branco foi intencionalmente plantado entre os trabalhadores brancos. Somente por meio do confronto direto (ao invés de evitá-lo, como os reducionistas de classe procuram fazer) podemos esperar construir coalizões inter-raciais e baseadas em classes. Em

outras palavras, para que as políticas apoiadas pelos reducionistas de classe — sejam eles social-democratas ou marxistas — funcionem ou ao menos existam, o racismo e a supremacia branca devem ser enfrentados diretamente.[432]

A especificidade sempre ajuda a elucidar questões, mas Wise agrupa várias categorias de pessoas apenas para reduzir suas ideias e atividades políticas que subestimam ou ignoram o racismo. Juntar "esquerda", "ativistas", "social-democratas" e "marxistas" para descrevê-los coletivamente como "perspectiva branca" privilegiada, enquanto rejeita "a realidade vivida pelas pessoas de cor", acaba confundindo mais do que explicando. Por exemplo, existem distinções importantes entre aqueles que dispõem de análise política e contexto para entender o mundo, e aqueles que aparecem em manifestações. Há também uma suposição embutida de que "a esquerda" é branca e efetivamente ignora o racismo — uma suposição curiosa, já que houve evidente apoio histórico, afiliação ao socialismo e aos socialistas entre os afro-estadunidenses citados antes. Como o socialismo (os Panteras Negras socialistas revolucionários) deixou de ser a maior ameaça ao governo dos Estados Unidos e passou a ser percebido como "branco" e insignificante às lutas das "pessoas de cor"?

Para verdadeiramente descompactar essa história, seria necessário entender o quanto o governo federal reprimiu seu "inimigo interno" como forma de acabar com sua influência entre os afro-estadunidenses de forma geral. Também envolveria levar a sério a política dos Panteras Negras, bem como os debates políticos criados pela esquerda revolucionária das

---

432 WISE, Tim. "With Friends Like These, Who Needs Glenn Beck? Racism and White Privilege on the Liberal-Left" [Com amigos como esses, quem precisa de Glenn Beck? Racismo e privilégio branco na esquerda liberal], *Timwise.org*, 17 ago. 2010.

décadas de 1960 e 1970, que discutiam onde construir seus grupos, como construí-los e para qual público. Certamente, houve profundas batalhas internas sobre como avançar, mas a maneira menos caridosa de descrever esses debates é reduzir muitos pontos de vista e organizações políticas diferentes na categoria genérica de "ativista de esquerda reducionista de classe". A esquerda revolucionária da atualidade *é* majoritariamente branca e pequena, mas a realidade de hoje deve estar firmemente situada em uma história de repressão massiva (incluindo prisões e assassinatos sancionados pelo Estado) e em intensos debates políticos sobre estratégia, tática e perspectivas políticas.

Quanto ao conteúdo político da crítica de Wise, a maioria dos socialistas revolucionários concordaria que o desafio mais significativo para o desenvolvimento da consciência de classe nos Estados Unidos é o racismo e que, sem uma luta contra o racismo, não há esperança de se mudar fundamentalmente o país. É verdade que a pessoa socialista mais conhecida nos Estados Unidos é o senador por Vermont, Bernie Sanders,[433] que exemplifica quase tudo o que Wise critica na esquerda de maneira geral. Mas Sanders passou décadas ao lado das elites, e se mostra relutante e quase desconfortável nas discussões sobre como o racismo acrescenta um ônus extra à opressão que os trabalhadores negros e os pobres já enfrentam. Portanto, Sanders basicamente argumenta que lidar com a desigualdade econômica é a melhor maneira de combater o racismo. É um argumento antigo da ala mais à direita do movimento socialista, que foi desafiada e denunciada pela ala de esquerda — a ala que se tornou o Partido Comunista (PC) após a Revolução Russa em 1917.

---

433 Bernie Sanders disputou as primárias do Partido Democrata para as eleições presidenciais em duas ocasiões, 2016 e 2020, sendo derrotado por Hillary Clinton e Joe Biden, respectivamente. [N.E.]

A Revolução Russa deu vida a um movimento comunista internacional que era muito mais de esquerda do que o antigo Partido Socialista. O surgimento do comunismo revolucionário nas décadas de 1920 e 1930 coincidiu com a rápida radicalização dos afro-estadunidenses. Os negros se autodenominavam os "novos negros", em oposição aos velhos negros que foram vítimas das leis Jim Crow no Sul. Esses "novos" negros estavam cheios de confiança de viver nas grandes cidades, finalmente fora da vigilância e da intimidação das leis de segregação racial. Eles foram encorajados por seus irmãos que lutaram na Primeira Guerra Mundial, descrita pelo presidente Woodrow Wilson (1913-1921) como uma guerra estadunidense travada em nome da democracia. Eles também ficaram amargurados com a contradição de que os Estados Unidos fizeram apelos públicos à democracia enquanto brancos racistas iniciavam *pogroms* no Norte.

Dentro desse caldeirão político superaquecido, os afro-estadunidenses elaboraram diferentes respostas políticas. Os seguidores de Marcus Garvey[434] argumentavam que os negros deveriam retornar triunfantes à África. O radicalismo negro também floresceu. A African Blood Brotherhood [Irmandade de sangue africano] era pequena, mas influente em sua defesa da política socialista e nacionalista. O Partido Comunista também se tornou um polo de atração política e recrutou vários dos melhores revolucionários negros da época, que transformaram ativamente a perspectiva política do partido com seu trabalho entre a população afro-estadunidense. Conforme argumentou o historiador Robin D. G. Kelley, "se a Terceira Internacional[435] [...] provou-se

---

434 Marcus Garvey (1887-1940), ativista e empresário jamaicano. [N.E.]

435 A Terceira Internacional, também conhecida como Internacional Comunista, foi uma organização internacional criada por Vladmir Lênin com o objetivo de reunir partidos comunistas ao redor do mundo. [N.T.]

mais compreensiva e sensível à natureza racial da luta de classes estadunidense, isso ocorreu principalmente porque os negros [...] defendiam uma fusão radical do socialismo com a 'política racial'" (Kelley, 2003, p. 45). Ao viajar como delegado à Internacional Comunista, em 1922, o escritor negro Claude McKay relatou:

> Ao me associar aos camaradas dos Estados Unidos, encontrei demonstrações de preconceito nas várias ocasiões em que os camaradas brancos e negros tiveram que se reunir, e esse é o maior obstáculo que os comunistas estadunidenses precisam superar: o fato de que eles têm que se emancipar das ideias que tinham sobre os negros antes de poder alcançá-los com qualquer tipo de propaganda radical. (Cooper, 1996, p. 179)

O revolucionário russo Vladimir Lênin interveio diretamente no Partido Comunista dos Estados Unidos, argumentando que o partido deveria começar o quanto antes a agitar politicamente os afro-estadunidenses.

A mudança de orientação foi nítida e dramática. Enquanto a convenção fundadora do PC estadunidense em 1919 afirmava apenas que a "opressão racial do negro é simplesmente decorrente de sua escravização e sujeição econômicas, uma intensificando a outra", em 1921, após o envolvimento direto de Lênin, o partido passou a declarar:

> Os trabalhadores negros dos Estados Unidos são explorados e oprimidos de maneira mais cruel do que qualquer outro grupo. A história dos negros no Sul é a história de um reino de terror — de perseguição, estupro e assassinato. [...] Devido às políticas contra os negros que existem nos sindicatos, o negro não recebeu ajuda dessa fonte e acabou sendo levado ao campo de trabalho dos inimigos ou foi obrigado a desenvolver organizações puramente raciais que buscam objetivos puramente raciais. O Partido dos Trabalhadores apoiará os

negros em sua luta pela libertação e os ajudará em sua luta pela igualdade econômica, política e social. [...] Sua tarefa será destruir completamente a barreira do preconceito racial até então utilizada para separar os trabalhadores negros dos brancos, e depois conectá-los através de uma união sólida de forças revolucionárias para a derrubada de nosso inimigo comum. (Foner & Allen, 1987, p. 9)

No início da década de 1940, milhares de negros aderiram ao Partido Comunista.

No período que antecedeu a Segunda Guerra Mundial, o comunismo havia se tornado a estrutura política dominante para a maior parte do mundo não branco, já que centenas de milhões de pessoas de cor em diversos países foram inspiradas pelos escritos de Lênin sobre o direito das nações oprimidas de lutar pela própria liberdade. Segundo Lênin,

> O proletariado deve lutar contra a retenção forçada de nações oprimidas dentro dos limites de um determinado Estado. [...] O proletariado deve exigir liberdade e separação política para as colônias e nações oprimidas por suas "próprias" nações. Caso contrário, o internacionalismo do proletariado não passaria de palavras vazias; nem a confiança nem a solidariedade de classe seriam possíveis entre os trabalhadores das nações oprimidas e opressoras. [...] Por outro lado, os socialistas da nação oprimida devem, em particular, defender e implementar a unidade plena e incondicional, incluindo a união organizacional dos trabalhadores da nação oprimida e da nação opressora. Sem isso, será impossível defender a política independente do proletariado e sua solidariedade de classe com o proletariado de outros países. (Lênin & Lorimer, 2002, p. 137)

Durante o período da Frente Popular (nome da estratégia descrita por Lênin), o Partido Comunista manteve sua popularidade entre os afro-estadunidenses e muitos oprimidos. Mas, com o tempo, as posições constantemente contraditórias do PC e da União Soviética, que então eram lideradas pelo cada vez mais tirano Josef Stálin, levaram a uma desfiliação em massa do partido após a guerra. Nos Estados Unidos, durante a guerra, o PC abraçou o Partido Democrata e pediu união contra Hitler a todo custo. Sua conclusão de que os afro-estadunidenses deveriam, portanto, subestimar a luta contínua contra a desigualdade racial acabou por diminuir drasticamente a quantidade de negros nos quadros do PC. Mas os pontos fracos do PC não devem reduzir a validade do anticapitalismo e do socialismo como teorias políticas que informam e orientam a luta pela libertação negra. C.L.R. James, um revolucionário negro do Caribe e colaborador do revolucionário russo Leon Trótski, continuou a desenvolver a teoria marxista e relacionou-a com a luta dos negros quando escreveu, em 1948 — anos antes do surgimento do movimento pelos direitos civis —, sobre a dinâmica do movimento negro e seu impacto na luta de classes em geral:

> Número um: nós dizemos que a luta dos negros, a luta independente dos negros, tem vitalidade e legitimidade próprias; tem profundas raízes históricas, tanto no passado dos Estados Unidos quanto atualmente; possui uma perspectiva política orgânica pela qual viaja, de uma forma ou de outra, e tudo indica que, atualmente, está viajando com grande velocidade e vigor. Número dois: nós dizemos que esse movimento negro independente é capaz de intervir com uma força extraordinária na vida social e política da nação em geral, apesar de ser organizado sob a bandeira dos direitos democráticos e não ser liderado necessariamente pelo movimento trabalhista organizado ou pelo partido marxista. Número três (e este é o mais importante): nós dizemos que ele é capaz de exercer uma poderosa influência sobre o proletariado revolucionário, que tem a competência de dar uma grande contribuição ao

desenvolvimento do proletariado nos Estados Unidos — isso, em si, constitui parte da luta pelo socialismo. Desse modo, contestamos diretamente qualquer tentativa de subordinar ou passar para trás o significado social e político da luta independente dos negros por direitos democráticos.[436]

As observações de C.L.R. James ainda ressoam, especialmente no contexto atual. O movimento negro estadunidense é uma força independente que tem seu próprio tempo, lógica e perspectiva, baseados na história do racismo e da opressão no país.

Consideremos também que, quando o movimento negro entra em ação, desestabiliza toda a vida política nos Estados Unidos. King argumentou que o movimento negro "força os Estados Unidos a enfrentar todas as suas falhas inter-relacionadas — racismo, pobreza, militarismo e materialismo. Isso [...] expõe os males que estão profundamente enraizados em toda a estrutura de nossa sociedade. Não revela falhas superficiais, revela falhas sistêmicas" (King Jr. & Washington, 1986, p. 316). Mais do que qualquer outro grupo da sociedade — com exceção da população indígena —, a opressão sofrida pelos trabalhadores negros expõe a mentira que identifica os Estados Unidos como uma sociedade livre e democrática. O ativismo político e a rebelião do povo negro trazem à tona essa farsa, questionando a verdadeira natureza da sociedade estadunidense. Trabalhadores brancos sempre seguiram a liderança dos trabalhadores negros. A onda de greve militante que descrevi no Capítulo 2 foi certamente influenciada pela luta em prol da libertação negra, que forneceu um poderoso exemplo de

---

[436] JAMES, C.L.R. "The Revolutionary Answer to the Negro Problem in the U.S." [A resposta revolucionária ao problema do negro nos Estados Unidos], *Marxists Internet Archive*, jul. 1948.

organização e resistência para que os trabalhadores brancos no movimento sindical seguissem lutando. Por esse motivo, longe de serem alheios às lutas do povo negro, os socialistas *sempre* estiveram no centro desses movimentos: na luta para salvar os meninos de Scottsboro na década de 1930,[437] no papel de Bayard Rustin[438] para organizar a marcha de 1963 em Washington, ou na organização do Partido dos Panteras Negras contra a brutalidade policial. No auge do macarthismo, socialistas e comunistas se identificavam de tal forma com o movimento contra o racismo que se presumiu que a organização antirracista era obra dos comunistas.

A ECONOMIA POLÍTICA DO RACISMO

O capitalismo é um sistema econômico baseado na exploração de muitos por poucos. Devido à extrema desigualdade que produz, o capitalismo exige várias ferramentas políticas, sociais e ideológicas para dividir a maioria — e o racismo é uma entre tantas opressões destinadas a esse propósito. A opressão é usada para justificar, "explicar" e entender a desigualdade desenfreada. Por exemplo, o racismo se desenvolveu sob o escravagismo para explicar e justificar a sujeição dos africanos numa época em que o

[437] Em 1931, nove jovens negros foram presos na cidade de Scottsboro, Alabama, acusados de estuprar duas mulheres brancas. Oito deles foram condenados à morte. Devido às enormes evidências de que o julgamento não fora minimamente imparcial, houve uma série de recursos. Durante o processo, os réus contaram com o apoio do Partido Comunista dos Estados Unidos. [N.E.]
[438] Bayard Rustin (1912-1987), negro estadunidense e militante socialista, dos direitos civis e LGBT. [N.E.]

mundo celebrava as noções de direitos humanos, liberdade e autodefinição. Portanto, a condição de desumanização e dominação do povo negro teve que ser racionalizada naquele momento de novas possibilidades políticas.

É bastante aceito que a opressão racial dos escravizados estava fundamentada na exploração da economia escravocrata, mas poucos reconhecem que, sob o capitalismo, todas as outras desigualdades e opressões giram em torno da *escravidão assalariada*. O capitalismo usou o racismo para justificar a pilhagem, a ocupação e a escravidão, mas, como apontou Karl Marx, também passaria a usar o racismo para dividir e governar: ao colocar uma seção da classe trabalhadora contra a outra, enfraqueceu a consciência de classe de todos os trabalhadores. Por isso, afirmar que o racismo é um produto do capitalismo, como afirmam os marxistas, não significa contrariar ou diminuir sua essência ou seu impacto na sociedade estadunidense; tal afirmação busca simplesmente explicar suas origens e durabilidade. Tampouco significa reduzir o racismo a uma obra do capitalismo, apenas; trata-se, sim, de estabelecer a relação dinâmica entre exploração de classe e opressão racial no funcionamento do capitalismo estadunidense.

Marx foi criticado por ignorar as questões de raça em sua época, mas há evidências de que ele estava bem ciente da importância da raça para o capitalismo. Embora não tenha escrito extensivamente sobre a escravidão e seu impacto racial, ele pensou sobre como o surgimento do capitalismo europeu estava fundamentado no roubo, no estupro e no extermínio de nativos, do povo das colônias e de escravizados negros. De acordo com Marx (2011, p. 820), "a descoberta das terras auríferas e argentíferas na América, o extermínio, a escravização e o soterramento da população nativa nas minas, o começo da conquista e o saqueio das Índias Orientais, a transformação da África numa reserva para a caça comercial de peles-negras [...] caracterizaram a aurora da era da produção capitalista". Marx também reconheceu o grau de importância da escravidão na economia mundial:

> A escravidão direta é o eixo da indústria burguesa, assim como as máquinas, o crédito etc. Sem escravidão, não teríamos algodão; sem o algodão, não teríamos a indústria moderna. A escravidão valorizou as colônias, as colônias criaram o comércio universal, o comércio que é a condição da grande indústria. Por isto, a escravidão é uma categoria econômica da mais alta importância.
>
> Sem a escravidão, a América do Norte, o país mais progressista, transformar-se-ia num país patriarcal. Tire-se a América do Norte do mapa do mundo e ter-se-á a anarquia, a completa decadência do comércio e da civilização modernos. Suprima-se a escravidão e ter-se-á apagado a América do Norte do mapa das nações.
>
> A escravidão, por ser uma categoria econômica, sempre existiu nas instituições dos povos. Os povos modernos conseguiram apenas disfarçar a escravidão em seus próprios países, impondo-a sem véus no novo mundo. (Marx, 1985, p. 108)

Assim, no marxismo, há um entendimento fundamental sobre a relevância do trabalho escravo para as economias nacionais e internacionais.

Mas, e a raça? Marx não escreveu longamente sobre o assunto, mas, analisando suas correspondências e deliberações a respeito da Guerra Civil dos Estados Unidos, nota-se seu ponto de vista sobre a opressão racial, sobre como ela operava no capitalismo e sobre como Marx se opunha a isso. Por exemplo, no livro *Black Reconstruction* [Reconstrução negra], W.E.B. Du Bois (2006) cita longamente uma carta escrita por Marx, na condição de chefe da Associação Internacional dos Trabalhadores, para Abraham Lincoln em 1864, em meio ao conflito interno estadunidense:

Desde o começo da titânica contenda americana, os operários da Europa sentiram instintivamente que a bandeira das estrelas carregava o destino da sua classe. A luta por territórios que desencadeou a dura epopeia não foi para decidir se o solo virgem de regiões imensas seria desposado pelo trabalho do emigrante ou prostituído pelo passo do capataz de escravos? Quando uma oligarquia de trezentos mil proprietários de escravos ousou inscrever, pela primeira vez nos anais do mundo, "escravatura" na bandeira da Revolta Armada, quando nos precisos lugares onde há quase um século pela primeira vez tinha brotado a ideia de uma grande República Democrática, de onde saiu a primeira Declaração dos Direitos do Homem [...], quando, nesses precisos lugares, a contrarrevolução, com sistemática pertinácia, se gloriou de prescindir das "ideias vigentes ao tempo da formação da velha constituição" e sustentou que "a escravatura é uma instituição beneficente", [que], na verdade, [é] a única solução para o grande problema da "relação do capital com o trabalho", e cinicamente proclamou a propriedade sobre o homem como "a pedra angular do novo edifício" — então, as classes operárias da Europa compreenderam imediatamente [...] que a rebelião dos proprietários de escravos havia de tocar a rebate para uma santa cruzada geral da propriedade contra o trabalho. [...] Consideram uma garantia da época que está para vir que tenha caído em sorte a Abraham Lincoln, filho honesto da classe operária, guiar o seu país na luta incomparável pela salvação de uma raça agrilhoada e pela reconstrução de um mundo social. (Marx, 1982)

Marx se opunha pessoalmente à escravidão e, inclusive, teorizou que a escravidão e o intenso racismo decorrente dela não apenas resultavam na opressão dos escravizados mas também ameaçavam a estabilidade da classe trabalhadora branca, pois impunha pressão para que os salários em geral decaíssem. Era impossível competir com o trabalho não remunerado possibilitado pelo escravagismo.

Nem por isso os trabalhadores brancos eram solidários à causa dos escravos; com algumas notáveis exceções, eles não eram. Marx não estava, no entanto, abordando a conscientização, e sim descrevendo os fatores objetivos que criariam *potencial* para a solidariedade. Em *O capital*, ele afirma: "Nos Estados Unidos da América do Norte, todo movimento operário independente ficou paralisado durante o tempo em que a escravidão desfigurou uma parte da república. O trabalho de pele branca não pode se emancipar onde o trabalho de pele negra é marcado a ferro" (Marx, 2011, p. 372). Marx entendia que, na dinâmica moderna do racismo, trabalhadores que tinham interesses em comum também podiam se tornar inimigos mortais devido a ideias subjetivas, porém reais, sobre racismo e nacionalismo. Ele observou as tensões existentes entre trabalhadores irlandeses e ingleses, fazendo menção à situação estadunidense:

> De fato, em todos os grandes centros industriais da Inglaterra há um profundo antagonismo entre os proletários irlandeses e os ingleses. O trabalhador inglês comum odeia o trabalhador irlandês como um concorrente que rebaixa seu salário e seu padrão de vida; também alimenta contra ele antipatias nacionais e religiosas. É exatamente o mesmo modo como os brancos pobres dos estados sulistas da América do Norte se comportavam em relação aos escravos negros. Esse antagonismo entre os dois grupos de proletários no interior da própria Inglaterra é artificialmente mantido e alimentado pela burguesia, que sabe muito bem que essa cisão é o verdadeiro segredo da preservação de seu próprio poder. (Marx *apud* Musto, 2014, p. 275-6)

Assim, podemos perceber a existência de uma teoria marxista que explica como o racismo operava após o término da escravidão. Marx destacava três coisas: primeiro, que o capitalismo promove a competição econômica entre trabalhadores; segundo, que a classe dominante usa a ideologia racista para dividir os trabalhadores entre si; e, finalmente, que, quando um grupo de trabalhadores sofre opressão, todos os trabalhadores e a classe em geral são afetados negativamente.

SUPREMACIA BRANCA PARA UNS, NÃO PARA OUTROS

Se os brancos da classe trabalhadora não se beneficiam da exploração capitalista, por que permitem que o racismo atrapalhe sua capacidade de se unir aos trabalhadores não brancos para o bem maior de toda a classe trabalhadora? A resposta requer o entendendimento de como se criou uma identidade decorrente do racismo.

A forma estadunidense de escravidão trouxe um benefício para os escravizadores e a classe dominante: desviou as potenciais tensões de classe entre os homens brancos. A liberdade estadunidense dos brancos dependia da escravidão estadunidense dos negros. O historiador Edmund Morgan (1975, p. 381) explica que a escravidão era

> a principal calamidade que os homens queriam evitar para a sociedade como um todo, por isso reprimiam monarcas e estabeleciam repúblicas. Mas também era a solução para um dos problemas mais graves da sociedade, o problema da pobreza. Uma das razões pelas quais a população do estado da Virgínia pôde superar os republicanos ingleses e os da Nova Inglaterra foi por ter resolvido o problema: o Estado havia alcançado uma sociedade na qual a maioria dos pobres era escravizada.

Os escravizados não podiam resistir facilmente; quando o faziam, e se o fizessem, todos os homens brancos poderiam se unir para subjugá-los. Os proprietários brancos de pequenas fazendas e aqueles que possuíam grandes plantações não tinham nada em comum, exceto o fato de não serem escravos, o que aliviou as potenciais tensões entre eles.

Quando a escravidão terminou, o desenvolvimento de uma estratégia de "supremacia branca" funcionou de maneira semelhante para atenuar as tensões políticas e econômicas que existiam entre os homens brancos no Sul, conforme descrito no Capítulo 4. Em termos gerais, a "supremacia branca" foi a resposta à suposta ameaça de "dominação negra" — ideia de que o fim da escravidão e as reformas da Reconstrução iriam reverter os papéis dos negros e dos brancos. Brancos pobres foram recrutados para a "causa perdida" da supremacia branca, a fim de preservar seu próprio lugar privilegiado na hierarquia, ou corriam o risco de morrer com a sempre presente ameaça de "dominação negra". Mas o grito de guerra da "supremacia branca" pretendia confundir, não elucidar. A "supremacia branca" não era uma estratégia coerente, "mas envolvia respostas específicas para circunstâncias caóticas" (Bloom, 1987, p. 20). Em sua versão original, pretendia remover os negros do poder político, de modo que ficassem mais vulneráveis à coerção econômica. Acima de tudo, "a supremacia branca não significava que os brancos fossem supremos"; em vez disso, era uma estratégia política destinada a incutir medo racial como forma de manter a elite proprietária de terras, como a classe dominante no Cinturão Negro,[439] rico em algodão (Bloom, 1987, p. 18). A supremacia branca foi historicamente engendrada para marginalizar a influência

---

439 "Black Belt", no original, região geopolítica situada no sul dos Estados Unidos, historicamente marcada pela escravidão negra e pelo cultivo de algodão. [N.T.]

negra nas esferas sociais, políticas e econômicas, enquanto também mascarava as grandes diferenças de experiência entre os brancos nas mesmas esferas. Assim como a escravidão, isso era necessário para maximizar a produtividade e a lucratividade, enquanto atenuava os antagonismos agudos entre os homens brancos mais ricos e os mais pobres.

O que isso tem a ver com o mundo atual? A estratégia política de unir todos os brancos em torno da supremacia branca e o compromisso de marginalizar ou excluir política e economicamente os negros não se parecem exatamente com os Estados Unidos de hoje. Isso não significa que os homens brancos não estejam em uma posição extremamente poderosa nas instituições que controlam o destino político e econômico do país. Mas o legado real do projeto político da supremacia branca se expressa ofuscando o antagonismo de classe entre os brancos. O "povo branco" é tipicamente considerado uma massa homogênea, com uma experiência comum de privilégios, acesso e mobilidade social irrestrita. Essas percepções foram amplamente mediadas pela insinuação acadêmica de que existe uma identidade "branca" dentro da categoria do desejo de "branquidade".

Portanto, a "branquidade" não está necessariamente incorporada às pessoas brancas; pode se aplicar a qualquer um — negros, latino-americanos, asiáticos e, sim, brancos. De certa forma, essa distinção entre branquidade e pessoas brancas visava, principalmente, permitir distinção e diferenciação. Mas, quando "agir como branco" é uma hipótese invocada para explicar ações de atores políticos reacionários que não são brancos, como o juiz negro da Suprema Corte dos Estados Unidos, Clarence Thomas, a proposta é atravessar a barreira de classe e raça, distorcendo ainda mais a existência de diferenças de classe. Dessa maneira, a "branquidade" é uma adaptação da esquerda estadunidense para o mito de que os Estados Unidos são uma sociedade sem distinção de classes. Pessoas não brancas em posições de poder são acusadas de "praticar a branquidade" ao não exercer seu poder de classe, como se Clarence Thomas ou Barack Obama não estivessem agindo totalmente da maneira que gostariam. Além disso, derruba invariavelmente importantes diferenças entre os brancos, colocando-os em uma experiência branca comum que simplesmente não existe. Isso tem implicações enormes na luta para construir solidariedade entre os oprimidos e os explorados, bem como na criação de alianças e coalizões que devem ser construídas para desafiar a plutocracia que comanda o país.

Mais de dezenove milhões de estadunidenses brancos estão abaixo da linha da pobreza, quase o dobro do número de negros pobres. Os negros são representados com exagero quando se trata de pobreza, mas o grande número de brancos pobres também desestabiliza suposições sobre a natureza da sociedade estadunidense. A taxa de pobreza entre brancos da classe trabalhadora aumentou de 3% para 11% desde 2000.[440] Embora a recessão tenha aumentado a pobreza da população negra, a diferença entre a pobreza dos brancos e dos negros diminuiu — não porque os negros estão melhorando de vida, mas porque os brancos estão piorando.[441] De fato, 76% dos brancos já vivenciaram pobreza em algum momento de sua vida. Quatro em cada cinco

---

[440] YEN, Hope. "80 Percent of U.S. Adults Face Near-Poverty, Unemployment: Survey" [Pesquisa: 80% dos adultos estadunidenses encaram iminência de pobreza e desemprego], CBS News, 28 jul. 2013. [Em 2018, a porcentagem de estadunidenses pobres era de 9%, de acordo com a Kaiser Family Foundation. Disponível em: https://www.kff.org/other/state-indicator/poverty-rate-by-raceethnicity — N.E.]

[441] "4 in 5 Americans Live In Danger of Falling into Poverty, Joblessness" [Quatro entre cinco estadunidenses correm risco de desemprego e pobreza], NBC News, 28 jul. 2013.

adultos estadunidenses enfrentam "desemprego, pobreza iminente ou dependência de programas sociais por, pelo menos, uma parte da vida".[442] Apesar do onipresente "senso comum" sobre "privilégio branco", a maioria dos brancos é insegura quanto ao futuro; seu pessimismo em relação à economia atingiu o ponto mais alto dos últimos 25 anos, e milhões deles acreditam que não terão um padrão de vida melhor. Esse pessimismo decorre da degradação de sua situação econômica.[443]

De longe, os afro-estadunidenses sofrem mais com o golpe contundente da força do sistema de justiça criminal do país, mas o caráter abrangente da política de policiamento também alcança os brancos. Os afro-estadunidenses são encarcerados a uma taxa absurda: a cada cem mil negros do país, 2,3 mil estão presos. Por outro lado, a cada cem mil brancos, 450 estão presos. A diferença apresenta visivelmente as disparidades raciais que definem a justiça criminal estadunidense, mas a taxa de brancos encarcerados nos Estados Unidos ainda é maior que a taxa de encarceramento de quase todos os outros países do mundo.[444] Também não há dúvidas de que negros e latino-americanos são mortos pela polícia em proporções muito maiores do que os brancos, mas *milhares* de brancos também foram assassinados pela polícia. Isso não significa que a vivência dos brancos e das pessoas de cor seja igual, mas que existe

---

[442] "Economic Optimism of Whites in U.S. Lags Blacks by Wide Margin, Analysis Shows" [Análise mostra que otimismo econômico de brancos estadunidenses é bem menor do que o de negros], *CBS News*, 1º ago. 2013.
[443] "Distribution of Household Income by Race" [Distribuição da renda doméstica por raça], *Inflopease*, s./d.
[444] KATCH, Danny. "Confronting the Incarceration Nation" [Confrontar a nação do encarceramento], *Socialist Worker*, 11 jun. 2015.

base para solidariedade entre os brancos e os não brancos da classe trabalhadora.

Essa complicada explanação sobre a realidade da classe trabalhadora branca não pretende abafar o quanto cidadãos brancos comuns concordam ou aceitam ideias racistas sobre os negros. Também é verdade que, na média de todas as estatísticas sociais, os brancos se saem melhor do que os afro-estadunidenses; mas isso não diz muito sobre quem se beneficia com a desigualdade de nossa sociedade. Por exemplo, em um país com quatrocentos bilionários, como explicar que 43% das famílias brancas ganham apenas entre dez mil e 49 mil dólares por ano?[445] É óbvio que um número ainda maior de negros — 65% — recebe essa quantia lamentável. Porém, quando comparamos apenas a renda média de negros e brancos da classe trabalhadora, não analisamos a disparidade entre os mais ricos e todo o resto, que é muito mais dramática.

Se os brancos comuns não têm interesse em ser racistas, por que eles aceitam ideias racistas? Primeiramente, a mesma pergunta poderia ser feita a qualquer grupo de trabalhadores. Por que os homens aceitam ideias machistas? Por que muitos trabalhadores negros aceitam a retórica racista contra os imigrantes? Por que muitos trabalhadores negros imigrantes do Caribe e da África acham que os afro-estadunidenses são preguiçosos? Por que a maioria dos trabalhadores estadunidenses de todas as etnias aceita ideias racistas sobre árabes e muçulmanos? Em resumo, se a maioria das pessoas concorda que a união seria interessante para qualquer grupo de trabalhadores, por que eles mantêm ideias reacionárias que são um obstáculo à unidade?

Existem duas razões principais: competição e predomínio da ideologia da classe dominante. O capitalismo cria

---

[445] "Distribution of Household Income by Race", *Infloplease*, s./d.

falsa escassez e uma percepção de que a necessidade é maior do que os recursos. Mas, quando bilhões são gastos em guerra, em indenizações decorrentes de brutalidade policial e em estádios esportivos subsidiados com dinheiro público, nunca parece faltar dinheiro. Porém, quando se trata de escolas, moradia, alimentação e outras necessidades básicas, os políticos sempre reclamam dos déficits e da necessidade de conter gastos e cortar o orçamento. A escassez é fabricada, mas a competição por esses recursos é real. As pessoas que são forçadas a disputar necessidades básicas geralmente estão dispostas a acreditar nas piores coisas sobre os outros trabalhadores para justificar por que elas deveriam ter algo, enquanto os demais, não.

A ideologia predominante em determinada sociedade consiste em ideias que influenciam o modo como entendemos o mundo e nos ajudam a entender nossa vida, por meio de notícias, entretenimento, educação e muito mais. A elite política e econômica molda, em benefício próprio, o mundo ideológico em que vivemos. Como estamos em uma sociedade completamente racista, não é de se surpreender que as pessoas tenham opiniões racistas. A questão mais importante é: em que circunstâncias esses pontos de vista podem mudar? Existe um conflito entre a ideologia predominante na sociedade e a experiência de vida das pessoas. A mídia pode inundar constantemente o público com imagens e notícias descrevendo os negros como criminosos ou dependentes de programas sociais, mas a experiência de um indivíduo com os negros no trabalho pode contradizer completamente o estereótipo — por isso, muitos brancos insistem que não são racistas porque "conhecem pessoas negras". Pode ser verdade na cabeça dessas pessoas. A consciência das pessoas pode mudar e até se contradizer.

Isso também é válido para os afro-estadunidenses, que podem abrigar pensamentos racistas sobre outros negros e, ao mesmo tempo, manter ideias antirracistas. Afinal, os negros também vivem nessa sociedade racista e são igualmente inundados por estereótipos raciais. O desenvolvimento da consciência nunca é linear, está constantemente flutuando entre aceitar conceitos que se encaixam na concepção de "senso comum" da sociedade e se desestabilizar por eventos da vida real que prejudicam o "senso comum". O marxista italiano Antonio Gramsci (1999, p. 103) explica o fenômeno da consciência mista da seguinte maneira:

> O homem ativo de massa atua praticamente, mas não tem uma clara consciência teórica desta sua ação, a qual, não obstante, é um conhecimento do mundo na medida em que o transforma. Pode ocorrer, aliás, que sua consciência teórica esteja historicamente em contradição com o seu agir. É quase possível dizer que ele tem duas consciências teóricas (ou uma consciência contraditória): uma, implícita na sua ação, e que realmente o une a todos os seus colaboradores na transformação prática da realidade; e outra, superficialmente explícita ou verbal, que ele herdou do passado e acolheu sem crítica. Todavia, esta concepção "verbal" não é inconsequente: ela liga a um grupo social determinado, influi sobre a conduta moral, sobre a direção da vontade, de uma maneira mais ou menos intensa, que pode até mesmo atingir um ponto no qual a contraditoriedade da consciência não permita nenhuma ação, nenhuma escolha, e produza um estado de passividade moral e política.

E ainda, em outro trecho:

> Quando a concepção do mundo não é crítica e coerente, mas ocasional e desagregada, pertencemos simultaneamente a uma multiplicidade de homens-massa, nossa própria personalidade é compósita, de uma maneira bizarra: nela se encontram elementos dos homens das cavernas e princípios da ciência mais moderna e progressista, preconceitos de todas as fases históricas passadas estreitamente localistas e intuições

de uma futura filosofia que será própria do gênero humano mundialmente unificado. (Gramsci, 1999, p. 94)

Se um grupo de trabalhadores tem ou não consciência reacionária, mista ou mesmo revolucionária, isso não muda o objetivo de sua condição de trabalho como explorado e oprimido. A conquista da consciência é o que diferencia se a classe trabalhadora é uma classe em si, ou uma classe por si mesma. E isso afeta a posição dos trabalhadores para alterar ou não sua realidade através da ação coletiva. Duncan Hallas observou: "Somente o coletivo pode desenvolver uma minuciosa visão de mundo alternativa e pode, em certo grau, superar a alienação do trabalho manual e mental que impõe uma visão parcial e fragmentada da realidade em todas as pessoas (tanto trabalhadores quanto intelectuais)".[446]

Só porque os trabalhadores brancos, para dar um exemplo específico, às vezes aceitam ideias completamente reacionárias sobre os afro-estadunidenses, isso não muda o fato de que a maioria dos pobres dos Estados Unidos é branca, a maioria das pessoas sem plano de saúde é branca e a maioria dos sem-teto é branca. É verdade que negros e latino-americanos são afetados desproporcionalmente pela hostil ordem econômica do país, mas essa é uma realidade que eles compartilham com a maioria dos trabalhadores brancos. A experiência comum de opressão e exploração cria potencial para uma luta conjunta para melhorar as condições de todos. Obviamente, esse não é um processo automático, nem garante que lutas essencialmente econômicas significarão apoio ou luta pelos direitos políticos dos negros de serem livres de discriminação e racismo. União política — que inclui abarcar trabalhadores brancos

---

[446] HALLAS, Duncan. "Towards a Revolutionary Socialist Party" [Rumo a um partido socialista revolucionário], *Marxists Internet Archive*, 1971.

ao problema de como o racismo modela as experiências de vida dos trabalhadores negros e latino-americanos — é fundamental para a libertação.

As observações de Tim Wise reduzem esses problemas reais a uma acusação abstrata de que classe tem mais "privilégio" do que raça. Mas nosso movimento precisa ter transparência teórica, política e estratégica para enfrentar os desafios do mundo real. Em 2012, Barbara Byrd Bennett, a presidente executiva negra da rede de escolas públicas de Chicago, planejava, juntamente com o prefeito Rahm Emanuel, fechar mais de cinquenta escolas localizadas exclusivamente em bairros de negros e latino-americanos da cidade. Na ocasião, os professores, alunos e pais negros deveriam se unir a Bennett, que certamente já vivenciou racismo e machismo em sua vida e carreira, mas estava ajudando o prefeito a liderar a tarefa de desfazer a educação pública em Chicago? Ou deveriam se unir aos milhares de professores brancos das escolas da cidade e ao vice-presidente da União dos Professores de Chicago, um homem branco e heterossexual, para construir o movimento para salvar a educação pública local?

Provavelmente, poucas pessoas na história receberam tantas injúrias racistas quanto Barack Obama — odiá-lo é basicamente um resumo do racismo estadunidense, agora. Mas ele também defendeu políticas que absolveram os bancos e Wall Street de qualquer responsabilidade pela quebra da economia; como resultado, desde 2007, dez milhões de pessoas foram despejadas de mais de quatro milhões de lares devido à crise do crédito imobiliário.[447] Os trabalhadores

---

[447] GOTTESDIENER, Laura. "10 million Americans Have Had Their Homes Taken Away by the Banks — Often at the Point of a Gun" [Dez milhões de estadunidenses tiveram suas casas tomadas pelos bancos — muitas vezes sob a mira de uma arma], *Alternet*, 1º ago. 2013.

negros deveriam deixar isso de lado e se unir a Obama por solidariedade racial e "experiência de vida" compartilhada, ou deveriam se unir com brancos comuns e latino-americanos, que também perderam suas casas, para desafiar um programa político que defende regularmente os interesses comerciais em detrimento de todas as pessoas pobres e da classe trabalhadora? Em resumo, talvez sejam perguntas complicadas. Mas, nas lutas diárias para defender a educação pública, obter reformas reais no sistema de saúde ou impedir despejos predatórios, essas são as questões concretas enfrentadas por todo movimento.

O "ponto cego" da classe, para pessoas como Tim Wise, não apenas impede explicar a divisão de classes entre os oprimidos mas também subestima os fundamentos da solidariedade e da união dentro da classe trabalhadora. Em vez disso, os conceitos de solidariedade e união se reduzem à escolha de uma pessoa em ser ou não "aliada". Não há nada de errado em ser um aliado, mas isso não captura o grau de ligação intrincada entre os trabalhadores negros e brancos. Não é como se os trabalhadores brancos pudessem simplesmente optar por não "se aliar" aos trabalhadores negros sem nenhuma consequência negativa. A escala de ataque aos padrões de vida da classe trabalhadora é fulminante. Há um esforço sistemático de ambos os partidos — Democrata e Republicano — para desmantelar o Estado de bem-estar social estadunidense, que já é fraco. Em 2013, foram cortados cinco bilhões de dólares em auxílio-alimentação, gerando um impacto direto e prejudicial na vida de dezenas de milhões de pessoas brancas da classe trabalhadora.

Nesse contexto, a solidariedade não é apenas uma opção: ela é crucial para que os trabalhadores consigam resistir à degradação constante de seu padrão de vida. A solidariedade só é possível através de uma luta incansável para conquistar os trabalhadores brancos contra o racismo, para expor a mentira de que os trabalhadores negros estão em pior situação porque de alguma forma escolhem viver assim, e para convencer a classe trabalhadora branca a lutar; caso contrário, eles também continuarão a vivenciar pobreza e frustração, mesmo que suas condições sejam um pouco melhores do que as condições dos trabalhadores negros. O sucesso ou o fracasso dependem das pessoas da classe trabalhadora, de se verem ou não como irmãos e irmãs, cuja libertação está intimamente conectada.

Solidariedade significa se unir com as pessoas, mesmo que você não tenha experienciado pessoalmente a específica opressão que elas sofrem. A realidade é que, enquanto existir capitalismo, as pressões materiais e ideológicas pressionam os trabalhadores brancos a serem racistas e todos os trabalhadores a suspeitarem uns dos outros. Mas há momentos de luta em que os interesses mútuos dos trabalhadores são expostos. Então, a suspeita finalmente se volta para outra direção: para os plutocratas que vivem bem enquanto o resto de nós sofre. A pergunta principal é se, nesses momentos de luta, é possível articular uma análise coerente da sociedade, da opressão e da exploração que dê sentido ao mundo em que vivemos, e que também promova a visão de um tipo diferente de sociedade, e um modo de chegar lá.

Nenhuma corrente socialista séria, nos últimos cem anos, exigiu que trabalhadores negros ou latino-americanos colocassem suas lutas em segundo plano enquanto alguma outra luta de classes é travada primeiro. Essa suposição repousa na ideia equivocada de que a classe trabalhadora é branca e masculina e, portanto, incapaz de abordar questões de raça, classe e gênero. Na verdade, a classe trabalhadora é feminina, imigrante, negra, branca, latino-americana e mais. Questões sobre imigrantes, gênero e antirracismo *são* questões da classe trabalhadora.

CONCLUSÃO

O racismo nos Estados Unidos nunca se resumiu a pura e simplesmente abusar das pessoas negras e marrons; sempre foi o meio utilizado pelos homens brancos mais poderosos do país para justificar seu governo, ganhar dinheiro e manter o resto de nós a distância. Por essa razão, o racismo, o capitalismo e o domínio de classe sempre se entrelaçaram de tal maneira que é impossível imaginar um sem o outro. Pode haver libertação negra nos Estados Unidos do jeito que o país está atualmente constituído? Não. O capitalismo depende da ausência de liberdade e de libertação — dos negros e de qualquer outra pessoa que não se beneficie diretamente de sua desordem econômica. Mas isso não significa que não haja nada que possamos fazer, ou que não exista luta que valha a pena. Lutar contra o racismo, a violência policial, a pobreza, a fome e todas as maneiras pelas quais a opressão e a exploração se expressam é fundamental para a sobrevivência básica das pessoas nesta sociedade. Por outro lado, é através da luta por direitos básicos de sobrevivência que as pessoas aprendem a reivindicar, a criar estratégias e a formar movimentos e organizações. É também assim que nossa convicção se desenvolve para combater a persistente ideia de que esta sociedade, da maneira como está construída atualmente, é a melhor que podemos esperar alcançar. As pessoas envolvidas em movimentos de resistência aprendem a lutar por mais quando suas batalhas geram conquistas. Mas as lutas cotidianas, nas quais muitas pessoas estão envolvidas hoje, devem estar conectadas a uma visão muito mais ampla de como seria um mundo diferente. O cientista político Michael Dawson (2013, p. 194) defende a "utopia pragmática" que "começa onde estamos, mas imagina onde queremos estar [...] com base nas idealizações utópicas dos Estados Unidos enquanto um país muito diferente — aquele que dizem ser impossível de se conquistar —, combinadas com o realismo político obstinado que gerou as estratégias e táticas necessárias para alcançar o objetivo".

Esta sociedade neoliberal, aburguesada, muito cara e escassa de recursos é o melhor que nossa espécie pode criar? O *Black Women's Manifesto* forneceu uma ideia bem sucinta de como poderia ser o "novo mundo":

> O novo mundo pelo qual estamos lutando deve destruir qualquer tipo de opressão. O valor desse novo sistema será determinado pelo *status* das pessoas que atualmente são mais oprimidas — o ser humano na base da pirâmide. A menos que as mulheres de todas as nações escravizadas sejam completamente libertadas, a mudança não pode realmente ser chamada de revolução. [...] Uma revolução popular que envolva a participação de todos os membros da comunidade, incluindo homens e mulheres, provoca uma certa transformação nos integrantes como resultado dessa participação. Depois de vislumbrar a liberdade ou provar um pouco de autodeterminação, não se pode voltar às antigas rotinas estabelecidas sob um regime capitalista e racista. (Aliança das Mulheres do Terceiro Mundo, 1975, p. 31)

É a própria luta que pode levar as pessoas a pressionar por mais.

No verão de 2014, a classe trabalhadora negra de Ferguson "vislumbrou a liberdade e provou um pouco de autodeterminação" ao desafiar a polícia e a Guarda Nacional e marchar nas ruas em protesto contra a morte de Mike Brown. Sua luta local inspirou os negros de todo o país a irem às ruas, deixando a polícia paralisada. O que começou como uma pequena demanda de justiça pelo jovem negro assassinado por um policial explodiu em um movimento amplamente identificado pelos dizeres "Vidas Negras Importam". Isso reflete o amadurecimento político dessa etapa do movimento. A próxima etapa envolverá progredir dos protestos (que visam conscientizar ou chamar a atenção para a crise da violência policial) ao envolvimento com forças sociais que têm a capacidade de interromper setores de trabalho e produção, até que nossas demandas para acabar com o terrorismo policial sejam atendidas. O movimento mostrou que o policiamento violento não existe no vácuo: é produto da desigualdade da nossa sociedade. A polícia exerce sua autoridade em uma sociedade primordialmente desordenada. Quanto mais nitidamente pudermos ver que esses tópicos conectam o caos policial à desordem social, mais nitidamente conseguiremos expressar nossa necessidade de um mundo diferente. Esse não é simplesmente um pensamento utópico e ilusório. As citações de radicais e revolucionários negros ao longo deste capítulo mostram que todos os que estão intimamente envolvidos nos movimentos sociais chegaram à mesma conclusão.

No início deste livro, perguntei por que esse movimento apareceu no momento em que apareceu, já que a violência policial e o terrorismo são características muito comuns da vida dos negros ao longo de toda a história estadunidense. Ao fazê-lo, examinei as forças ideológicas e políticas que enfraquecem a luta pelos direitos dos negros. Historicamente, a insistência de que a pobreza negra está atrelada à cultura e ao povo negros desviou a atenção das raízes sistêmicas do racismo, obrigando os afro-estadunidenses a olhar para si mesmos, em vez de exigir do Estado e de outros. Mas esse é um processo fluido e contraditório, especialmente porque, quando se olha para si, nota-se que a maioria dos negros está trabalhando mais do que todos os outros, e ainda assim não está progredindo. O conteúdo dessa contradição é explosivo. Vimos explodir na década de 1960 e ainda podemos sentir o cheiro da fumaça. Também expliquei que "daltonismo racial" não é uma ambição, mas uma ferramenta política destinada a repudiar a responsabilidade do Estado e do capitalismo de livre-mercado pelas disparidades que perpetuam a desigualdade racial e econômica para os afro-estadunidenses. Quando não conseguimos ver o racismo atuar na história e na contemporaneidade, ele se torna uma ferramenta para desmantelar ainda mais as instituições públicas, que muitas vezes representam a última salvação das pessoas pobres e da classe trabalhadora, antes de serem jogadas na rua. As esperanças inicialmente investidas em Barack Obama, que silenciou e reprimiu a rebelião negra, trouxeram à tona a questão: podemos nos libertar nos Estados Unidos?

Ninguém sabe em que estágio está o movimento negro ou para onde ele está indo. A versão mais atual do despertar dos negros está apenas no começo. Mas sabemos que haverá esforços incansáveis para subverter, redirecionar e desfazer o movimento pelas vidas negras, porque, quando o movimento negro entra em ação, ele transforma em caos toda a mitologia estadunidense de liberdade, democracia e infinitas oportunidades. Pelas mesmas razões, o Estado impiedosamente esmagou o último grande movimento de luta pela libertação negra, nos anos 1960. As apostas são ainda maiores hoje, porque o que parecia uma alternativa naquela época — maior inclusão negra no poder político e econômico — já aconteceu e já fracassou. Nesse sentido, a eleição de Obama concluiu aquele projeto político e nos trouxe de volta a esse mesmo ponto.

Hoje, a vida nos Estados Unidos é muito mais desoladora para a grande maioria das pessoas. O desafio diante de nós é conectar a luta atual (de acabar com o terrorismo policial em nossas comunidades) com um movimento ainda maior para transformar este país de tal maneira que a polícia não seja mais necessária para responder às consequências dessa desigualdade. Conforme escreveu o revolucionário negro C.L.R. James sobre o poder histórico e transformador do movimento negro,

Não devemos nos esquecer de que dentro do povo negro existem paixões adormecidas — que agora estão despertando — de uma violência que excede, incomparavelmente, tudo o que a horrível força do capitalismo criou. Quem conhece os negros, quem conhece sua história, quem é capaz de conversar com eles intimamente ou assistir-lhes em seus próprios teatros, quem testemunha suas danças ou os vê em suas igrejas, e quem lê suas publicações com um olhar perspicaz, deve reconhecer que, embora sua força social não possa ser comparada à força social de um número correspondente de trabalhadores organizados, seu ódio à sociedade burguesa e sua disposição para destruí-la quando se apresente a oportunidade repousam entre eles em um grau maior do que entre qualquer outro grupo da população nos Estados Unidos.[448]

---

[448] JAMES, C.L.R. "The Revolutionary Answer to the Negro Problem in the U.S.", *Marxists Internet Archive*, jul. 1948.

POSFÁCIO

CINCO ANOS DEPOIS, VIDAS NEGRAS IMPORTAM MESMO?[449]

---

449 Publicado originalmente como "Five Years Later, Do Black Lives Matter?", *Jacobin*, 30 set. 2019. [N.E.]

O relatório da autópsia confirmou a versão dos vizinhos sobre o que aconteceu em um complexo de apartamentos nos arredores de Houston, Texas, em 13 de maio de 2019. Pamela Turner, 44 anos, avó de três netos, estava no chão gritando: "Estou grávida!", tentando contar com a humanidade do policial que pisava nela.

O agente Juan Delacruz ignorou seus apelos, recuou, tirou o revólver do coldre e disparou cinco vezes. Três balas rasgaram o corpo de Turner e tiraram sua vida. Um tiro atingiu a bochecha esquerda, despedaçando seu rosto. Outro perfurou o lado esquerdo do peito, e o último, o abdômen. O legista concluiu que o caso se tratou de um homicídio.

O que aconteceu depois já havia sido ensaiado muitas vezes. A polícia colocou Delacruz em licença administrativa (remunerada) de três dias; a família da vítima contou com os serviços do advogado de direitos civis Benjamin Crump; o reverendo Al Sharpton fez uma homenagem póstuma; e uma manifestação bem organizada e com grande participação popular forçou a polícia a expandir seu discurso para além dos comentários de sempre.

Nos cinco anos desde que Mike Brown foi assassinado e as ruas de Ferguson, Missouri, explodiram em protesto, a polícia dos Estados Unidos matou mais de quatro mil pessoas — um quarto delas era afro-estadunidense. Cinco anos depois, será que vidas negras importam mesmo? Confrontado por uma série de obstáculos internos e externos, "o movimento" estagnou, mesmo após um supremacista branco [Donald Trump] ter se elegido presidente.

O assassinato de Mike Brown e a revolta decorrente deram início a um período de ativismo e protesto que tinha o corajoso objetivo de acabar com o reinado de terror policial nas comunidades negras pobres e da classe trabalhadora nos Estados Unidos. Para quem pensa que falar em "terror policial" é um exagero, basta considerar as conclusões da comissão policial de Chicago[450] convocada pelo ex-prefeito Rahm Emanuel após o cruel assassinato do adolescente negro Laquan McDonald[451] nas mãos do agente Jason Van Dyke:

> Essa indignação [pelo assassinato de Laquan McDonald] expôs antigos e profundos problemas entre as comunidades negra e latino-americana, de um lado, e a polícia, de outro, certamente decorrentes de tiros disparados por policiais, mas também devido às transgressões diárias generalizadas que impedem que pessoas de todas as idades, raças, etnias e gêneros em Chicago gozem da básica liberdade de ir e vir em seus próprios bairros. Elas são detidas sem justificativa, sofrendo abusos verbais e físicos e, em alguns casos, levadas a cadeias e penitenciárias sem direito a um advogado. [...] *Os próprios dados do Departamento de Polícia de Chicago validam a crença amplamente difundida de que a polícia não tem consideração pela virtude da vida quando se trata de pessoas de cor.*

---

450 POLICE ACCOUNTABILITY TASK FORCE. *Reccomendations for Reform: Restoring Trust between the Chicago Police and the Communities they Serve* [Recomendações para a reforma: restaurando a confiança entre a polícia de Chicago e as comunidades a que serve], abr. 2016. Grifos da autora. [N.E.]

451 Laquan McDonald, negro de dezessete anos, assassinado pela polícia de Chicago em 20 de outubro de 2014. [N.E.]

O relatório evidenciava em si a enorme pressão exercida por ativistas do movimento Vidas Negras Importam às vésperas de uma eleição histórica, com um presidente democrata negro em atividade. Os eleitores afro-estadunidenses haviam feito Barack Obama presidente [duas vezes, em 2008 e 2012], e o partido precisava, no mínimo, aparentar algum progresso nessa questão.

O SURGIMENTO DE UM MOVIMENTO

No segundo mandato de Obama (2013-2017), o que começou como um movimento local em Ferguson eclodiu em uma força nacional muito mais ampla. O divisor de águas foi uma dupla falha da justiça, que decidiu pelo não indiciamento tanto do policial que matou Mike Brown como, em seguida, do policial de Nova York Daniel Pantaleo, apesar de um vídeo mostrá-lo estrangulando Eric Garner até a morte nas ruas de Staten Island. Em um estupor de raiva e descrença, as experiências de abuso policial e intimidação uniram jovens negros em todo o país.

Os episódios ocorridos em Ferguson, Cleveland, Los Angeles, Staten Island e incontáveis outros lugares aumentaram o fluxo da corrente de rebeldia que forjou o Vidas Negras Importam entre o final de 2014 e o início de 2015. Em dezembro de 2014, dezenas de milhares de pessoas em todos os Estados Unidos participaram de atos pacíficos de desobediência civil. Em 13 de dezembro, cinquenta mil pessoas marcharam pelas ruas de Nova York com gritos que conectavam Ferguson a Nova York e, depois, à nação: "Hands up, don't shoot", "I can't breathe", "Black Lives Matter". Ocorreram protestos por todos os lados, em grandes e pequenas cidades. Essas manifestações dispersas foram coerentes com o cântico, com a demanda e com a declaração de que "vidas negras importam", semelhante ao que ocorreu com o grito "Freedom now" [Liberdade agora] durante a época do movimento pelos direitos civis, na década de 1960.

Mesmo quando especialistas declararam que o movimento havia morrido após a reação previsível dos sindicatos dos policiais e de políticos conservadores, a primavera [março, abril e maio] espalhou a rebeldia pelas ruas de Baltimore, levada adiante por jovens negros cansados da negligência institucional e do racismo escancarado que alimentam a pobreza, as intoxicações por chumbo e as escolas autônomas. Se avaliado apenas pela quantidade de organizações formais que originou, o movimento quase nunca esteve vivo. Contudo, ele floresceu no coração e na mente dos jovens negros que ansiavam por ser vistos e ouvidos.

Mas nenhum movimento continua existindo simplesmente porque sua causa é justa. Na realidade, sua ascensão ou queda são determinadas por um cálculo complicado que envolve estratégia, tática, política, investidas e contra-ataques. O Vidas Negras Importam sempre enfrentou dois desafios externos, sem contar as lutas internas inerentes a todo movimento. Externamente, o movimento precisava suportar o fato de que sua mera existência havia se tornado um ponto central, contra o qual convergiam várias vertentes da supremacia branca de direita. Para os ativistas mais conhecidos, isso significava lidar com ameaças de morte reais, somadas a um dilúvio de intimidações.

Como candidato, ainda no início da campanha, Donald Trump se tornou inimigo do Vidas Negras Importam, descrevendo os ativistas como terroristas e prometendo apoio inabalável à polícia.[452] O FBI, fazendo jus à sua história,

---

[452] CHAHINE, Walaa. "Labeling Black Lives Matter As A Terrorist Organization Is Not Only Unjust, It's Dangerous" [Rotular o Vidas Negras Importam como uma

passou a monitorar os ativistas negros e a inventar novas categorias para anunciar o perigo que passara a rondar o país: "extremistas de identidade negra".[453] Nada disso surpreendeu a militância, mas, ainda assim, foi cansativo e assustador. Quando Trump decidiu tornar o Vidas Negras Importam o contraponto de sua candidatura baseada na supremacia branca, fazendo apelos cruéis sobre "segurança pública" e alinhando sua campanha à histeria do "vidas azuis importam",[454] colocou na mira os ativistas e as organizações do movimento.

Mas foi ainda mais complicado navegar pelo sistema do Partido Democrata, que se esforçava para dividir o movimento entre os pragmáticos e aqueles que se radicalizavam rapidamente diante do intransigente poder policial. O governo Obama aparentava ter as "portas abertas" para os ativistas. A estratégia era parecer constantemente atarefado e engajado, dando a aparência de que as pautas estavam progredindo. Isso significava ter contato regular com ativistas, formar uma comissão nacional de policiamento e conferir poderes ao Departamento de Justiça para iniciar investigações e compilar relatórios sobre os departamentos de polícia mais problemáticos. Ainda assim, em meio a toda essa agitação, era difícil perceber o que estava mudando. Onde estavam os resultados?

organização terrorista não é apenas injusto, é perigoso], *Huffington Post*, 16 jul. 2017; GARZA, Alicia. "Black Lives Matter Is Not A Terrorist Organization" [Vidas Negras Importam não é uma organização terrorista], *The Economist*, 9 ago. 2018.
453 SPERI, Alicia. "Fear of a Black Homeland" [Medo de uma terra natal negra], *The Intercept*, 23 mar. 2019.
454 Blue Lives Matter, no original, movimento em defesa da vida dos policiais, surgido em oposição ao Vidas Negras Importam. O "azul" faz referência à cor do uniforme da polícia na maioria das cidades estadunidenses. [N.E.]

O Partido Democrata procurou, com certa urgência, resolver essas questões para que o eleitorado progressista pudesse voltar toda a sua atenção para as eleições de 2016. Dessa forma, o poder político liberal questionava constantemente os motivos, a estrutura e as demandas do movimento, na esperança de fazer as coisas avançarem. "Quem são seus líderes?", "Quais são suas demandas?", "Apresente uma solução!", foram algumas das perguntas — ou melhor, acusações — dirigidas aos dirigentes mais destacados do movimento.

JANTAR COM O PRESIDENTE

O estilo de governo mencionado anteriormente era influenciado pelos modelos das organizações não governamentais, que medem a eficácia do ativismo ou da militância através de resultados tangíveis. Havia enorme pressão para que se chegasse a soluções ou iniciativas políticas, vistas como uma forma mais "real" e mensurável de enfrentar os problemas relativos ao policiamento no país. Quando alguns ativistas se irritavam com esse enquadramento específico, eram chamados de puristas.

Por exemplo, quando Aislinn Pulley, ativista negra de Chicago, se recusou a comparecer a uma reunião a portas fechadas na Casa Branca, em fevereiro de 2016, porque duvidava da sinceridade do governo, o presidente Barack Obama a repreendeu publicamente:

> Você não pode simplesmente ficar gritando com eles e depois se recusar a participar de uma reunião, porque isso pode comprometer a veracidade de sua posição. [...] O objetivo dos movimentos sociais e do ativismo é trazer você para o escritório, para a mesa de reunião e, assim, começar a tentar traçar a resolução do problema. Você tem a responsabilidade

de preparar uma agenda tangível que possa institucionalizar as mudanças que você busca, e envolver o outro lado.[455]

Os comentários do presidente ressoaram em algumas partes do movimento. O Vidas Negras Importam não era uniforme em seu pensamento, estratégias ou táticas. E essas ideias divergentes sobre os objetivos políticos do movimento e a maneira de se tomar decisões eram profundamente contestadas dentro da própria militância. Alguns ativistas eram favoráveis a frequentar reuniões na Casa Branca e acreditavam que isso significava que seriam ouvidos na mais alta esfera do poder. Brittany Packnett, que atuou nas manifestações de St. Louis e Ferguson em 2014, explicou por que ela e outras pessoas participaram do encontro com Obama:

> Para obter a libertação que buscamos, ainda restam muitos momentos críticos de ação, e é prudente não limitar os momentos legítimos. Nossas lutas nunca serão vencidas apenas nas mesas de negociação política. Os manifestantes assumem riscos, criam uma credibilidade democrática fundamental nas ruas e forçam o controle de táticas organizadas. Os organizadores mobilizam as pessoas com ações estratégicas e diretas para encorajar uma mudança sistêmica nas instituições e nas políticas públicas. Os formuladores de políticas e os líderes institucionais são influenciados por todos os tipos de pessoas, que continuam a colocar pressão em todos os espaços possíveis para alcançar mudanças duradouras. [...] Acredito que o trabalho coletivo e variado desse movimento pode mover — e já moveu — montanhas, mas cada um de nós

---

[455] SHEAR, Michael D. & STACK, Liam. "Obama Says Movements Like Black Lives Matter 'Can't Just Keep on Yelling'" [Obama diz que movimentos como o Vidas Negras Importam não podem ficar só gritando], *The New York Times*, 23 abr. 2016.

é imprescindível, e todas as táticas à nossa disposição são importantes para a conquista da liberdade que buscamos.[456]

Para outros militantes, porém, havia dúvidas. Aislinn Pulley, a ativista de Chicago repreendida por sua recusa em participar da reunião na Casa Branca, tinha uma visão de mudança muito diferente da defendida pelo presidente, e escreveu uma carta aberta em resposta às críticas de Obama:

> Eu não poderia, com integridade, participar dessa farsa que só serve para legitimar a falsa narrativa de que o governo está trabalhando para acabar com a brutalidade policial e o racismo institucional que a alimenta. Pelo número crescente de famílias que lutam por justiça e dignidade para seus parentes mortos pela polícia, eu me recuso a dar cobertura política aos perpetradores e facilitadores [dessas mortes], aparecendo entre eles. [...] Por fim, afirmamos que a verdadeira mudança revolucionária e sistêmica será alcançada apenas por trabalhadores comuns, estudantes e jovens, fazendo militância, marchando e tomando o poder das elites corruptas.[457]

Obviamente, esses tipos de tensões e debates não eram uma novidade nos movimentos políticos, ainda mais no movimento negro. Em 1964, Bayard Rustin argumentou que o movimento pelos direitos civis e as novas formas de militância negra deveriam estar preparados para passar "do

---

456 PACKNETT, Brittany. "I sat beside Obama at the Black Lives Matter meeting. This was no political show" [Eu me sentei com Obama na reunião do Vidas Negras importam e não foi uma apresentação política], *The Guardian*, 20 fev. 2016.
457 PULLEY, Aislinn. "Black Struggle Is Not a Sound Bite: Why I Refused to Meet With President Obama" [A luta negra não é uma boa frase: por que não quis me encontrar com o president Obama], *Truthout*, 18 fev. 2016.

protesto para a política". Segundo ele, era "evidente que as necessidades dos negros não poderiam ser satisfeitas, a não ser que fôssemos além da agenda estipulada até o momento. Como esses objetivos radicais devem ser alcançados? A resposta é simples, apesar de não parecer: *por meio do poder político*. [...] Temos o desafio de ampliar nossa visão social, de desenvolver programas funcionais com objetivos concretos".[458]

Rustin, que era estrategista do movimento pelos direitos civis, sugeria que passar a atuar na política formal era um signo de maturidade política e poderia trazer mudanças essenciais para as comunidades negras, muito mais do que os protestos. Ele tinha em mente um amplo programa social-democrata adotado por uma nova onda de políticos (não havia nem cem políticos negros eleitos em 1964). Nós já conseguimos os políticos — dez anos após a declaração de Rustin, centenas de negros já estavam eleitos, processo que culminou na vitória presidencial de Barack Obama, em 2008 —, mas ainda não temos o Estado de bem-estar social.

A repreensão pública de Obama à ativista de Chicago não se referia precisamente à "política eleitoral", mas podemos ouvir nela, em uma versão mais limitada, ecos da mensagem de Rustin. Em 2016, Obama dizia que era hora de parar de "gritar" e oferecer soluções pragmáticas, que pudessem ser postas em prática. A declaração revelava a impaciência do presidente negro com a persistência do Vidas Negras Importam, que ameaçava distrair a atenção do eleitorado nas próximas eleições gerais, a serem realizadas naquele mesmo ano. O tom de sua intervenção pessoal, porém, pretendia sobretudo dividir os membros do movimento em "realizadores" e "sonhadores".

[458] RUSTIN, Bayard. "From Protest to Politics: The Future of the Civil Rights Movement", *Commentary*, fev. 1965.

Para muitos ativistas, a disparatada rede de violência policial e o sistema de justiça criminal — com sua estrutura de multas e encargos, fianças exorbitantes e sentenças arbitrárias — exigiam mais do que mesas-redondas e relatórios. Muitos buscavam mudanças estruturais nos sistemas de justiça federal, estadual e local. Alguns abraçavam o abolicionismo penal e a crença de que a sociedade estaria melhor sem penitenciárias: segundo eles, em vez de gastar oitenta bilhões de dólares por ano para enjaular seres humanos, os Estados Unidos poderiam redistribuir esses recursos; o dinheiro deveria ser usado para melhorar a vida das pessoas, e não para puni-las.

Assim, a represão de Obama e a resposta de Pulley revelavam mais do que desavenças estratégicas sobre o objetivo do movimento. Entre os vários problemas da sociedade estadunidense expostos pelo Vidas Negras Importam, um dos que mais se destaca é a forte divisão existente dentro da política e do movimento negro. O rancor político refletia, em partes, uma diferença geracional, mas também revelava a inconciliação entre a raiva de classe dos trabalhadores negros e o otimismo de classe da minúscula elite negra estadunidense.

Alguns ativistas se irritaram com o paternalismo de Obama, que foi rápido ao lembrar ao público estadunidense (majoritariamente branco) que ele não era o "presidente dos Estados Unidos dos negros", ao mesmo tempo que começava a falar a "língua dos negros", o *ebonics*,[459] para dar uma bronca

---

[459] *Ebonics*, junção das palavras em inglês "*ebony*" (negro) e "*phonics*" (fonética), é uma referência à linguagem utilizada pelos descendentes de africanos negros escravizados, especialmente na África Ocidental, no Caribe e na América do Norte. Não é considerada um dialeto ou gíria, mas uma língua com estrutura gramatical e singularidade cultural, já que é

nos afro-estadunidenses, dizendo que deviam tirar o "Primo Pookie" do sofá para ir votar.

Mas não se tratava apenas de Obama. As travessuras raciais do presidente eram um triste lembrete de como os políticos negros frequentemente se beneficiavam dos votos afro-estadunidenses apenas para entregar pouco mais do que eles mesmos como símbolos do suposto progresso racial no país.[460] Na realidade, porém, em muitas cidades, prefeitos negros, vereadores negros, chefes de polícia negros e policiais negros supervisionavam a desigualdade e a opressão que motivavam o movimento Vidas Negras Importam.

O racismo escancarado na descrição de Donald Trump sobre Baltimore[461] como sendo uma toca "infestada de roedores" onde "nenhum ser humano quer viver" chocou o país, mas uma verdade ainda mais ampla recebeu menos atenção: políticos negros eleitos para cargos locais e nacionais traíram seus eleitores por meio de negligência institucional e, depois, confiaram no policiamento brutal para administrar a crise que se instaurou. Foi essa deslealdade às promessas de "esperança" e "mudança" que reuniu os jovens rebeldes de Ferguson e, depois, de Baltimore, a quem o presidente Barack Obama e a prefeita negra da cidade, Stephanie Rawlings-Blake, descreveram como marginais, por agirem em nome de milhões.

Eis o complicado contexto da frustração de Aislinn Pulley e de sua rejeição ao convite para conversar com o presidente dos Estados Unidos. A questão, aqui, não é avaliar qual

uma combinação dos idomas inglês, ibo, iorubá, ewe, tula, mandinke, wolof e mende. [N.T.]
460 Ver Capítulo 3, "Presença negra em altos cargos". [N.E.]
461 De acordo com o censo de 2010, a população de Baltimore é composta por 63,7% de negros e 4,2% de latino-americanos. [N.E.]

militante do Vidas Negras Importam agiu corretamente: Packnett, que se reuniu com Obama, ou Pulley, que rechaçou o convite. A realidade é que todos os movimentos sociais são expressões do profundo desejo de mudança ou de reforma da situação atual.

Para o Vidas Negras Importam, esse desejo poderia se expressar pela esperança de que os policiais "parassem de nos matar"; nesse caso, seria apenas um movimento para reformar o *status quo* do policiamento. Mas o que frequentemente acontece é que, no decorrer dos eventos, os militantes chegam a conclusões radicalmente diferentes sobre qual deveria ser o objetivo de um movimento. Muitos ativistas do Vidas Negras Importam constataram que a polícia não poderia ser realmente reformada, entrando em conflito com a natureza reformista do próprio movimento.

O PROBLEMA DA FALTA DE ESTRUTURA NA ERA DAS REDES SOCIAIS

No entanto, o maior problema foi a incapacidade do movimento de criar espaços de debate e resolução das tensões entre reforma e revolução ou, grosso modo, entre os militantes que se contentavam com a instalação de câmeras nos uniformes dos policiais e os que queriam a abolição de todas as prisões. Todos os movimentos são confrontados por debates existenciais sobre sua viabilidade e longevidade. Sempre há decisões cruciais a serem tomadas em relação à direção a seguir e ao melhor caminho para alcançar seus objetivos. Contudo, sem a oportunidade de avaliar, discutir ou ponderar coletivamente o que o movimento é ou deveria ser, essas divergências políticas podem, às vezes, se transformar em ferozes ataques *ad hominem*.

Acirradas disputas pessoais entre os ativistas do Vidas Negras Importam ocorreram pelas redes sociais, criando um arquivo valioso para os agentes do Estado. As brigas também alimentaram a animosidade e a discórdia entre pessoas que tinham todo o interesse em colaborar e serem solidárias umas com as outras. A cultura do cancelamento (*call-out*) evidenciava toda e qualquer transgressão, entendendo que esses atos haviam sido cometidos com a pior das intenções. O respeito mútuo que muitos imaginavam e almejavam que se estabelecesse no coração do movimento só poderia ser construído através da confiança e de relacionamentos genuínos. Mas isso dificilmente seria viável sem estruturas formais, sem responsabilidades definidas e sem mecanismos de liderança e responsabilização.

De fato, a "credibilidade democrática fundamental" mencionada por Packnett estava ausente. A falta de instruções precisas para os organizadores e a inexistência de qualquer estrutura ou liderança escolhida democraticamente entre os militantes para responder pelo movimento reduziam o espaço para a avaliação da real situação do Vidas Negras Importam. Isso retardou sua capacidade de criar estratégias, adiou o planejamento de táticas e atrasou a avaliação das lições tiradas da experiência vivida de uma localidade para a outra, ou de uma ação para a próxima. Ao contrário, a ênfase na autonomia, que causava desconexão do movimento nacional, deixou cada localidade entregue aos próprios dispositivos para aprender e criar a própria estratégia.

O Vidas Negras Importam alegava não ter líderes, abraçando a "horizontalidade" de uma experiência de mobilização social anterior, o Occupy Wall Street. Mas todos os movimentos têm líderes; alguém ou algum grupo de indivíduos decide se isso ou aquilo acontecerá ou não; alguém decide como e se este ou aquele recurso será usado; alguém decide se esta ou aquela reunião acontecerá ou não. A questão não é se existem líderes, mas se esses líderes são responsáveis perante aqueles que representam. Também é importante a maneira como esses líderes chegam à liderança. No caso da reunião com Obama, parece que os participantes foram selecionados pelo governo como indivíduos ou organizações que o governo pensava serem as lideranças do movimento. Talvez isso fosse inevitável, mas a falta de transparência para com as pessoas comuns que compunham a massa do movimento poderia causar confusão ou ressentimentos.

A insistência de que não havia uma liderança, mesmo quando as pessoas eram apontadas como líderes pelo *establishment* político, ofuscou a tomada de decisões. Não era possível saber quem deveria prestar conta do que ficava decidido. Esses problemas se aprofundaram quando o movimento aparentava ir na direção errada ou estagnar, pois ficou difícil determinar a quem procurar para pedir orientação.

Isso não significa que, "se ao menos" essa reunião ou aquele encontro tivessem acontecido, ou mesmo se tivesse existido mais democracia na tomada de decisões, o movimento Vidas Negras Importam teria triunfado sobre a brutalidade policial. Mas mostra o quanto é importante que os organizadores emerjam de uma batalha perdida, ou até mesmo de uma guerra perdida, com mais entendimento sobre sua experiência e sobre as lições aprendidas, e preservem as relações pessoais que poderão permitir que voltem a lutar, munidos de um melhor senso sobre o que fazer da próxima vez.

ENTRE HILLARY CLINTON E *AS* "FUNDAÇÕES PROGRESSISTAS"

Essas tensões dentro do Vidas Negras Importam se ampliaram devido ao assédio que os ativistas de maior evidência no movimento passaram a sofrer dos bajuladores de Trump e às manipulações do Partido Democrata. A pressão para fazer com que o movimento avançasse, ao mesmo tempo que permanecia comprometido com políticos interessados apenas na aparência de que as coisas estavam mudando, acarretou uma enorme tensão entre os ativistas — tensão que se exacerbou quando Hillary Clinton foi indicada como a candidata do Partido Democrata à presidência do país. O lema da campanha de Hillary, *"America Is Already Great"* [Os Estados Unidos já são grandiosos], era uma réplica ao *slogan* de Trump, *"Make America Great Again"* [Torne os Estados Unidos grandiosos novamente].

As decisões do Partido Democrata contribuíram para um distanciamento político que chocou os jovens negros engajados em uma luta de vida ou morte contra o racismo estrutural, alimentando o debate sobre a melhor maneira de avançar na luta. Paralelamente, os ativistas tinham certeza de que, se Hillary vencesse, ela ficaria em dívida com o eleitorado jovem negro, o que daria credibilidade à criação de políticas públicas propostas pelo movimento.

O ímpeto do Vidas Negras Importam começou a esmorecer por uma série de razões; mas, em algum momento, chegou-se à conclusão de que se dedicar ao jogo político interno ao movimento poderia ser a forma mais viável de continuar avançando. Como a continuidade dos abusos e dos assassinatos cometidos pela polícia fazia o problema parecer insolúvel, a ausência de processos democráticos de debate e formulação de estratégias fez com que as marchas e as ações massivas perdessem relevância para os militantes. Os protestos, então, ficaram menores, menos divulgados, liderados por pequenos grupos que ficaram, assim, mais vulneráveis à repressão policial.

Esse ciclo de pequenas manifestações passíveis de prisão tornou-se uma profecia que se cumpriu automaticamente à medida que os ativistas passaram a condenar a falta de disposição dos outros em se "sacrificar". O tamanho reduzido e a falta de atenção aos protestos era o "cassetete moral" utilizado para bater nas pessoas que não queriam se arriscar a ir para a cadeia. Nesse contexto, aderir à política tradicional parecia o caminho mais realista para fazer as coisas acontecerem — pelo menos para alguns, certamente não para todos.

A opção pelo *establishment* se tornou ainda mais notória quando fundações supostamente progressistas vincularam grande parte de seus orçamentos à capacidade dos ativistas em "obter resultados". Financiamentos começaram a fluir para o movimento logo depois das manifestações em protesto à morte de Mike Brown, no final de 2014. Os recursos eram importantes e foram prontamente aceitos, já que os organizadores tentavam manter o ímpeto gerado pelas marchas de Ferguson e pelas manifestações que se proliferaram em todo o país, pois a polícia continuava a matar afro-estadunidenses. Mas as doações provenientes de entidades como Google, Fundação Ford e tantas outras carregavam consigo mais do que dinheiro: essas fundações estavam obviamente tentando conectar a sua "marca" ao caráter progressista dos movimentos sociais.

Além disso, no caso de algumas entidades, como a Fundação Ford, o financiamento historicamente vem atrelado à condição de que se possa manipular os objetivos e a direção do movimento.[462] A Fundação Ford ficou famosa na década de 1960 por usar seus vastos recursos para empurrar os radicais negros em direção ao "desenvolvimento comunitário" e ao capitalismo negro, muito distantes de seu potencial insurgente. Karen Ferguson escreveu incisivamente sobre como a Ford destinou incentivos financeiros

---

[462] FERGUSON, Karen. "The Perils of Liberal Philanthropy" [Os perigos da filantropia liberal], *Jacobin*, 26 nov. 2018.

ao movimento negro nos anos 1960 com o intuito de promover líderes "responsáveis", que poderiam difundir uma direção política concorde aos princípios da empresa.[463]

Mas a Fundação Ford não é um caso isolado. Megan Ming Francis descreve um processo de "captura de movimentos"[464] ao relatar como fundações filantrópicas das décadas de 1920 e 1930 usaram a isca do financiamento para redirecionar o foco político da National Association for the Advancement of Colored People, que antes lutava contra o terrorismo branco e os linchamentos, e depois passou a lutar por educação, representando uma ameaça menor ao *status quo* da época.[465]

As fundações continuam comprometidas a exercer influência, mas moderadamente, baseadas em uma lógica enraizada na realidade dessas organizações multibilionárias, que, em última análise, se veem combatendo os excessos do sistema. Em um artigo recente,[466] o presidente da Fundação Ford, Darren Walker, um homem negro, aconselha que a sabedoria está na "sutileza", refutando posições políticas "extremas". E, engenhosamente, sugere: "A oposição extrema parece ter entrado no manual dos líderes em todas as categorias. Segundo essa visão de mundo, é tudo ou nada,

---

[463] Ver FERGUSON, Karen. *Top Down: The Ford Foundation, Black Power, and the Reinvention of Racial Liberalism* [De cima para baixo: a Fundação Ford, Black Power e a reinvenção do liberalismo racial]. Filadélfia: University of Pennsylvania Press, 2013.

[464] FRANCIS, Megan Ming. "The Price of Civil Rights: Black Lives, White Funding, and Movement Capture" [O preço dos direitos civis: vidas negras, financiamento branco e a captura de movimentos], *Law and Society Review*, v. 53, n. 1, p. 275-309, mar. 2019.

[465] PIPER, Kelsey. "How 'Movement Capture' Shaped the Fight for Civil Rights" [Como a "captura de movimentos" moldou a luta pelos direitos civis], *Vox*, 28 fev. 2019.

[466] WALKER, Darren. "In Defense of Nuance" [Em defesa da sutileza], *Equals Change Blog*, 19 set. 2019.

bom ou mau, o melhor ou o pior. [...] Enquanto isso, não se vê sutileza e complexidade. E nossos maiores desafios permanecem seriamente sem solução".

Walker descreve como extremistas políticos os ativistas da cidade de Nova York que lutam para fechar a abominável penitenciária Rikers Island. Ele fez parte de uma comissão que só concordou em desativá-la com a condição de que várias prisões menores fossem construídas para substituí-la. Isso é o que ele chama de compromisso — um exemplo do tipo de sutileza que as pessoas que lutam pela abolição das penitenciárias parecem não enxergar. Walker argumenta que rejeitar esse tipo de compromisso é "deixar a perfeição ser inimiga do progresso. Se pulamos etapas, corremos o risco de criar um novo tipo de lacuna — uma lacuna de oportunidades perdidas e alianças arruinadas".

Mas tudo isso é um subterfúgio para a sua real intervenção:

> Podemos ver que nosso sistema capitalista falhou e, ao mesmo tempo, valorizar o mercado que ajudou a reduzir o número de pessoas que vivem na pobreza em todo o mundo. [...] Podemos criticar fortunas ilegítimas, ao mesmo tempo que reconhecemos a necessidade de que o capital privado financie determinados bens públicos valiosos, e encorajamos as pessoas ricas a compreenderem os próprios privilégios e apoiarem reformas institucionais.

Neste mundo, raramente se consegue algo sem dar nada em troca. As dezenas de milhões de dólares distribuídos pela Fundação Ford a organizações e ativistas de todos os tipos vêm com a intenção de remodelar revoltas e protestos, redirecionando-os para formas mais razoáveis. Isso nunca é evidente; se fosse, não seria eficaz. Walker não está apenas falando pela Fundação Ford; pode-se considerar que esse seja o objetivo da maioria das empresas que desenvolvem um braço filantrópico como forma de influenciar o debate sobre as questões sociais. Uma das técnicas que funcionam atualmente é enfatizar iniciativas e soluções políticas como forma prática de fazer avançar um movimento ou uma agenda social.

A plataforma política do Movement for Black Lives [Movimento pelas vidas negras] (M4BL),[467] por exemplo, foi anunciada [em agosto de 2016] de forma que parecesse tão importante quanto as próprias marchas e mobilizações do movimento negro. Sem dúvida, muitos pontos da plataforma se tratavam de reformas políticas de longo alcance que, se implementadas, poderiam ser transformadoras. Mas, sem um movimento social se mobilizando para criar os músculos necessários para coagir o poder político a abandonar sua intransigência, como tais reformas seriam possíveis?

O lançamento dessa plataforma política, considerada um triunfo do movimento negro estadunidense, revelou mais sobre a situação do movimento do que se pretendia. Assim como em campanhas presidenciais, é fácil prometer o céu e a terra — e, às vezes, é necessário imaginar como seria a almejada liberdade —, mas, depois de listar as demandas e fazer as promessas, alguém tem que lutar para torná-las realidade. A plataforma não conseguiu entender a questão central de como aproveitar o poder físico de um movimento social para fazer exatamente isso.

A disputa pelos dólares das fundações pode ter outras consequências não intencionais. A capacidade de obter recursos minou o potencial desenvolvimento de práticas mais democráticas dentro do movimento, pois aqueles com acesso às linhas de financiamento passaram a falar mais alto. O dinheiro eleva o perfil, a presença, a voz e, consequentemente, a autoridade de alguns. Essa dinâmica acabou por

---

[467] Coalizão de mais de cinquenta grupos do movimento negro estadunidense formada em julho de 2015. [N.E.]

rachar a unidade e o propósito necessários para enfrentar o desafio de combater os abusos e os assassinatos cometidos pela polícia. Em vez disso, os ativistas se viam obrigados a competir uns com os outros por financiamentos, com base na contribuição "única" que podiam prestar ao movimento.

Essas observações não têm a intenção de ser um discurso infalível sobre como o dinheiro proveniente de fundações corrompe nossos movimentos — embora, sem dúvida, corrompa. Devemos parar e nos perguntar por que corporações que ganharam bilhões com o capitalismo estadunidense estão tão ávidas em "doar" dinheiro para ativistas, muitos dos quais se filiam a ideias políticas anticapitalistas. Como mencionei anteriormente, a influência financeira das fundações é uma realidade desde as primeiras décadas do século XX. Todos nós poderíamos encontrar maneiras caseiras e pitorescas de arrecadar dinheiro por conta própria, mas é difícil imaginar o tamanho do ativismo necessário para enfrentar os problemas de nossa sociedade com movimentos financiados pela venda de rifas ou a realização de eventos sociais.

Aceitar dinheiro das fundações, porém, exige ainda mais democracia em nossos movimentos. Isso significa que a tomada de decisões deve transcender os funcionários, ou a diretoria executiva, ou quem quer que esteja recebendo um salário entre aqueles militantes que compõem o alto escalão do movimento. Também significa que parte considerável de nossa organização e de nosso ativismo será confusa, lenta e equivocada algumas vezes; por outro lado, ampliar a participação nas decisões pode fazer com que todos se apropriem do movimento.

No caso específico do Vidas Negras Importam, um dos resultados positivos da democratização da tomada de decisões pode ser a aproximação das diferentes camadas do movimento. Talvez as mobilizações de massa tivessem perdurado, caso existissem espaços políticos nos quais essas diferentes camadas pudessem se engajar e influenciar umas às outras mais de perto. Alguns concluíram que as mobilizações de massa não são mais necessárias; que as pessoas aparecem e depois simplesmente voltam para casa. Isso certamente acontece, mas não devemos subestimar o poder transformador do agrupamento e da ação coletiva, necessários para que as pessoas protestem juntas. Não se trata apenas de influenciar a formulação de políticas ou instituições governamentais, mas também da forma como o poder se manifesta entre aqueles que compõem as fileiras da marcha.

O artista radical e crítico John Berger escreveu sobre as manifestações massivas: "Teoricamente, as manifestações pretendem revelar a força da opinião ou do sentimento popular; teoricamente, são um apelo à consciência democrática do Estado".[468] Nesse sentido, escreveu Berger, o número de pessoas presentes em um protesto é significativo não por seu impacto sobre o Estado, mas sobre os participantes: "A importância do número de envolvidos influencia a experiência direta daqueles que participam ou dos simpatizantes que testemunham a manifestação. Para eles, os números deixam de ser números e se tornam a evidência de seus sentidos, as conclusões de sua imaginação. Quanto maior a manifestação, mais a metáfora se torna poderosa e imediata (visível, audível, palpável) para a força coletiva total".

A questão é que movimentos ou mobilizações trazem a possibilidade de mudar nossa condição material, exercendo a força de muitos sobre a intransigência de poucos. Mas, para além disso, os movimentos sociais criam cenários em que nós mesmos podemos ser transformados. A ação de massa nos tira do isolamento da vida cotidiana e nos transforma em atores políticos. Em uma sociedade que erroneamente atribui nosso sucesso à nossa engenhosidade pessoal,

---

468 BERGER, John. "The Nature of Mass Demonstrations" [A natureza das manifestações massivas], *International Socialism*, n. 34, p. 11-2, 1968.

e nosso fracasso à nossa fraqueza individual, o movimento de massa é um espaço de luta onde podemos compartilhar nossas dificuldades e mostrar que a solução para vários de nossos problemas é coletiva. E isso transpassa o senso comum predominante em nossa sociedade.

Ella Baker, feminista radical negra do século XX, entendeu a necessidade de perfurar essa bolha de "senso comum".

> Para que nós, pessoas pobres e oprimidas, nos tornemos parte de uma sociedade que seja significativa, o sistema atual deve ser alterado radicalmente. Isso significa que teremos que aprender a pensar de maneira radical. Eu uso o termo "radical" em seu significado original: nos aprofundando na raiz e entendendo sua causa. Significa enfrentar um sistema que não se adapta às nossas necessidades e criar meios para alterá-lo.[469]

A euforia coletiva do confronto e a perspectiva de mudança abrem caminhos para abordarmos esse tipo de conteúdo; sem elas, é difícil se desprender da razoabilidade e do pragmatismo aconselhados por Obama ao ditar para a ativista de Chicago os estreitos objetivos dos movimentos sociais: mudar uma lei ou dar início a uma política pública.

Conforme 2015 e 2016 avançavam, ninguém acreditava que Trump ganharia as eleições; ao contrário, os ativistas negros já se concentravam nas medidas necessárias para pressionar o novo governo — de Hillary Clinton — se comprometesse com a reforma da polícia. Mas Trump foi eleito, e os planos dos militantes, que previam se mudar para Washington, dando início à fase "interna" do movimento, nunca se materializaram. Hoje, há poucos sinais daquele

---

[469] RANSBY, Barbara. *Ella Baker and the Black Freedom Movement: A Radical Democratic Vision* [Ella Baker e o movimento de libertação negra: uma visão radical e democrática]. Chapel Hill: University of North Carolina Press, 2003, p. 1.

Vidas Negras Importam popular que, em seus primeiros anos, capturou a imaginação e as esperanças dos jovens negros — e não apenas deles.

Isso certamente não quer dizer que o movimento "falhou". Ainda existem muitos ativistas do Vidas Negras Importam organizados e engajados de outras formas. É impossível imaginar que o anseio público pela reforma da justiça penal — incluindo a revisão do sistema de fianças e a lenta, porém constante, descriminalização da maconha — teria a mesma intensidade sem a influência do movimento. Somos todos gratos ao Vidas Negras Importam por trazer à tona o quanto as mulheres negras, bem como as mulheres negras trans, também são vítimas da violência sancionada pelo Estado e de abusos racistas. Muitos dos organizadores centrais do movimento veem esses novos espaços de luta como uma expressão contínua do Vidas Negras Importam.

Mas o movimento de massa que capturou a atenção do mundo e derrubou o *status quo* cotidiano dos Estados Unidos já não existe da mesma maneira. De certo modo, isso era de se esperar. Nada fica estagnado, muito menos algo tão vivo e dinâmico quanto um movimento social. As questões de estratégia, tática e democracia que surgiram como consequência da ascensão do Vidas Negras Importam não desapareceram; na verdade, elas permanecem essenciais para determinar como transformaremos nossa situação atual.

AINDA LUTANDO POR UM FUTURO EM QUE A VIDA NEGRA IMPORTE

O rosto despedaçado de Pamela Turner, que explodiu após ser alvejado por um policial, revela como o policiamento é a peça primordial para que se mantenha o *status quo* racista, sexista e desigual. Mas, o que ele nos diz sobre os esforços do movimento Vidas Negras Importam?

Os sindicatos de policiais e os políticos eleitos gostam de retratar o policiamento como uma função perigosa, uma bizarra linha de defesa entre "nós" e o elemento criminoso ameaçador que está "lá fora". Na realidade, porém, a maior parte do policiamento envolve fiscalizar e assediar pessoas pobres e da classe trabalhadora. Como as pessoas negras e marrons são representadas com exagero quando se fala em classe pobre e trabalhadora, elas são as que mais carregam o fardo dos encontros com a força policial. Ser assassinado pela polícia é uma das principais causas de morte entre os jovens negros nos Estados Unidos.[470] O sociólogo Frank Edwards afirmou que jovens negros têm "mais chance de serem mortos pela polícia do que de ganharem jogos de raspadinha na loteria". Pamela Turner, que sofria de esquizofrenia, estava na mira da polícia local devido a vários pequenos delitos, pelos quais já havia sido abordada algumas vezes. Em abril de 2019, ela recebeu uma notificação de despejo,[471] que resultou em uma acusação de "dano à propriedade" e em um encontro com o mesmo policial que, semanas depois, a mataria.

O policiamento é o último serviço do setor público que nosso governo financia com vigor, enquanto corta outros orçamentos e negligencia todos os demais aspectos da infraestrutura nacional. À medida que os serviços públicos

---

[470] KHAN, Amina. "Getting Killed by Police Is A Leading Cause of Death for Young Black Men in America" [Ser assassinado pela polícia é a maior causa de morte entre jovens negros nos Estados Unidos], *Los Angeles Times*, 16 ago. 2019. ["Um a cada mil jovens negros do sexo masculino têm a perspectiva de morrer pelas mãos da polícia nos Estados Unidos", diz o estudo — N.E.]

[471] "Lawyer: Cop Who Shot Pamela Turner Knew She Was Mentally Ill" [Advogado: policial que atirou em Pamela Turner sabia que era tinha problemas mentais], *CBS*, 16 maio 2019.

em todo o país são desmantelados, centenas de milhões de dólares são desenterrados para pagar custos processuais referentes a brutalidades e assassinatos cometidos por policiais. Só a cidade de Chicago gastou mais de oitocentos milhões de dólares desde 2004 para liquidar ações judiciais relacionadas à truculência da polícia e a mortes injustas.[472]

Se qualquer outra instituição pública incorresse nesse tipo de despesa, seu orçamento e serviços seriam reduzidos — ou ela seria fechada. Por exemplo, quando o Conselho de Educação de Chicago alegou que tinha um déficit de um bilhão de dólares, em 2012, a solução proposta pela prefeitura foi o fechamento de 52 escolas públicas. Entretanto, em meio às revelações de que o então prefeito Rahm Emanuel tentava encobrir a responsabilidade da polícia pelo assassinato de Laquan McDonald,[473] o governo da cidade recebeu a aprovação da Câmara Municipal de Chicago para abrir uma nova academia de polícia que custaria 95 milhões de dólares.

Não importa o quão corrupta, violenta ou racista seja a instituição policial; a verba destinada à polícia nunca vai diminuir. Os políticos eleitos, os ricos e os poderosos — cujos interesses são frequentemente representados pela polícia — sabem que, à medida que os gastos públicos são cortados e bons empregos com benefícios ficam cada vez mais fora de alcance da população, o abuso policial mantém em ordem uma situação potencialmente insustentável.

[472] NEWMAN, Jonah. "Chicago Spent More Than $113 Million on Police Misconduct Lawsuits in 2018" [Chicago gastou mais de 113 milhões de dólares com processos por má conduta policial em 2018], *The Chicago Reporter*, 7 mar. 2019; "How Chicago Racked Up A $662 Million Police Misconduct Bill" [Como Chicago acumulou gastos de 662 milhões com má conduta policial], *CBS*, 21 mar. 2016.

[473] UETRICHT, Micah & JOHNSON, Rachel T. "Sixteen Shots and a Conviction" [Dezesseis tiros e uma condenação], *Jacobin*, 5 out. 2018.

A dor e o sofrimento dos netos de Pamela Turner, ou da mãe de Laquan McDonald, ou dos pais de Mike Brown são danos colaterais nessa guerra pela perpetuação do *status quo*. Esse é, literalmente, o preço dos negócios.

Assim, cinco anos depois do surgimento do Vidas Negras Importam, grande parte da discussão institucional sobre a reforma da polícia continua centrada no indivíduo policial: laranjas podres, predisposição implícita, melhor treinamento etc. Como resultado, a principal mudança até agora foi o uso generalizado de "câmeras afixadas ao corpo" dos policiais. Desde 2014, as forças policiais de todo o país gastaram mais de 192 milhões de dólares em câmeras corporais. Em Ferguson, onde o movimento encontrou seu coração e sua alma, agora existem mais policiais negros do que brancos.[474] Ferguson finalmente alcançou o resto dos Estados Unidos nesse quesito, porém a taxa de abordagem de negros é 5% maior, e a taxa de abordagem de brancos, 11% menor do que em 2013.

Reconhecer a continuidade do abuso e da violência policial não se trata de pessimismo, mas de sensatez. Não há solução rápida para acabar com a brutalidade da polícia. É muito difícil modificar o policiamento, pois o poder político estabelecido precisa dele, especialmente quando decide que não há mais nada a oferecer à população. Cinco longos e mortais anos foram necessários para que os funcionários que gerenciam o Departamento de Polícia de Nova York demitissem o policial que sufocou um homem que claramente dizia: "Não consigo respirar". Foram cinco anos para que o Departamento de Justiça decidisse que não faria acusações federais contra o agente Daniel Pantaleo, como

---

[474] BOSMAN, July & HEALY, Jack. "Returning to Ferguson, Five Years Later" [Retorno a Ferguson, cinco anos depois], *The New York Times*, 9 ago. 2019.

se o estrangulamento ilegal com que tirou a vida de Eric Garner não fosse uma violação dos direitos civis.

Mas qual é a utilidade de proteger o "Estado de direito" se a própria lei prioriza o que é importante para a elite, enquanto ignora o que importa para a maioria de nós? Em outras palavras, nem a lei nem a segurança pública estão do nosso lado, e isso torna extremamente difícil que o movimento as transforme. Em geral, conseguimos o tipo de mudança que desejamos quando pressionamos e coagimos a classe política, seu sistema e suas leis para que sejamos vistos e ouvidos; para que isso aconteça, é preciso dar importância à forma como nos organizamos, como pensamos, o que exigimos e o que imaginamos e esperamos.

Esses são valores fundamentais para qualquer movimento social. Democracia — esse ponto de conexão entre todas as nossas aspirações, nossos fracassos e nossos esforços — significa tentar agrupar o maior número de pessoas possível e descobrir como fazer isso funcionar. Vidas negras *podem* importar. Para isso, porém, será necessária uma luta para mudar não apenas a polícia mas o mundo que depende dela para administrar a distribuição desigual de necessidades vitais.

REFERÊNCIAS

ADAMS, James T. *The Epic of America*. Boston: Little, Brown and Co., 1931. [Ed. bras. *A epopeia americana*. São Paulo: Companhia Editora Nacional, 1940.]

ALEXANDER, Michelle. *The New Jim Crow: Mass Incarceration in the Age of Colourblindness*. Nova York: New Press, 2010. [Ed. bras. *A nova segregação: racismo e encarceramento em massa*. Trad. Pedro Davoglio. São Paulo: Boitempo, 2018.]

ALIANÇA das Mulheres do Terceiro Mundo. *Black Women's Manifesto. Duke Digital Collections*, v. 19 (1970-75), 1975. Disponível em: http://library.duke.edu/digitalcollections/wlmpc_wlmms01009/.

ASSOCIAÇÃO dos Negros no Congresso. *The Black Leadership Family Plan for the Unity, Survival, and Progress of Black People*. Washington: Congressional Black Caucus, 1982.

BAKAN, Abigail B. & DUA, Enakshi. *Theorizing Anti-Racism: Linkages in Marxism and Critical Race Theories*. Toronto: University of Toronto Press, 2014.

BALDWIN, James. *No Name in the Street*. Londres: Corgi Books, 1972.

BARAKA, Amiri. *Tales of the Out and the Gone*. Nova York: Akashic Books, 2009.

BIONDI, Martha. *To Stand and Fight: The Struggle for Civil Rights in Postwar New York City*. Cambridge: Harvard University Press, 2003.

BLACKMON, Douglas A. *Slavery by Another Name: The Re-Enslavement of Black People in America from the Civil War to World War II*. Nova York: Doubleday, 2008.

BLOOM, Jack M. *Class, Race, and the Civil Rights Movement*. Bloomington: Indiana University Press, 1987.

BOYLE, Kevin. *Arc of Justice: A Saga of Race, Civil Rights, and Murder in the Jazz Age.* Nova York: Macmillan, 2007.

BROWN, Michael K. et al. *Whitewashing Race: The Myth of a Color-Blind Society.* Berkeley/Los Angeles: University of California Press, 2003.

CAMPANHA Anti-Despejo de Chicago. *#CERD Shadow Report Fact Sheet.* Chicago: Chicago Anti-Eviction, 2014.

CARMICHAEL, Stokely & HAMILTON, Charles V. *Black Power: The Politics of Liberation in America.* Nova York: Random House, 1967.

CLARK, Kenneth Bancroft. *Dark Ghetto: Dilemmas of Social Power.* Nova York: Harper & Row, 1965.

CLEAVER, Kathleen & KATSIAFICAS, George. *Liberation, Imagination and the Black Panther Party: A New Look at the Black Panthers and Their Legacy.* Nova York: Routledge, 2014.

CLINTON, William J. "The Freedom to Die", discurso proferido em Memphis, TN, 13 nov. 1993. Disponível em: http://www.blackpast.org/1993-william-j-clinton-freedom-die.

COCKBURN, Alexander & ST. CLAIR, Jeffrey. *End Times: The Death of the Fourth Estate.* Oakland: AK Press, 2007.

COHEN, Cathy J. *Democracy Remixed: Black Youth and the Future of American Politics.* Nova York/Oxford: Oxford University Press, 2012.

COMISSÃO Kerner & WICKER, Tom. *Report of the National Advisory Commission on Civil Disorders.* Nova York: Bantam Books, 1968.

CONNOLLY, N.D.B. *A World More Concrete: Real Estate and the Remaking of Jim Crow South Florida.* Chicago: University of Chicago Press, 2014.

COOPER, Wayne F. *Claude McKay: Rebel Sojourner in the Harlem Renaissance: A Biography.* Baton Rouge: Louisiana State University Press, 1996.

CULLEN, Jim. *The American Dream: A Short History of an Idea That Shaped a Nation.* Nova York: Oxford University Press, 2004.

DAVIS, Mike. *The Year Left 2: An American Socialist Yearbook.* Londres: Verso, 1987.

DAWSON, Michael C. *Blacks In and Out of the Left*. Cambridge: Harvard University Press, 2013.

DENAVAS-WALT, Carmen et al. *Income, Poverty, and Health Insurance Coverage in the United States, 2010*. Washington: Departamento do Censo dos Estados Unidos, 2011. Disponível em: http://www.census.gov/prod/2011pubs/p60-239.pdf.

DU BOIS, W.E.B. *Black Reconstruction*. Notre Dame: University of Notre Dame Press, 2006.

DU BOIS, W.E.B. & LEWIS, David Levering. *Black Reconstruction in America 1860-1880*. Nova York: Simon & Schuster, 1935.

DUDZIAK, Mary L. *Cold War Civil Rights: Race and the Image of American Democracy*. Princeton: Princeton University Press, 2000.

EHRENREICH, Barbara. *Fear of Falling: The Inner Life of the Middle Class*. Nova York: Pantheon Books, 1989.

ESTADOS UNIDOS DA AMÉRICA. Comissão Estadunidense de Direitos Civis. *Home Ownership for Lower Income Families: A Report on the Racial and Ethnic Impact of the Section 235 Program*. Washington: Government Printing Office, 1971.

ESTADOS UNIDOS DA AMÉRICA. Comissão Presidencial sobre Preservação da Ordem e Administração da Justiça. *The Challenge of Crime in a Free Society*. Washington: Government Printing Office, 1967. Disponível em: https://www.ncjrs.gov/pdffiles1/nij/42.pdf.

ESTADOS UNIDOS DA AMÉRICA. Congresso. Senado: Comitê de Relações Exteriores. Lei de Segurança Nacional e Desenvolvimento de Ato Cooperativo de 1985. Resumo S.660 99º Congresso (1985-1986), 14 mar. 1985. Disponível em: https://www.congress.gov/bill/99th-congress/house-bill/5484.

ESTADOS UNIDOS DA AMÉRICA. Congresso. *The Black Code of St. Landry's Parish: Document N. 2*. Washington: U.S. Congress, Senate Executive, 1865.

ESTADOS UNIDOS DA AMÉRICA. Congresso. *The Civil Rights Act of 1866*. Washington: U.S. Congress, 9 abr. 1866. Disponível em: http://teachingamericanhistory.org/library/document/the-civil-rights-act-of-1866/.

ESTADOS UNIDOS DA AMÉRICA. Departamento de Assistência à Justiça dos Estados Unidos & Fórum de Pesquisa Executiva da Polícia. *CompStat: Its Origins, Evolution, and Future in Law Enforcement Agencies*. Washington: Police Executive Research Forum, 2013. Disponível em: https://www.bja.gov/Publications/PERF-Compstat.pdf.

ESTADOS UNIDOS DA AMÉRICA. Departamento de Comércio. Departamento do Censo. "Voter Turnout Increases by 5 Million in 2008 Presidential Election", informe à imprensa. Suitland: U.S. Census Bureau, 2008.

ESTADOS UNIDOS DA AMÉRICA. Departamento de Justiça. Divisão de Direitos Civis. *Investigation of the Ferguson Police Department*. Washington: U.S. Department of Justice, 2015. Disponível em: http://purl.fdlp.gov/GPO/gpo55760.

ESTADOS UNIDOS DA AMÉRICA. Departamento de Justiça. *Federal Cocaine Offenses: An Analysis of Crack and Powder Penalties*. Washington: 2002.

ESTADOS UNIDOS DA AMÉRICA. Departamento de Justiça. *Title I: The Omnibus Crime Control and Safe Streets Act of 1968*. Public Law 90-351. Washington, 1968. Disponível em: https://transition.fcc.gov/Bureaus/OSEC/library/legislative_histories/1615.pdf.

ESTADOS UNIDOS DA AMÉRICA. Departamento de Segurança Nacional, Congresso Nacional, Comitê de Relações Exteriores *et al*. *The ISIS Threat: The Rise of the Islamic State and Their Dangerous Potential*. Providence: Providence Research, 2014.

ESTADOS UNIDOS DA AMÉRICA. Escritório de Estatísticas da Justiça. *Prisoners, 1925-1981*. Washington: Bureau of Justice Statistics, 1982.

FERGUSON, Karen. *Top Down: The Ford Foundation, Black Power, and the Reinvention of Racial Liberalism*. Philadelphia: University of Pennsylvania Press, 2013.

FIELDS, Karen & FIELDS, Barbara J. *Racecraft: The Soul of Inequality in American Life*. Londres: Verso, 2012.

FONER, Philip Sheldon (Org.). *The Black Panthers Speak*. Chicago: Haymarket Books, 2014.

FONER, Philip Sheldon & ALLEN, James S. *American Communism and Black Americans: A Documentary History, 1919-1929*. Philadelphia: Temple University Press, 1987.

FORMAN, James. *The Making of Black Revolutionaries: A Personal Account*. Nova York: Macmillan, 1972.

FREUND, David M. *Colored Property: State Policy and White Racial Politics in Suburban America*. Chicago: University of Chicago Press, 2007.

GEORGAKAS, Dan & SURKIN, Marvin. *Detroit: I Do Mind Dying*. Cambridge: South End Press, 1998.

GILLESPIE, Andra. *The New Black Politician: Cory Booker, Newark, and Post-Racial America*. Nova York: New York University Press, 2012.

GILLETTE JR., Howard. *Camden after the Fall: Decline and Renewal in a Post-Industrial City*. Philadelphia: University of Pennsylvania Press, 2006.

GRAMSCI, Antonio. "Caderno 11 (1932-1933): Introdução ao estudo da filosofia". *In*: GRAMSCI, Antonio. *Cadernos do cárcere*, v. 1. Trad. Carlos Nelson Coutinho. Rio de Janeiro: Civilização Brasileira, 1999.

HARRIS, Fredrick C. *The Price of the Ticket: Barack Obama and the Rise and Decline of Black Politics*. Nova York: Oxford University Press, 2012.

HELPER, Rose. *Racial Policies and Practices of Real Estate Brokers*. Minneapolis: University of Minnesota Press, 1969.

HIRSCH, Arnold R. *Making the Second Ghetto: Race and Housing in Chicago 1940-1960*. Chicago: University of Chicago Press, 1998.

HIRSCH, Arnold R. & MOHL, Raymond A. *Urban Policy in Twentieth-Century America*. New Brunswick: Rutgers University Press, 1993.

HONEY, Michael K. *Going Down Jericho Road: The Memphis Strike, Martin Luther King's Last Campaign*. Nova York: W. W. Norton & Co., 2007.

HORNE, Gerald. *The Fire This Time: The Watts Uprising and the 1960s*. Nova York: Da Capo Press, 1997.

JACKSON, Kenneth T. *Crabgrass Frontier: The Suburbanization of America*. Nova York: Oxford University Press, 1985.

JEFFERSON, Thomas. *Notes on the State of Virginia* (edição eletrônica). Filadélfia: Prichard & Hall, 1785. Disponível em: https://docsouth.unc.edu/southlit/jefferson/jefferson.html.

JOSEPH, Peniel E. *Waiting 'Til the Midnight Hour: A Narrative History of Black Power in America*. Nova York: Henry Holt, 2006.

KAISER FAMILY FOUNDATION. *Poverty Rate by Race/Ethnicity*. San Francisco, 2015. Disponível em: http://kff.org/other/state-indicator/poverty-rate-by-raceethnicity/.

KATZ, Michael B. *In the Shadow of the Poorhouse: A Social History of Welfare in America*. Nova York: Basic Books, 1996.

KELLEY, Robin D. G. *Freedom Dreams: The Black Radical Imagination*. Boston: Beacon Press, 2003.

KING JR., Martin Luther. *The Essential Martin Luther King, Jr.: "I Have a Dream" and Other Great Writings*. Boston: Beacon Press, 2013.

KING JR., Martin Luther & WASHINGTON, James Melvin. *A Testament of Hope: The Essential Writings of Martin Luther King, Jr.* San Francisco: Harper & Row, 1986.

KORNBLUH, Felicia Ann. *The Battle for Welfare Rights: Politics and Poverty in Modern America*. Philadelphia: University of Pennsylvania Press, 2007.

KUSMER, Kenneth L. & TROTTER, Joe William. *African American Urban History since World War II*. Chicago: University of Chicago Press, 2009.

LÊNIN, Vladimir Ilich & LORIMER, Doug. *Marxism and Nationalism*. Chippendale: Resistance Books, 2002.

LEWINNEK, Elaine. *The Working Man's Reward: Chicago's Early Suburbs and the Roots of American Sprawl*. Oxford: Oxford University Press, 2014.

LITWACK, Leon F. *How Free Is Free? The Long Death of Jim Crow*. Cambridge: Harvard University Press, 2009.

LOUNSBURY, Michael & HIRSCH, Paul M. (Orgs.). *Markets on Trial: The Economic Sociology of the U.S. Financial Crisis: Part A*. Bingley: Emerald Group Publishing, 2010.

LUMPKINS, Charles L. *American Pogrom: The East St. Louis Race Riot and Black Politics*. Athens: Ohio University Press, 2008.

MALCOLM X & HALEY, Alex. *The Autobiography of Malcolm x*. Nova York: Grove Press, 1965. [Ed. bras.: *Autobiografia de Malcolm X*. Trad. A. B. Pinheiro de Lemos. Rio de Janeiro: Record, 1992.]

MARABLE, Manning. *Black Liberation in Conservative America*. Boston: South End Press, 1997.

MARABLE, Manning. *Race, Reform, and Rebellion: The Second Reconstruction in Black America, 1945-1990*. Jackson: University Press of Mississippi, 1991.

MARABLE, Manning. *How Capitalism Underdeveloped Black America: Problems in Race, Political Economy, and Society*. Chicago: Haymarket Books, 2015.

MARX, Karl. *O capital*, v. 1. São Paulo: Boitempo, 2011.

MARX, Karl. *A miséria da filosofia*. São Paulo: Global, 1985.

MARX, Karl. "A Abraham Lincoln, Presidente dos Estados Unidos da América". *In: Obras escolhidas*, t. 2. Lisboa/Moscou: Progresso, 1982. Disponível em: https://www.marxists.org/portugues/marx/1864/11/29.htm.

MARX, Karl. "A Irlanda e a classe trabalhadora inglesa 1864". *In:* MUSTO, Marcello (Org.). *Trabalhadores, uni-vos! Antologia política da I Internacional*. São Paulo: Boitempo, 2014.

MINTZ, Beth & SCHWARTZ, Michael. *The Power Structure of American Business*. Chicago: University of Chicago Press, 1985.

MOORE, Leonard N. *Carl B. Stokes and the Rise of Black Political Power*. Urbana: University of Illinois Press, 2003.

MORGAN, Edmund S. *American Slavery, American Freedom: The Ordeal of Colonial Virginia*. Nova York / Londres: Norton, 1975.

MORRIS, Aldon D. *The Origins of the Civil Rights Movement*. Nova York: Simon & Schuster, 1986.

MOYNIHAN, Daniel Patrick. *The Negro Family: The Case for National Action*. Washington: U.S. Department of Labor, Office of

Policy Planning and Research, 1965. Disponível em: http://www.blackpast.org/primary/moynihan-report-1965.

MUHAMMAD, Khalil Gibran. *The Condemnation of Blackness*. Cambridge: Harvard University Press, 2010.

MURAKAWA, Naomi. "The Origins of the Carceral Crisis: Racial Order as Law and Order in Postwar American Politics". *In*: LOWNDES, Joseph E.; NOVKOV, Julie & WARREN, Dorian Tod (Orgs.). *Race and American Political Development*. Nova York: Routledge, 2008.

MURAKAWA, Naomi. *The First Civil Right: How Liberals Built Prison America*. Nova York: Oxford University Press, 2014.

NIXON, Richard M. *Public Papers of the Presidents of the United States: Richard M. Nixon, 1973*. Washington: National Archives, 1973.

O'CONNOR, Alice. *Poverty Knowledge: Social Science, Social Policy, and the Poor in Twentieth-Century U.S. History*. Princeton: Princeton University Press, 2009.

OLIPHANT, Albert D. *The Evolution of the Penal System of South Carolina from 1866 to 1916*. Columbia: State Co., 1916.

ORGANIZAÇÃO INCITE — Mulheres de Cor Contra a Violência. *The Revolution Will Not Be Funded: Beyond the Non-Profit Industrial Complex*. Cambridge: South End Press, 2007.

OSHINSKY, David M. *Worse Than Slavery: Parchman Farm and the Ordeal of Jim Crow Justice*. Nova York: Simon & Schuster, 1997.

PAGER, Devah. *Marked: Race, Crime, and Finding Work in an Era of Mass Incarceration*. Chicago: University of Chicago Press, 2008.

PARENTI, Christian. *Lockdown America: Police and Prisons in the Age of Crisis*. Londres: Verso, 2001.

PERLSTEIN, Rick. *Nixonland: The Rise of a President and the Fracturing of America*. Nova York: Scribner, 2008.

PERLSTEIN, Rick. *The Invisible Bridge: The Fall of Nixon and the Rise of Reagan*. Nova York: Simon & Schuster, 2014.

PEW Research Center & NATIONAL Public Radio. *Optimism about Black Progress Declines: Blacks See Growing Values Gap Between Poor and Middle Class*. Washington: Pew Research Center,

2007. Disponível em: https://www.pewresearch.org/wp-content/uploads/sites/3/2010/10/Race-2007.pdf.

PHILLIPS, Kevin. *The Politics of Rich and Poor: Wealth and the American Electorate in the Reagan Aftermath*. Nova York: Harper Perennial, 1991.

PHILLIPS, Kevin. *Wealth and Democracy: A Political History of the American Rich*. Nova York: Broadway Books, 2003.

REED JR., Adolph. *Stirrings in the Jug: Black Politics in the Post-Segregation Era*. Minneapolis: University of Minnesota Press, 1999.

ROBERTS, Dorothy E. *Killing the Black Body: Race, Reproduction, and the Meaning of Liberty*. Nova York: Vintage, 1999.

ROBINSON, Eugene. *Disintegration: The Splintering of Black America*. Nova York: Anchor, 2011.

ROY, Arundhati. *Capitalism: A Ghost Story*. Chicago: Haymarket Books, 2014.

RUTHERGLEN, George. *Civil Rights in the Shadow of Slavery: The Constitution, Common Law, and the Civil Rights Act of 1866*. Oxford: Oxford University Press, 2013.

SATTER, Beryl. *Family Properties: Race, Real Estate, and the Exploitation of Black Urban America*. Nova York: St. Martin's Press, 2009.

SELFA, Lance. *The Democrats: A Critical History*. Chicago: Haymarket Books, 2012.

SILK, Leonard Solomon & VOGEL, David. *Ethics and Profits: The Crisis of Confidence in American Business*. Nova York: Simon & Schuster, 1976.

SINGH, Nikhil Pal. *Black Is a Country: Race and the Unfinished Struggle for Democracy*. Cambridge: Harvard University Press, 2004.

SQUIRES, Gregory. *Capital and Communities in Black and White: The Intersections of Race, Class, and Uneven Development*. Albany: State University of New York Press, 1994.

SQUIRES, Gregory (Org.). *Unequal Partnerships: The Political Economy of Urban Redevelopment in Postwar America*. New Brunswick: Rutgers University Press, 1989.

STORRS, Landon R. Y. *The Second Red Scare and the Unmaking of the New Deal Left*. Princeton: Princeton University Press, 2013.

SUGRUE, Thomas J. *Sweet Land of Liberty: The Forgotten Struggle for Civil Rights in the North*. Nova York: Random House, 2008.

SUGRUE, Thomas J. *The Origins of the Urban Crisis: Race and Inequality in Postwar Detroit*. Princeton: Princeton University Press, 2005.

TUTTLE, William M. *Race Riot: Chicago in the Red Summer of 1919*. Urbana: University of Illinois Press, 1970.

VON ESCHEN, Penny M. *Race against Empire: Black Americans and Anticolonialism, 1937-1957*. Ithaca: Cornell University Press, 1997.

WALTERS, Ronald W. *African American Leadership*. Albany: State University of New York Press, 1999.

WEEMS, Robert E. *Business in Black and White: American Presidents and Black Entrepreneurs in the Twentieth Century*. Nova York: New York University Press, 2009.

WILSON, William Julius. *The Declining Significance of Race: Blacks and Changing American Institutions*. Chicago: University of Chicago Press, 2012.

SOBRE A AUTORA

KEEANGA-YAMAHTTA TAYLOR é professora assistente de estudos afro-estadunidenses na Universidade Princeton, nos Estados Unidos. É também ativista do movimento negro e escritora. Além de *#VidasNegrasImportam e libertação negra*, lançado originalmente em 2016 e vencedor do Cultural Freedom Award for an Especially Notable Book da Fundação Lannan, publicou *Race for Profit: How Banks and the Real Estate Industry Undermined Black Homeownership* (University of North Carolina Press, 2019), finalista do Prêmio Pulitzer em 2020. Tem artigos publicados em diversos jornais e revistas internacionais, como *Los Angeles Times*, *Boston Review*, *The Paris Review*, *The Guardian*, *The Nation* e *Jacobin*. Atualmente, escreve regularmente para a revista *The New Yorker* sobre história e política afro-estadunidense, movimentos sociais e desigualdade racial.

© Editora Elefante, 2020

Título original:
From #BlackLivesMatter to Black Liberation
© 2016 by Keeanga-Yamahtta Taylor

Primeira edição
São Paulo, Brasil

Dados Internacionais de Catalogação na Publicação (CIP)
Angélica Ilacqua CRB - 8/7057

Taylor, Keeanga-Yamahtta
　#VidasNegrasImportam e libertação negra / Keeanga-Yamahtta Taylor; tradução de Thalita Bento. — São Paulo: Elefante, 2020.
　456 p.

　Bibliografia
　ISBN 978-65-87235-16-5
　Título original: #BlackLivesMatter to Black Liberation

1. Negros — Estados Unidos - História 2. Negros — Racismo — Estados Unidos 3. Negros — Estados Unidos — Aspectos sociais 4. Movimento Vidas Negras Importam I. Título II. Bento, Thalita

20-3556　　　　　　　　　　　　　　　　　　　　　　　CDD 305.896073

Índices para catálogo sistemático:
　1. Racismo — Estados Unidos — História

Editora Elefante
editoraelefante.com.br
editoraelefante@gmail.com
fb.com/editoraelefante
@editoraelefante

Fontes Balboa, Rukou, GT America & GT Sectra
Papel Cartão 250 g/m² & Pólen Soft 80 g/m²
Impressão BMF Gráfica
Tiragem 2.000 exemplares